2008年国家社科基金一般项目

“社会主义核心价值体系与思想政治教育创新研究”（批准号08BKS047）

● 湖北大学马克思主义理论研究丛书 ●

思想政治教育创新的价值基础

杨业华 著

中国社会科学出版社

图书在版编目(CIP)数据

思想政治教育创新的价值基础／杨业华著．—北京：中国社会科学出版社，2017.3

（湖北大学马克思主义理论研究丛书）

ISBN 978-7-5161-9848-3

Ⅰ.①思… Ⅱ.①杨… Ⅲ.①思想政治教育—研究—中国 Ⅳ.①D64

中国版本图书馆CIP数据核字(2017)第031374号

出 版 人 赵剑英
责任编辑 孔继萍
责任校对 郝阳洋
责任印制 何 艳

出 版 中国社会科学出版社
社 址 北京鼓楼西大街甲158号
邮 编 100720
网 址 http://www.csspw.cn
发 行 部 010-84083685
门 市 部 010-84029450
经 销 新华书店及其他书店

印刷装订 北京市兴怀印刷厂
版 次 2017年3月第1版
印 次 2017年3月第1次印刷

开 本 710×1000 1/16
印 张 21.75
插 页 2
字 数 314千字
定 价 82.00元

总　序

马克思主义是揭示客观世界本质和发展一般规律的科学，是工人阶级和劳动人民改造世界的锐利思想武器，是指导人类解放和实现共产主义宏伟目标的世界观和方法论。它是由一系列基本原理和基本观点构成的科学体系，其中既包括马克思主义创始人的思想，也包括以马克思主义为指导，其继承者在解决不同时代课题过程中形成的正确理论。中国化的马克思主义理论即是其中的重要方面。马克思主义自诞生一个半多世纪以来，在指导工人运动迅猛发展和指导社会主义革命和建设的风雨历程中，取得了举世瞩目的辉煌成就，深刻影响了20世纪世界历史的走向，并且在继续影响21世纪世界历史的发展。

自2005年马克思主义理论升级为一级学科以来，已经取得了较好、较快的发展。这种发展既是由马克思主义理论自身的科学性和开放性所决定，也是由马克思主义作为中国共产党的指导思想，作为我们国家主流意识形态建设的需要所决定，更是由当代马克思主义与时俱进的发展任务所决定的。

在马克思主义理论学科建设过程中，湖北大学几代人做出了力所能及的贡献。在2013年1月，教育部公布的全国第三轮学科评估中，湖北大学马克思主义理论学科取得了排名前1/3的好成绩。湖北大学马克思主义学院作为马克思主义理论学科建设和发展的主要承担者，学院的广大教师为此付出了辛勤的劳动，取得了显著的成果。其中，近三年有两部学术著作入选国家哲学社会科学成果文库。现在编辑出版的《湖北大学马克思主义理论研究丛书》，就是其中的部分研究成果。

2013年8月19日，中共中央总书记习近平在全国宣传思想工作会议讲话中强调指出：“经济建设是党的中心工作，意识形态工作是党的一项极端重要的工作。”回顾20世纪社会主义理论和实践的辉煌与坎坷，正视21世纪马克思主义理论学科面临的机遇与挑战，我们深感习近平总书记的重要讲话发人深省，牢固树立中国特色社会主义道路自信、中国特色社会主义理论自信和中国特色社会主义制度自信，十分必要；深感马克思主义理论学科建设和发展，责无旁贷，任重道远；深感坚持学科发展的普遍规律与特殊规律的有机统一，坚持学科发展的政治性与学术性的有机统一，应该成为我们不懈努力的方向。这里仅就政治性与学术性的辩证关系略作分析。

政治性与学术性的关系，一直是困扰我国哲学社会科学发展的重要问题，应当辩证地处理两者的关系。长期以来，我们总是摇摆于两者之间，而没有很好地将它们有机地统一起来，在科研实践中处理好两者的关系。

政治与学术既有联系，又有区别。在阶级存在的条件下，完全与政治无关的纯学术是不存在的。哲学社会科学总括着各种意识形态，与自然科学不同，它研究的对象是人们的社会关系、经济关系、政治、法律形式，以及道德、宗教、艺术等思想观念现象。既然它是一定的社会经济、政治的反映，那么，在阶级存在的情况下，它必然直接或间接地涉及某个阶级或集团的利益。因此，哲学社会科学就其总体和本质而言，它不能不是一定阶级的意识形态。比如，当今世界还存在着资本主义经济、政治制度与社会主义经济、政治制度的对立，自然也就存在着资本主义与社会主义两种对立的思想体系。现实存在的利益矛盾，必然会产生思想的、政治的分野。这是客观的存在。所以，不能把哲学社会科学的学术理论问题完全同政治割裂开来，但也不能将两者完全混同起来。

政治与学术的关系是十分复杂的，因为哲学社会科学有不同的层次性，有的同政治的联系比较直接，有的则比较间接。更为重要的是，哲学社会科学作为一种思想文化现象，它一经产生便获得自己的相对独立性，具有自己的表现形式和特殊活动规律。它的存在和发展受经济和政治的影响与制约，但绝不能将它们之间的关系简单化，更不能用一种去代替另一种。20世纪五六十年代，我国思想界的主要偏差在于混淆了政治与学术的关系。在当时“左”的错误思想和阶级斗争扩大化的影响下，夸大政治而贬低学术，用政治冲击学术，模糊政治与学术的界限，有时把一些学术思想问题当作政治问题来处理，甚至把学术是非当作敌我问题，用政治大批判代替了学术批评。思想界存在的这种“左”的思潮，影响了当时哲学社会科学的健康发展。党的十一届三中全会后，扭转了这种局面，总结了过去的教训，迎来了哲学社会科学发展的春天。我们应该珍惜这种变化。但是，也要防止出现忽视政治、使学术研究完全脱离政治的倾向。绝不能从一个极端走向另一个极端。尤其是在国外敌对势力把意识形态作为对我国进行“和平演变”的主要武器的情况下，淡化政治、淡化意识形态，只能使我们自己解除精神武装。“苏东剧变”的一个重要原因，就在于意识形态方面的坚守失败，教训十分深刻！

当前，我国意识形态的斗争是十分激烈的，一些带有明显政治色彩的理论观点，如“告别革命”“政治多元化”和宣传“私有化”等理论观点，都披着学术的外衣在极力扩散。当前对我国影响最大的几种社会思潮，如民主社会主义、新自由主义、历史虚无主义和“普世价值论”，哪一种不带有明确的政治诉求呢？如果任其泛滥，不仅会危害我国的哲学社会科学，而且会对建设有中国特色社会主义的事业产生不良影响。哲学社会科学必须为现实政治服务，但又要遵循自身发展的规律。要用马克思主义的态度来对待政治与学术问题，吸取60多年来我们在处理两者关系上的经验和教训，防止“左”的或右的偏向，使中国哲学社会科学在21世纪能够更加健康地向前发展。

我衷心地希望湖北大学马克思主义学院的教师们能够辩证地处理好政治与学术的关系，资政育人，努力提升学术影响力，能够在马克思主义理论学科建设和发展方面，百尺竿头，更进一步。希望《湖北大学马克思主义理论研究丛书》的出版，能够对马克思主义理论研究和教育产生积极的影响！

靳辉明

2013 年 11 月 18 日

目　录

绪　论

一　研究的目的和意义

（一）研究的目的

社会主义核心价值体系与思想政治教育创新的关系是什么？如何把社会主义核心价值体系融入思想政治教育全过程，实现思想政治教育创新，教育和引导人民群众树立并践行社会主义核心价值体系，使之成为他们奋发向上的精神力量和团结和睦的精神纽带？本课题以“思想政治教育创新”这一核心概念为逻辑起点，以社会主义核心价值体系与思想政治教育创新为主线，围绕社会主义核心价值体系引领下的思想政治教育创新问题进行深入研究，揭示了社会主义核心价值体系引领下的思想政治教育的特点和规律，推进了社会主义核心价值体系建设和思想政治教育创新。

（二）研究的意义

本课题主要有以下几个方面的意义：

1. 进行本课题的研究，对于推进社会主义核心价值体系建设具有十分重要的意义。党的十六届六中全会第一次鲜明地提出了“建设社会主义核心价值体系”这个重大命题和战略任务。党的十七大报告又强调要“建设社会主义核心价值体系，增强社会主义意识形态的吸引力和凝聚力”[①]。党的十八大报告再一次强调要“加强社会主义核心价值体系建设。社会主义核心价值体系是兴国之魂，决定着中国特色社会主义发展方向”[②]。中共中央办公厅印发的《关于培育和践行社会主

① 胡锦涛：《高举中国特色社会主义伟大旗帜，为夺取全面建设小康社会新胜利而奋斗》，《人民日报》2007 年 10 月 25 日。

② 胡锦涛：《坚定不移沿着中国特色社会主义道路前进，为全面建成小康社会而奋斗》，《人民日报》2012 年 11 月 18 日。

义核心价值观的意见》在党的十八大报告的基础上不仅对社会主义核心价值观的内涵和层次进行了科学概括和阐释，而且对如何积极培育和践行社会主义核心价值观进行了全面的布置和安排，是新时期培育和践行社会主义核心价值观的纲领性文献。[①] 习近平同志在中共中央政治局第十三次集体学习时的讲话中指出："核心价值观是文化软实力的灵魂、文化软实力建设的重点。这是决定文化性质和方向的最深层次要素。一个国家的文化软实力，从根本上说，取决于其核心价值观的生命力、凝聚力、感召力。培育和弘扬核心价值观，有效整合社会意识，是社会系统得以正常运转、社会秩序得以有效维护的重要途径，也是国家治理体系和治理能力的重要方面。历史和现实都表明，构建具有强大感召力的核心价值观，关系社会和谐稳定，关系国家长治久安。"[②] 建设社会主义核心价值体系的提出是我们党理论创新的又一重大成果，是加强社会主义和谐文化、和谐社会建设，实现中国梦的重大举措，对于巩固马克思主义在意识形态领域的指导地位，形成全民族奋发向上的精神力量和团结和睦的精神纽带，对于引领全体社会成员在思想上、道德上共同进步，对于深化对中国特色社会主义本质的认识，全面推进中国特色社会主义伟大事业，具有重大的理论意义和现实意义。要完成党中央提出的建设社会主义核心价值体系的重大战略任务，首先必须从理论上多维度地对社会主义核心价值体系进行研究。本课题从思想政治教育的视角对社会主义核心价值体系与思想政治教育创新问题进行研究，为推进社会主义核心价值体系建设贡献了自己的微薄之力。

2. 进行本课题的研究，对于以社会主义核心价值体系引领思想政治教育，实现思想政治教育创新具有重要意义。党的十七大报告指出要"切实把社会主义核心价值体系融入国民教育和精神文明建设全过

① 中共中央办公厅：《关于培育和践行社会主义核心价值观的意见》，《人民日报》2013年12月24日。

② 《把培育和践行社会主义核心价值观作为凝魂聚气强基固本的基础工程》，《光明日报》2014年2月26日。

程，转化为人民的自觉追求”[1]。党的十八大报告又强调“要深入开展社会主义核心价值体系学习教育，用社会主义核心价值体系引领社会思潮、凝聚社会共识”[2]。中共中央办公厅印发的《关于培育和践行社会主义核心价值观的意见》明确指出：要把培育和践行社会主义核心价值观融入国民教育全过程，把培育和践行社会主义核心价值观落实到经济发展实践和社会治理中，要加强社会主义核心价值观宣传教育，要开展涵养社会主义核心价值观的实践活动，把培育和践行社会主义核心价值观落实到基层。[3] 思想政治教育是国民教育和精神文明建设的重要组成部分，如何把社会主义核心价值体系融入思想政治教育全过程，这是摆在思想政治教育工作者面前的一个既现实紧迫又任重道远的重大理论课题和实践课题。开展本课题的研究，对于创新思想政治教育，将社会主义核心价值体系融入思想政治教育之中，以社会主义核心价值体系引领思想政治教育创新，深入进行社会主义核心价值体系教育，占领主阵地，弘扬主旋律，打好主动仗，有重要的意义。

3. 加强本课题的研究对于充分发挥思想政治教育在化解人民群众价值观冲突中的作用方面有重要的意义。经济和文化全球化加剧，社会转型影响深化，网络信息技术高度普及，导致社会大众的价值观和价值取向走向前所未有的复杂化和多样化。价值取向的多元化为人民群众提供了多样的价值评价和价值选择，也使人民群众的价值观念受到了严峻的挑战，一些原本十分明确的理念、观念、信念等受到质疑，致使一部分人在价值选择和行为选择上感到迷茫和困惑，甚至在少数人中出现信念失重、理想错位、道德失范、心理失衡、信仰危机等问题。如果对这些问题听之任之，必然会进一步导致人民群众的价值观越来越偏离社会主义方向。因此，加强“社会主义核心价值体系与思想政治教育创新问题”研究，对于创新思想政治教育，使社会主义核

---

① 胡锦涛：《高举中国特色社会主义伟大旗帜，为夺取全面建设小康社会新胜利而奋斗》，《人民日报》2007 年 10 月 25 日。

② 胡锦涛：《坚定不移沿着中国特色社会主义道路前进，为全面建成小康社会而奋斗》，《人民日报》2012 年 11 月 18 日。

③ 中共中央办公厅：《关于培育和践行社会主义核心价值观的意见》，《人民日报》2013 年 12 月 24 日。

心价值体系融入思想政治教育创新之中，引导人民群众树立并践行社会主义核心价值体系，使之成为他们奋发向上的精神力量和团结和睦的精神纽带，有十分重要的意义。

4. 加强本课题的研究对于思想政治教育学科建设具有重要的意义。思想政治教育创新问题是当前思想政治教育学科建设中的一个重要问题，如何根据社会主义核心价值体系的要求，创新思想政治教育，又是思想政治教育学科建设的重中之重。因此，加强社会主义核心价值体系与思想政治教育创新问题研究，体现了思想政治教育学科建设的与时俱进，拓宽了思想政治教育学科建设的视野，为思想政治教育创新奠定了价值基础。

二　研究的主要内容

本课题以“思想政治教育创新”这一核心概念为逻辑起点，以马克思主义价值论、马克思主义思想政治教育理论和党中央有关社会主义核心价值体系建设的文件精神为指导，以社会主义核心价值体系与思想政治教育创新问题为主线，从思想政治教育的视角出发，运用哲学、文化学、思想政治教育学、政治学、教育学、社会学等多学科的理论和研究方法，系统地对社会主义核心价值体系引领下的思想政治教育创新问题进行综合研究。

本课题分为理论研究和实践研究两大部分。这两大部分是相互联系，互相贯通的。第一部分理论研究为第二部分实践研究奠定理论的基础，第二部分在第一部分的基础上探索思想政治教育创新的实践问题。

（一）理论研究部分的主要内容

理论研究部分，不仅从理论层面深入探讨了社会主义核心价值体系的内涵、基本内容、结构、层次，研究了社会主义核心价值观的内涵、基本内容及其理论依据，较为全面把握了社会主义核心价值体系的精神实质，而且从理论层面深入探讨了思想政治教育创新的内涵、基本特征、类型，夯实了本课题研究的理论基础。在此基础上，把社会主义核心价值体系与思想政治教育创新结合起来进行专门研究，并从社会主义核心价值体系的视角研究思想政治教育创新，从思想政治教育创新的视角研究社会主义核心价值体系。全面、深入地探讨社会主义核心价值体系与思想政治教育创新的关系，为把社会主义核心价值体系融入思想政治教育之中，实现思想政治教育理论和实践的创新提供了坚实的理论基础。其主要内容和重要观点如下：

第一，按照“价值—价值体系—核心价值体系—社会主义核心价值体系”的逻辑线路，在分析借鉴国内外有关研究成果的基础上，层层深入地对价值、价值体系、核心价值体系、社会主义核心价值体系等社会主义核心价值体系的基本范畴和概念进行了新的阐释，夯实了社会主义核心价值体系的基础。

第二，运用系统研究的方法对社会主义核心价值体系的构成要素、要素结合形成的结构、要素和要素、系统和环境之间的相互联系和相互作用的关系进行了深入系统的分析研究。社会主义核心价值体系是由以马克思主义价值体系构成的社会主义核心价值指导系统、以中国特色社会主义共同理想为核心构成的社会主义核心价值目标系统、以爱国主义为核心的民族精神和以改革创新为核心的时代精神构成的社会主义核心价值动力系统、以社会主义荣辱观为核心构成的社会主义核心价值规范系统四个方面要素组成的，这四个方面的要素相互联系，相互影响，相互制约，构成了一个紧密联系的有机整体。在社会主义核心价值体系的诸要素及其相互关系结构中，以马克思主义价值体系构成的社会主义核心价值指导系统是社会主义核心价值体系的灵魂，解决的是举什么旗的问题，是整个社会主义核心价值体系的理论基础，居于统领地位；以中国特色社会主义共同理想为核心构成的社会主义核心价值目标系统是社会主义核心价值体系的主题，解决的是走什么道路、实现什么样的目标的问题；以爱国主义为核心的民族精神和以改革创新为核心的时代精神构成的社会主义核心价值动力系统是社会主义价值体系的精髓，解决的是应当具备什么样的精神状态和精神风貌的问题；以社会主义荣辱观为核心构成的社会主义核心价值规范系统是社会主义核心价值体系的基础，解决的是人们行为规范的问题。社会主义核心价值体系的结构具有一定的层次，体现为一定的层次结构。“社会主义核心价值观是社会主义核心价值体系的内核，体现社会主义核心价值体系的根本性质和基本特征，反映社会主义核心价值体系的丰富内涵和实践要求，是社会主义核心价值体系的高度凝练和集中表达。”① 在社会主义核心价值体系中，社会主义核心价值观最稳定，最持久，最有统摄性，也最具有渗透性。它影响、支配社会主义核心价值体系的其他层次，社会主义核心价值体系的其他层次以不同的方式体现着社会主义核心价值观。社会主义核心价值体系系统的环境可以分为社会主义核心价值体系系统的外部环境和系统的内部环境两大部分。社会主义核心价值体系系统的外部环境是指独立于社会主义核心价值体系系统之外，对整个社会主义核心价值体系系统产生影响的环境。社会主义核心价值体系系统的外部环境不仅影响社会主义核心价值体系建设的过程，影响社会主义核心价值体系建设者及其对象，而且影响社会主义核心价值体系建设的组织建设、队伍建设等。社会主义核心价值体系系统的外部环境一般可以分为自然环境和社会环境两大结构性要素。它具有广泛性和复杂性的特点。社会主义核心价值体系系统的内部环境是指社会主义核心价值体系建设主体在社会主义核心价值体系建设过程中所选择的环境。它是社会主义核心价值体系建设主体依据一定的社会主义核心价值体系建设目的，有计划地选择、加工和改造的对社会主义核心价值体系建设对象发生感染、激励、鼓舞、促进作用的环境。它体现了社会主义核心价值体系建设主体间对环境的选择性。社会主义核心价值体系系统的内部环境主要包括社会主义核心价值体系建设的时空环境、语言环境、组织环境、人际环境、人格环境、社会主义核心价值体系建设者和对象的身心环境等。社会主义核心价值体系系统的内部环境具有有序性和可控性的特点。

第三，在分析借鉴国内外有关价值观、社会主义核心价值观研究成果的基础上，对社会主义核心价值观的内涵进行了新的概括，对社会主义核心价值观的基本内容进行了新的提炼。“社会主义”标示

① 中共中央办公厅：《关于培育和践行社会主义核心价值观的意见》，《人民日报》2013年12月24日。

“社会主义核心价值观”这一命题的性质。社会主义核心价值观中的“社会主义”所指称的是中国的社会主义，不是其他国家的社会主义，也不是其他社会主义流派。它体现科学社会主义的本质，又具有社会主义在当代中国的阶段特征。“核心价值观”表明“社会主义核心价值观”这一命题的地位。社会主义核心价值观来源于中国社会主义价值观，但它又不是一般的价值观，是在中国社会主义价值观体系中处于中心地位，起着主导作用的价值观，是中国社会主义价值观的中心和内核。从中国社会主义核心价值观中引申出非核心价值观，从而形成核心价值观的外围“保护带”。在中国社会主义价值观体系中，社会主义核心价值观最稳固，最持久，最有统摄性，也最具渗透性。它影响、支配其他非核心价值观，其他非核心价值观以不同方式体现着核心价值观。“中国人民”是“社会主义核心价值观”这一命题的主体。社会主义核心价值观必须要以人民为主体，以人民的利益为标准。但是它体现中国共产党的核心价值观，它与中国共产党“为人民服务”的核心价值观是先进性与广泛性的关系。所谓社会主义核心价值观，就是指中国人民在中国共产党领导下在长期的价值生活实践中积淀和形成的有关对社会主义的最根本的看法，是中国人民在革命建设改革实践中处理各种价值问题时所持的最根本立场、观点和态度，它在中国社会主义价值观体系中处于中心地位，起主导作用，代表着中国社会主义价值观的根本特征，体现着中国社会主义价值观的根本倾向，统率并约束其他处于非核心地位的价值观。党的十八大报告和中共中央办公厅印发的《关于培育和践行社会主义核心价值观的意见》中以 24 个字对社会主义核心价值观基本内容进行了概括，非常全面，内涵十分丰富，体现了全体公民的最大公约数。但是我认为字数太多，不利于广大群众熟记。学术界对社会主义核心价值观已经有多种概括，可谓仁者见仁，智者见智，尚未达成共识。根据笔者的研究和思考，汲取学术界某些成果，社会主义核心价值观可以概括为八个字：人本、敬业、共富、和谐。其中人本是灵魂，敬业是基础，共富、和谐是全体中国人民追求的价值目标。“人本、敬业、共富、和谐”的社会主义核心价值观的确立不是主观、任意规定的，它深深植根于中国社会主义革命建设改革的实践之中，反映了社会主义的本质要求，体现了马克思主义的核心价值追求。它继承和借鉴中国传统价值观和国外价值观的精华，实现了对中国传统价值观和国外价值观的超越。

第四，在分析借鉴有关研究成果的基础上，对思想政治教育创新的内涵、基本特征、类型等思想政治教育创新的基础性问题进行了新阐释，夯实了思想政治教育创新研究的理论基础。

第五，对社会主义核心价值体系与思想政治教育创新的关系进行了新概括。社会主义核心价值体系与思想政治教育创新之间既相互区别又相互联系，二者是辩证统一的关系。社会主义核心价值体系与思想政治教育创新在内涵、目标、任务、内容等方面存在着明显的差异。它们虽然属于社会主义意识形态建设的范畴，但二者在社会主义意识形态中所处的地位是不同的。社会主义核心价值体系体现了社会主义意识形态的本质，决定着社会主义意识形态的性质和方向。思想政治教育是社会主义意识形态的重要组成部分，但不属于本质内容，属于非本质的方面，是社会主义意识形态建设的重要手段。但二者之间又是紧密联系的，二者在社会主义意识形态建设实践中相互促进，互动发展。

（二）实践研究部分的主要内容

实践研究部分，从实践的层面分析了新时期思想政治教育的特点和面临的新形势，在此基础上着重探讨了社会主义核心价值体系引领下的思想政治教育理念创新、目标创新、内容创新、方法创新和评价创新问题，揭示了社会主义核心价值体系引领下的思想政治教育的特点和规律。

第一，在对社会主义核心价值体系与思想政治教育理念创新关系进行深入分析的基础上，按照社会主义核心价值体系对思想政治教育理念提出的新要求，提出当前思想政治教育要树立用中国特色社会主义理论武装人民、以人为本、服务群众等与社会主义核心价值体系相适应的思想政治教育理念。

第二，运用教育学关于教育目标，特别是运用思想政治教育学关于思想政治教育目标的理论，深入研究社会主义核心价值体系对思想政治教育总体目标和具体目标提出的新要求，为社会主义核心价值体系引领下的思想政治教育确立了新的科学的目标体系。

第三，依据社会主义核心价值体系引领下的思想政治教育理念和目标，深入探讨了思想政治教育的内容和结构，深入研究了社会主义核心价值体系对思想政治教育内容创新的要求，在此基础上构建起了以马克思主义为指导，以中国特色社会主义共同理想教育为核心，以爱国主义教育为重点，以社会主义荣辱观教育为基础的与社会主义核心价值体系相适应的协调统一的思想政治教育内容体系。

第四，在新的思想政治教育理念、目标、内容的指导下，运用思想政治教育方法论等相关理论，深入探讨了社会主义核心价值体系与思想政治教育方法创新的关系，深入探讨了社会主义核心价值体系对思想政治教育方法创新的要求，在继承和借鉴的基础上初步建构起了与社会主义核心价值体系相适应的思想政治教育方法体系。提出要深化以群众性精神文明创建活动为核心的自我教育方法，发展与现代传媒相协调的舆论引导方法，完善文化感染教育法等。

第五，在对当前思想政治教育评价进行分析的基础上，深入探讨了社会主义核心价值体系与思想政治教育评价创新的关系，深入探讨了社会主义核心价值体系对思想政治教育评价创新的要求，并按照社会主义核心价值体系要求构建起了以“以人为本”为核心价值理念，以发展为目标，评价内容多元化，评价过程动态，评价方式开放，评价方法多样的思想政治教育评价体系。

第六，运用调查研究的方法对民众社会主义核心价值观认知认同状况进行了调查，了解了我国民众对社会主义核心价值观的认知认同状况，发现了我国民众社会主义核心价值观认知认同方面存在的主要问题及其产生的原因，并且针对这些问题提出了有针对性的对策和建议。

第七，运用调查研究的方法对社会主义核心价值体系融入青少年思想道德教育全过程的状况进行了调查，了解了社会主义核心价值体系融入青少年思想道德教育全过程的状况，发现了社会主义核心价值体系融入青少年思想道德教育全过程方面存在的主要问题及其产生的原因，并且针对这些问题提出了有针对性的对策和建议。

三 学术价值、应用价值

（一）学术价值

本课题的学术价值主要体现在以下几个方面：

一是对社会主义核心价值体系与思想政治教育创新问题研究在体系结构上的新尝试。这是本课题与同类研究略有不同或新意之处。综观现有的研究成果，研究者大多从社会主义核心价值体系和思想政治教育创新两方面分别进行探讨。本课题将社会主义核心价值体系与思想政治教育创新作为一个有机整体，紧紧扣住以社会主义核心价值体系引领下的思想政治教育创新的主要问题来展开研究，以点带面，点面结合，既符合社会主义核心价值体系引领下的思想政治教育创新的内在逻辑，又突出了本课题的重点、难点，实现了社会主义核心价值体系与思想政治教育创新研究的有机结合，拓宽了社会主义核心价值体系与思想政治教育问题研究的视野。

二是对社会主义核心价值体系系统的构成要素，要素结合形成的结构，要素和要素、系统和环境之间的相互联系和相互作用的关系进行了新的系统理论分析。

三是对社会主义核心价值观的内涵进行了新概括，对社会主义核心价值观的基本内容进行了新的提炼。

四是对思想政治教育创新的含义、基本特征、类型等思想政治教育创新的基础性问题进行了新阐释。

五是对社会主义核心价值体系与思想政治教育创新的关系进行了新概括。

六是对思想政治教育理念、目标、内容、方法、评价的新认识。从社会主义核心价值体系的视角分析和研究思想政治教育理念创新、目标创新、内容创新、方法创新、评价创新，明确了社会主义核心价值体系对思想政治教育理念创新、目标创新、内容创新、方法创新、评价创新的要求，揭示了社会主义核心价值体系引领下的思想政治教育的特点和规律。

（二）应用价值

本课题的应用价值主要体现在以下几个方面：

一是对社会主义核心价值观的内涵进行了新概括，对社会主义核心价值观的基本内容进行了新的提炼，对社会主义核心价值体系建设有重要的应用价值。

二是对思想政治教育创新的内涵、基本特征、类型等思想政治教育创新的基础性问题进行了新阐释，对社会主义核心价值体系引领思想政治教育创新的实践有指导意义。

三是对社会主义核心价值体系与思想政治教育理念创新、目标创新、内容创新、方法创新、评价创新的研究，对社会主义核心价值体系融入思想政治教育全过程有重要的实践指导意义。

四是对社会主义核心价值体系与思想政治教育创新的关系进行了新概括，有助于我们在社会主义核心价值体系建设实践中正确把握二者之间的关系，促进二者在社会主义意识形态建设实践中相互促进，互动发展。

四　存在的不足，尚需深入研究的问题

社会主义核心价值体系与思想政治教育创新问题，是关涉到“社会主义核心价值体系融入思想政治教育全过程，转化为人民的自觉追求”的重大理论问题与现实问题。本课题仅从思想政治教育的视角对社会主义核心价值体系引领下的思想政治教育创新问题进行了探讨，以求抛砖引玉，推动社会主义核心价值体系研究的深入。本课题也是笔者研究的初步成果，笔者将继续学习，钻研探索，不断深化对本问题的研究。尽管笔者做了很多努力，但笔者深知自己学识、水平有限，本课题一定有不少疏漏和错误之处，敬请各位专家、学者批评指正。

第一章
社会主义核心价值体系的内涵、结构及本质

研究社会主义核心价值体系与思想政治教育创新，必须从社会主义核心价值体系的基本概念、结构、层次等基础性问题入手，才能科学地把握社会主义核心价值体系的本质。近年来，有关社会主义核心价值体系问题的研究文章众多，但大多忽视了社会主义核心价值体系的基础性问题研究，影响了社会主义核心价值体系研究的深入。本章将对社会主义核心价值体系的基本概念、结构、层次等基础性问题进行深入研究，力求探索并把握社会主义核心价值体系的本质。

第一节　社会主义核心价值体系相关概念梳理

本节按照“价值—价值体系—核心价值体系—社会主义核心价值体系”的逻辑线路，对与社会主义核心价值体系相关的基本范畴和概念进行剖析，从而更准确地把握研究对象的本质。

一　价值的概念梳理

按照常规的研究方法，在研究社会主义核心价值体系之前必须考察价值的概念，弄清价值的含义，这是因为，只有价值存在之后，才有价值体系。因此，对于价值这一概念的理解，直接关系到我们对价值体系、核心价值体系以及社会主义核心价值体系等概念的理解。那么什么是价值呢？这看似简单，实际上却是一个十分复杂的问题。在现实生活中，价值并不是理论家的专利，而是属于所有的人，一个普

普普通通的平民百姓对价值的理解并不逊于一个理论家，他可能连价值这个概念都没听说过，但他却能够分辨清楚现实生活中的各种价值，能够明确地知道他在追求什么。但我们对价值的认识不能仅仅停留在日常生活的理解上，还必须把它上升到理论的高度。在学术界，关于价值问题的论争由来已久，本节在分析借鉴国内外有关研究成果的基础上，对价值的概念做进一步的阐释，以求解决社会主义核心价值体系的“价值”前提。

（一）国外关于价值的界定

国外对价值的研究较早，其研究成果十分丰富，对国内价值的研究影响很大。价值作为一个哲学范畴，在国外有三种基本观点：客体说、主体说和主客体关系说。

第一，客体说。德国哲学家舍勒、美国学者罗尔斯顿等对于价值是什么的回答持客体说。舍勒认为，价值是直观的现象或现象学上的直观，它先验地存在着并在感受中给予我们。价值是超验的又是客观的，是独立于价值对象和评价主体之外的。价值作为一种先天的质，不仅具有先天性，而且具有客观性，它独立于我们的意志、情感、理智和认识，我们可以直接在事物中确认价值性质。“一个自我是否‘拥有’价值或‘经验到’价值，一般说来都完全与价值的本质无关。正如事物（如数字）或自然的存在并不假定一个‘自我’一样，价值本质所蕴含的存在也是如此。价值是独立的，它不是我们附加到事物之上的。”“即使谋杀从未‘被判有罪’，它们仍然是件罪恶。虽然善行从未受到人们的注意，它仍不失为其善。”[①] 舍勒强调价值是客观存在的，人们是否掌握它或感觉到它，对于它的存在来说并不重要，他坚决反对主观主义、相对主义的价值论。美国学者罗尔斯顿说：“进入人们视野的那些自然属性，是在人类出现之前就已客观地存在于大自然中的。”“自然物的这些属性被观赏者的知觉记录下来，并被翻译成了实实在在的价值。”[②] 他认为人们知觉的价值是自然物的反映，自

① 江畅：《现代西方价值哲学》，湖北人民出版社2003年版，第189页。

② ［美］罗尔斯顿：《环境伦理学》，杨通进译，中国社会科学出版社2002年版，第156—157页。

然物的这种属性是客观的，价值也是客观的。客体说把价值作为客体具有的性质，看到了客体对形成价值的重要作用，肯定了价值的客观性，有其合理的地方，但它忽视了主体的作用，把价值看作与主体无关的东西，陷入了机械的客观论，因此是片面的。

第二，主体说。持主体说的哲学家把价值看成主体情感、兴趣、欲望、需要的产物，是纯主观的。他们认为事物本身不具有价值，事物之所以有价值是因为它们被人们所追求或使人们得到满足，因而价值完全取决于主体的需求。培里把价值归结为人们的兴趣，认为凡是兴趣所在的对象便自然具有价值。“是兴趣对象的东西自然具有价值。任何对象无论它是什么，一旦有人对它发生了兴趣，无论哪种兴趣，它就具有了价值；正如无论什么东西，无论谁瞄准它，它就成了一个靶子一样。”后来他在《价值的领域》中又重申说：“当一个事物（或任何事物）是某种兴趣（任何兴趣）的对象时，这个事物在原初的和一般的意义上便具有价值，或是有价值的。或者说，是兴趣对象的任何东西事实上都是有价值的。”他进一步用一个等式来更明确、更简单地表达他的这种观点：“x 是有价值的 = 对 x 发生兴趣。”[①] 罗素认为价值仅仅是人们主观感情的表达，是纯主观的东西。他说：“如果两个人在价值问题上意见不一，那么他们不是对任何一种真理有不同的看法，而是一种口味的不同。”[②] 持主体说的学者们看到了价值不是事物本身的性质，但他们夸大了主体的作用，忽视了客体的作用，把价值看成纯主观的，很显然也是片面的。

第三，主客体关系说。持这种观点的哲学家认为，价值既不是纯客体的，也不是纯主体的，价值是一种主体和客体间的关系。奥地利哲学家厄棱费尔就持这种观点。阿根廷哲学家弗龙迪齐则认为价值是一种完形性质，是综合主观与客观的优点，并且只有在具体的人类情境中才存在并具有意义。它与实在界具有双重关联，因为价值结构从经验性质而来，而体现价值的对象是我们生活于其中的实在界的一部分。因而价值既不能归于支持它的经验的性质，也不能归于体现它的

① 江畅：《现代西方价值哲学》，湖北人民出版社 2003 年版，第 214—215 页。

② ［美］罗素：《宗教与科学》，徐奔春、林国志译，商务印书馆 1982 年版，第 127 页。

价值携带者。价值既受价值对象性质的影响，也受主体所有其他的生理和心理状况的影响，还受主体生活于其中的社会历史和文化等因素的影响。主客体关系说是在吸收借鉴西方价值哲学发展史上主体说和客体说的合理之处及其不足的基础上发展起来的，是对主体说和客体说的超越。

（二）国内关于价值的界定

我国学者对价值问题的研究起步较晚，受国外价值理论的影响较大。我国学者对价值的理解，我国著名价值论专家王玉樑教授在《当代中国价值哲学》一书中进行了非常系统的分析，对我们界定价值概念有十分重要的价值。他认为，我国学者对价值的界定，主要有以下基本观点。[①]

1. 用“意义”界定价值

袁贵仁教授认为：“价值，作为哲学范畴，表示客体对于主体所具有的积极或消极的意义。价值关系就是意义关系。这里，积极的意义是价值关系，消极的意义也是一种价值关系，只是性质不同罢了。为区别起见，人们一般把客体对主体的积极意义叫正价值，简称价值，而把消极的意义叫负价值。”[②] 这种观点通俗易懂，是当前学术界多数学者赞同的观点。

但这种界定也有缺点：第一，“意义”这个词，词义本身就含有“价值”的意思，用意义来给价值下定义，容易产生同义反复的缺陷。第二，“意义”是一个多义词，它有多种含义，有意思、含义、作用、价值等含义。用“意义”来给价值下定义，容易产生歧义。用“意义”来给价值下定义，还必须首先对“意义”作出规定。第三，“意义”常常与主体的理解有关。用“意义”来给价值下定义，很容易把价值看成人们的一种理解，而不是把价值看成一种客观的存在。所以，用“意义”界定价值，不是严格的科学的界定。在对“意义”做较为严格规定的前提下，这种界定可以作为一种对价值较为通俗的表述来使用。

---

① 参见王玉樑《当代中国价值哲学》，人民出版社 2004 年版，第 266—272 页。

② 袁贵仁：《价值观的理论与实践》，北京师范大学出版社 2006 年版，第 4 页。

2. 用“需要”界定价值

价值——这是人为了满足其需要和利益所需要的东西。这是在我国有比较大影响的一种观点，有的学者用“意义”界定价值，也是在“满足主体需要”的意义上理解的。其实，这种观点西方学者早就已经提出了，我国学者采用这种观点时，认为需要是客观的，需要和想要、欲求是不同的，在此基础上肯定价值的客观性，这种探索与努力是值得肯定的。但这种观点仍值得商榷。第一，主体需要有正当与不正当、健康与不健康、有益的与有害的、合理的与不合理的之分。主体需要并不是天然合理。既然主体需要并不都是合理的，就不能用“满足主体需要”来给价值下定义，否则，就容易产生满足不正当的需要也是有价值的这种荒谬的结论。第二，以满足主体需要来给价值下定义，难以保证价值的客观性。首先，这种观点只强调了主体需要的作用，忽视了客体的作用。其次，社会需要是非常复杂的，一定条件下社会主体需要如何，什么样的需要是合理的，什么样的需要是不合理的，人们常常有不同的理解。用“满足主体需要”界定价值，很难避免以人们自己理解的主体需要去判断价值导致价值判断的偏颇与失真。

3. 以合目的性界定价值

对合目的性有几种不同的理解。一种是从系统论的角度来理解。认为价值是符合系统目的，有助于实现系统目的的东西。广义价值论持这样的观点。这里的“目的”不是人类特有的“内在动机”“有目的意识”“有目的意向”的意思，而是系统的一种状态或指向，即物质系统的运动、活动与行为总是倾向于达到它，而不论其初始条件如何的状态。所以目的是系统运动的客观指向。从广义价值论来看，以合目的性界定价值，无疑是合理的。另一种理解认为价值是表征人类认识和实践过程中的一种“合目的性”。这种“合目的性”指的是客体的主体人性化的肯定意义，并非一般的主观动机，所以是特指的，打引号的。即指对于人有肯定意义的东西。这种理解不失为价值的一种见解。还有一种理解认为：价值的普遍本质在于，客体对主体来说的合目的性。客体合乎主体的某种目的，就有某种价值；如果不合目的，就没有价值。价值体现了人的崇高理想和永恒追求。人们有各种各样的目的，有崇高的，也有卑劣的。用这样的合目的性界定价值，只能产生混乱。这种观点与西方学者认为价值是欲望的函项或价值的主要基础是欲望，没有多少区别。实质上是主观价值论，否定了价值的客观性。①

4. 以有用性界定价值

这是一种常见的见解。有的学者认为“价值是客体对主体的有用性”②。还有学者认为“价值是客体对主体的效用性，是客体对主体的关系属性，不是客体的固有属性”③。这种观点强调客体及其属性对价值的重要性，反对主观价值论，坚持从主客体关系研究价值，有其合理之处。但这些观点也存在一些问题：第一，这种观点以有用性界定价值，实际上就是用使用价值、功利价值界定哲学价值，用特殊价值界定一般价值，混淆了哲学价值与使用价值的界限。④ 第二，认为价值是客体对主体的有用性，是把价值当作客体对主体的关系属性，说到底是把价值看作客体的一种属性。客体的属性是事物自身的性质，价值则是客体对主体的意义，客体对主体的作用和影响。用属性来界定价值，不能揭示价值的实质。

5. 以人界定价值

这种观点认为“价值是人”⑤，并认为这一概括揭示了价值的实质。同时又认为价值不能下定义，因为价值问题太复杂、太综合了。这种观点认为，价值是人。人是实体。价值是关系范畴，不是实体范畴。用实体说明关系范畴，是难以成立的。这种观点认为价值是本元的好，够得上本元的好的只有人。人为万物之灵，人是最有价值的，具有最高价值。人的价值是一种特殊价值，而哲学价值是一般价值。用特殊价值说明一般价值，也是欠妥的。⑥

① 王玉樑：《评哲学价值范畴的几种界定》，《社会科学研究》1999 年第 3 期。

② 谭臻、胡寿鹤：《论价值》，《现代哲学》1990 年第 1 期。

③ 王海明、孙英：《几个价值难题之我见》，《哲学研究》1992 年第 10 期。

④ 王玉樑：《评哲学价值范畴的几种界定》，《社会科学研究》1999 年第 3 期。

⑤ 韩东屏：《“价值是人”及其意蕴》，《哲学研究》1993 年第 11 期。

⑥ 王玉樑：《评哲学价值范畴的几种界定》，《社会科学研究》1999 年第 3 期。

6. 以效应界定价值

这种观点认为价值是客体对主体的效应，或价值是客体对主体的作用和影响。这里的效应不是一般效应，而是客体对主体的效应。这种观点有以下特点：第一，这种观点是从价值的存在出发的，即从价值的现实状态出发的。价值不存在于客体之中，也不存在于主体之中，价值存在于主客体相互作用中，存在于主客体相互作用时客体对主体的作用和影响中。主客体相互作用中客体对主体的作用和影响，就是客体对主体的效应，就是客体对主体的价值。所以价值是客体对主体的效应。第二，以效应界定价值，有力地确保了价值的客观性。因为客体是客观存在的，主体是客观存在的，主客体之间的相互作用是客观存在的，客体对主体的作用和影响也是客观存在的，客体对主体的效应自然也是客观存在的，因而价值是客观存在的。第三，以效应界定价值，认为价值的本质是客体主体化，是客体对主体生存、发展、完善的效应，主要是对主体发展完善的效应，从根本上说是对社会主体发展完善的效应。真正的价值，在于使主体发展完善，使人类社会更加美好。效应价值论的这种观点，较好地揭示了价值的本质。第四，以效应界定价值，能比较准确地揭示价值的特点。价值是功能性范畴，表现了主客体之间的功能关系。以效应界定价值，就是以客体对主体的作用的效果或主客体相互作用的效果界定价值，在主客体物质作用的领域，就是用实践效果、实践结果界定价值。实践结果有直接现实性，以实践结果界定价值，有很强的说服力，能较好地揭示价值是功能性范畴这一特点。第五，以效应界定价值，有助于克服把使用价值和哲学价值混同起来的缺陷。有的学者认为价值是客体对主体的有用性，其缺点是把使用价值或功利价值同哲学价值混同起来了。以满足主体需要界定价值，这种价值实质上也是使用价值。用效应界定价值，效应包含效用、有用，即包含使用价值、功利价值；但效应比有用、效用含义更广，它是指客体对主体的作用和影响。它不仅包括功利价值、知识价值，而且包括道德价值、审美价值，包括一切超功利的价值。例如，道德价值是人的行为对社会群体、他人的效应；美是客体属性作用于主体产生的特殊的超功利的愉悦效应。所以用效应界定价值，能较好地概括价值，也有利于克服把哲学价值混同于使用价值的缺点。以效应界定价值是目前比较流行的观点。①

（三）价值的界定

从上述对国内外有关价值界定的考察分析可以看出，国内外学者们从不同的角度对价值做出了各种各样的不同理解，为我们对价值做进一步阐释奠定了良好的基础，但这些理解也难免有失之偏颇之处。笔者认为，界定价值概念，应以马克思主义理论为指导，马克思确立的实践观点和实践的思维方式，为我们全面深入地理解价值问题，揭示人类价值活动之谜，提供了科学的指南。根据马克思主义的实践观点和实践思维方式，笔者认为，要对价值作出较为准确的界定，必须明确以下几个问题。

第一，价值是一个“为我而存在”的关系范畴。马克思把实践引入哲学，并在此基础上提出了“为我关系”的思想。马克思、恩格斯在《德意志意识形态》一书中明确而完整地提出了“为我关系”说。“凡是有某种关系存在的地方，这种关系都是为我而存在的；动物不对什么东西发生‘关系’，而且根本没有关系，对动物来说，它对他物的关系不是作为关系存在的。”② “人生活在自然界之中，人的生存和发展必须依赖于外部自然界。但是，外部自然界并不会自动地满足人的生存和发展的需要。为此，人必须制造和使用工具，并形成一定的社会关系，以改造外部自然界。这样，在实践中形成了主体和客体的区分。动物当然也与其他事物发生关系，但动物与其他事物之间的关系不是作为主客体之间的关系而存在的，因而对动物来说，它对他物的关系不是作为关系而存在的。”③ 价值就是人类建构的“为我而存在”的关系。国内外学术界关于价值概念界定的思维模式很多，但概括起来主要有客体说、主体说和主客体关系说三种，其他的观点大多都能概括进这些观点之中。持客体说的学者认为价值是客体所具有的

---

① 王玉樑：《评哲学价值范畴的几种界定》，《社会科学研究》1999 年第 3 期。

② 《马克思恩格斯全集》第 3 卷，人民出版社 1960 年版，第 34 页。

③ 陈新汉主编：《社会主义核心价值体系价值论研究》，上海人民出版社 2008 年版，第 136 页。

性质，与主体无关。这种观点肯定了客体的作用，肯定了价值的客观性。任何价值都必有其客观基础，即客体及属性。客体之所以能够形成某种价值，是因为它有某种客观的属性。客体的一定属性，是形成价值的客观前提、必要条件和要素。但是，不能因此将价值归结为客体，价值既不是一个实体范畴，也不是一个属性范畴，而是一个关系范畴，既没有否定主体的客观性，也没有否定主体和客体关系的客观性，持客体说的学者们过分夸大了价值的客观性，否定了价值的主体性，陷入了机械论的泥潭，不可能正确揭示价值的本质。持主体说的学者们把价值看成主体情感、兴趣、欲望、需要的产物，是纯主观的，与客体无关，这种观点肯定了主体性的作用，肯定了价值的主体性。价值总是相对于人而言的，无论是人的价值，还是物的价值，都是在实践过程中产生和存在的，都是对人的价值。没有了人，客观对象的自然属性依然存在，但无所谓有无价值问题。可见，主客体之间的价值关系不是一种自然的现成的关系，而是主体在实践基础上确立的同客体之间的一种效应关系。人是一切价值的主体，是一切价值的根据、标准和归宿，是价值的创造者、实现者和享有者。万物的价值及其等级和次序，不是世界所固有的，而是人按照自己的尺度来排列的。但是，我们不能因此将价值归结于主体，不能像持主体说的学者们那样过分夸大主体的作用，忽视客体的作用。价值既不单独存在于主体之中，也不单独存在于客体之中，但是价值既离不开主体，也离不开客体，离不开主体与客体的相互作用。价值属于关系范畴，是人类建构的“为我而存在的关系”，是客体对主体的效应。

价值既然是一个“为我而存在”的关系范畴，这就要求我们用关系的思维去界定价值的概念，从主体与客体的关系出发，从主体与客体相互作用出发去界定价值。反对单极思维，既要反对客体说的“唯客体论”的单极思维，也要反对主体说的“唯主体论”的单极思维，只有这样，才能科学界定价值。

第二，价值的基础是实践。马克思主义认为，实践是认识的来源，实践是认识发展的动力，实践是检验认识是否正确的唯一标准，实践是认识的最终目的。人的认识一步也不能离开实践，实践的观点是马克思主义认识论首要的和基本的观点。实践不仅是认识的基础和源泉，而且是价值的基础和源泉。价值作为主体与客体之间的一种关系，是在实践的基础上产生、发展和实现的。实践是价值的基础，一方面，实践创造了价值主体和价值客体。价值主体是人，人从动物分化出来，决定的因素是社会实践。在实践活动中，人们能动地改造自然，使自己成为主体，作为实践对象的自然界成为客体。自然界本无所谓主客体，实践使人和自然发生分化，分化成为主体与客体。实践的发展使主体能力不断增强，使客体的范围和价值不断拓展，从而能够创造和享受更多的价值。另一方面，实践使主客体之间发生现实性的直接相互作用，成为价值认识、价值评价以及价值创造、价值实现的基础。主客体之间的价值关系，是在社会实践过程中确立的，又随实践的发展而发展。因此，价值从本质上说是人们实践活动的结果，是人们在实践基础上形成的与客观对象的关系。在这个意义上可以说，是实践创造了价值。科学的实践观点和实践思维方式，是马克思主义价值理论的基础，也是理解各种价值现象的关键。所以，从实践、实践结果理解价值，是揭示价值本质的一条科学的思路。

根据上述分析，笔者认为，所谓价值，就是主体在实践过程中建立起来的，以主体尺度为尺度的一种客体对主体的效应。这里的主体是价值的体现者，是价值的创造者、实现者和享有者。主体尺度即内在尺度，指的是人的发展，其中包括人的需要。客体是价值的载体。实践是价值的基础。这里的效应不是一般的效应，而是客体对主体的效应，效应包含有用、效用，即包含功利价值、使用价值；但效应比效用、有用含义更广，它是指客体对主体的作用和影响，它不仅包括知识价值、功利价值，还包括一切超功利的价值。

二　价值体系概念梳理

（一）界定价值体系的已有表述

关于价值体系，学术界可以说是众说纷纭，莫衷一是。综观相关著作及论文关于价值体系界定的表述，比较有影响的有以下主要观点。

宋惠昌主编的《社会主义核心价值观专题解读》一书认为：“什

么是‘价值体系’呢？有一个说法对于我们理解‘价值体系’的实质可能会有帮助。有的学者认为：‘你的价值体系也就是你关于正确与错误、好与坏的信念系统。我的价值体系就是我们要去追求的东西，如果我们不去追求这些东西，我们就会觉得人格不完整、生活不充实。如果我们觉得我们正在通过现时行为来实现我们的价值体系，我们就会感到由此而引起的协调性和人格的完整性与一致性。价值体系体现着生活方式和对生活的反应方式。’可以看出，这里所说的‘价值体系’，就是人们一种稳定的信念系统、基本的价值观念系统。从这个意义上，我们应该说价值观与价值体系是两个内容基本一致的范畴。”①

戴木才认为：价值体系是一个社会中存在的各个层次、各个方面的价值观的总和，是指一个社会中的价值取向、价值追求、价值尺度和价值原则等与价值有关的综合体系，由一个社会中存在的思想理论、价值观念、理想信念、道德准则、精神风貌等要素构成和反映出来。②

李从军认为：价值体系是在一定社会生产方式的制约下由价值观念所构建的体系。它作为对一定社会生产方式内在反映的精神力量，笼罩着整个社会生活，主导和制约着人们追求和实现生命价值的社会意识和社会行为。③

兰久富认为：“价值体系”是人们常用的概念，但价值体系究竟是什么，价值体系包括哪些内容，对此大家并不特别清楚，往往简单地认为价值体系就是由价值构成的体系。其实，价值体系不是由价值物构成的，而是由价值观念构成的，由价值方向相近的价值观念结合到一起形成的价值体系。东西方价值体系的差别主要不在于饮食、建筑等物的方面，而在于主导人们评价和选择的价值观念上。价值观念才是确定一个价值体系的主要方面，价值体系的真正含义是价值观念

① 宋惠昌主编：《社会主义核心价值观专题解读》，中共中央党校出版社2010年版，第14页。

② 戴木才：《论社会主义核心价值观与核心价值体系的辩证关系》，《南昌航空大学学报》2011年第2期。

③ 李从军：《价值体系的历史选择》，人民出版社1992年版，第1页。

体系。[①]

陈新汉认为：关于价值体系，有广义和狭义两种理解。广义理解的价值体系就是具有结构的价值形态的世界体系。大多数价值论学者如舍勒和培里等，都认为存在着以体系形式存在着的价值世界。狭义的价值体系就是竖立在经济结构之上的“法律的和政治的上层建筑”和与现实基础相适应的“一定的社会意识形式”。我们把前者称为社会的政治上层建筑，把后者称为社会的思想上层建筑。政治上层建筑中的军队、警察、法庭、监狱、政府机关和政党等都是社会主体所建构的为我之物，体现着“为我而存在的关系”，即是对于社会主体而言的物质价值，构成了价值体系的一个组成部分。思想上层建筑中政治法律思想、道德、宗教、文学艺术、哲学等意识也都是社会主体所建构的为我之物，体现着“为我而存在的关系”，构成了价值体系的另一个组成部分。与广义的价值体系相比较，狭义的价值体系仅包括政治上层建筑的物质价值体系和思想上层建筑的精神价值体系。[②]

田海舰、邹卫在《社会主义核心价值观论纲》一书中认为：“价值体系”是指一个社会中的价值目标、价值追求、价值评价和价值取向等与价值有关的综合体，是由一定社会崇尚和倡导的思想理论、理想信念、道德准则、精神风尚等因素构成的社会价值认同体系。从政治导向和思想道德建设方面来看，它主要指整个社会的价值导向的各个层次、各个方面的总和。[③]

吕振宇主编的《论社会主义核心价值体系》一书认为：价值体系即价值要素体系，是指由相互联系的价值观念、价值实践、价值目标、价值实现条件、价值制度等要素共同组成的一个有机联系的系统。价值体系有广义与狭义之分。狭义的价值体系主要指价值观体系；广义的价值体系是指包括价值观、价值实践、价值目标、价值实现条件、价值制度等要素组成的复杂系统。价值体系包括价值观念体系、价值

① 兰久富：《社会转型时期的价值观念》，北京师范大学出版社 1999 年版，第 67 页。

② 陈新汉：《社会主义核心价值体系价值论研究》，上海人民出版社 2008 年版，第 4—5 页。

③ 田海舰、邹卫：《社会主义核心价值观论纲》，人民出版社 2010 年版，第 44 页。

实践体系和价值的制度实现体系等要素。价值观念体系是人类社会实践的产物，是社会存在的反映，属于意识形态或观念形态，而且是相对稳定的、系统性的观念形态。价值实践体系是人们为了实现价值目标而进行的一系列活动。价值的制度实现体系是人们通过价值实践而建立的经济制度、政治制度、文化制度以及社会习俗和社会风气。①

马俊峰认为：价值体系是价值观念、价值规范和价值运动的统一。一个社会的价值体系，不能简单、抽象化地理解为由各种实存价值构成的体系，还必须理解为现实的各种价值运动、价值观念和价值规范的一种有机统一，是基于它们的相互作用而构成的辩证运动过程。②

崔志胜、李红军认为：价值体系是由一系列相互关联的价值和价值观构成的逻辑体系。其体系内部各种价值和价值观的地位和作用并不相同。有些价值观念处于价值体系的边缘，而有些价值观念处于价值体系的核心。③

赵玉红认为：价值体系是一个民族在一定时代、一定社会中形成和发展起来的，是一定社会民族在一定时代社会意识的集中反映。价值体系是一个整体系统，包含着丰富的内容和诸多要素，如指导思想、信仰、信念、价值取向、价值评价等。④

此外，学术界还有人认为：价值体系是现实的各种价值的体系，不包括价值观。还有人把价值体系理解为价值标准体系。他们认为，价值现象很复杂，并且是不断变动的，但价值标准则相对稳定，而且规定了价值判断和选择的东西，只有抓住价值标准，才能抓住实质。⑤

（二）对价值体系界定表述的分析

从上述界定可以看出，学术界都认为价值是以体系的形式和系统的形式而存在的，但是他们对价值体系的理解是不相同的。有的是从

① 吕振宇主编：《论社会主义核心价值体系》，山东人民出版社2009年版，第15—16页。

② 马俊峰：《社会主义核心价值体系与科学发展观》，《教学与研究》2009年第3期。

③ 崔志胜、李红军：《社会主义核心价值体系的语义逻辑与结构分析》，《求实》2009年第9期。

④ 赵玉红：《建设社会主义核心价值体系需要把握的几个关系》，《山东社会科学》2007年第5期。

⑤ 马俊峰：《价值的视野》，武汉大学出版社2010年版，第362页。

主观方面来界定价值体系的，他们把价值体系看作价值观体系，持主观价值论的人基本就持这种观点。他们把价值当作主观的，由价值观念决定的。这种观点是唯心主义在价值论领域的表现，在理论上是错误的，在实践中是有害的，“在这种理解下，建设社会主义核心价值体系似乎也就只是思想文化建设方面的事情，是文化、教育、宣传部门的事情，而贯彻科学发展观则主要是经济管理部门的任务。这显然是一种误解，而且是一种不符合马克思主义价值论基本原则并对建设社会主义核心价值体系的实践很有危害性的一种错误观念，有必要从理论上予以澄清和纠正”[①]。有的从客观方面来界定价值体系，他们把价值体系看作现实的各种价值的体系，不包括价值观。在这种观点看来，价值观只是对价值的反映，是第二性的东西，价值观念体系是对价值体系的反映，二者是不同的。持价值客体论的人持这种观点。这种观点从一个极端走向了另一个极端，只看到了价值的客观性，忽视了价值与价值观的联系，把价值与价值观完全对立起来了。正是因为如此，马俊峰明确指出：“把价值体系看作是价值观念固然是一种片面，而把价值体系仅仅当作评价的对象，当作是价值观念所反映的对象，是排斥观念和评价的纯客观的东西，同样也是一种抽象的看法。价值固然是评价的对象，但它却离不开人们的价值观念和价值评价，就像没有离开认识活动的认识对象一样。若没有价值评价，价值总是处于自在的为人所未意识到的状态，至多只是一种潜在的价值而非现实的价值。没有价值评价，人们便难以确立明确的目的，创造价值的活动便无法开始，享受价值也无法进行。价值评价作为人把握价值的观念活动，既是使价值从自在的形态转化为自为自觉形态的桥梁，也是在创造价值过程中使价值从无到有、从小到大的一个重要环节。所以，在考察价值体系及其运动和历史演变的时候，我们决不能抛开价值观念和评价而单独地考察所谓‘客观的价值’。”[②]

有的学者认识到了上述两种对立观点的局限，从广义和狭义两方面来界定价值体系，但大都不够全面、科学。

---

① 马俊峰：《社会主义核心价值体系与科学发展观》，《教学与研究》2009 年第 3 期。

② 马俊峰：《价值的视野》，武汉大学出版社 2010 年版，第 363 页。

（三）价值体系的界定

通过上述对价值体系已有界定的剖析可以看出，对于价值体系的理解，不能孤立地、静止地、片面地去理解，而应该联系地、动态地、全面地去把握。我们不仅要看到价值体系是由现实的各种价值构成的体系，还要看到价值观在价值体系中的重要作用。正因为如此，笔者将价值体系界定为：是由各种价值要素构成的综合系统，它既包括物质价值、精神价值、人的价值，又包括价值观、价值目标、价值实践等，它们共同构成了价值的现实运动。这也就是说，价值体系是由两个相互联系的层面构成的，一个层面是由一系列相互联系的“为我而存在的关系”构成的实际的价值关系；另一个层面是由观念层面的价值导向构成的，它是对“为我而存在的关系”的主观认识或表达。这两个层面既相互联系，又相互区别，二者辩证统一于价值体系之中，成为一个有机统一体。

三　核心价值体系概念梳理

（一）界定核心价值体系的已有表述

关于核心价值体系，学术界主要有以下一些观点。

陈新汉认为：思想上层建筑的价值体系中，总存在着一些居主体地位、对其他价值起主导作用的价值，由这些价值所构成的体系就称为思想上层建筑中的核心价值体系。由于思想上层建筑的精神价值体系比政治上层建筑的物质价值体系更为根本，因此思想上层建筑中的核心价值体系也就成为整个上层建筑的价值体系中的核心价值体系。思想上层建筑中的核心价值体系就可以简称为核心价值体系。核心价值体系之所以能在思想上层建筑或在整个上层建筑中居主体地位，对思想上层建筑中的其他精神价值或对整个上层建筑中的其他物质价值和精神价值起主导作用，从直接方面来分析，就在于它是在社会核心价值观念的直接指导下构建起来的，是社会核心价值观念的对象化和具体展开。由此，核心价值体系就具有两重性：核心价值体系是社会核心价值观在精神领域的对象化；就其对象化而言，体现着“为我而存在的关系”，因而对于社会主体而言具有价值，能满足社会主体的需要，符合社会主体的利益。核心价值体系以社会核心价值观念为内核，是社会核心价值观念的具体展开，但不同于社会主义核心价值观念。在当今关于社会主义核心价值体系的研究中，有学者把社会主义核心价值体系与社会主义核心价值观念直接等同起来，这是值得商榷的。①

吴潜涛认为：社会核心价值体系是指在社会生活中居于统治、引导地位的社会价值体系，它能够有效地制约非核心、非主导的社会价值体系作用的发挥，能够保障社会经济制度、政治制度、文化制度的稳定和发展。②

韩震主编的《社会主义核心价值体系研究》一书认为：所谓“核心价值体系”就是指一个国家或地区占据主导地位的社会价值体系。一个国家、一个民族、一个社会在长期共同的认识和实践活动中，必然要形成一定的价值观念体系，在这个体系中居核心地位、起主导和统领作用的就是其核心价值体系。从结构上看，核心价值体系是一个完整、丰富的价值观系统，具有内核、层次和边沿，其内核就是核心价值观。③

吕振宇主编的《论社会主义核心价值体系》一书认为：核心价值体系，是指在一个社会的多样价值体系中，居主导、支配地位，反映现实生活和社会发展内在要求以及统治阶级根本利益的基本价值体系。核心价值体系是一个整体系统，包含着十分丰富的内容和诸多要素，如指导思想、理想信念、价值观念和价值观、价值取向和价值导向、价值标准和价值评价以及价值的物质基础、价值的制度保证等。④

田海舰、邹卫的《社会主义核心价值观论纲》一书认为：核心价值体系是指一定的价值体系中最重要的核心组成部分，是一定价值体系的灵魂，它在整个社会的所有价值目标中处于统摄和支配的地位，引导和主导一个社会的各种不同的价值观念、价值评价和价值取向沿

---

① 陈新汉：《论核心价值体系》，《马克思主义研究》2008年第10期。

② 吴潜涛：《社会主义核心价值体系的科学内涵》，《道德与文明》2007年第1期。

③ 韩震主编：《社会主义核心价值体系研究》，人民出版社2007年版，第14页。

④ 吕振宇主编：《论社会主义核心价值体系》，山东人民出版社2009年版，第21页。

着一定的方向发展，保证一定社会的政治、经济、文化的有序运行。

公方彬等认为：核心价值体系是指在所有社会价值体系中居于统治和主导地位的那一部分，它能有效制约非核心、非主导的价值体系的存在、发展和影响，并在很大程度上对社会经济制度、政治制度、文化制度的稳定和发展产生作用。核心价值体系的内核是核心价值观。①

许雁峰认为：核心价值体系是价值体系的灵魂，是指其中最重要的、基本的、主导的，起组织、协调、统领和支配作用的价值体系。②

戴木才认为：核心价值体系是一个社会的价值体系中最重要的组成部分，处于价值体系的统摄和支配地位，是一个社会倡导和主导的价值体系，引领一个社会各种不同的价值取向、价值追求、价值尺度和价值原则沿着一定方向发展。

高军认为：核心价值体系就是指在一定的社会多种价值体系中，处于核心地位的价值体系，是一个国家大多数社会成员广泛接受、共同遵循、自觉践行的理想信念、道德准则、精神气质和社会风尚等意识内容的价值整体。核心价值体系在整个社会意识领域处于统摄和支配地位，引领着其他多种价值体系前进和发展的方向，从而有效地保证一个社会的正常运转并深刻影响着人们的价值观念和价值实践。③

袁贵仁认为：在人类历史中，每一社会都有其独特的社会精神气质，它因社会的经济方式、政治理念、文化传统而形成，反映社会的价值需要、价值目标和价值追求，涵盖社会的理想信念、精神风貌、道德规范，构成社会的核心价值体系。任何社会都有自己的核心价值体系，在社会意识形态中处于统摄和支配地位，对经济社会建设、社会进步和人的发展发挥着引领和主导作用。这是一定的社会系统得以运转、一定的社会秩序得以维持的基本精神依托。④

---

① 公方彬、崔春来等：《关于构建社会主义核心价值观若干问题的思考》，《南京政治学院学报》2008 年第 5 期。

② 《高校理论战线》编辑部编：《社会主义核心价值体系研究》，云南人民出版社 2008 年版，第 20 页。

③ 高军：《执政党建设的价值基础论》，人民出版社 2011 年版，第 69—70 页。

④ 袁贵仁：《建设社会主义核心价值体系》，《中国社会科学》2008 年第 1 期。

（二）对核心价值体系界定表述的分析

首先，从上述界定可以看出，绝大部分研究者是从社会价值体系的角度来界定核心价值体系的，这与我们所研究的社会主义核心价值体系这个核心问题有非常重要的关系，但是，这样界定核心价值体系是不科学的。因为价值问题不仅仅在社会中存在，而且每一个人也存在，无论是社会的价值问题还是个人的价值问题都不是杂乱无章的，都以体系的方式存在。不仅一个社会价值体系中存在着核心价值体系与非核心的价值体系，而且每个人价值体系中也同样存在着核心价值体系和非核心的价值体系。因此，仅仅从社会价值体系的角度来界定核心价值体系是不全面的，也是不科学的。

其次，核心价值体系是在对价值体系结构进行分析的基础上得到的一个概念。从前面对价值体系的论述中我们可以看出价值体系是由多种多样的价值要素构成的一个有机系统。这一系统中的价值不仅多样，而且具有层次性。正是由于价值体系的多样性和层次性才使我们讨论与核心价值体系有关的问题成为可能。价值体系作为一种体系性的存在，在结构上有核心部分和非核心的部分。一个价值体系中核心的部分就是核心价值体系。

最后，要准确界定核心价值体系，必须科学把握“核心”一词的含义。“核心”一词，在现代汉语中是一个使用频率非常高的概念。在《辞海》中，“核”有三种解释。一是指果实内保护种子的硬壳。如桃核、枣核。二是指桃、李、杏、梅等有核的果品。《诗·小雅·宾之初筵》：“笾豆有楚，殽核维旅。”三是指原子核的简称。如核能、核武器。“核心”指中心。引申为起主导作用的部分。如领导核心、核心作用。[①] 在《现代汉语词典》中，“核”也有三种大同小异的解释。一是指核果中心的坚硬部分，里面有果仁；二是指物体中像核的部分，如细胞核；三是指原子核、核能、核武器。“核心”，名词，指中心；主要部分（就事物之间的关系说）：领导核心、核心小组、核

① 辞海编辑委员会编：《辞海（缩印）》，上海辞书出版社1980年版，第1301页。

心工事、核心作用。[①] 在《现代汉语辞海》《新华大字典》《多功能中华汉语辞海》《汉字详解字典》等中，基本上都是类似的解释。[②] 归纳之，在现代汉语中，“核心”一词主要有三种解释：一是中心；二是引申指起主导作用的部分，如领导核心、核心作用；三是指主要部分（就事物之间的关系说）。

（三）核心价值体系的界定

根据以上分析，我们可以看出，核心价值体系应包括三个方面的含义。首先，核心价值体系是价值体系的中心。价值体系是以核心价值体系为原点而展开的有机结构体系。其次，是引申义，是就核心价值体系在价值体系结构中的作用而言的。核心价值体系是在价值体系中起主导作用的价值体系。最后，就核心价值体系与非核心价值体系的关系来说，核心价值体系是价值体系中的主要部分。

据此，我们可以把核心价值体系界定为：是指在整个价值体系中处于中心地位，起主导作用，代表着价值体系的根本特征，体现着价值体系的根本倾向，统率并约束其他处于非核心地位的价值体系。任何一个社会或个人的价值，都是体系性存在，都存在着核心价值体系和非核心价值体系。它们在社会或个人的价值体系中的地位和作用是不同的，核心价值体系是占据主导地位和支配地位的价值体系，非核心价值体系则处于外围的次要的从属的地位。

四　社会主义核心价值体系概念梳理

（一）界定社会主义核心价值体系的已有表述

学术界对于社会主义核心价值体系的认识也是不一致的，综观相关著作及论文中关于社会主义核心价值体系界定的表述，比较有影响的有以下观点。

---

① 中国社会科学院语言研究所词典编辑室编：《现代汉语词典》第5版，商务印书馆2005年版，第553—554页。

② 参见《现代汉语辞海》，中国书籍出版社2003年版，第409页；《新华大字典》，商务印书馆2004年版，第463页；袁游主编《多功能中华汉语辞海》，中国戏剧出版社2002年版，第365页；吴润仪编《汉字详解字典》，四川人民出版社2001年版，第290页。

韩震主编的《社会主义核心价值体系研究》认为：社会主义核心价值体系是立足于社会主义经济基础之上的价值认同系统，它涉及经济、政治、文化、思想等社会生活的方方面面，集中体现了社会主义意识形态的本质属性。社会主义核心价值体系集中体现了社会主义国家的理想信念、价值标准和道德规范，是社会主义制度的精神内涵。社会主义核心价值体系建立在社会主义生产力和生产关系基础之上，也是一个有内核、层次和边沿的价值系统。它既有内核——核心价值观，又有伦理价值观、政治价值观、经济价值观和社会生活价值观等不同层次。①

田海舰、邹卫著的《社会主义核心价值观论纲》认为：社会主义核心价值体系是社会主义价值体系的核心部分，是由社会主义经济、政治和文化所决定的，是社会主义制度的内在精神和生命之魂，它引导着社会主义的发展模式、制度体制和目标任务，在所有社会主义价值目标、整个社会主义价值体系中处于统摄和支配的地位。②

李崇富认为："仅从字面上看，作为建设和谐文化之'根本'的'社会主义核心价值体系'这个概念的内涵，既可以指由社会主义性质的、客观的价值因素（即价值事实）构成的体系；也可以指由社会主义性质的、主体意识中的价值观念构成的体系；还可以是指上述两个方面的统一。我认为，党的十六届六中全会《决定》中所讲的'社会主义核心价值体系'，是指主体观念的层面，即'社会主义核心价值观（体系）'。我这样讲，有三点理由：其一，《决定》中论述这个问题的小题目，是'建设社会主义核心价值体系，形成全民族奋发向上的精神力量和团结和睦的精神纽带'。很显然，能够焕发出这种'精神力量'和发挥这种'精神纽带'作用的，只能是社会主义的核心价值观念。其二，《决定》中指出的'社会主义核心价值体系'的'基本内容'，是由'马克思主义指导思想，中国特色社会主义共同理想，以爱国主义为核心的民族精神和以改革创新为核心的时代精神，社会主义荣辱观'构成的。同样，也很显然，所有这些'基本内容'

---

① 韩震主编：《社会主义核心价值体系研究》，人民出版社2007年版，第14—15页。

② 田海舰、邹卫：《社会主义核心价值观论纲》，人民出版社2010年版，第44页。

都是精神形态和观念形态的东西。其三，《决定》中论述到‘社会主义核心价值体系’的贯彻时，则提出要使之‘融入到国民教育和精神文明的全过程、贯穿到现代化建设各方面’。显而易见，这是指‘建设社会主义核心价值体系’与‘建设社会主义精神文明’，是有包容关系的，即前者包容在后者之内。换言之，这种核心价值体系作为社会主义的核心价值观，应当是社会主义精神文明建设的核心内容。所以，我们说党的十六届六中全会《决定》所提出的‘建设社会主义核心价值体系’的任务，也就是在要全社会普遍地建构、培育具有中国特色的社会主义核心价值观（体系），是比较符合《决定》之原意的。”①

宇文利认为：社会主义核心价值体系是社会主义国家中占主导地位的意识形态，在社会主义价值体系中起统领作用。从形成过程看，社会主义核心价值体系是中国共产党在领导中国革命、建设和改革过程中的理论创造与实践总结，有着深厚的理论准备和思想渊源。②

许俊生认为：社会主义核心价值体系是合成词。作为单个词，它早就出现了。“价值”，指积极作用，体现在商品里的社会必要劳动。社会主义这个名词是从拉丁文 socialis 演变而来，原意是指以大众的幸福和福利为目标、以合作为基础、同一些经济学家主张的个人主义制度相对立的人类事务的集体管理制度。从思想理论上说，指社会主义制度，是共产主义的初级阶段；从动态功能上说，社会主义的本质是解放生产力，发展生产力，消灭剥削，消除两极分化，最终达到共同富裕。“核心”指中心，主要部分（就事物之间的关系说）。“体系”，指若干有关事物或某些意识相互联系而构成的一个整体。结合社会主义核心价值体系单个词的本来含义，社会主义核心价值体系即对社会主义有积极作用的意识主要部分形成的一个整体。③

---

① 李崇富：《建设社会主义核心价值体系从观念到现实的思考》，《江西社会科学》2007 年第 2 期。

② 《高校理论战线》编辑部编：《社会主义核心价值体系研究》，云南人民出版社 2008 年版，第 10 页。

③ 许俊生：《多维视域下社会主义核心价值体系本质探析》，《科教文汇》2011 年第 2 期。

胡爽平认为：社会主义核心价值体系是相对于社会中存在的其他多元的社会价值体系而提出的，是在社会的各种价值体系中具有主导的、统领的、核心地位的体系，实质上就是社会主义价值体系。在社会主义核心价值体系之外并不存在一个内涵更为宽泛、架构更为宏大的社会主义价值体系；在社会主义价值体系之内也并不存在一个内涵更为精炼、地位更为凸显的社会主义核心价值体系。①

戴木才认为：社会主义核心价值体系是一个融汇了最高价值、核心价值、基本价值与具体价值的有机统一整体，是一个包含丰富内容的多层次体系。其中，最高价值、核心价值是以基本价值、具体价值为基础，是对基本价值和具体价值的高度概括和抽象，对基本价值、具体价值起着统领和支配作用，并蕴含在基本价值、具体价值之中，通过基本价值、具体价值表现出来；而基本价值、具体价值又体现着最高价值、核心价值，以最高价值和核心价值为指导和灵魂。社会主义核心价值体系是一个历史范畴，其中既有"科学"的社会主义核心价值体系，也有形形色色的"非科学"的社会主义核心价值体系。②

陆秋林认为：社会主义核心价值体系，既要理解为社会主义核心价值的体系，也要理解为社会主义的核心价值体系，前者强调社会主义核心价值是一个体系；后者强调社会主义核心价值体系的社会主义本质属性。③

张健、张新颜从语义和语用两个角度分析了社会主义核心价值体系这一概念。首先，从语义上看，社会主义核心价值体系包含这样的逻辑层次：社会主义的—核心的—价值体系，其中"价值体系"是中心词，"社会主义"指称价值体系的属性，"核心"是对价值体系地位的限定，理解"社会主义核心价值体系"含义的关键是确认"核心"所限定的内容与区域。"核心"的本义即"内核"与"中心、轴心"，前者指在价值体系中的最内层，是就结构而言的；后者是指在运行上

① 胡爽平：《对社会主义核心价值体系的几点理解》，《理论月刊》2008 年第 10 期。

② 戴木才：《社会主义核心价值体系需要深化研究的若干理论问题》，《马克思主义研究》2009 年第 9 期。

③ 陆秋林：《对社会主义核心价值体系概念的解析》，《金陵科技学院》2007 年第 3 期。

起中心作用、在过程中处于轴心的一种地位，是就功能而言的。因此，“核心”限定了两个基本内容和一个特定区域，前者即特定价值群在价值体系中的结构性的主体地位和功能性的主导作用；后者即“社会主义价值体系”中的那个具有原初性驱动力量、总体性支撑效力、前导性激发功能的价值区域。“原初性驱动力量”是指这些特定价值区域是形成“社会主义价值体系”的根源和内在驱动力量，如人的解放信念、共产主义的理想等；“总体性支撑效力”指的是那些具有指导社会主义整体进程的基本理念，如马克思主义哲学、科学社会主义理论等；“前导性激发功能”则指的是那些依据马克思主义原理而又与时俱进的基本信念，如新集体主义、公平正义、以人为本等。社会主义核心价值体系的基本内涵就是在人们对社会主义价值属性的诸多感受与体验、认知和评判中居于主体地位、起着主导作用的，能够在根本意义上反映和影响社会主义实际进程的观念的集合，它是社会意识系统中的核心部分，表达着人们对社会主义（实践）的需求。其次，从语用上看，社会主义核心价值体系指称社会主义实践的效果客体对该时代主体实体的意义这样一种价值关系，由于主体实体有私人领域（以市场体系为基础，表证的是私人自主性）、国家领域（以阶级为平台，代表的是阶级意志）和公共领域（以民间力量为支撑，表达的是社会中除去私人与国家之外的公共诉求）的不同，其对社会主义实践的价值观念也就有所不同。国家意志主要反映的是阶级诉求，维护阶级利益和表达阶级意志是国家主体对“社会主义属性”认识的基本视角和立场。如提出“马克思主义指导思想是社会主义核心价值体系的灵魂”，这反映出一种意识形态的要求，本质上表达的是一种整合与凝聚全社会观念的意愿和意志。私人立场反映的是个体主体对社会主义实践的感受、体验、认识以及评价，它倾向于对国家的“应该性”要求或请求，本质上是一种愿景，这意味着它有可能不合实际，因此，国家主体有必要给予一定的整合、导向以及规范，把中国特色社会主义共同理想作为社会主义核心价值体系的主题，其基本意图就是通过最大的共识来整合与凝聚私人诉求的多样性。公共领域的社会民间力量对“社会主义属性”的体认与态度大致反映了社会总体上对该社会成员基本需求的满足程度和广度，提出以爱国主义为核心的民族精神和改革创新为核心的时代精神（其本质是一种最大的社会公共诉求）是社会主义核心价值体系的精髓，目的就在于向社会展示国家对公共领域立场的重视与关注。①

刘海涛认为：社会主义核心价值体系是社会主义“价值”以社会主义“价值观”为中介，在中国共产党的指导思想和社会主义国家的意识形态层面上的展开。“社会主义价值”回答社会主义“对谁有什么好处”，亦即“社会主义优越性”的问题。社会主义价值观是认识和判断社会主义价值的根本观点。社会主义核心价值体系奠定社会主义价值的文化力量。建设社会主义核心价值体系，为的是形成中华民族奋发向上的精神力量与团结和睦的精神纽带，从文化上巩固和发展中国特色社会主义事业。②

李斌雄等认为：社会主义价值体系就是由目的性价值和手段性价值共同构成的体系。而处于核心地位、起指导和统领作用的目的性价值和手段性价值所构成的体系就是社会主义核心价值体系。③

（二）对社会主义核心价值体系界定表述的分析

从上述对社会主义核心价值体系的界定可以看出，学术界对社会主义核心价值体系给予了广泛关注，引起了多学科的兴趣，这些界定为我们进一步把握社会主义核心价值体系概念的科学内涵提供了良好的基础。根据前面我们对价值、价值体系、核心价值体系的界定，以及学术界上述有关社会主义核心价值体系的界定，我认为，要对社会主义核心价值体系作出科学界定，必须注意以下几个方面的问题。

第一，社会主义核心价值体系是在对社会主义价值体系结构分析的基础上得到的一个概念。学术界普遍认为“社会主义核心价值体系是一个历史范畴，其中既有‘科学’的社会主义核心价值体系，也有

① 张健、张新颜：《社会主义核心价值体系：语义分析和语用阐释》，《伦理学研究》2007年第4期。

② 刘海涛：《社会主义核心价值体系解析》，《中共中央党校学报》2008年第6期。

③ 李斌雄等：《中国特色社会主义核心价值体系界定的多维视角》，《学校党建与思想教育》2007年第8期。

形形色色的‘非科学’的社会主义核心价值体系。社会主义核心价值体系是一个不断生成的概念，在不同的历史发展阶段和不同的历史时期，在不同的国家、地区和民族，有着不同的内容和具体表现形式。从空想社会主义到科学社会主义、从社会主义理论到社会主义实践、从社会主义运动到社会主义制度的建立，经历了数百年的理论探索和实践奋争，其间形成了各种各样、形形色色、五花八门、科学的与非科学的对社会主义核心价值体系的基本看法和基本理念。‘科学’的社会主义核心价值体系是直接产生并从属于科学社会主义思想理论体系的一种核心价值体系”①。从中可以看出，在社会主义发展的历史过程中形成了多种多样的社会主义价值体系，在这多种多样的社会主义价值体系之中，有的处于核心地位，有的处于非核心地位。因此，把社会主义核心价值体系等同于社会主义价值体系是不正确的。就某一种社会主义价值体系这一系统自身来讲，它也是由多种多样的子系统构成的一个有机系统。这一系统中的子系统在系统中的地位和作用也是不同的，有的处于核心地位，有的处于非核心地位。处于核心地位的子系统就是社会主义核心价值体系。因此，从某一社会主义价值体系系统内部来讲，把社会主义核心价值体系等同于社会主义价值体系也是不正确的。

第二，社会主义核心价值体系与社会主义核心价值观体系是既相互联系又相互区别的概念，不宜将二者完全等同。从前面我们对价值体系和核心价值体系的剖析可以看出，社会主义核心价值体系是由一系列在社会主义价值体系中处于核心地位的价值要素构成的体系，核心价值观体系只是其中一个要素而已，将社会主义核心价值观体系等同于社会主义核心价值体系，很显然是窄化了社会主义核心价值体系。这也就是说，社会主义核心价值观体系只是社会主义核心价值体系的重要组成部分之一，而不是它的全部内容，我们在界定社会主义核心价值体系时绝对不能以偏概全，“一叶障目”。当然，它们之间又是相互联系的。它们都是社会主义价值体系的重要组成部分，都体现了社

---

① 戴木才：《社会主义核心价值体系建设需要深化研究的若干理论》，《马克思主义研究》2009 年第 9 期。

会主义的核心价值追求，是中国特色社会主义文化建设的核心。“二者都属于社会主义主流意识形态的范畴，受社会主义经济基础的决定，服务于社会主义经济基础；两者的提出都是社会主义市场经济发展的必然要求，是社会主义和谐社会建设过程中需要突出解决的关键性问题。”① 有的学者从社会主义核心价值体系基本内容的分析入手，认为党的十六届六中全会《决定》中所讲的“社会主义核心价值体系”，是指主体观念的层面，即“社会主义核心价值观体系”。并对党中央提出的“社会主义核心价值体系的基本内容”进行了深入剖析。这种具体的实事求是的分析是有价值的。但是，我们不能因此将社会主义核心价值体系界定为社会主义核心价值观体系。因为社会主义核心价值体系是一个内涵十分丰富的概念，党中央提出的社会主义核心价值体系的基本内容，仅仅是社会主义核心价值体系的基本内容而已，它还有极为丰富的内容。此外，社会主义核心价值体系建设，党中央提出时间不长，也是一个亟须深入研究，不断丰富发展的时代重大课题。我们不能仅凭借中央文件中对社会主义核心价值体系基本内容的表述，就将社会主义核心价值体系界定为社会主义核心价值观体系，这显然是欠妥当的。

第三，社会主义核心价值体系与社会主义认同体系也是既相互区别又相互联系的概念，不宜将社会主义核心价值体系界定为“立足于社会主义经济基础之上的价值认同系统”。一些学者之所以将社会主义核心价值体系界定为“社会主义核心价值体系是立足于社会主义经济基础之上的价值认同系统”，主要是从党中央提出的“社会主义核心价值体系的基本内容”和建设社会主义核心价值体系的目的的角度来界定的。从上述两个方面的内容来看，建设社会主义核心价值体系的目的就是要在社会价值多元环境中形成对马克思主义的价值认同，形成对中国特色社会主义的共同理想的价值认同，形成对以爱国主义为核心的民族精神和以改革创新为核心的时代精神的价值认同，形成对“八荣八耻”社会主义荣辱观的价值认同，打牢全党全国各族人民

① 胡爽平：《对社会主义核心价值体系的几点理解》，《理论月刊》2008 年第 10 期。

团结奋斗的思想道德基础。但是，这些只是建设社会主义核心价值体系的目的，对社会主义上述核心价值的认同，也只是社会主义核心价值体系的功能之一。我们不能将这些等同于社会主义核心价值体系的内涵。我们认为“立足于社会主义经济基础之上的价值认同系统”充其量也只能是社会主义核心价值体系丰富多彩的内容之一，不能将它等同于社会主义核心价值体系。从上述分析可以看出，将社会主义核心价值体系界定为“立足于社会主义经济基础之上的价值认同系统”，是不全面的，也是不科学的。

（三）社会主义核心价值体系的界定

通过对上述社会主义核心价值体系界定的不同表述的分析，以及前面对价值体系、核心价值体系和“核心”一词的语义分析，笔者认为应从广义和狭义两个方面来界定社会主义核心价值体系。

广义的社会主义核心价值体系应从整个人类历史发展过程中形成的各种各样的社会主义价值体系的角度来加以界定。在人类历史发展过程中，不仅产生了科学社会主义，而且形成了多种多样非科学的社会主义。“在马克思的时代，除了空想社会主义，还存在封建的社会主义、小资产阶级的社会主义、基督教的社会主义等各种‘非科学’的社会主义。……当今时代，较有影响的民主社会主义（或社会民主主义）、生态社会主义、市场社会主义、后工业社会主义、女权社会主义、多元社会主义、自治社会主义等非科学的社会主义流派。”[①] 这些多种多样的社会主义价值体系之中，处于中心地位，起主导作用，代表着社会主义价值的根本特征，体现着社会主义价值根本倾向，统率并约束其他处于非核心地位的社会主义价值体系的价值体系，就是广义的社会主义核心价值体系。从社会主义发展历史来看，具有上述特征的只能是科学社会主义。

狭义的社会主义核心价值体系是从微观方面，从每一种现实存在的社会主义价值体系自身来进行界定的。人类历史实存的各种各样的社会主义价值体系，都是由多种多样的价值要素构成的一个综合系统，

① 戴木才：《社会主义核心价值体系建设需要深化研究的若干理论》，《马克思主义研究》2009年第9期。

在这一系统中必然存在处于中心地位，起主导作用，代表此种价值体系根本特征，体现着此种价值体系根本倾向，统率并约束其他处于非核心地位的价值体系的价值体系，该系统内部具有这样一种特征的价值体系就是狭义的社会主义核心价值体系。

广义的社会主义核心价值体系包含了狭义的社会主义核心价值体系，狭义的社会主义核心价值体系是广义的社会主义核心价值体系的重要组成部分。我们认为党中央在十六届六中全会《决定》中提出的“社会主义核心价值体系”，是从狭义的方面提出来的。它所指称的社会主义核心价值体系，指的是在中国社会主义价值体系中处于中心地位，起主导作用，代表中国社会主义价值体系根本特征，体现着中国社会主义价值根本倾向，统率并约束在中国社会主义价值体系中处于非核心地位的价值体系。它建立在社会主义初级阶段生产力和生产关系基础之上，“反映了我国社会主义基本制度的本质要求，渗透于经济、政治、文化、社会建设的各个方面，在所有社会主义价值目标中处于统摄和支配地位，为中国特色社会主义的发展和完善提供了思想根基，是我国社会主义制度的内在精神之魂”①。我们理解社会主义核心价值体系绝对不能离开党中央十六届六中全会文件，绝不能离开社会主义初级阶段这个历史方位，仅从字面上对社会主义核心价值体系进行界定。当前，学术界关于社会主义核心价值体系界定已有的表述中这种望文生义，泛化社会主义核心价值体系的现象十分严重，分散了研究的力量，我们应把主要力量聚集在中国社会主义核心价值体系上，让世界认识中国道路的核心价值。

第二节　社会主义核心价值体系系统分析

社会主义核心价值体系作为一个“体系”，不是单一的，它是由一系列社会主义核心价值构成的系统。因此，要科学把握社会主义核心价值体系的本质，就必须运用系统的方法，对社会主义核心价值体

① 中共中央宣传部：《社会主义核心价值体系学习读本》，学习出版社2009年版，第6页。

系进行系统分析。所谓系统，就是由相互作用和相互依赖的若干要素组成的，具有确定功能的有机整体。系统分析方法是指运用系统的观点和原则对社会主义核心价值体系的构成要素，要素结合形成的结构，要素和要素、系统和环境之间的相互联系和相互作用的关系进行分析研究，科学地把握社会主义核心价值体系本质的方法。

一　社会主义核心价值体系的要素分析

在系统论看来，系统最基本的构成就是要素，离开了要素就无所谓系统。因此，在分析社会主义核心价值体系时，首先要从分析构成社会主义核心价值体系的要素开始。它是正确认识社会主义核心价值体系的基础和起点。

社会主义核心价值体系同其他任何系统一样，都包含着多个作为系统重要组成部分的子系统，这些子系统既是构成社会主义核心价值体系的要素，同时又是由更低一层次的、更小的要素所组成。各种系统因为性质和特点不同，其包含的子系统或要素也不相同。那么，社会主义核心价值体系的子系统或构成要素是什么呢？根据党的十六届六中全会通过的《中共中央关于构建社会主义和谐社会若干重大问题的决定》对社会主义核心价值体系基本内容的概括："马克思主义指导思想，中国特色社会主义共同理想，以爱国主义为核心的民族精神和以改革创新为核心的时代精神，社会主义荣辱观"①，以及学术界关于社会主义核心价值体系构成要素的相关研究，笔者认为，社会主义核心价值体系主要由以下四大要素构成：第一，以马克思主义价值体系构成的社会主义核心价值指导系统，它主要由马克思主义创始人马克思和恩格斯的社会主义价值体系、列宁的社会主义价值体系、毛泽东的社会主义价值体系、邓小平的社会主义价值体系、江泽民的社会主义价值体系、胡锦涛的社会主义价值体系构成。第二，以中国特色社会主义共同理想为核心构成的社会主义核心价值目标系统，它主要由中国特色社会主义共同理想和共产主义最高理想构成。建设中国特

① 《中共中央关于构建社会主义和谐社会若干重大问题的决定》，《人民日报》2006年10月19日。

色社会主义、实现中华民族伟大复兴，是现阶段我国各族人民的共同理想。这一共同理想要求全体中国人民要坚定对中国共产党的信任，坚定走中国特色社会主义道路的信念，坚定实现中华民族伟大复兴的信心。中国共产党的最高理想和最终目标是实现共产主义，中国特色社会主义共同理想是共产主义最高理想在我国社会主义初级阶段的现实体现，是实现共产主义最高理想的必经阶段。没有最高理想的指引，就不会有共同理想的确立和坚持。没有共同理想的实现，最高理想就没有现实的基础。第三，以爱国主义为核心的民族精神和以改革创新为核心的时代精神为核心构成的社会主义核心价值动力系统，它主要由民族精神和时代精神两部分构成。第四，以社会主义荣辱观为核心构成的社会主义核心价值规范系统，它主要由“八荣八耻”社会主义荣辱观等社会主义核心道德价值规范构成。

社会主义核心价值体系这四个方面的要素相互联系、相互影响、相互制约，构成了一个紧密联系的有机整体。因此，社会主义核心价值体系要素的第一个特征是密切联系性。社会主义核心价值体系各要素之间的关联性也很强。例如，以马克思主义价值体系构成的社会主义核心价值指导系统对社会主义核心价值体系其他三个子系统有直接的价值指导作用，其他三个子系统必须以此作为指导，不能违背马克思主义价值原则。第二个特征是差别性和多样性。构成社会主义核心价值体系的各要素之间都存在着差异，就社会主义核心价值体系系统整体而言，其构成要素则是多种多样的，社会主义核心价值体系是由多种多样既相互联系又相互区别的社会主义核心价值构成的有机统一体。第三个特征是独特性。这就是说，社会主义核心价值体系每个要素都有自己独特的内在矛盾、独特的质和量的规定性。

总之，社会主义核心价值体系的要素和系统的联系不是固定不变的，而是随着时代发展不断发展变化的。因此，社会主义核心价值体系要素和系统的划分只是相对的。因为，社会主义核心价值体系任何要素都是由更小的要素构成的，对于更小的要素来说，它本身就是一个系统；社会主义核心价值体系的任何系统都是包含在更大的系统之中，对于社会主义核心价值体系更大的系统来说，它本身只是一个要素。所以，我们在对社会主义核心价值体系要素进行分析时，应把握社会主义核心价值体系要素与系统的相对性。

二 社会主义核心价值体系的结构分析

社会主义核心价值体系的性质，不仅取决于其构成的要素，而且取决于社会主义核心价值体系各要素之间的相互联系、相互作用的关系及方式，即社会主义核心价值体系的结构。社会主义核心价值体系同其他任何系统一样，都是由一定的要素所组成，但它并不等于各种要素的简单相加，而是由社会主义核心价值体系系统内各要素按照一定结构所形成的有机整体，没有一定的结构，社会主义核心价值体系就不能构成一个整体，也形成不了社会主义核心价值体系的整体性质及其功能。因此，我们在对社会主义核心价值体系进行系统分析时，不仅要重视社会主义核心价值体系的要素分析，而且要重视社会主义核心价值体系的结构分析。

（一）社会主义核心价值体系的结构模型分析

社会主义核心价值体系结构分析的最重要的任务之一是揭示系统诸要素之间相互联系、相互作用的方式和秩序，即结构。我们在对社会主义核心价值体系进行结构分析时，不仅应把每一要素放在同其他要素的相互联系、相互作用中去分析，而且要通过比较，把握每一要素在相互联系中的地位，发现它们结合的方式或结构。根据党中央关于社会主义核心价值体系建设相关文件以及学术界关于社会主义核心价值体系结构的研究，笔者认为，在社会主义核心价值体系的诸要素及其相互关系结构中，以马克思主义价值体系构成的社会主义核心价值指导系统是社会主义核心价值体系的灵魂，解决的是举什么旗的问题，是整个社会主义核心价值体系的理论基础，居于统领地位。树立中国特色社会主义共同理想、弘扬培育民族精神和时代精神、树立社会主义荣辱观，都必须坚持以马克思主义为指导。以中国特色社会主义共同理想为核心构成的社会主义核心价值目标系统是社会主义核心价值体系的主题，解决的是走什么道路、实现什么样目标的问题。坚持马克思主义指导思想、弘扬培育民族精神和时代精神、树立社会主义荣辱观，都是为了引领和激励全体人民努力实现中国特色社会主义共同理想。以爱国主义为核心的民族精神和以改革创新为核心的时代精神构成的社会主义核心价值动力系统是社会主义核心价值体系的精髓，解决的是应当具备什么样的精神状态和精神风貌的问题。它是坚持马克思主义指导思想、树立中国特色社会主义共同理想、弘扬社会主义荣辱观的精神条件。以社会主义荣辱观为核心构成的社会主义核心价值规范系统是社会主义核心价值体系的基础，解决的是人们行为规范的问题。它以基本行为规范的方式涵盖了社会主义核心价值体系其他三个方面的内容并使之具体化，从而让社会主义核心价值体系落到实处有了依托，人们践行有了遵循。[①] 从上述分析可以看出，社会主义核心价值体系是由上述四个要素组成的各具功能、各有侧重、相互联系、结构完整的有机统一整体。

（二）社会主义核心价值体系结构层次分析

系统的结构，不仅体现为一定的横向联系及其方式，而且体现为一定的纵向联系及其方式，即系统的层次结构。任何一个复杂的系统，都存在着不同等级、不同层次的系统结构关系，其中，高级系统结构包含着低级系统的结构，但不能归结为低级系统的结构，它具有低级系统结构所不具备的结构特征；低级系统构成了高级系统结构的要素，但它又包含着更低一级的系统结构。因此，系统的结构总是一定层次上的结构。不同层次的系统结构形成了纵向衔接、层层递进的系统结构关系。每一层次的结构，都具有不同于其他层次结构的特征。[②] 社会主义核心价值体系的结构也具有一定的层次，体现为一定的层次结构。从社会主义核心价值体系的整体来分析，“社会主义核心价值观是社会主义核心价值体系的内核，体现社会主义核心价值体系的根本性质和基本特征，反映社会主义核心价值体系的丰富内涵和实践要求，

① 参见中共中央宣传部《社会主义核心价值体系学习读本》，学习出版社 2009 年版，第 15—16 页。

② 参见郑永廷主编《思想政治教育方法论》，高等教育出版社 1999 年版，第 92—93 页。

是社会主义核心价值体系的高度凝练和集中表达”[①]。在社会主义核心价值体系中，社会主义核心价值观最稳定、最持久、最有统摄性，也最具有渗透性。它影响、支配社会主义核心价值体系的其他层次，社会主义核心价值体系的其他层次以不同的方式体现着社会主义核心价值观。

从社会主义核心价值体系的要素来分析，它也有非常强的逻辑层次。社会主义核心价值体系由以马克思主义价值体系构成的社会主义核心价值指导系统、以中国特色社会主义共同理想为核心构成的社会主义核心价值目标系统、以爱国主义为核心的民族精神和以改革创新为核心的时代精神构成的社会主义核心价值动力系统、以社会主义荣辱观为核心构成的社会主义核心价值规范系统四个方面要素组成的，这些要素以一定的相互联系、相互作用的方式构成了社会主义核心价值体系的整体结构及其功能特征，而每一社会主义核心价值体系要素作为子系统，又包含着更低一级的要素及其结构。例如以马克思主义价值体系构成的社会主义核心价值指导系统，就包含着马克思和恩格斯的社会主义价值体系、列宁的社会主义价值体系、毛泽东的社会主义价值体系、邓小平的社会主义价值体系、江泽民的社会主义价值体系、胡锦涛的社会主义价值体系，相互之间又构成了低一层次的结构。再往下分析，马克思和恩格斯社会主义价值体系中，又包含着马克思和恩格斯政治价值体系、经济价值体系、道德价值体系、人生价值体系、生态价值体系等更低一层次的要素及其结构。在社会主义核心价值体系中这些不同层次的结构，不仅形成了一定的层次结构关系，而且形成了不同层次的结构所具有的不同特征。因此，我们在对社会主义核心价值体系进行分析时，不仅要注重分析系统的横向关系结构，把握社会主义核心价值体系的结构模型，而且要分析系统的纵向关系结构，把握系统的层次结构及其特征。只有这样，才能使对社会主义核心价值体系的结构分析做到纵横结合、层层深入，从而科学把握社会主义核心价值体系的本质。

---

① 中共中央办公厅：《关于培育和践行社会主义核心价值观的意见》，《人民日报》2013 年 12 月 24 日。

（三）社会主义核心价值体系结构优化分析

社会主义核心价值体系的结构分析不仅包括系统的结构模型分析、结构层次分析，还应包括系统结构的优化分析。社会主义核心价值体系结构的优化分析是一种整体分析，即从整体上分析社会主义核心价值体系系统的结构是否合理以达到整体最优化的分析方法。整体优化是系统优化的核心。在社会主义核心价值体系的结构分析中，我们不仅要分析组成社会主义核心价值体系的要素具有什么样的结构，而且要分析这种结构是否合理，是否使系统形成了有机整体，达到了整体效应的最优化。从社会主义核心价值体系及其建设的整体与局部的关系看，系统的优化存在这样几种情况，有的是每个局部的子系统优，组合起来的整体系统也最优；有的是每个局部子系统不优，整体系统也不优；有的是局部子系统优，但整体系统不优；也有的从某个局部子系统看不优，但从整体系统上看是最优的。这些情况的出现，不仅同社会主义核心价值体系的要素有关，而且更重要的是同系统的结构是否合理有关。比如，有的单位在进行社会主义核心价值体系建设过程中，社会主义核心价值体系建设的每个要素优，结构也合理，当然系统整体也优；有的单位在进行社会主义核心价值体系建设中，每个要素都劣，不论其结构如何，系统整体也劣。在社会主义核心价值体系建设过程中，最值得重视的是第三种和第四种情况，它们同系统结构的合理化密切相关，最充分地表明了系统结构的合理化对系统整体优化的决定作用。从社会主义核心价值体系建设的情况来看，确实存在着局部子系统优，但系统整体不优，以及局部子系统不优，但系统整体优的状况。如有的单位在社会主义核心价值体系建设过程中对社会主义核心价值体系的四个构成要素都非常重视，都力求优化，但从整体上没有把握好这些要素的关系和结构，把这些要素并列对待，平均用力，甚至过分强调民族精神教育等因素，而忽视和冲淡了马克思主义特别是中国特色社会主义教育，这样，就可能形成不合理的结构，影响社会主义核心价值体系建设整体效应的优化。相反，有的单位对待社会主义核心价值体系要素时，虽然由于各种条件的限制难以做到使每种要素都优，但能够保证重点，兼顾一般，协调发展，通过合理的结构使各种要素形成有机整体，化社会主义核心价值体系建设的局部劣势为整体优势，发挥出系统整体的最佳效应。因此，我们在对社会主义核心价值体系结构进行分析时，要从局部子系统和系统整体的关系上，分析和把握系统结构是否合理，整体是否优化，努力实现第一种情况，避免第二种、第三种情况，力争第四种情况。[①] 切实按照党中央文件精神的要求，充分发挥本地区、本单位、本部门在社会主义核心价值体系建设中的优势，形成社会主义核心价值体系建设的合力。

三　社会主义核心价值体系系统的环境分析

社会主义核心价值体系建设是在一定环境下进行的，环境是社会主义核心价值体系建设必须凭借而不能摆脱的一个重要因素。在社会主义核心价值体系建设过程中，环境对社会主义核心价值体系建设能否顺利进行发挥着极其重要的影响。尤其是随着改革开放的深入发展，我国社会情况发生了复杂而深刻的变化，经济成分和经济利益多样化，社会生活方式多样化，社会组织形式多样化，就业岗位和就业方式多样化日趋明显，给社会主义核心价值体系建设带来了大量新情况、新问题。经济全球化加剧，网络信息技术高度普及，虚拟环境与现实环境、国际环境与国内环境相互交织，导致社会主义核心价值体系建设环境的复杂化和多样化。社会主义核心价值体系建设如何适应变化了的客观环境的需要，这是摆在社会主义核心价值体系建设领域的一个十分重大的理论课题和实践课题。因此，在分析社会主义核心价值体系系统时，必须进行社会主义核心价值体系系统的环境分析，这是社会主义核心价值体系系统分析的重要内容。

社会主义核心价值体系系统的环境分析，主要是分析社会主义核心价值体系系统的环境状况及其对社会主义核心价值体系系统的影响。根据马克思主义关于人与环境相互作用过程中人主动发展的思想，即社会主义核心价值体系建设主体对环境的主体能动性，笔者认为，社

① 参见郑永廷主编《思想政治教育方法论》，高等教育出版社 1999 年版，第 93—94 页。

会主义核心价值体系系统的环境可以分为社会主义核心价值体系系统的外部环境和系统的内部环境两大部分。社会主义核心价值体系系统的外部环境是指独立于社会主义核心价值体系系统之外，对整个社会主义核心价值体系系统产生影响的环境。社会主义核心价值体系系统的外部环境不仅影响社会主义核心价值体系建设的过程，影响社会主义核心价值体系建设者及其对象，而且影响社会主义核心价值体系建设的组织建设、队伍建设等。社会主义核心价值体系系统的外部环境一般可以分为自然环境和社会环境两大结构性要素。自然环境是指与人们所处地理位置相联系的各种自然条件的总和。自然环境一般又可以分为大环境和小环境。大环境一般是指宇宙空间环境、地球生物间环境、地区性环境（包括一国环境、一个地区环境）。小环境一般指人们直接处于其中的自然环境如庭院、村落等可以视为一个小环境。自然环境的好坏优劣对社会主义核心价值体系及其建设有不同程度的影响作用。就拿一个地区的自然环境来说，一个地区的自然环境比较差，在价值观问题上会产生与此相应的许多问题。物质生活、精神生活比较落后，人的价值观、素质相对比较低，思想比较闭塞，封建落后的价值观比较严重；这些也影响社会主义核心价值体系建设者的素质。经济落后，人们进行社会主义核心价值体系建设的经费就比较拮据，一些比较先进的物质技术手段无法应用，影响了社会主义核心价值体系建设手段的现代化。自然条件比较好的地区，物质生活比较丰富，人的精神生活也有了较大的提高，但也会出现与之相应的一些价值观问题。一些地区先富起来后，人们容易受西方资产阶级拜金主义、享乐主义价值观的影响，产生拜金主义、享乐主义思想。因此，在自然条件比较好的地区，要加强“共同富裕”的社会主义核心价值观教育。社会环境就其覆盖面而言，可分为宏观环境和微观环境两个层次。宏观环境就是通常所说的“大环境”“大气候”，它一般包括国际国内政治环境、经济环境、科学文化环境等。微观环境即通常所说的“小气候”“小环境”，它一般包括社区环境、工作环境、校园环境、家庭环境等。社会主义核心价值体系系统的外部环境是由自然环境和社会环境两大结构性要素，各自形成的两大子系统构成的一个大系统。它具有层次性，其层次性是社会环境对社会主义核心价值体系系统的影响处于第一位，自然环境对社会主义核心价值体系系统的影响处于第二位。在自然环境、社会环境这两个子系统中，各个要素对社会主义核心价值体系的影响也是有层次性的。在自然环境中，对社会主义核心价值体系及其建设对象的影响最直接、最大的是人直接处于其中的庭院、村落等；其二是地区性自然环境；其三是地球生物间；其四是宇宙空间。在社会环境中对社会主义核心价值体系及其建设对象影响最大、最直接的是微观环境，其次是宏观环境。无论是自然环境还是社会环境，对社会主义核心价值体系及其建设对象的影响都是动态性的体系。

社会主义核心价值体系系统的外部环境独立于社会主义核心价值体系系统之外，是未经社会主义核心价值体系建设主体选择、加工、改造和重组的环境。这一环境具有广泛性和复杂性的特点。广泛性是指环境对社会主义核心价值体系及其建设对象的影响无时不存在，无处不存在。既有自然的，又有社会的；既有历史的，又有现实的；既有主观的，又有客观的；既有积极的，又有消极的，它是一个非常广泛复杂的网络系统。影响因素在空间上没有固定的界限，它随着人类科学技术的发展，人类活动范围的不断扩大而扩大；在时间上，也没有严格的界限，它既可以接受超前于时代的环境因素的影响，也可以接受滞后环境因素的影响，随着人类精神文明的不断发展，随着人类对远古社会的研究，也不断扩大了环境影响的领域；从发展的角度来讲，人类不断在社会实践中改造新环境，也拓宽了环境的领域。环境对社会主义核心价值体系影响的广泛性决定了它的影响的复杂性。首先是因为影响社会主义核心价值体系建设的因素是动态的，它自身是不断发展变化的，它随着人们所处的岗位、地位、职位的变化而变化，随着影响因素主次作用变化而变化，随着人类社会、自然的变化而变化。其次，环境因素影响性质的多重性决定了它对社会主义核心价值体系影响的复杂性。从影响性质上来讲，环境因素中有好有坏，有主有次，但它不是绝对的，而是相对的，它随人们对环境的选择性的不同而呈现出差异性。比如有的地方社会主义核心价值体系建设的环境并不好，但能利用环境中好的方面积极进行社会主义核心价值体系建设，社会主义核心价值体系建设取得了非常好的成效。有的地方社会主义核心价值体系建设的环境非常优越，但不重视而且不善于运用环境中有利于社会主义核心价值体系建设的方面进行社会主义核心价值体系建设，社会主义核心价值体系建设的成效比较差。最后，环境影响方式的多样性决定了环境对社会主义核心价值体系影响的复杂性。从影响的方向来讲，有双向影响和单向影响，有直接影响和间接影响；从影响的范围来看，有广泛影响和个别影响；从层次上讲，有深层影响和浅层影响等。这些都反映了社会主义核心价值体系系统外部环境影响的复杂性。

社会主义核心价值体系系统的内部环境是指社会主义核心价值体系建设主体在社会主义核心价值体系建设过程中所选择的环境。它是社会主义核心价值体系建设主体依据一定的社会主义核心价值体系建设目的，有计划选择、加工和改造的对社会主义核心价值体系建设对象发生感染、激励、鼓舞、促进作用的环境。它体现了社会主义核心价值体系建设主体间对环境的选择性。社会主义核心价值体系系统的内部环境主要包括社会主义核心价值体系建设的时空环境、语言环境、人际环境、人格环境、社会主义核心价值体系建设者和对象的身心环境等。社会主义核心价值体系系统的内部环境具有有序性和可控性的特点。所谓有序性是指社会主义核心价值体系系统的内部环境不是盲目地搬用现存的客观环境，而是社会主义核心价值体系建设者根据人的价值观形成发展的规律，有计划、有组织、有目的地精心选择、加工、改造、重组的环境。因此，它不像社会主义核心价值体系系统的外部环境那样零乱，杂乱无章，自发地对社会主义核心价值体系建设及其对象的思想产生影响作用，而是井然有序的整体。社会主义核心价值体系系统的内部环境对社会主义核心价值体系建设及其对象思想的影响是社会主义核心价值体系系统的外部环境的自发影响所无法比拟的，因而，它比社会主义核心价值体系系统的外部环境更易于集中一致，系统地发挥影响作用，达到转变人的思想，形成与社会主义核心价值体系相一致的社会主义核心价值观的目的。此外，社会主义核心价值体系系统的内部环境还具有可控性的特点。这是因为社会主义核心价值体系系统的内部环境实质上是在社会主义核心价值体系建设者控制下，为了达到特定的社会主义核心价值体系建设目标而创设的环境。在社会主义核心价值体系建设的实践中，首先是社会主义核心价值体系建设者为了达到一定的建设目的，按照一定的建设目标，根据社会主义核心价值体系建设对象的思想实际，对客观环境进行选择、加工、改造、重组，通过社会主义核心价值体系建设的实践把环境信息传输给社会主义核心价值体系建设对象，由于来自内部、外部的影响，社会主义核心价值体系建设对象在接受社会主义核心价值体系建设者给他的环境信息过程中，将会产生各种反应，其中有的可能与社会主义核心价值体系建设目标一致，有的则不一致，如果发现社会主义核心价值体系建设的结果与目标不一致，就要对内部环境进行控制调节，以纠正偏差。因此，社会主义核心价值体系系统内部环境的可控性是指社会主义核心价值体系建设主体间的调控活动，目的是要提高社会主义核心价值体系建设的效果，改善社会主义核心价值体系系统的内部环境系统的功能。社会主义核心价值体系系统的内部环境主要有以下几个方面的功能。第一，导向功能。社会主义核心价值体系建设实践证明：经过精心选择、设计的时间、空间、场合、社会主义核心价值体系教育的内容等本身就蕴含着丰富的社会主义核心价值体系教育的内涵。例如用中外著名科学家、思想家的肖像、格言装饰的教室、厂房、办公室，不仅起到了美化环境的作用，同时也启迪了受教育者的认识，使他们懂得了人生的意义、奋斗的价值和奉献的伟大。用写有校风、校训、厂风、厂训的标语牌装饰的校门、厂门，会使学生、工人踏入校门、厂门的那一刻就清醒地意识到学校、工厂倡导什么，反对什么，从而努力使自己的认识与学校的价值观保持一致。可以说，社会主义核心价值体系系统的内部环境不是随意设置的，它在一定的意义上都体现和渗透了社会主义核心价值体系教育的目标。第二，行为规范功能。行为规范功能，主要是指社会主义核心价值体系系统的内部环境对社会主义核心价值体系教育对象具有重要的约束、规范作用。它可以借助各种环境因素的影响力，根据一定的行为方式，将社会主义核心价值体系教育对象的行为表现规范到社会主义核心价值体系教育目标所期望的方面来。美化工厂、学校、公共娱乐场所，不仅仅是审美的需要，它同时也是规范人们行为的需要。社会主义核心价值体系建设的实践也反复证明，在整洁文明的环境中，人们容易养成讲文明、讲礼貌的习惯。经常置身于光洁明亮、干净卫生的环境中，人们自然会养成不随手丢弃杂物、注意保持环境卫生的良好行为。良好的厂风、校风、班组风气一旦形成，就作为一种无形的教育力量对人们的行为产生潜移默化的影响。实践表明，当新成员进入一所具有良好厂风、校风、班组风气的工厂、学校、班组后，会受到厂风、校风、班组风气的感染，并逐步适应其行为作风的要求，自觉地抑制和改变自己与之不相适应的行为。如雷锋班、南京路上好八连、天安门广场国旗班的战士换了一代又一代，但仍然保持先进性，与良好环境的规范作用有十分重要的关系。第三，榜样示范功能。榜样示范功能，主要指社会主义核心价值体系系统的内部环境可以通过自身蕴含着的丰富的榜样教育因素，对受教育者思想形成发展施以潜移默化的影响。社会主义核心价值体系教育者自身的示范是影响社会主义核心价值体系教育对象思想发展的一个重要环境力量。社会主义核心价值体系教育者以身作则的示范，不仅提高了自身的威信，而且有效地激发了教育对象积极的情感，增强了社会主义核心价值体系教育的可信性和感染性。一般说来，社会主义核心价值体系教育者的言谈举止、工作作风、服饰打扮、待人接物的态度方式，都能给受教育者以深刻影响。英雄模范人物的榜样示范作用也是社会主义核心价值体系系统的内部环境中经常出现的。社会主义核心价值体系教育者要善于选择、利用和改造环境，增强社会主义核心价值体系教育的有效性和对环境的适应性、能动性。

第二章
社会主义核心价值观的内涵、结构及本质

从社会主义核心价值体系的结构层次分析，社会主义核心价值观是社会主义核心价值体系的内核。因此，要把握社会主义核心价值体系的本质，必须科学界定社会主义核心价值观，并且凝练出被全国各族人民高度认同的简洁明快、通俗易懂的社会主义核心价值观。

第一节　价值观的概念剖析

价值观在日常生活中，在报刊上使用很多，人们随时可以在网络媒体和各级领导的文件里，甚至在售楼广告中看到它。但是，什么是价值观？对这个问题的深入研究很不够，这方面的研究既是我国理论界也是国外理论界的薄弱环节。本节在分析借鉴国内外有关价值观研究成果的基础上，力图对价值观的概念做进一步阐释，为社会主义核心价值观的研究提供理论前提。

一　国外关于价值观的界定

价值观这一概念在国外社会科学各个学科领域被广泛使用，但时至今日，关于价值观的内涵，目前国外学术界依然是仁者见仁、智者见智。概括起来，国外学术界主要有以下几种观点。

第一种观点。克拉克洪认为：价值观是一种外显的或内隐的，有关什么是“值得”的看法，它是区别不同个体与群体之间差异的特

征，影响人们对行为方式、手段和目的的选择。[①]

第二种观点。罗基奇发展了价值观的定义，他把价值观理解为具有动机性和规范性作用的信念，并从这种信念的“行为方式”和“终极状态”角度把价值观分为工具性价值观和终极性价值观，真正表达了价值观作为一种深层建构所包含的信仰体系与行为选择之间相互体现及依存的性质和关系。[②]

第三种观点。塞普尔认为：价值观是一个人想要达到的目标，此目标或者是一种心理状态，或者是一种相互联系，或者是一种物质条件。[③]

第四种观点。霍夫斯特德认为：价值观是一种偏爱某种情形胜过其他情形的普遍倾向。[④]

第五种观点。施瓦茨提出了他对价值观的理解。他认为：价值观是合乎需要的超越情境的目标，它们在重要性上不同，在一个人的生活中或其他社会存在中起着指导原则的作用。他强调的是价值观的目标作用及其对行为的动力意义。施瓦茨总结了众多价值观定义所共有的五个特点：（1）信念的概念；（2）值得要的目标状态或行为；（3）超越特定情境；（4）指导行为和事件的选择或评价；（5）以相对的重要性排序。[⑤]

人们关于价值观的概念为什么有不同的认识呢？2004 年，希特林和派利厄文（Hitlin and Piliavin）认为：在回顾不同时期人们对价值观界定的过程中，有两个方面的问题影响着人们对价值观的认识：一方面是价值观常常是与其他社会、心理现象混合在一起；另一方面是在

① 文萍等：《不同时期我国青少年价值观变化特点的历时性研究》，《青年研究》2005 年第 12 期。

② 岑国桢编著：《青少年主流价值观：心理学的探索》，上海教育出版社 2007 年版，第 4—5 页。

③ 魏源：《价值观的概念、特点及其结构特征》，《中国临床康复》2006 年第 5 期。

④ Hofsteded, G., “Cultural Relativity of the Quality of Life concept”, *Academy of Management Review*, 1984: 389 - 398.

⑤ Schwartz, S. H. W., “Toward a Psychological Structure of Human Values”, *Journal of Personality and Social Phychology*, 1987: 550 - 562.

价值观的内容中有着历史和文化的变化性。①

虽然关于价值观是什么，人们众说纷纭，见解各异，但是从本质上都未脱离克拉克洪在1951年所提出的价值观定义。从克拉克洪的定义开始，将价值看成客体的绝对属性的观点被社会学家所普遍抛弃，价值观应该是“以人（主体）为中心、与值得有关的东西”成了人们的共识，是否“值得”成了衡量价值观研究的重要标志。克拉克洪提出的价值观定义从操作层面整合了价值观的各种定义，不仅对价值观的主体进行了规定，即认为价值观的主体既可以是个人也可以是群体；他明确指出了价值观的存在形式，既可能是外显的也可能是内隐的；而且，他还对价值观的功能和作用进行了强调，即指明了价值观对个体或群体的导向作用。这一界定在西方学术界确立了支配地位，对西方后来的价值观研究奠定了基础。后来的研究者们虽然都并没有完全采用这一基本定义，但在本质上都吸收了这一经典定义的精髓。②

二　国内关于价值观的界定

国内关于价值观的内涵，首先遇到的便是价值观与价值观念两个概念的纠缠。在这个问题上，目前学术界主要有狭义和广义两种意见。持狭义意见的人认为价值观是价值观念的简称，其实质是一样的，二者是同一个概念。比如杨学功认为：“人们平常所说的‘价值观’是‘价值观念’的简称。价值观念顾名思义，就是指人们头脑中有关价值追求的观念。具体地说，它是人们心目中关于某类事物的价值的基本意向、总的观念，表现为人们对该事物相对稳定的信念、信仰、理想等等，是人们对该类事物的价值取舍模式和指导主体行为的价值追求模式。”③ 持广义意见的人认为“价值观”和“价值观念”是两个独立的、不同的概念，二者不能混同。比如有的学者认为，价值观本

① Hitlin, S. Piliavin, J. A., “Values: Reviving a Dormant Concept”, *Annual of Review Sociology*, 2004: 359-393.

② 魏源：《价值观的概念、特点及其结构特征》，《中国临床康复》2006年第5期。

③ 杨学功：《略论我国社会转型时期价值观的基本特征》，《北京理工大学学报》2001年第2期。

质上是关于价值的基本理论观点，价值观念则是人们对于什么为好（坏）、利（害）、善（恶）、美（丑）的看法；前者属于价值理论研究的范畴，后者构成人们价值评价的标准。人们有时将价值观当作价值观念的简称，自然也是可以的，但在学理研究中，必须明确这一不同，否则就会引起许多混乱。[①] 有的学者认为，价值观是关于价值、价值关系的整体的根本的看法、观点和态度，是人的一种自觉意识。它存在于价值观念之中，通过价值观念表现出来，但它是价值观念的内核，是最基本的价值观念。因此，价值观念与价值观实质是具体与一般的关系。[②] 目前，大多数学者主张狭义的“价值观”。

关于价值观的内涵，不同的学者也有不同的理解和表述。具有代表性的观点主要有以下几种。

黄希庭、郑涌等认为：价值观是人区分美丑、好坏、益损、正确与错误，以及符合或违背自己意愿的观念系统，它通常是充满情感的，并为人的正当行为提供充分的理由。[③]

石云霞等认为：价值观就是人们对于价值的根本观点和看法。它是世界观的一个重要组成部分，包括对于价值本质、功能、创造、认识、实现等有关价值的一系列问题的基本观点和看法。[④]

陈章龙、周莉将价值观的本质概括为四个方面：①价值观是一种社会意识。它是人们对价值问题的根本看法，是人们在处理价值关系时所持的立场、观点和态度的总和。它受社会存在的制约，是对社会存在的反映。②价值观是一种价值意识。它反映的是客体属性和主体需要之间的关系，即价值关系。③价值观是一种实践精神。它以实践精神的方式来把握世界。价值观把握世界的中心问题是价值有无的问题，有无价值作为实践、行为的标准提出来，把世界分成有价值、无价值和负价值的，直接引导、规范、调节人们的思维和实践活动，提倡和鼓励正向有价值的思想和行为，批判和克服负价值的思想和行为。

---

① 马俊峰：《近年来价值观念研究综述》，《哲学动态》1988 年第 7 期。

② 郭凤志：《价值、价值观念、价值观概念辨析》，《东北师范大学学报》2003 年第 6 期。

③ 黄希庭等：《当代中国青年价值观研究》，人民教育出版社 2005 年版，第 1—3 页。

④ 石云霞主编：《当代中国价值观论纲》，武汉大学出版社 1996 年版，第 14 页。

④价值观属于哲学世界观层次的观念。[①]

岑国桢认为：一个人的价值观，是这个人关于什么是“值得”的一种外显和内隐的看法，它是区分不同个体与群体之间差异的特征，影响着人们对行为方式、手段和目的的选择。通过学习、生活和社会的实践，人的头脑中会形成许多看法或观念。这些看法和观念中有的可能是一个人的价值观，有的则可能不是。两者的区别在于是否被这个人“赋值”，即个人认为对自己或（和）对社会具有“值得”的意义。若某个观念被赋予个人意义，或被赋予社会意义，那么这个观念就是这个人的价值观。[②]

兰久富认为：价值观念就是对价值的理解和追求。价值观念中包含着对事物价值的理解，因而具有解释性；价值观念中包含着对行动方向的指向，所以具有方向性。解释性和方向性是价值观念的独特之处，它以此完成解释世界的意义并指导行动方向的任务。[③]

李德顺把价值观理解为：“人们对基本价值的看法或对价值问题的基本看法。”[④] 他认为价值和价值观是有区别的两个概念。在理论上，价值是客观的东西，价值观则是主观的、观念的东西；主观的、观念的东西要反映客观的东西，这是马克思主义所主张的观点。反之，在西方的传统学术中，价值从来就是主观的，所以他们总是不区分价值和价值观。如果我们不了解这一点，就可能简单地照搬了流行的西方话语和思维方式，而达不到马克思主义应有的高度。他认为一定要区分价值的客观状态与主观反映。价值是指主客体之间的客观关系状态；价值观念才是对这一客观状态的主观认识或表达。[⑤]

袁贵仁认为：价值观念是关于客观对象的作用、意义，亦即关于客观对象的价值的总看法、总观点。具体地讲，价值观念不回答客观对象的本来面目是什么，也不具体揭示客观对象的本质和规律，或预

---

① 陈章龙、周莉：《价值观研究》，南京师范大学出版社 2004 年版，第 3—8 页。

② 岑国桢编著：《青少年主流价值观：心理学的探索》，上海教育出版社 2007 年版，第 4—5 页。

③ 兰久富：《社会转型时期的价值观念》，北京师范大学出版社 1999 年版，第 66 页。

④ 李德顺、马俊峰：《价值论原理》，陕西人民出版社 2002 年版，第 468 页。

⑤ 李德顺：《关于价值与核心价值》，《学术研究》2007 年第 12 期。

测客观对象的未来趋势，而是反映某类客观事物对于人和人类的意义或价值。[①]

李嗣水、刘森林认为：价值观念是较为固定、长久的价值意识，或者是为很多人共有的价值意识，是指某种价值意向在个人或群体的众多成员的思想意识中较为固定的存在的意识。[②]

漆玲、赵兴认为：价值观是对价值关系、价值存在的一种反映，价值观反映的是以人的需要为根据的价值目标、价值尺度和评价准则。[③]

李明华认为：人们的观念是多种多样的，而价值观则是一切观念的核心。价值观为人们提供理想目标和行为规范，同时为人们的一切价值判断提供尺度。[④]

逢锦聚等主编的《马克思主义基本原理概论》教材认为：价值观是人们关于价值本质的认识以及对人和事物的评价标准、评价原则和评价方法的观点的体系。它与世界观和人生观是一致的。价值观对人的行为起着规范和导向作用。价值观不同的人们，行为的取向也会不同。[⑤]

欧阳康主编的《马克思主义哲学原理》教材认为：价值观是人们在长期价值活动中形成的对某一类客体价值的相对稳定的思维模式或思维定式。就其内容而言，价值观念包括价值目标、价值取向、价值追求、价值信念、价值标准和价值规范。[⑥]

黄凯锋认为：所谓价值观，就其形式而言，它是由人们对那些基本价值的看法、信念、信仰、理想等所构成，它的思想形式是多种多样的；就其内容而言，它反映了主体的根本地位、利益和需要，以及

① 袁贵仁：《价值观的理论与实践》，北京师范大学出版社2006年版，第130页。

② 李嗣水、刘森林：《现代价值观念的追求》，中国科学技术出版社1995年版，第23页。

③ 漆玲、赵兴：《价值观导论》，天津人民出版社1998年版，第6页。

④ 李明华：《时代演进与价值选择——中国价值观探讨》，陕西人民出版社1992年版，第58页。

⑤ 逄锦聚等主编：《马克思主义基本原理概论》，高等教育出版社2008年版，第73—74页。

⑥ 欧阳康主编：《马克思主义哲学原理》，湖北人民出版社2003年版，第186页。

主体实现自己利益和需要的能力、活动方式等方面的主观特征，是以信什么、要什么、坚持追求和实现什么的方式存在的人的精神目标系统；就其功能而言，价值观起着评价标准的作用，是人们心目中用以衡量事物的轻重、权衡得失的天平和尺子。总之，价值观就是人们关于生活中基本价值的信念、信仰、理想等思想观念的总和。①

国内虽然众多学者对于价值观内涵的表述各不相同，但是都有一个共同点，即价值观本质上体现了人类的价值追求或者判断。

三　价值观的界定

由上述国内外有关价值观界定的考察分析可以看出，国内外学者们从不同角度对价值观进行了多种不同的理解，为我们对价值观做进一步的阐释奠定了良好的基础。从马克思主义价值理论出发，我认为，要对价值观作出较为准确的界定，必须注意下列问题：

第一，要科学界定价值观，必须正确认识价值与价值观的关系。价值与价值观是既相互区别又相互联系的两个概念。价值是主客体相互作用的产物，是主体在实践中建立的以主体尺度为尺度的一种客体对主体的效应，是一种客观存在的社会现象。价值观则是对这样一种客观存在的社会现象的主观认识或表达。人既生活在事实世界之中，也生活在价值世界之中，追求真理，创造价值，是人类认识和实践活动的基本内容。人类在社会生活的实践中不断地追求真理和创造价值，同时也在不断地作出事实判断和价值判断，不断地认识和评价价值。人们在长期的社会生活、实践中逐渐形成了关于各种价值的看法，并形成一定的价值观。由此可见，价值观是建立在价值的基础上的，没有价值，价值观就成了无源之水、无本之木。

第二，价值观是价值认识活动的结果。价值是客体对主体的效应，是一种客观存在。价值存在决定价值意识，价值意识是价值存在的反映。意识包括知、情、意三方面，价值意识也包括价值认识、价值情感、价值意志三方面，但是价值情感和价值意志属于价值心理，所以，

① 黄凯锋主编：《当代中国价值观研究新取向》，学林出版社 2007 年版，第 2 页。

价值意识包括价值认识和价值心理两方面，可分为两个层次。一是价值心理。它主要表现为兴趣、爱好、欲望、情感、意志等，是非理性的、朦胧的、不稳定的价值意识。二是价值认识。它是建立在非理性的价值意识基础上的，是人们在社会实践中形成的关于社会生活和实践中客体对主体效应的较为稳定的思维模式，是经过思维抽象的价值意识，它是一种理性的价值意识。但价值观与价值认识是两个不同的概念，它们之间既相互联系又相互区别。价值观以价值认识为基础，但价值观不是价值认识的全部，价值观是价值认识活动的结果。对于这个问题，袁贵仁进行了较为详细的分析。他认为价值观与价值认识有着非常明显的区别，概括起来主要有以下几方面。其一，价值观和价值认识的性质不同。价值观是一种观念，是在社会活动中产生的关于客观现实的主观映象，按其本性来说，它是人的活动的结果和指导人们进一步活动的一种因素，是第二性的东西。而价值认识则是人的一种活动，它是发生在实践活动基础之上的认识主体对客观事物对于人的意义的一种反映过程。从这个意义上说，价值认识和价值观的区别简言之就是活动与活动的结果、活动的因素的区别。其二，价值观和价值认识的作用不同。价值观是人的社会活动的一种重要因素。每一活动主体都有许多价值观，虽然它有时是隐藏的、潜在的，甚至有时认识主体也不清楚他自己的价值观是什么，但它作为一种相对独立的因素，对主体的活动有着重要的作用。价值认识作为一种特殊的认识形式，它的作用在于，在事实认识的基础上，进一步从主体的需要出发，揭示客观对象的意义，体现人作为一种生物的、社会的和文化的存在物活动的目的性。而且，价值认识还同事实认识相结合，把事物的规律和人的需要统一起来，形成实践观，在认识与实践之间搭起一条由此达彼的桥梁，从而使人的实践活动既体现“物种的尺度”，又体现主体人的“内在固有的尺度”，具有自觉和自由的特点。其三，价值观和价值认识的不同还表现在它们的特点上。价值认识是人的有意识的自觉的活动及其结果，它是通过人的积极努力而实现和获得的。价值观在很大程度上则是主体在长期社会化的过程中不知不觉地积淀在思想深处的，因此它对主体活动的作用也时常带有自发的特点。价值观与价值认识又是相互联系的，二者的联系主要表现在以下几方面。首先，价值观以价值认识为基础。人的价值观是在社会文化环境中获得的，是从个人过去所有的经验中产生的，是对各种价值认识的概括和总结。价值观既来自于社会也来自于个人的价值认识。价值观随着社会环境的变化和个人价值认识的发展而发展。其次，价值认识以价值观作指导。价值观一旦形成，就具有相对独立性，反过来影响和制约价值认识。最后，价值观也可以成为价值认识的对象，为人们所认识、所反映。①

第三，价值观通过评价的方式把握世界。价值观是人们观念中的一种。观念有广义和狭义之分。广义的观念是指用以表示一切形式的思想、认识和看法，泛指客观现实在人脑中的主观反映。狭义的观念是指人们对于客观事物的总的看法和理解。在现实生活中，人们的观念是多种多样的。这多种多样的观念可以分为价值观和非价值观两大类。这是因为人周围的世界不仅是物质形态的世界，而且是价值形态的世界。人既生活在事实世界中，也生活在价值世界中。追求真理和创造价值，是人类认识和实践活动的基本内容。但在人类认识中，事实的世界和价值的世界是两个性质不同的世界。在事实的世界中主要是通过认知方式把握物质形态的世界。事实认识以事物的事实方面为认识对象。所谓事实，是指人的实践活动和认识活动的对象自身的客观存在状态。事实不是虚幻的，也不是精神的、观念性的或主观性的东西，而是客观存在着的事实、事件及其过程的现实状况。事实也不是指一切客观存在的东西，而是与人或主体及活动相关的那些东西。事实是人的活动的对象自身的客观存在状态，体现着主客体关系中客体的尺度。事实突出的是主体趋向客体、逼近客体，人们把握事实的基本方式是认知，主体通过认知活动对物质形态的世界进行反映，形成事实认识。在价值的世界中主要是通过评价方式把握价值形态的世界。价值观念以事物的价值方面为认识对象。价值既不是单纯指客体及其状况，也不是单纯指主体及其状况，而是指主体在实践过程中建

① 参见袁贵仁《价值观的理论与实践》，北京师范大学出版社 2006 年版，第 139—142 页。

立起来的，以主体尺度为尺度的一种客体对主体的效应。价值体现着主客体关系中主体的尺度，它突出的是客体向主体的“展开”、“生成”。价值代表着客体主体化过程的性质和程度，人们主要不是通过认知而是通过评价方式把握价值，主体通过评价活动对价值形态的世界进行反映，形成价值观。价值观不对客观对象的本来面目是什么进行回答，也不具体揭示客观对象的本质和规律，而是对“为我而存在”的客体对主体效应的关系的认识。“价值观是一定社会群体中人们所共同具有的对于区分好与坏、正确与错误、符合与违背人们愿望的观念，是人们基于生存、享受和发展的需要对什么是好的或者是不好的根本看法，对于某类事物具有价值以及具有何种价值的根本看法，是人们所特有的应该希望什么和应该避免什么的规范性见解，表示主体对客体的一种态度。”①

第四，价值观渗透于世界观、人生观以及人类生活的方方面面，是人类精神世界的灵魂。价值观是世界观的重要组成部分，世界观是人们在认识世界和改造世界的过程中形成的对整个世界的基本看法和总观点。世界观不仅包括人们关于物质形态世界的基本观点或总的观点，而且包括人们关于价值形态世界的基本看法或总的观点。世界观不仅包括自然观，也包括社会历史观和人生观。自然观是对自然界的本质及其运动发展规律等问题的根本看法；社会历史观是对人类社会的本质及其运动发展规律的根本看法；人生观则是对于人的本质、人生目的、人的价值和意义等的根本看法。作为世界观重要组成部分的自然观、社会历史观和人生观，本身都是真理观和价值观的统一，都同时具有价值观的意义。它们不仅为人们认识世界提供基本的前提、思路和方法，也为人们评价和改造世界提供基本的价值标准和行为准则，从而教导人们更有智慧地处理和驾驭自己同外部世界的关系。价值观可分为自然价值观、历史价值观、人生价值观。人生价值观不仅是价值观的一个重要方面，也是人生观的一个重要方面。因此，价值观、人生观都是世界观的重要组成部分，世界观和人生观、价值观是

① 袁贵仁：《价值观的理论与实践》，北京师范大学出版社 2006 年版，第 130 页。

包含关系，而不是并列关系。在党的文件和思想道德建设中之所以把世界观、人生观、价值观并提，强调“三观”教育，主要是根据当代社会发展的需要，突出世界观中人生观的地位和作用，以及世界观、人生观中价值观的地位和作用。[①] 价值观与人生观同属于世界观的重要组成部分，但隶属于人生观的重要组成部分的人生价值观又同时属于价值观的重要组成部分，由此，价值观与人生观内在地联系在一起。价值观不仅渗透于世界观、人生观之中，而且渗透于人类社会生活的方方面面，渗透于人的活动及成果之中，影响和制约着人们“做什么”和“怎么做”。价值观是人的主心骨，价值观是组织的黏合剂，价值观是人的活动的指示器，价值观是人类精神世界的灵魂。

根据上述分析，笔者认为，所谓价值观就是人们在长期的价值生活实践中积淀和形成的有关客体对主体效应的看法或总的观点，是人们对所有价值和价值关系理性认识的结果。价值观作为一种意识、一种观念，其反映的对象不是一般的客体，而是客体属性和主体之间的关系，即价值关系。价值观渗透在一切社会意识形式之中，是通过各种社会意识形式表现出来的更深层次的带有一定倾向性的理性的价值意识。价值观是人们对物质世界和精神世界的判断、评价、取向和选择，在深层上表现为人生处世哲学，包括理想信念和人生目的、意义、使命、态度，而在表层上则表现为对利弊、得失、真假、善恶、美丑、义利、理欲等的权衡和取舍。价值观反映主体的根本地位、需要、利益以及主体实现自己利益和需要的能力、活动方式等方面的主观特征，是以“信什么、要什么、坚持追求什么和实现什么”的方式存在的人的精神目标系统，是人和社会精神文化系统中深层的、相对稳定而起主导作用的部分。具体来说，就是人们关于好坏、得失、善恶、美丑等价值的立场、看法、态度和选择。[②] 因此，价值观不是一般的观念，它是关于是非曲直的观念，是人们心目中用以衡量事物的轻重、权衡得失的天平和尺子，它对人类的生存和发展至关重要。

① 袁贵仁：《价值观的理论与实践》，北京师范大学出版社 2006 年版，第 3 页。
② 韩震主编：《社会主义核心价值体系研究》，人民出版社 2007 年版，第 12—13 页。

第二节　社会主义核心价值观的界定

自从党的十六届六中全会第一次鲜明地提出“建设社会主义核心价值体系”这个重大命题和战略任务以来，社会主义核心价值观引起了理论界的广泛关注。由《光明日报》发起和推动的社会主义核心价值观凝练大讨论被列为由《学术月刊》编辑部和中国人民大学书报资料中心等机构评选出的2011年度中国十大学术热点之首。在理论界探讨社会主义核心价值观的同时，全国各省市、各行各业、各系统也根据自身特点总结提炼自己的核心价值观。如当代军人核心价值观：忠诚于党，热爱人民，报效国家，献身使命，崇尚荣誉；政法干警核心价值观：忠诚、为民、公正、廉洁；全国电力行业核心价值观：诚信、负责、合作、创新；北京精神：爱国、创新、包容、厚德；上海精神：公正、包容、责任、诚信；深圳精神：开拓创新、诚信守法、务实高效、团结奉献；武汉精神：敢为人先、追求卓越等。从中可以看出，无论是在理论上，还是在实践上，社会主义核心价值观研究方面已取得了不少成果，但对于什么是社会主义核心价值观，仍然是仁者见仁，智者见智，尚未达成共识。“有学者统计指出，目前学界共提出了60种有关社会主义核心价值观的看法与表述，涉及90多个具体范畴或判断。比较有代表性的有：‘富强、民主、文明、和谐’；‘民主、公正、和谐、进取’；‘人本、公正、民主、和谐’；‘民主、平等、公正、互助’；‘共同富裕、公正民主、科学文明、人本和谐’；‘劳动优先、共同富裕、公平正义’；‘集体主义’；‘共享共建’；‘人的自由全面发展’等等。”[①] 那么，学术界对社会主义核心价值观分歧为什么如此大呢？笔者认为一个重要的原因是把力量集中在社会主义核心价值观的基本内容是什么上，对社会主义核心价值观的界定、如何凝练社会主义核心价值观探讨不够。要凝练出被全国各族人民高度认同的简洁明快、通俗易懂的社会主义核心价值观，必须科学界定社会主义核心价

① 王虎学：《核心价值观究竟该如何凝练》，《光明日报》2012年2月11日。

值观。“否则，关于社会主义核心价值观的新提法、新表述将会无穷无尽地讨论下去，而且，任何一种凝练方式或表述内容都必然会引起争议，很难达成具有共识性的‘社会主义核心价值观’。”①

社会主义核心价值观的界定是社会主义核心价值观研究的基础，不研究清楚社会主义核心价值观的内涵，社会主义核心价值观研究就难以深入。社会主义核心价值观指称的是什么？它是谁的核心价值观？至今，理论界仍然看法不一致。

有的学者从整个社会主义学说、运动、制度和形态的宏观视角来界定社会主义核心价值观，认为“社会主义核心价值观是人们对社会主义的最根本、最核心的观点和看法，它贯穿于社会主义的学说、运动、制度和形态之中，是人类社会发展的最终价值驱使和内在要求，是一个相对稳定的概念。……社会主义核心价值观是‘自由’”。社会主义核心价值观与社会主义社会核心价值观是两个不同的概念。社会主义核心价值观强调社会主义，社会主义社会核心价值观强调社会主义社会。“社会主义”一词曾分别在学说（理论）、运动（实践）、（社会）制度和社会（形态）等内涵上被广泛使用。“社会主义社会”一词主要是在社会制度和社会形态上运用的。社会主义社会核心价值观是人们对在生产活动过程中所追求的社会主义具体阶段目标的最根本、最核心的观点和看法，它必须以社会主义为根本方向，以特定的社会主义社会发展阶段这一实体为依托，集中表现在该社会制度和具体生产方式上。处于社会主义社会的不同阶段的人们所追求的社会具体目标不同，因此，社会主义社会核心价值观也有着不同的表现形式，它是一个相对变化的概念。当今我国社会主义社会核心价值观是“富强、民主、文明、和谐”，它是社会主义初级阶段的现实要求和社会主义核心价值观的近期目标。②

有学者从科学社会主义的视角来界定社会主义核心价值观，提出回归到《共产党宣言》去理解社会主义核心价值观的基本内涵。社会

---

① 王虎学：《核心价值观究竟该如何凝练》，《光明日报》2012 年 2 月 11 日。

② 徐国民：《社会主义核心价值观与社会主义社会核心价值观辨微》，《兰州学刊》2008 年第 1 期。

主义核心价值观不仅要引导我国人民树立正确的价值观，努力建设社会主义现代化，也要引导其他社会主义国家人民树立正确的价值观，建设他们的社会主义国家。社会主义核心价值观的基本内涵——“实现人的自由、解放和全面发展”，最简单明晰地提炼出了处于任何社会主义阶段都必须坚持的核心价值观。①

有的学者从社会主义核心价值体系的视角来界定社会主义核心价值观，认为“社会主义核心价值观是对社会主义核心价值体系的总的看法和最根本观点，是指那些在社会主义核心价值体系中居统治地位、起指导作用、从最深层科学回答‘什么是社会主义’这一根本问题、在马克思主义理论体系中占据核心地位的价值理念”②。

有学者从中国社会主义视角界定社会主义核心价值观，认为“社会主义核心价值观是反映社会主义基本的、长期稳定的社会关系及价值追求的价值观，是在社会主义革命、建设和改革历程中逐步形成和发展起来的并指导社会主义继续发展的价值目标和价值观念”③。

从上述关于社会主义核心价值观的界定可以看出，学者们从不同的角度对社会主义核心价值观作出了各种各样不同的理解，为我们对社会主义核心价值观作进一步的阐释奠定了良好的基础。我认为，要对社会主义核心价值观作出较为准确的界定，必须明确以下几个问题。

一 社会主义核心价值观中的“社会主义”指称的是什么

这是探讨社会主义核心价值观的理论前提。学界关于社会主义核心价值观的表述差异之所以如此之大，就在于对“社会主义”理解的差异。对此我们必须进行认真的剖析。

有的学者将社会主义核心价值观中的“社会主义”指称为“整个社会主义学说、运动、制度和形态”，我们认为是不正确的。的确，

① 郭莉、刘汉一：《社会主义核心价值观的基本内涵辨析》，《江西农业大学学报》2009年第1期。

② 戴木才：《社会主义核心价值体系需要深化研究的若干理论问题》，《马克思主义研究》2009年第9期。

③ 王泽应：《社会主义核心价值观之本质规定性及路径选择》，《湖南师范大学社会科学学报》2007年第5期。

社会主义是一种学说、一种运动、一种制度、一种社会形态，同时也是一种价值观。社会主义价值观是社会主义学说的内核，社会主义运动的核心、社会主义制度的灵魂。但是社会主义学说是多种多样的，根据徐觉哉著的《社会主义流派史》的研究，社会主义有空想社会主义、封建社会主义、基督教社会主义、工场社会主义、农民社会主义、无政府社会主义、真正的社会主义、科学社会主义、国家社会主义、讲坛社会主义、费边社会主义、议会社会主义、工团社会主义、伦理社会主义、行会社会主义、整体社会主义、总体社会主义、托派社会主义、民主社会主义、自治社会主义、职能社会主义、基金社会主义、欧洲共产主义、生态社会主义、市场社会主义25个之多。[①] 这些社会主义的价值观是各不相同的，有的甚至是相互对立的。“从空想社会主义的价值观到马克思主义的人的全面发展为核心的价值观和伦理社会主义以民主为核心的价值体系，它们之间不仅存在着历史的差异，还存在着空间的差异。”[②] 社会主义运动也是风起云涌、丰富多彩的，众多社会主义学说、社会主义流派和社会主义政党掀起的社会主义运动的价值诉求也是各异的，有的甚至是相互冲突的，譬如科学社会主义与民主社会主义是完全相反的，一个主张暴力革命，一个主张非暴力的和平的改良的形式。社会主义制度和社会主义形态也是丰富多彩的。有苏联和东欧的社会主义、古巴的社会主义、越南的社会主义、朝鲜的社会主义等。由此可以看出，在人类社会发展过程中，无论是作为学说的社会主义，还是作为运动、制度和形态的社会主义都是极其复杂多样的，并不存在一个贯穿于社会主义学说、运动、制度和形态之中，统一的对社会主义的最根本、最核心的观点和看法。如果有的话，在社会主义发展过程就不可能有科学社会主义和非科学社会主义的划分，也不可能产生科学社会主义与非科学社会主义的对立与斗争。

有一些学者将社会主义核心价值观中的“社会主义”指称为“科

① 参见徐觉哉《社会主义流派史》，上海人民出版社2007年版，目录，第1—5页。

② 吴向东：《重构现代性：当代社会主义价值观研究》，北京师范大学出版社2009年版，第109页。

学社会主义”，我们认为也是不正确的。科学社会主义也叫马克思主义，也叫共产主义。它是马克思、恩格斯创立的，他们在对空想社会主义进行深入批判的基础上，把社会主义从空想改造为了科学。马克思主义最重要的精神是实践精神，马克思主义不仅指引人们正确地认识世界，而且把它的重心放在指导人们改造世界上。马克思、恩格斯不仅亲自参加并指导无产阶级革命运动，而且创造性地对未来共产主义社会进行了初步的描绘。促进人的自由而全面发展，不仅是马克思主义的最高价值观，而且是马克思主义关于未来共产主义的本质要求和最高价值追求。在马克思看来，未来的共产主义社会“将是这样一个联合体，在那里，每个人的自由发展是一切人的自由发展的条件”①；是“以每个人的全面而自由的发展为基本原则的社会形式”②，是“在保证社会劳动生产力极高发展的同时又保证人类最全面的发展的这样一种经济形态”③。由此可以看出，人的自由而全面发展的科学社会主义核心价值观是建立在社会生产力高度发达、财富极大丰富、没有剥削、没有压迫、各尽所能、按需分配的未来共产主义社会基础上的，是未来社会的终极价值。如果将这一科学社会主义最高形态的核心价值观作为社会主义初级阶段的核心价值观，很显然脱离了社会主义发展阶段。共产主义社会是科学社会主义发展的最高阶段，社会主义初级阶段是科学社会主义的最低阶段，而且是落后国家在社会主义生产力不发达情况下必须经历的历史阶段。在新中国成立以后，由于我们对这一阶段认识不清，忽视了我国生产力发展状况，离开生产力水平抽象地谈论社会主义，导致了长期以来没有解决好在社会主义条件下如何发展生产力的问题，严重影响了中国经济社会的发展，严重影响了社会主义优越性的发挥。我们在社会主义核心价值观的建设上必须时时牢记这一血的教训。“社会主义是一个在生产力逐步走向发达的基础上，消灭剥削，消除两极分化，最终达到共同富裕，从而为实现共产主义创造条件的历史阶段。社会主义属于共产主义范畴，

---

① 《马克思恩格斯选集》第1卷，人民出版社1955年版，第294页。

② 《马克思恩格斯全集》第23卷，人民出版社1972年版，第649页。

③ 《马克思恩格斯全集》第19卷，人民出版社1963年版，第130页。

是共产主义的第一（低级）阶段。社会主义社会不同于共产主义社会，还不能达到像共产主义社会那样生产力高度发达、物质财富极大丰富、人的觉悟极大提高的程度。"[①] 所以，社会主义核心价值观与共产主义核心价值观既有内在的、本质的必然联系，同时又有一定的区别。二者体现着科学社会主义核心价值观由低级阶段向高级阶段的发展变化，是一种现实与理想、目前与长远的关系。社会主义核心价值观要以"人的自由而全面发展"的共产主义核心价值观为指导，体现这一核心价值观的精神，但不能把它作为社会主义核心价值观。

有的学者从社会主义核心价值体系的视角来界定社会主义核心价值观，试图绕开社会主义核心价值观中的"社会主义"问题上的纠结。我们认为也是不科学的。"社会主义核心价值观是对社会主义核心价值体系的总的看法和最根本观点"，这里同样存在着社会主义核心价值体系中的"社会主义"指称的是什么的问题。

从上述分析可以看出，要科学界定社会主义核心价值观，首先必须科学界定社会主义核心价值观中的"社会主义"指称的是什么？我认为，我们今天要探讨的社会主义核心价值观不是以纯学术探讨的角度来展开的，是在特定的历史方位和历史背景下展开的，不然的话就容易产生误读。的确，单纯从学术研究的角度来讲，社会主义核心价值观可以从不同的角度来进行界定。社会主义核心价值观是相对于社会主义价值观而言的。在人类历史发展过程中形成的每一种社会主义价值观都是一个体系性的存在，在每一种社会主义价值观体系中都存在着核心价值观和非核心价值观。例如，伦理社会主义以民主为核心价值观，科学社会主义以"人的自由而全面发展"作为核心价值观，空想社会主义以"平等、博爱、和谐"为核心价值观等。也就是说，从纯学术的角度来讲，人类社会发展过程中产生的任何一种社会主义的核心价值观不仅可以而且应该展开研究，这种研究可以为我们今天提炼社会主义核心价值观提供可资借鉴的资源。但是，必须明确，我们研究的重心是哪一种社会主义的核心价值观。社会

① 戴木才、田海舰：《社会主义核心价值体系建设需要深化研究的若干理论问题》，《马克思主义研究》2009 年第 9 期。

主义核心价值观的探讨是具体的，而不是抽象的。普遍的、永恒的、固定不变的、适合于每一种社会主义的核心价值观是不存在的。我们今天探讨并界定社会主义核心价值观，是在中国共产党十六届六中全会提出“建设社会主义核心价值体系”的背景下展开的，我们不能脱离中国的社会主义革命和建设，不能脱离我们所处的历史方位即社会主义初级阶段这个特定的语境来进行界定，否则的话，就容易导致误读。我们党曾多次下发关于社会主义精神文明建设的文件，文件中指的社会主义精神文明，绝对不是整个社会主义的精神文明，也不是社会主义高级阶段即共产主义的精神文明，它所指称的是当下社会主义初级阶段的社会主义精神文明。故此，笔者认为，对社会主义核心价值观中的“社会主义”的理解，不宜泛化，应从中国社会主义的视角进行解读，它所指称的是中国社会主义的核心价值观，不是其他国家，也不是其他社会主义流派的核心价值观。我们只要仔细研读党的十六届六中全会提出“建设社会主义核心价值体系”的有关文献，不难看出，文件中讲的社会主义核心价值体系就是中国社会主义核心价值体系。那么，党中央文件中为什么不用“中国社会主义核心价值体系”或“中国特色社会主义核心价值体系”，或者明确指明社会主义核心价值体系指称的是中国社会主义核心价值体系呢？因为，党中央文件中这些术语是约定俗成，不言自明的。在党和政府文件中讲的社会主义市场经济，毫无疑问指称的是中国社会主义市场经济；社会主义思想道德建设，肯定指的是中国社会主义思想道德建设。这些都不用解释。

有的学者认为“对于社会主义核心价值观的凝练不能从中国特色社会主义的‘特殊性’出发，而必须从科学社会主义的‘一般性’出发，否则就会陷入错误方法论的泥沼，走进‘现实的就是最合理的’盲区。简单地说，社会主义核心价值观不应因民族和时间的变化而变化，它反映的是马克思主义科学社会主义的普遍性，而不是真理的时空性。无论在中国还是他国，社会主义核心价值观都应该是相同相通的"[①]。甚至将伦理社会主义"对社会主义基本价值的共同规定：自由、平等、公正、互助"[②] 作为社会主义核心价值观。笔者认为这种观点是不正确的，也是非常危险的。苏联共产党总书记戈尔巴乔夫就是以"人道的、民主的社会主义"理论作为指导思想，将民主社会主义的基本价值作为所谓的新思维，作为苏联社会主义核心价值观，作为苏联社会主义改革的价值导向，导致了苏联的解体和东欧的剧变。"保加利亚科学院通讯院士、保加利亚社会党战略研究中心主任亚历山大·利洛夫曾深刻总结了苏共垮台和苏联解体的这一沉痛教训。他说："苏联和苏联共产党的灭亡，不是由于外部侵略而是遭到内部的摧毁，一个极其重要的原则是，社会主义社会及其执政党应该坚持自己的原则、传统和价值。"美国经济学家莱斯特·瑟罗也曾谈到苏联解体这样一个重要原因："苏联解体前后，我正好在莫斯科。苏联解体的根本原因，是戈尔巴乔夫丧失了对马克思主义和共产主义的信念。"[③] 此外，科学社会主义是分为不同层次、不同阶段的，科学社会主义的最高阶段是共产主义社会，最低阶段是社会主义初级阶段。不同阶段的价值观既有共性，又有特殊性。不同的社会主义国家由于生产力发展水平不同，所处的历史阶段也是不同的。我们既不能把共产主义社会的核心价值观作为社会主义的核心价值观，也不能把社会主义核心价值观作为共产主义社会核心价值观。每一种社会形态的核心价值观都必须把广泛性与先进性结合起来，既立足现实，又放眼未来，既体现科学社会主义本质，又符合自己所处的历史阶段。超越社会主义不同发展阶段的普适性的，无论是中国还是他国都相同相通的社会主义核心价值观是不存在的。如果存在的话，它也是脱离各国社会主义发展阶段的，脱离各国实际的，它不可能成为团结和凝聚中国人民奋发向上的精神力量和团结和睦的精神纽带。

---

① 杨永志：《也谈社会主义核心价值观的凝练》，《光明日报》2012 年 2 月 4 日。

② 吴向东：《重构现代性：当代社会主义价值观研究》，北京师范大学出版社 2009 年版，第 98 页。

③ 戴木才：《从世界社会主义运动看社会主义核心价值观建设》，《红旗文稿》2011 年第 22 期。

总之，“任何一个社会的核心价值观总是具有自己的民族特色和国家特色”。“众所周知，为了巩固和增强公民的国家认同，大多数国家都会努力建构一种与其国情相适应的核心价值观。”“核心价值观作为一个社会价值体系中最为抽象和普遍性的价值观，具有凝聚社会共识、维护社会秩序、强化国家认同的功能。”① 社会主义核心价值观不仅是国家认同的基础，而且是中华民族根本利益的集中体现和表达，是中华民族集体认同的核心。“我们所要确立的社会主义核心价值观，应当与社会主义在当代中国的阶段特征、发展主题、历史使命相呼应，既不能忽视社会主义的规定，也不能忽视当代中国的要求。”② 因此，社会主义核心价值观中的“社会主义”所指称的是中国的社会主义，不是其他国家的社会主义，也不是其他社会主义流派。它体现科学社会主义的本质，又具有社会主义在当代中国的阶段性特征。

二　社会主义核心价值观中的“核心价值观”指称的是什么

要科学界定社会主义核心价值观，不仅要弄清社会主义核心价值观中的“社会主义”指称的是什么？而且要弄清楚社会主义核心价值观中的“核心价值观”指称的是什么？

综观学术界有关核心价值观的界定，研究者们各自从不同的认识维度对核心价值观提出了多种不同的看法，有的是从社会主义核心价值体系的维度来界定的，有的是从社会价值观的维度来界定的，有的是从行为科学的维度来界定的，有的是从企业管理学的维度来界定的，等等。这些众说纷纭的界定为我们进一步深入界定核心价值观奠定了良好的基础。笔者认为，要对核心价值观作出科学界定，必须注意以下几个方面的问题。

第一，核心价值观是在对价值观结构进行分析的基础上得到的一个概念。学术界普遍认为，无论是个人的价值观，还是社会的价值观，

① 左高山：《社会主义核心价值观是国家认同的基础》，《中国社会科学报》2010年7月1日。

② 沈壮海：《解开凝练社会主义核心价值观的思维之结》，《思想理论教育》2011年第11期。

都是多种多样的，而且这多种多样的价值观是成体系的，它是由多种多样的价值观构成的一个有机系统。这一系统中的价值观不仅具有多样性，而且具有层次性。正是由于价值观的多样性和层次性，使我们讨论与核心价值观有关的问题成为可能。价值观作为一种体系性的存在，在结构上与科学体系有一些类似的地方。科学哲学家拉卡托斯认为，科学体系是由“硬核”和“保护带”两部分构成的。处在结构深层次的硬核是一个科学理论得以确立的核心观点，如经典力学中的牛顿三大定律和万有引力定律。处于浅层次的则是该科学理论的“保护带”，它是建立在核心观点基础上的其他观点，以保护硬化了的内核。拉卡托斯认为，一个科学体系的产生、变化和发展既与该体系结构中的浅层次的“保护带”有关，更与该体系结构中深层次的“硬核”有关。[①] 从价值观构成体系的结构而言，价值观可以分为两类：一类是核心价值观，另一类是一般价值观。核心价值观是价值观体系的深层结构，是该价值观体系的“硬核”，它在价值观体系中处于主导地位，它统摄并约束着其他非核心价值观，为他们提供方向和根据，从而维护价值观体系的稳定和统一。一般价值观是价值观体系的浅层结构，是该价值观体系的“保护带”，它在价值观体系中处于从属地位、非核心的地位，它受核心价值观的引导和支配，并对核心价值观起着保护作用。一般价值观也是有层次的，“保护带中的价值观越靠近内核，受核心价值观的影响越大，越靠近外围则灵活性越大”[②]。

第二，要准确界定核心价值观，必须科学把握“核心”一词的含义。核心价值观的上位概念是价值观，核心价值观与其他价值观不同之处在于“核心”二字。因此，要准确界定核心价值观，必须对“核心”一词的含义进行语义分析，从而科学把握“核心”一词的含义。综观学术界关于核心价值观的界定，研究者大都忽视了对核心价值观中“核心”一词进行科学的语义分析，导致对“核心”一词理解的不同，从而产生对核心价值观界定的不同。

前面我们已对“核心”一词进行了科学的语义分析，在现代汉语

① 陈新汉：《社会主义核心价值体系价值论研究》，上海人民出版社 2008 年版，第 149 页。
② 兰久富：《社会转型时期的价值观念》，北京师范大学出版社 1999 年版，第 69 页。

中，“核心”一词主要有三种解释：一是中心；二是引申指起主导作用的部分，如领导核心、核心作用；三是指主要部分（就事物之间的关系说）。与之相应地，核心价值观也应包括三个方面的含义。首先，核心价值观是价值观体系的中心。价值观是以核心价值观为原点而展开的有机结构体系。价值观体系的结构，就像一粒石子投入水中，由里向外激起层层波纹，呈现为一个多层次的同心圆，在价值观这个同心圆中，核心价值观是中心，是内核，是原点。其次，是引申义，是就核心价值观在价值观结构体系中的作用而言的。核心价值观是在价值观体系中起主导作用的价值观。主导一词，“其主要内涵包括统领、领导、指导、引导、支配、控制、保证、促进等意思”。“所谓主导作用，就是一种主要的且具有引导性的作用，或者说是一种引导性的且是主要的作用。”① 从主导作用的词义可以看出，核心价值观是在价值观体系中起统领和领导作用的价值观，它规定和影响其他价值观的性质和方向，其他价值观从属于核心价值观并受核心价值观的影响和支配。最后，就核心价值观与其他价值观之间的关系来说，核心价值观是价值观体系中的主要部分，其他的价值观则是次要部分。核心价值观上述三个层次的含义是互相联系、相互影响、相互补充的，共同构成一个有机的整体。

根据以上分析，我们可以把核心价值观界定为：是指人们在长期的价值生活实践中积淀和形成的有关客体对主体效应的最根本看法，是人们在处理各种价值问题时所持的最根本立场、观点和态度，它在整个价值观体系中处于中心地位，起着主导作用，代表着价值观的最根本特征，体现着价值观的最根本倾向，统率并约束其他处于非核心地位的价值观。具体地来说，就是人们关于好坏、得失、善恶、美丑等价值的最根本立场、最根本看法和最根本态度。从这一界定可以看出，核心价值观是一个与价值观既相联系又相区别的概念。核心价值观来源于价值观，但它又不是一般的价值观，是价值观体系中处于中心地位，起着主导作用的价值观，是价值观的中心和内核。从核心价

① 石书臣：《现代思想政治教育主导性研究》，学林出版社2004年版，第12页。

值观中引申出非核心价值观，从而形成核心价值观的外围“保护带”。在价值观体系中，核心价值观最稳固、最持久、最有统摄性，也最具渗透性。它影响、支配其他非核心价值观，其他非核心价值观以不同方式体现着核心价值观。

那么，什么样的价值观才有资格成为核心价值观呢？笔者认为至少要具备如下基本条件。

其一，必须赢得大多数人的认同。认同是一个关系概念，又是一个实践概念。从实践的层面讲，认同强调的是“认”的过程。认同的过程就是个体通过实践活动，在主体客体化及客体主体化过程中不断感知对象，认识对象，逐渐将对象内化为自身观念，并外化为行为，实现从无律、他律到自律、自由的发展过程。“价值认同是指个体或社会共同体，通过相互交往而在观念上对某一或某类价值的认可和共享，或以某种共同的理想、信念、尺度、原则为追求目标，实现自身在社会生活中的价值定位与定向，并形成共同的价值观。价值认同是社会成员对社会价值规范所采取的自觉接受、自愿遵循的态度。”“任何一个社会共同体，都是通过认同形成共同价值观为自身的存在进行合理性和合法性论证。社会共同体只有拥有为多数人所接受的正当性、合理性时，才能得到民众最大支持，共同体的制度以及由此产生的社会秩序才能得以维系。”① 核心价值观一旦被社会共同体中的大多数人认同，就会形成一股强大的向心力和凝聚力，使人们的价值取向一致而形成一个团结和谐的集体。核心价值观如果缺少了大多数人的认同，就会失去其存在的基础。因此，核心价值观必须是赢得大多数人认同的价值观。核心价值观要赢得大多数人的认同，关键在于必须符合大多数人的根本利益，满足大多数人精神生活的需求。

其二，在价值观系统中应具有主导性和统摄性。石书臣认为：“主导性的概念应包括两个方面的含义：从事物本身讲，是指事物保持其引导的主要方向、方面和重点特性，即本质主导性；从事物与其作用对象的关系讲，是指事物具有主要的和引导的作用的特性，即功

① 周中之等：《社会主义核心价值体系教育探索》，上海人民出版社2007年版，第133—135页。

能主导性。事物的主导性是本质主导性与功能主导性的有机统一，本质主导性规定着功能主导性的性质和方向，功能主导性则是本质主导性的实现条件。”① 从本质主导性方面来讲，核心价值观应反映价值观的主要方向、方面和重点特性，代表价值观的根本特征，体现价值观的根本倾向，规定价值观的性质，反映价值观的本质。也就是要体现价值观体系的总方向和总特征。从功能主导性方面来讲，核心价值观应在价值观体系中居于主导地位，发挥主导作用。要使核心价值观发挥主导性，这就要求它应具有统摄性，要具有统率并约束其他处于非核心地位的价值观并使之凝聚在自己的周围，并对它之外各种各样不同的价值观进行正确协调、整合和引导的能力。

其三，应具有理想性，应拥有崇高的精神因子。一个社会的核心价值观是这个社会群体在处理各种价值问题时所持的根本立场、观点和态度，它代表着这个社会价值观体系的总方向和总特征。这样的一种价值观必须反映这个社会群体的长远利益和未来发展方向，具有激励和鼓舞这个社会群体不断前进的作用。这就要求核心价值观目标要有理想性，应拥有崇高的精神因子。核心价值观目标不仅要立足于这个社会价值观的现实，植根于这个社会价值观的现实之中，反映这个社会价值观的现实，而且要高于这个社会价值观的现实，超越这个社会价值观的现实，成为引领这个社会进行价值追求的指针，凝聚这个社会的精神纽带。因此，作为支撑这个社会精神世界的核心价值观不能充斥媚俗的精神因子，也不能仅仅满足的是这个社会短期的利益需要，它必须具有理想性，必须拥有崇高的精神因子，只有这样才具有很强的号召力、感染力和凝聚力，否则的话，就起不到提升这个社会精神境界的作用。

只有具备上述三个条件的价值观，才能成为这个社会的核心价值观。

三　社会主义核心价值观的主体是谁

价值和价值观都具有主体性。任何价值观都是一定主体的价值观。

① 周中之等：《社会主义核心价值体系教育探索》，上海人民出版社2007年版，第13页。

社会主义核心价值观的主体是谁？是中国共产党，还是全体中国人民？这是我们界定社会主义核心价值观必须弄清楚的又一个重要问题。笔者认为，社会主义核心价值观的主体是中国共产党领导下的全体中国人民，而不是中国共产党。但是它体现中国共产党的核心价值观，它与中国共产党"为人民服务"的核心价值观是先进性与广泛性的关系。

中国共产党第十八次全国代表大会通过的《中国共产党章程》，对党的性质表述为：中国共产党是中国工人阶级的先锋队，同时也是中国人民和中华民族的先锋队，是中国特色社会主义事业的领导核心，代表中国先进生产力的发展要求，代表中国先进文化的前进方向，代表中国最广大人民群众的根本利益。党的最高理想和最终目标是实现共产主义。这一论述，不仅从党的阶级性、先进性、党的根本宗旨、党在中国特色社会主义事业中的地位和作用等方面，阐明了中国共产党的性质，而且蕴含着党的根本价值观。那么，中国共产党的核心价值观是什么？我认为，中国共产党的核心价值观是"为人民服务"。"一个政党为什么人服务，代表什么人的利益、需要和要求的问题是一个根本的、原则的问题。这个问题表明了这个政党的价值主体纲领和政策取向，构成政党的价值观的核心内容。"① "为人民服务"这五个字虽然简明通俗，但却有着深厚的理论根基和丰富的历史内涵。"为人民服务"是无产阶级政党先进性的本质体现，是中国共产党的根本宗旨，是中国共产党全部政策的出发点和归宿，是区别于其他任何政党的根本标志。它明确地指明了党的根本价值取向是一切为了人民群众。毛泽东指出："共产党人的一切言论行动，必须符合最广大人民群众的最大利益，为最广大人民群众所拥护为最高标准。"② 他还指出："全心全意地为人民服务，一刻也不脱离群众；一切从人民的利益出发，而不是从个人或集团的利益出发；向人民负责和向党的领导机关负责的一致性；这些就是我们的出发点。"③ 邓小平指出："共

① 李斌雄：《中国共产党的价值观研究》，中国社会科学出版社 2003 年版，第 213 页。

② 《毛泽东选集》第 3 卷，人民出版社 1991 年版，第 1096 页。

③ 同上书，第 1094—1095 页。

产党——这是工人阶级和劳动人民中先进分子的集合体，它对于人民群众的伟大的领导作用，是不容怀疑的。但是，它之所以成为先进部队，它之所以能够领导人民群众，正因为，而且仅仅因为，它是人民群众的全心全意的服务者，它反映人民群众的利益和意志，并且努力帮助人民群众组织起来，为自己的利益和意志而斗争。"① "中国共产党的含意或任务，如果用概括的语言来说，只有两句话：全心全意为人民服务，一切以人民利益作为每一个党员的最高准绳。"② 江泽民指出："全心全意为人民服务，立党为公，执政为民，是我们党同一切剥削阶级政党的根本区别。"③ "我们党之所以有力量，就是因为我们始终紧紧依靠人民群众，始终诚心诚意为人民谋利益。这个根本问题，任何时候都不能忘记。"④ "在任何时候任何情况下，我们的一切工作和言行都要以是否符合最广大人民的根本利益为最高衡量标准。这必须成为我们观察和处理问题的根本原则。"⑤ 胡锦涛指出："全心全意为人民服务是党的根本宗旨，党的一切奋斗和工作都是为了造福人民。要始终把实现好、维护好、发展好最广大人民的根本利益作为党和国家一切工作的出发点和落脚点，尊重人民主体地位，发挥人民首创精神，保障人民各项权益，走共同富裕道路，促进人的全面发展，做到发展为了人民、发展依靠人民、发展成果由人民共享。"⑥ 中国共产党领导人的上述论述明确而完整地回答了一切价值观共有的核心问题——"为什么人"的问题。"为人民服务"代表了中国共产党价值观的最高原则，是中国共产党的核心价值观。

我国是人民民主专政的社会主义国家。我国宪法明确规定：中华人民共和国是工人阶级领导的，以工农联盟为基础的人民民主专政的社会主义国家。我们国家的社会主体是全体中国人民，社会主义社会

① 《邓小平文选》第1卷，人民出版社1994年版，第218页。

② 同上书，第257页。

③ 《江泽民文选》第3卷，人民出版社2006年版，第279页。

④ 《江泽民论加强和改进执政党建设（专题摘编）》，中央文献出版社2004年版，第451页。

⑤ 《江泽民文选》第2卷，人民出版社2006年版，第577页。

⑥ 《十七大以来重要文献选编》（上），中央文献出版社2009年版，第12页。

是一个人民当家做主的社会，那么，它的主导价值观即社会主义核心价值观就必须要以人民为主体，以人民的利益为标准。价值主体问题，是历史观、价值观的一个基本问题。人民群众是历史的主人，是一切价值创造的主体，人民群众的实践是一切价值的本质和源泉，人民群众也是价值评价的主体。马克思主义认为，“历史上的活动和思想都是‘群众’的思想和活动。……历史活动是群众的事业”①。中国共产党自创立以来，始终高度重视人民群众的价值主体地位，人民群众是历史创造者和价值主体的理论成为中国共产党创造性地建设新社会的一个带根本性的基本观点。毛泽东指出：“人民，只有人民，才是创造世界历史的动力。”② 邓小平指出：“马克思主义向来认为，归根结底地说来，历史是人民群众创造的。”③ 江泽民指出：“人民是我们国家的主人，是决定我国前途命运的根本力量。”④ 胡锦涛指出：“我们尊重人民主体地位，发挥人民首创精神，贯彻尊重劳动、尊重知识、尊重人才、尊重创造的重大方针，坚持全心全意依靠工人阶级，发挥我国工人阶级和农民阶级、其他劳动群众推动我国生产力发展基本力量的作用，又支持新的社会阶层发挥中国特色社会主义事业建设者的作用，使全体人民都满腔热情地投身改革开放伟大事业。”⑤ 因此，在界定社会主义核心价值观和提炼社会主义核心价值观时，“要注意防止出现的一种混淆或误解，就是把党的价值观直接等同于全国人民的共同价值观。这种混淆是同对主体相互关系的误解相联系的。要避免混淆，就要认清党与人民、党的价值观与全国人民的共同价值观是什么关系。党的核心价值观是党的宗旨所表述出来的‘为人民服务’。党以人民的利益作为一切纲领、行动的标准。然而这样的价值观显然不能无条件等同于全国各民族、各阶层的人民群众的共同价值观。党不能把自己的主张原封不动地加给全体人民，也不能把对自己的要求

① 《马克思恩格斯全集》第2卷，人民出版社1957年版，第103—104页。

② 《毛泽东选集》第3卷，人民出版社1991年版，第1031页。

③ 《邓小平文选》第1卷，人民出版社1994年版，第217页。

④ 《江泽民文选》第2卷，人民出版社2006年版，第261—262页。

⑤ 《十七大以来重要文献选编》（上），中央文献出版社2009年版，第799页。

与对广大群众的要求混为一谈，而是要向人民学习，从人民那里，把他们的共同愿望用党的理论、党的方法加以总结概括，表达为全体人民的价值观。就是说，应该表达的是‘人民要怎样’，而不是‘要人民怎样’。解决了社会主义价值观体系定位问题，才能进一步解决它的内容定位问题，就是以人民为主体的社会主义价值观究竟要追求什么样的核心价值”[①]。

四　社会主义核心价值观的界定

根据上述分析，我们可以看出，“社会主义”标示“社会主义核心价值观”这一命题的性质。社会主义核心价值观中的“社会主义”所指称的是中国的社会主义，不是其他国家的社会主义，也不是其他社会主义流派。“核心价值观”表明“社会主义核心价值观”这一命题的地位。社会主义核心价值观来源于中国社会主义价值观，但它又不是一般的价值观，是中国社会主义价值观体系中处于中心地位，起着主导作用的价值观，是中国社会主义价值观的中心和内核。从中国社会主义核心价值观中引申出非核心价值观，从而形成核心价值观的外围“保护带”。在中国社会主义价值观体系中，核心价值观最稳固、最持久、最有统摄性，也最具渗透性。它影响、支配其他非核心价值观，其他非核心价值观以不同方式体现着核心价值观。“中国人民”是“社会主义核心价值观”这一命题的主体。社会主义核心价值观必须要以人民为主体，以人民的利益为标准。

由此，我们可以把社会主义核心价值观界定为：是指中国人民在中国共产党领导下在长期的价值生活实践中积淀和形成的有关对社会主义的最根本的看法，是中国人民在革命建设改革实践中处理各种价值问题时所持的最根本立场、观点和态度，它在中国社会主义价值观体系中处于中心地位，起主导作用，代表着中国社会主义价值观的最根本特征，体现着中国社会主义价值观的最根本倾向，统率并约束其他处于非核心地位的价值观。

---

① 李德顺：《关于价值与核心价值》，《学术研究》2007 年第 12 期。

第三节　社会主义核心价值观的要素和结构分析

“倡导富强、民主、文明、和谐，倡导自由、平等、公正、法治，倡导爱国、敬业、诚信、友善，积极培育社会主义核心价值观。”① 党的十八大报告这一论断明确告诉我们，社会主义核心价值观不是单一的，它是由一系列社会主义核心价值观构成的系统。因此，要科学把握社会主义核心价值观的本质，就必须运用系统的方法，对社会主义核心价值观进行系统分析。

一　社会主义核心价值观的要素分析

2014 年 5 月 4 日，习近平同志在北京大学师生座谈会上的讲话《青年要自觉践行社会主义核心价值观》中指出：“在当代中国，我们的民族、我们的国家应该坚守什么样的核心价值观？这个问题，是一个理论问题，也是一个实践问题。经过反复征求意见，综合各方面认识，我们提出要倡导富强、民主、文明、和谐，倡导自由、平等、公正、法治，倡导爱国、敬业、诚信、友善，积极培育和践行社会主义核心价值观。富强、民主、文明、和谐是国家层面的价值要求，自由、平等、公正、法治是社会层面的价值要求，爱国、敬业、诚信、友善是公民层面的价值要求。这个概括，实际上回答了我们要建设什么样的国家、建设什么样的社会、培育什么样的公民的重大问题。”② 根据习近平同志在北京大学师生座谈会上的讲话、党的十八大报告和中共中央办公厅印发的《关于培育和践行社会主义核心价值观的意见》，以及学术界关于社会主义核心价值观构成要素的相关研究，笔者认为，社会主义核心价值观主要由以下三大要素（子系统）构成：第一，以“富强、民主、文明、和谐”为核心价值理念构成的国家层面的社会主义核心价值观系统；第二，以“自由、平等、公正、法治”为核心

① 胡锦涛：《坚定不移沿着中国特色社会主义道路前进，为全面建成小康社会而奋斗》，《人民日报》2012 年 11 月 18 日。

② 习近平：《青年要自觉践行社会主义核心价值观》，《光明日报》2014 年 5 月 5 日。

价值理念构成的社会层面的社会主义核心价值观系统；第三，以“爱国、敬业、诚信、友善”为核心价值理念构成的公民个人层面的社会主义核心价值观系统。[①]

社会主义核心价值观这三个层面的要素是相互联系、相互影响、相互制约的，共同构成了一个紧密联系的有机整体。例如，以“富强、民主、文明、和谐”为核心价值理念构成的社会主义核心价值观系统，是国家层面的价值目标，不仅社会主义核心价值观其他两个子系统都要为这一价值目标服务，而且这一子系统的实现能够为其他两个子系统的实现创造良好条件；以“自由、平等、公正、法治”为核心价值理念构成的社会层面的社会主义核心价值观系统，对社会主义核心价值观其他两个子系统有直接的价值指导作用，其他两个子系统必须以此作为指导，不能违背“自由、平等、公正、法治”的价值取向，其他两个子系统的实现对它有重要的促进作用；以“爱国、敬业、诚信、友善”为核心价值理念构成的公民个人层面的社会主义核心价值观系统，是其他两个子系统的基础，它不仅要以其他两个子系统为指导，而且要为其他两个子系统的实现服务。离开了这个子系统，其他两个子系统就失去了基础。

二 社会主义核心价值观结构模型分析

根据习近平同志关于社会主义核心价值体系的系列论述、党中央关于社会主义核心价值体系建设相关文件以及学术界关于社会主义核心价值观系统结构的研究，笔者认为，在社会主义核心价值观系统的诸要素及其相互关系结构中，以“富强、民主、文明、和谐”为核心价值理念的社会主义核心价值观系统，体现了国家层面的价值目标，它是社会主义核心价值观的主题。它阐明了在社会主义初级阶段，我们在国家层面的价值目标是什么，在国家层面上为全党、全军、全国人民指明了奋斗的目标和前进的方向。富强，不仅要求国力要强大，而且国民要共同富裕，它主要是从国家经济建设上提出的价值目标；

① 中共中央办公厅：《关于培育和践行社会主义核心价值观的意见》，《人民日报》2013年12月24日。

民主，主要是从国家政治上提出的价值目标，它要求政治上要实现高度的社会主义民主；文明，主要是从国家文化上提出的价值目标，它要求文化建设上要实现高度的社会主义精神文明；和谐，主要是从国家社会建设和生态建设上提出的价值目标，它要求社会建设和生态建设上要实现高度的和谐。“富强、民主、文明、和谐”作为国家层面的核心价值观，不仅反映了近代以来中国历史发展的根本要求，凝结了100多年来先进的中国人的理想与价值愿望，而且是基于现实的理想，它与经济建设、政治建设、文化建设、社会建设、生态文明建设在内的中国特色社会主义事业五位一体总体布局紧密相连，适应我国经济社会发展的新要求，顺应人民群众的新期待，反映了改革开放新时期以来我们党的基本政治主张，是我国在社会主义初级阶段的奋斗目标，是13亿多中国各族人民在中国共产党的领导下对于现代化国家理想形态的价值表达。“自由、平等、公正、法治”为核心价值理念的社会主义核心价值观，体现了社会层面的价值取向，它是社会主义核心价值观的灵魂。它阐明了在社会主义初级阶段，我们在社会层面的价值追求是什么，在社会层面上为全党、全军、全国人民指明了奋斗的目标和前进的方向。自由，即人的自由全面发展之社会；平等，即人人平等之社会；法治，即依法治国之社会；公正，即公平正义之社会。“自由、平等、公正、法治”作为社会层面的核心价值观，不仅站在人类价值共识的制高点，大胆吸收人类文明的共同成果，而且反映了社会主义社会的基本属性，是社会主义社会应当高扬的价值理想。我们的党是马克思主义政党，我们的国家是社会主义国家，我们的社会是社会主义社会，实现“人的自由全面发展”是共产主义的最高价值追求，我们党从成立之初就将“实现人的自由全面发展的共产主义社会”写在自己的旗帜上，并为之作出了不懈奋斗。在当代中国，倡导“自由、平等、公正、法治”的社会主义核心价值观，既体现了马克思主义特别是中国化马克思主义的核心价值追求，又反映了社会主义特别是中国特色社会主义制度的本质要求；既继承了人类历史积累的积极价值，又反映了历史前进方向和时代要求。“自由、平等、公正、法治”是我们今天最需要的，但又做得不够的。倡导“自由、平等、公正、法治”的核心价值观既具有政治意义，又具有学理基础。“爱国、敬业、诚信、友善”为核心价值理念的社会主义核心价值观，是公民个人层面的价值准则，它是社会主义核心价值观的基础。它阐明了在社会主义初级阶段，我们在公民个人层面的价值追求是什么，在公民个人层面上为全体中国人民指明了奋斗的目标和前进的方向。爱国，强调公民应培育和践行爱国主义；敬业，强调公民应忠于职守；诚信，强调公民应诚实守信；友善，强调公民应与人为善。它是中国这个社会主义国家的公民应当遵循的根本价值准则，是公民基本道德规范的核心要求，体现了社会主义价值追求和公民道德行为的本质属性。社会主义核心价值观培育和践行的主体涉及国家、社会、公民个人三个层次，公民个人是基础，只有全体中国人民倡导和践行“爱国、敬业、诚信、友善”的社会主义核心价值观，培育和践行社会主义核心价值观才能真正落到实处。

从上述分析可以看出，社会主义价值观系统是由上述四个要素组成的各具功能、各有侧重、相互联系、结构完整的有机统一的整体。

三　社会主义核心价值体系结构层次分析

社会主义核心价值观系统的结构，不仅体现为一定的横向联系及其方式，而且体现为一定的纵向联系及其方式，即系统的层次结构。从社会主义核心价值观系统的整体来分析，社会主义核心价值观系统的内核是社会主义核心价值理念，社会主义核心价值观就是由“富强、民主、文明、和谐；自由、平等、公正、法治；爱国、敬业、诚信、友善”24 字 12 个核心价值理念构成的一个系统，它的层次由里到外分为社会主义核心价值理念、社会主义核心价值观、社会主义价值观。社会主义核心价值观系统是由一圈圈的逻辑层次构成的。社会主义核心价值理念是内核，位于社会主义核心价值观系统最里面的第一个圆圈，它由里向外扩散，渗透，统摄社会主义核心价值观系统的各个层次。社会主义核心价值观位于第二个圆圈，社会主义价值观位于第三个圆圈。在社会主义核心价值观系统中，社会主义核心价值理念最稳定、最持久、最有统摄性，也最具有渗透性。它影响、支配社会主义核心价值观系统的其他层次，社会主义核心价值观系统的其他层次以不同的方式体现着社会主义核心价值理念。

从社会主义核心价值观系统的要素来分析，它也有非常强的逻辑层次。社会主义核心价值观系统由以“富强、民主、文明、和谐”为核心价值理念构成的国家层面的社会主义核心价值观系统、以“自由、平等、公正、法治”为核心价值理念构成的社会层面的社会主义核心价值观系统、以“爱国、敬业、诚信、友善”为核心价值理念构成的公民个人层面的社会主义核心价值观系统三个方面要素组成，这些要素以一定的相互联系、相互作用的方式构成了社会主义核心价值观系统的整体结构及其功能特征，而每一个社会主义核心价值观系统要素作为子系统，又包含着更低一级的要素及其结构。例如以“富强、民主、文明、和谐”为核心价值理念构成的国家层面的社会主义核心价值观系统，就包含着以富强为核心价值理念构成的国家经济层面的社会主义核心价值观系统、以民主为核心价值理念构成的国家政治层面的社会主义核心价值观系统、以文明为核心价值理念构成的国家文化层面的社会主义核心价值观系统、以和谐为核心价值理念构成的国家社会和生态层面的社会主义核心价值观系统。因此，我们在对社会主义核心价值观系统进行分析时，不仅要注重分析系统的横向关系结构，把握社会主义核心价值观系统的结构模型，而且要分析系统的纵向关系结构，把握系统的层次结构及其特征。只有这样，才能使对社会主义核心价值观系统的结构分析做到纵横结合、层层深入，从而科学把握社会主义核心价值观系统的本质。

第四节　社会主义核心价值观基本内容的新阐释

党的十八大报告和中共中央办公厅印发的《关于培育和践行社会主义核心价值观的意见》中对社会主义核心价值观基本内容的24字概括，非常全面，内涵十分丰富，体现了全体公民的最大公约数。但是笔者认为字数太多，不利于广大群众熟记。学术界对社会主义核心价值观已经有多种概括，可谓仁者见仁，智者见智，尚未达成共识。根据笔者的研究和思考，汲取学术界某些成果，社会主义核心价值观可以概括为八个字：人本、敬业、共富、和谐。其中人本是灵魂，敬业是基础，共富、和谐是全体中国人民追求的价值目标。

一　“人本”的基本内涵

人本是“以人为本”的简称，要科学理解人本价值观，必须把握以下几个方面的内容：

第一，以人为本的“人”，是指人民群众。在当代中国，就是以工人、农民、知识分子等劳动者为主体，包括社会各阶层人民在内的中国最广大人民。以人为本的“本”，就是本源，就是根本，就是出发点、落脚点，就是最广大人民的根本利益。我们今天强调的以人为本，就是以最广大人民的根本利益为本，它继承了中国古代的民本思想，但又与它存在着实质上的区别。民本思想中的“民”，是相对于“君”、相对于统治者而言的，其本质是为了维护封建统治阶段的统治地位，其价值取向是君本位而非民本位。以人为本也不同于西方人本主义，西方人本主义以个人为本位，以实现自我价值为基本追求，在处理人与人、人与社会的关系上主张个人利益至上。同时，它离开具体历史条件，离开人的社会性，以抽象的、永恒不变的人性说明社会历史，在本质上是为资产阶级服务的。①

第二，以人为本，就是以最广大人民的根本利益为本，尊重人民主体地位，发挥人民首创精神，保障人民各项权益，不断满足人民日益增长的物质文化需要，不断提高人民思想政治道德素质和科学文化素质，做到发展为了人民、发展依靠人民、发展成果由人民共享，促进人的全面发展。②

第三，以人为本是社会主义最本质、最核心的价值理念。它基于马克思主义关于无产阶级只有解放全人类才能最后解放自己和人的自由全面发展的理论，是对以往一切剥削压迫社会以“神”为本和以“物”为本的颠覆与超越，代表了人类从支配自己命运的异己力量中

① 中共中央宣传部：《科学发展观学习读本》，学习出版社 2008 年版，第 26—28 页。

② 柯缇祖：《社会主义核心价值观研究》，《红旗文稿》2012 年第 1 期。

解放出来，实现从必然王国向自由王国飞跃的共产主义理想。以人为本体现了我们党的根本宗旨和执政理念，是我们党提出的科学发展观的核心。随着科学发展观在经济社会发展各领域的贯彻落实，以人为本的理念已经深入人心，得到全社会广泛认同，成为指引中国社会发展进步的重要战略思想和价值取向。①

二 “敬业”的基本内涵

敬业价值观的价值结构系统主要有以下四个层次的内容构成。要理解敬业价值观，就必须对这四个层次的内容进行分析。

第一，所谓敬业，就是敬重自己所从事的职业，认同自己所从事的职业，珍惜自己所从事的职业，热爱自己所从事的职业。这是敬业价值观最基础的内容，它集中表现为人们对自己所从事的职业的态度和感情。敬业价值观第一层次的内容要求从业者要干一行爱一行，不能身在曹营心在汉。它强调的是公民个人、民族、国家和全人类应有的对职业的价值和意义的高度认同，是社会主义核心价值观对从业者最起码的要求。

第二，敬业价值观第二层次的内容是兢兢业业、尽职尽责做好自己所从事的工作。如果敬业价值观第一层次的内容侧重于人们对自己所从事的职业的态度，那么，敬业价值观第二层次的内容强调的是要把工作做好，侧重于工作的效果。它要求从业者爱一行钻一行，恪尽职守、精益求精、尽职尽责地把自己所从事的工作做好。它强调的是公民个人、民族、国家和全人类的责任意识，强烈的责任心是敬业最大的内驱力，从业者有了这种精神，无论从事什么工作，都会对自己的工作产生使命感和责任心。职责是人生的灵魂，职责也是每个人必须恪守的义务，敬业价值观第二层次的内容强调的就是职责和义务。

第三，敬业价值观第三层次的内容是开拓进取的创新创业精神。它要求从业者不能够墨守成规，要以创新创业精神从事自己的职业，开创工作的新局面，创造属于自己的崭新的事业。创新创业是职业发

① 柯缇祖：《社会主义核心价值观研究》，《红旗文稿》2012 年第 1 期。

展的力量源泉，是一个国家兴旺发达的不竭动力，是一个民族进步的灵魂。只有以创新创业精神从事自己的工作，才能发挥自身最大潜能推动事业的发展和社会的进步，才能展示从业者的价值。它强调的是公民个人、民族、国家和全人类的开拓创新精神。这一层次的内容是中国传统敬业精神强调得不够的，与此相反，西方敬业精神则强调得比较多。这一层次的内容是时代的呼唤，也是对西方敬业精神的借鉴。建设创新型国家，实现中华民族伟大复兴的中国梦需要这种精神。

第四，敬业价值观第四层次的内容是把职业作为生命信仰，把事业化为生命的内在要求，为人民工作，为大众谋幸福。这是敬业价值观最高层次的内容，其核心是为人民服务、为社会服务的奉献精神。敬业最深层的动力是从业者内心的职业信仰，把职业当作谋生的手段，把工作作为任务去完成，是一种外在要求。只有把职业作为生命信仰，把事业化为生命的内在要求，才能够实现职业与人生的合一，职业才是一种自觉自愿的活动，工作成为人生的价值追求。因此，敬业价值观的本质是一种信仰，它把一个人的信仰与职业紧密联系在一起，使从业者有了价值追求，并且在追求中获得幸福感。它体现了公民个人、民族、国家和全人类为了事业“尽己所能、无私忘我”的积极主动精神。“社会发展是否具有生机活力和高效率，一直是一个国家、一个民族存立的根基，它离不开内在自发的动力，离不开人们的积极和主动行动，离不开社会各个领域的工作者‘我要干’的主动‘敬业’尽责状态，它与‘要我干’具有截然不同的动力原理。在各种各样的约束面前，‘要我干’之下的自主空间，与消极、退让、等待、依赖、推诿相联系；而‘敬业’尽责文化遍地普及，才有‘我要干’之下的积极、主动的‘不用扬鞭自奋蹄’状态，这样发展动力永无衰竭之虞，我们就不必担心发展停滞。”① 那些流芳百世的名人伟人之所以能够为人类社会留下宝贵的物质财富和精神财富，就是因为他们能够自觉地把自己的职业活动与自己整个的人生价值联系起来，并且自觉认同工作不仅仅是一种谋生的手段，更是实现人生自我价值和社会价值

① 马俊林：《打造“敬业”为美的社会文化刻不容缓》，《理论研究》2013 年第 6 期。

的基本途径，在平凡的岗位上，为人类社会做出了自己的贡献。敬业价值观第四层次的内容所倡导的是人的价值二重性的有机统一，即人生自我价值与社会价值的统一，既实现了人生自我价值，又为社会创造了价值，服务于社会。

作为社会主义核心价值观的“敬业”主要由上述既相互区别又相互联系的四个方面内容构成的有机统一体。这四个方面内容是一个层层深入的价值结构系统。

三 “共富”的基本内涵

共富是“共同富裕”的简称，要科学理解共富价值观，必须把握以下几个方面的内容：

第一，“共同富裕”是社会主义核心价值追求，它的终极意义是指在发达的生产力基础上，消灭剥削，消除两极分化，社会发展成果归全体人民所享有。马克思、恩格斯指出：在未来社会，“生产将以所有人的富裕为目的”①；“通过社会生产，不仅可能保证一切社会成员有富足的和一天比一天充裕的物质生活，而且还可能保证他们的体力和智力获得充分的自由的发展和运用”②。因此，“‘共同富裕’不仅是美好的愿望，在马克思主义那里，它首先是科学的概念，不是传统意义上的‘均富’、‘共富’思想，而是消除两极分化、消灭剥削、真正实现人的解放的科学论断，因此，它本质上是属于科学社会主义、属于共产主义、属于工人阶级的”。“资本主义不可能有共同富裕，两极分化是植根于资本主义经济的本性。”“资本主义的经济本性是以物为本，必然造成两大后果：两极分化和人的异化。两极分化是社会矛盾尖锐对立、经济发展内在失衡、社会财富挥霍浪费的根源；人的异化是资本主义以及其主导下的当今世界许多社会弊端（包括精神疾患剧增）的根源。几百年的资本主义史已经证明，资本主义自身无力解决这两大痼疾。”③ 由此可以看出，马克思主义诞生以前，共同富裕之

① 《马克思恩格斯全集》第46卷（下），人民出版社1980年版，第222页。

② 《马克思恩格斯选集》第3卷，人民出版社1995年版，第757页。

③ 候惠勤：《论“共同富裕”》，《思想理论教育导刊》2012年第1期。

所以是一个美好的期待而不可能变成现实，根源在于生产资料的私有制。

第二，“共同富裕”是社会主义“终极性价值”和“过程性价值”的有机统一。“共同富裕”是有层次的，逐步推进的。作为终极意义的“共同富裕”的价值理想是共产主义社会对“共同富裕”的要求。我们“不能把共同富裕仅仅看成是终极的理想价值，忽视其在每一具体历史发展阶段中的实践的价值。它既是终极性的理想价值，也是过程性的价值。所以在每一具体历史发展阶段，共同富裕都有它的实践意义”[①]。社会主义发展的不同阶段，由于其社会主义成熟程度以及社会生产力发展水平的具体不同，“共同富裕”的具体内涵也不相同。社会主义不同发展阶段的“共同富裕”的核心价值观，必须紧紧围绕“共同富裕”的终极价值，根据社会主义发展的不同阶段的具体目标，采取更加符合人们实际需要的价值表现形式，化“共同富裕”的理想价值为社会主义不同阶段的现实价值。因此，共同富裕是从低层次到高层次的过程富裕。“共同富裕并不是一个固定不变的模式，而是随着生产力的发展不断充实新内容的动态过程，是一个从贫穷到富裕再到高层次富裕的过程富裕。”“作为一个过程，共同富裕蕴含着极其丰富而深刻的内涵，它从一定意义上揭示了人类追求富裕生活的无止境过程。”[②]

第三，共同富裕是物质生活富裕和精神生活富裕的统一。物质生活是人类生活的基础，物质生活的富裕是共同富裕的基础性内容，如果连温饱问题都解决不了，共同富裕就失去了物质基础。但物质生活并不是人类生活的全部内容，人不仅有物质的追求，而且有精神的追求。因此，共同富裕不能仅仅局限于物质生活富裕这个层次，应该将物质生活富裕和精神生活富裕统一起来。共同富裕绝不仅仅是一种物质意义上的价值，它本身还是一种非常崇高的精神价值。

第四，共同富裕是普遍富裕基础上的差别富裕。邓小平指出：“我们坚持走社会主义道路，根本目标是共同富裕，然而平均发展是

① 候惠勤：《论“共同富裕”》，《思想理论教育导刊》2012 年第 1 期。

② 李娟：《全面把握共同富裕的内涵》，《理论探索》2007 年第 4 期。

不可能的。过去搞平均主义，吃‘大锅饭’，实际上是共同落后，共同贫穷，我们就是吃了这个亏。”① 从邓小平上述论述中可以看出，共同富裕不是全体社会成员在财富占有上绝对平均，搞平均主义，也不是同时、同步、同等富裕，而是普遍富裕基础上的差别富裕。没有适度的差别，就没有人民群众追求更富裕生活的积极性，就不会有全体人民高层次的普遍富裕。② 平均主义在本质上是一种极大的不公平，它否定了人们劳动的差异性，是对劳动贡献大的人的一种剥夺，因而也必将扼杀人们的劳动积极性。因此，共同富裕反对搞平均主义，也反对两极分化，它是普遍富裕基础上的差别富裕，是公平与效率的有机统一。

四　和谐的基本内涵

和谐是“和谐发展”的简称。所谓和谐发展，从哲学上来讲，是指事物之间以及事物内部各要素之间的协调、均衡、有序上升性运动和变化。具体来讲，就是人类根据人—社会—生态系统的特点和规律，利用现代科学技术，合理配置资源，积极协调各种关系，实现人、自然、社会之间，经济、政治、文化、社会、生态等方面之间“主体互动式”的良性发展。③ 要科学理解和谐价值观，必须把握以下几个方面的内容：

第一，和谐发展是一个辩证的概念。和谐发展本身就是一个对立统一的矛盾统一体，和谐发展与发展的不和谐就是其中两种相互对立的状态。和谐发展就是在发展过程中矛盾的东西在一定条件下达到统一、协调、调和，它标志着自然界内部、人与人、人与社会、人自身、人与自然之间诸多要素的均衡、稳定、有序、相互依存、共同发展。在事物发展过程中，多样性的东西共存而达到平衡，才能和谐发展；如果多样性的东西彼此冲突，达不到平衡，也就无所谓和谐发展。和谐发展作为发展的理想状态，在矛盾运动上的表现是矛盾的同一性，

① 《邓小平文选》第3卷，人民出版社1993年版，第155页。

② 李娟：《全面把握共同富裕的内涵》，《理论探索》2007年第4期。

③ 曾令超：《和谐发展的哲学思考》，《教学与研究》2005年第8期。

但是同一性不是脱离斗争性的孤立的同一，矛盾的同一性和斗争性是既相互区别又相互联系的矛盾统一体。同一性不能离开斗争性而存在，没有斗争性就没有同一性，斗争性是同一性的基础。斗争性也离不开同一性，没有同一性也没有斗争性，斗争性寓于同一性之中。割裂事物发展过程中的同一性和斗争性的相互联系，就会导致形而上学的两种极端的错误即脱离对立的绝对同一和脱离同一的绝对对立。因此，在事物发展过程中，没有矛盾和差异，也就没有和谐发展和不和谐发展可言，和谐发展是在承认矛盾和不断解决矛盾的基础上，使矛盾的双方在矛盾运动过程中达到平衡和统一。和谐发展就是在事物发展过程中不断解决矛盾和冲突，不断克服各种不和谐因素的基础上，在发展与进步的动态平衡中实现社会系统之间的和谐、社会阶层之间的和谐、区域之间的和谐、人自身的和谐、人与自然之间的和谐等。因此，和谐发展是一个承认矛盾并不断解决矛盾的动态发展过程，旧矛盾解决了，新矛盾产生了，矛盾的不断产生和不断解决是和谐发展的内在动力。

第二，和谐发展是社会主义核心价值追求，它的终极意义是人的自由而全面发展。在人类社会发展的历史长河中，在奴隶社会、封建社会和资本主义社会，在一定时期、一定阶段出现过所谓的“和谐发展”的社会现象。在中国，相传尧、舜、禹“三代”是“天下大同”的和谐发展的典范，是从先秦时期诸子百家到明末清初诸多思想家都仰慕的理想社会。秦始皇统一中国以后的漫长封建社会发展过程中，历朝历代的“盛世”，都在一定程度上表现出和谐发展的状态。在西方，对社会和谐发展的追求，在作为马克思主义理论来源之一的空想社会主义那里，有着较为充分的阐述。这种和谐发展的社会，在圣西门和傅立叶那里叫“和谐制度”，在魏特林那里称之为“和谐与自由”的社会，在欧文那里被称为“新和谐公社”。但是由于时代和历史的局限性，在他们那里和谐发展只是一个美好的愿望，只能是空想、幻想。在马克思主义那里，和谐发展则是一个科学的概念，不是传统意义上的和谐发展，而是建立在生产力高度发达、财富极大丰富、没有剥削、没有压迫、各尽所能、按需分配的未来共产主义社会基础上的人的自由而全面的发展。在《共产党宣言》中，马克思、恩格斯明确指出："代替那存在着阶级和阶级对立的资产阶级旧社会的，将是这样一个联合体，在那里，每个人的自由发展是一切人的自由发展的条件。"① "按照马克思、恩格斯的设想，未来社会将在打碎旧的国家机器、消灭私有制的基础上，消除阶级之间、城乡之间、脑力劳动和体力劳动之间的对立和差别，极大地调动全体劳动者的积极性，使社会物质财富极大丰富，人民精神境界极大提高，实行各尽所能、各取所需，实现每个人自由而全面的发展，在人与人之间、人与自然之间都形成和谐的关系。马克思、恩格斯所创立的科学社会主义，论证了共产主义社会是历史发展的必然，是人类最终实现社会和谐和人的自由全面发展的科学体系。共产主义是人与自然、人与社会、人与人之间根本矛盾的真正解决。马克思、恩格斯关于'自由人联合体'或者'人的全面自由发展的社会'的表述，无疑是指真正的和谐社会，也就是共产主义社会，这可以说是马克思主义创始人所设想的'自由人联合体'的未来和谐社会模式。"② 因此，和谐发展本质上是属于科学社会主义、属于共产主义、属于无产阶级的。在科学社会主义诞生之前，和谐发展之所以是一个可望而不可即的乌托邦，根源在于生产资料的私有制。在私有制的社会里，存在着严重的阶级矛盾和阶级对立，社会关系在本质上是不和谐的，不可能做到真正意义上的和谐发展。

第三，和谐发展是社会主义终极性价值和过程性价值的有机统一。和谐发展是有层次的、逐步推进的。在社会主义发展的不同阶段，由于社会生产力发展水平以及社会主义成熟程度不同，和谐发展的水平和程度也是不同的。我们不能把和谐发展仅仅看成终极的理想价值，忽视社会主义发展每一具体阶段中的实践价值。这也就是说社会主义不同发展阶段，和谐发展的具体内容是不同的。随着社会生产力发展水平以及社会主义成熟程度的不断提高，和谐发展也不断地由低层次向高层次发展。因此，和谐发展是社会主义终极性价值和过程性价值的有机统一，它揭示了人类追求和谐发展的无止境过程。

---

① 《马克思恩格斯选集》第1卷，人民出版社1995年版，第294页。

② 张小平主编：《和谐文化的理论与实践》，人民出版社2007年版，第36—39页。

第四，和谐发展是全面、协调、可持续发展。全面是指各个方面都要和谐发展。社会主义社会是全面发展、全面进步的社会。全面发展既包括经济和谐发展，也包括社会和谐发展；既包括物质文明建设，也包括政治文明、精神文明和生态文明建设。经济发展、政治发展、文化发展、社会发展和人的全面发展是相互联系、相互影响的。没有政治发展、文化发展、社会发展和人的全面发展的不断推进，单纯追求经济发展，不仅经济发展难以持续，而且最终经济发展也难以搞上去。和谐发展不仅是全面发展，而且是协调发展。协调发展，就是要统筹城乡发展、统筹区域发展、统筹经济社会发展、统筹人与自然和谐发展、统筹国内发展和对外开放，推进生产力和生产关系、经济基础和上层建筑相协调，推进经济、政治、文化、社会、生态建设的各个环节、各个方面相协调。和谐发展还是可持续发展。可持续发展，就是要促进人与自然的和谐，实现经济发展和人口、资源、环境相协调，坚持走生产发展、生活富裕、生态良好的文明发展道路，保证一代接一代地永续发展。

第五节 社会主义核心价值观基本内容新阐释的确立依据

“人本、敬业、共富、和谐”的社会主义核心价值观的确立不是主观、任意规定的，它深深植根于中国社会主义革命建设改革的实践之中，反映了社会主义的本质要求，体现了马克思主义的核心价值追求。它继承和借鉴中国传统价值观和国外价值观的精华，实现了对中国传统价值观和国外价值观的超越。

一 它深深植根于中国社会主义革命建设改革的实践之中

马克思主义认为，任何社会意识都是社会实践的产物，都由一定的社会经济状况所决定，并受到一定社会的政治状况的影响和制约。“价值观念存在的根据在于其背后的社会生活之中，当社会生活对价值观念提出某种要求时，能够满足这个要求的价值观念就是合理的价值观念，违背这个要求的价值观念就是不合理的价值观念。”“社会生活是价值观念的源泉，社会生活是产生价值观念的丰厚土壤，有了社会生活的强大支持，价值观念才是最稳固、最持久的，才能在社会生活中发挥最合理、最积极的作用。价值观念要保持自己的生命力，就要不断倾听社会生活的召唤，在社会生活的变化中不断地调整自己，以适应社会生活提出的最新要求。稳定不变的价值观念体系不能适应社会生活的变化，不能跟随时代迈进的脚步，只有处于不断变迁的价值观念体系，才能使自己保持与社会生活的一致。每一个价值观念都应该明白这样一个道理：价值观念的合理性不在于自己论证自己，最根本的在于符合社会生活的要求，社会生活才是价值观念合理性的真正源泉。”① 由此可以看出，“一定社会的核心价值观是在一定社会的长期实践中孕育形成的，离不开一定社会的生产方式、生活方式及其对社会意识形态及思想道德层面的基本要求”②。“人本、敬业、共富、和谐”的社会主义核心价值观深深植根于中国社会主义革命建设改革的实践之中，是中国共产党领导中国人民在长期的价值实践中积淀和形成的有关对社会主义的最根本的看法，是中国人民在革命建设改革实践中处理各种价值问题时所持的最根本立场、观点和态度。

在极其艰苦的革命战争年代，中国人民在中国共产党的领导下，牢牢把握“人本、敬业、共富、和谐”的社会主义核心价值观，不仅实现了中国共产党党内和军队内的和谐发展，而且实现了中国共产党及其领导的人民军队与人民的和谐发展，与广大劳动人民建立了鱼水深情，带领广大农民“打土豪，分田地”，实现共同富裕；带领广大工人翻身得解放，并且与一切可以团结的爱国力量建立了最广泛的统一战线，壮大了革命力量，孤立了敌人，完成了民族独立、人民解放的伟大历史任务。为了实现民族的独立和人民的解放，无数革命战士自觉把中国人民的解放事业当作自己的事业，形成了无私奉献的敬业精神。在这种敬业精神的引领下，中国共产党领导中国人民用“小米加步枪，打败了敌人的飞机和大炮”，最终赢得了新民主主义革命的

---

① 兰久富：《社会转型时期的价值观》，北京师范大学出版社 1999 年版，第 219—220 页。

② 包心鉴：《社会主义核心价值观的凝练与建构》，《光明日报》2012 年 1 月 14 日。

胜利。

新中国成立以后，翻身得解放的中国人民在“人本、敬业、共富、和谐”的社会主义核心价值观指引下，掀起了一波又一波的社会主义现代化建设高潮。从1953年开始，中国共产党领导人民开始进行有计划的社会主义建设和有系统的社会主义改造。到1956年，在短短的三年时间内通过不流血的和平方式实现了对农业、手工业和资本主义工商业的社会主义改造，创造性地完成了由新民主主义到社会主义的过渡，实现了中国历史上最伟大、最深刻的社会变革。中共中央在1953年12月通过的《关于发展农业生产合作社的决议》，不仅总结了互助合作的经验，概括提出引导农民走向社会主义的几种过渡性经济组织形式，而且提出了“共同富裕”的社会主义核心价值观，凝聚全国人民走上社会主义“共同富裕，和谐发展”之路。《关于发展农业生产合作社的决议》指出：“为着进一步提高农业生产力，党在农村中工作的最根本的任务，就是要善于用明白易懂而为农民所能够接受的道理和办法去教育和促进农民群众逐步联合起来，逐步实现农业的社会主义改造，使农业能够由落后的小规模生产的个体经济变为先进的大规模生产的合作经济，以便逐步克服工业和农业这两个经济部门发展不相适应的矛盾，并使农民能够逐步完全摆脱贫困的状况而取得共同富裕和普遍繁荣的生活。”① “正是‘共同富裕’这一明白易懂的语言，让广大农民对社会主义有了朴素的理解并产生了强烈的向往，引导他们逐步走上了社会主义的道路。不仅如此，共同富裕的理念，也很快为广大工商界人士和其他社会阶层所接受，鼓舞他们走上社会主义的道路。”② 针对部分农村开始出现两极分化的苗头，毛泽东指出：“这个问题，只有在新的基础之上才能获得解决，这就是在逐步地实现社会主义工业化和逐步地实现对于手工业、对于资本主义工商业的社会主义改造的同时，逐步地实现对于整个农业的社会主义的改造，即实行合作化，在农村中消灭富农经济和个体经济制度，使全体

① 《建国以来重要文献选编》第4册，中央文献出版社1993年版，第661—662页。

② 孙业礼：《共同富裕：六十年来几代领导人的探索和追寻》，《党的文献》2010年第1期。

农村人民共同富裕起来。"[①] 从上述论述可以看出，在社会主义改造过程中我们党不仅提出了"共同富裕"的社会主义核心价值观，而且"为党内和广大群众普遍接受，从而极大地促进了我国农业、手工业、资本主义工商业社会主义改造的进程。也许这一进程有些急，有些快，有些粗，存在这样或那样的问题，但它却为实现共同富裕的社会主义道路奠定了坚实的所有制基础"[②]。

在社会主义改造基本完成后，中国人民在"人本、敬业、共富、和谐"的社会主义核心价值观指引下，为实现国家繁荣富强和人民共同富裕进行了不懈的奋斗。翻身得解放的中国人民在开拓进取、无私奉献的敬业精神的引领下，掀起了一波又一波的社会主义现代化建设高潮，把贫穷落后的旧中国，建设成为了欣欣向荣的新中国。产生了"宁可少活二十年，也要拿下大油田"的"铁人精神"、爱厂如家的"孟泰精神"、默默无闻的螺丝钉精神、献身科技事业的"两弹一星"精神等。1956 年，毛泽东发表《论十大关系》这篇重要著作，认识到了中国要实现共同富裕的目标，必须要调动国内外一切积极因素，正确处理好我国社会的一些重大关系，实现社会和谐发展。1956 年 9 月 15—27 日，中共八大正确分析了社会主义改造后中国社会的主要矛盾和主要任务。国内主要矛盾已经不再是工人阶级和资产阶级的矛盾，而是人民对于经济文化迅速发展的需要同当前经济文化不能满足人民需要的状况之间的矛盾。全国人民的主要任务是集中力量发展社会生产力，实现国家工业化，逐步满足人民日益增长的物质和文化需要。1957 年，毛泽东在《关于正确处理人民内部矛盾的问题》这一重要著作中，明确提出了社会主义基本矛盾的理论，创立了关于两类不同性质矛盾的学说，要求学会用民主的方法解决人民内部矛盾。其目的是为了调动一切积极因素，调动党内党外的，国内国外的，直接的、间接的积极因素，团结一切可能团结的人，并且尽可能地将消极因素转变为积极因素，为共同富裕的社会主义伟大事业服务。"我们的目标，

① 《毛泽东文集》第 6 卷，人民出版社 1999 年版，第 437 页。

② 孙业礼：《共同富裕：六十年来几代领导人的探索和追寻》，《党的文献》2010 年第 1 期。

是想造成一个又有集中又有民主，又有纪律又有自由，又有统一意志，又有个人心情舒畅、生动活泼，那样一种政治局面，以利于社会主义革命和社会主义建设，较易于克服困难，较快地建设我国的现代工业和现代农业，党和国家较为巩固，较为能够经受风险。”① 上述路线、方针、政策不仅激发了广大人民群众奋起改变落后，实现共同富裕的巨大热情，而且激发了整个社会的和谐发展气氛。但遗憾的是，由于对公平的过分追求，和对于“两极分化”的过分担忧，使毛泽东后来没能在确立社会主义基本制度之后，在怎样实现共同富裕的探索中找到好的途径和办法。1957 年下半年以后甚至违背了“人本、敬业、共富、和谐”的社会主义核心价值观，1957 年 9—10 月召开的中共八届三中全会开始改变党的八大关于社会主要矛盾的正确判断，认为当前国内的主要矛盾仍然是无产阶级和资产阶级、社会主义道路和资本主义道路的矛盾。后来召开的中共八大二次会议正式确认了这个判断。这一理论上和指导思想上的失误造成了长时期的严重后果。反右派斗争的严重扩大、“大跃进”和人民公社化运动的“左”倾冒进，特别是“文化大革命”的严重错误，一个重要的原因就是没有正确认识中国的国情，违背了“人本、敬业、共富、和谐”的社会主义核心价值观，不仅极大地打击了广大人民群众进行社会主义建设的积极性，而且严重阻碍了社会主义建设的发展。

改革开放以后，中国共产党带领中国人民在认真总结中国革命和建设的经验教训的基础上进行了拨乱反正，中国人民在“人本、敬业、共富、和谐”的社会主义核心价值观指引下，开创了中国特色社会主义的新局面。“文化大革命”以后，以邓小平为核心的党的第二代领导集体开始对中国社会主义进程进行深刻的反思，正是在反思中，使“人本、敬业、共富、和谐”的社会主义核心价值观得到了升华，找到了以毛泽东为代表的第一代领导集体没有能够找到的怎样实现“以人为本，共同富裕，和谐发展”的社会主义道路。“强调贫穷不是社会主义，发展才是硬道理，通过发展的办法解决前进中的问题，并

---

① 《建国以来毛泽东文稿》第 6 册，中央文献出版社 1992 年版，第 543 页。

开辟了通过一部分地区、一部分人先富起来，先富带动后富，最终达到共同富裕的途径。”① 随着对外开放的扩大，改革的深入进行，东西部以及城乡之间的发展差距逐步拉大，地区发展不平衡成为影响“人本、敬业、共富、和谐”的主要障碍之一。以江泽民为核心的第三代领导集体在“人本、敬业、共富、和谐”的社会主义核心价值观引领下，特别强调“兼顾效率与公平，强调在社会主义现代建设的每一个阶段都必须让广大人民群众共享改革发展的成果”。进入21世纪，中国特色社会主义建设进入了一个新发展阶段。在新的历史阶段，我国进入了发展的关键期、改革的攻坚期、矛盾的凸显期。如何更好地实现“人本、敬业、共富、和谐”成为对中国特色社会主义道路的严峻考验。以胡锦涛、习近平为核心的中央领导集体，在“人本、敬业、共富、和谐”的社会主义核心价值观引领下，不仅创造性地提出了科学发展观，而且“突出以人为本，科学发展，更加注重社会公平”。带领中国人民不断地向“以人为本，共同富裕，和谐发展”的中国特色社会主义道路前进。改革开放以后，在开拓进取、无私奉献的敬业精神的引领下，开创了中国特色社会主义的新局面。产生了一批像李素丽、许振超、徐虎、孔繁森这样敬业的模范人物。近年来，全国各地出现的“最美司机”“最美教师”“最美战士”体现的也是敬业精神。

回顾中国共产党领导中国人民进行社会主义革命建设改革的历程，我们可以十分清楚地看到，“人本、敬业、共富、和谐”的社会主义核心价值观植根于中国革命建设改革的实践之中，已经成为中国共产党的核心价值追求和全国人民的共同愿望。经过几代中国共产党人的艰苦探索，“人本、敬业、共富、和谐”的社会主义道路越走越宽广。中国革命建设改革正反两方面的经验教训告诉我们，什么时候坚持了“人本、敬业、共富、和谐”的社会主义核心价值观，中国革命建设改革就能取得巨大成绩；什么时候违背了“人本、敬业、共富、和谐”的社会主义核心价值观，中国革命建设改革就会遭受挫折。

---

① 孙业礼：《共同富裕：六十年来几代领导人的探索和追寻》，《党的文献》2010年第1期。

二　它反映了社会主义的本质要求

任何社会的核心价值观，从根本上说，都是由该社会的本质决定的。中国封建社会确立的“三纲五常”的核心价值观是由中国封建社会的本质决定的。资本主义“自由、平等、博爱”的核心价值观也是由资本主义社会的本质决定的。我们所建立的是社会主义制度，它姓“社”，不姓“资”，这就决定了社会主义核心价值观要反映社会主义本质的要求。“社会主义本质是社会主义核心价值观的基本内核，社会主义核心价值观就是社会主义本质的价值体现。在一定意义上讲，社会主义本质是社会主义的DNA，社会主义核心价值观只有充分内含社会主义的DNA，才可称之为社会主义核心价值观。”① “人本、敬业、共富、和谐”的社会主义核心价值观充分反映了社会主义本质的要求，是中国社会主义的DNA。

从我国社会主义建设的历史经验来看，过去很长一段时间对社会主义本质问题没有完全搞清楚，把许多束缚生产力发展，并不具有社会主义本质属性的东西当作社会主义本质加以固守，导致我们在建设社会主义过程中，误认为公有制和按劳分配的范围越广、程度越高，越体现社会主义本质，甚至脱离实际条件，盲目扩大公有制的范围，提高公有制的程度，导致远离社会主义根本目的的结果。在改革开放进程中，对改革开放的一些政策调整之所以经常出现不同意见，从认识论的角度看，也是因为离开了社会主义根本目的孤立地看待是否符合公有制、按劳分配等社会主义的特征，甚至把计划经济看成社会主义的本质特征，把市场经济看成资本主义的本质特征。为了推动全党对社会主义本质的认识，邓小平在领导中国改革开放过程中，创造性地提出了关于社会主义本质的科学论断。改革开放之初，邓小平针对一些人因政策调整而产生的困惑，在论述怎样才能发挥社会主义制度优越性时，第一次提出社会主义本质这个概念。他指出：“社会主义是一个很好的名词，但是如果搞不好，不能正确理解，不能采取正确

---

① 虞崇胜：《凝练社会主义核心价值观的六大原则》，《光明日报》2012年2月18日。

的政策，那就体现不出社会主义的本质。”[①] 1986年9月，邓小平在回答美国记者关于“致富光荣的口号同社会主义的关系”时说：“社会主义财富属于人民，社会主义的致富是全民共同致富。社会主义原则，第一是发展生产，第二是共同致富。”[②] 1990年12月，他又一次强调“共同致富，我们从改革一开始就讲，将来总有一天要成为中心课题。社会主义不是少数人富起来、大多数人穷，不是那个样子。社会主义最大的优越性就是共同富裕，这是体现社会主义本质的一个东西”[③]。1992年，他在南方谈话中明确提出了关于社会主义本质的著名论断：“社会主义的本质，是解放生产力，发展生产力，消灭剥削，消除两极分化，最终达到共同富裕。”[④] 邓小平对社会主义本质所做的新的理论概括，使人们从更深层次上科学地理解什么是社会主义，为判断改革开放的是非得失提供了强大的思想武器。以胡锦涛为总书记的党中央在继承的基础上发展了邓小平关于社会主义本质的理论，作出“社会和谐是中国特色社会主义的本质属性”的重大判断。这个重大判断进一步深化了对社会主义本质的认识，帮助我们自觉地把这一本质属性的要求贯穿于中国特色社会主义政治、经济、文化、社会建设整体布局和奋斗目标的各个方面，更加清醒、更加努力地为推进社会主义和谐社会建设不懈奋斗。从上述关于社会主义本质的论述可以看出，“人本、敬业、共富、和谐”的社会主义核心价值观不仅反映了社会主义的本质，体现了社会主义的最大优越性，而且是区别其他任何价值观的标准，是全体中国人民根本利益的集中体现。社会主义区别于资本主义，一个最大的特点就是“人本、敬业、共富、和谐”，而不是少数人富裕和人的异化。

正是因为如此，邓小平明确指出：“我们大陆坚持社会主义，不走资本主义的邪路。社会主义与资本主义不同的特点就是共同富裕，不搞两极分化。创造的财富，第一归国家，第二归人民，不会产生新

① 《邓小平文选》第2卷，人民出版社1994年版，第313页。
② 《邓小平文选》第3卷，人民出版社1993年版，第172页。
③ 同上书，第364页。
④ 同上书，第373页。

的资产阶级。国家拿的这一部分，也是为了人民，搞点国防，更大部分是用来发展经济，发展教育和科学，改善人民生活，提高人民文化水平。”① “社会主义的目的就是要全国人民共同富裕，不是两极分化。”② “我们允许一些地区、一些人先富起来，是为了最终达到共同富裕，所以要防止两极分化。这就叫社会主义。”③

三　体现了马克思主义的核心价值追求

在有阶级的社会，任何一个社会的价值观都具有鲜明的阶级性。在社会主义的中国，社会主义核心价值观必须体现马克思主义特别是中国化马克思主义的核心价值追求，这是由价值观的阶级性所决定的。

毛泽东指出：“为什么人的问题，是一个根本的问题，原则问题。”④ 为什么人的问题，是价值观的根本问题。在以往的阶级社会中，占统治地位的价值观是剥削阶级的价值观，总是表现为为统治阶级服务，为剥削阶级服务，都以一切服从统治阶级的利益为标准。在这一问题上，只有以为最大多数人谋取最大利益，实现美好的共产主义为目的的马克思主义，才旗帜鲜明地提出了自己的相反主张。马克思强调“为绝大多数人谋利益”，马克思、恩格斯在《共产党宣言》中明确指出：“过去的一切运动都是少数人的或者为少数人谋利益的运动，无产阶级的运动是绝大多数人的、为绝大多数人谋利益的独立的运动。”⑤ 马克思、恩格斯在这里旗帜鲜明地把人民群众作为价值主体。只有符合人民群众利益，为人民群众所接受的价值，才是真正的价值。列宁号召“为千千万万劳动人民”服务。毛泽东明确回答“为人民服务”。他以一切相信人民、一切依靠人民为其理论和言行的出发点。在革命战争年代充分依靠人民群众，打一场人民战争，取得了中国革命的胜利。在社会主义建设时期，他把人民群众作为社会主义

---

① 《邓小平文选》第3卷，人民出版社1993年版，第123页。
② 同上书，第110—111页。
③ 同上书，第195页。
④ 《毛泽东选集》第3卷，人民出版社1991年第2版，第857页。
⑤ 《马克思恩格斯选集》第1卷，人民出版社1995年第2版，第262页。

建设的主体，积极调动人民群众的积极性，取得了社会主义建设的伟大成就。邓小平始终认为自己是“中国人民的儿子”，时刻关注广大人民群众的利益，始终把“人民拥护不拥护”“人民赞成不赞成”“人民高兴不高兴”“人民答应不答应”作为制定党的方针政策的出发点和归宿。无论是在革命战争年代，还是在和平建设时期，无论是顺境，还是处在逆境，邓小平都自始至终坚持以人民群众利益为价值主体。“我相信，凡是符合最大多数人的根本利益，受到广大人民拥护的事情，不论前进的道路上还有多少困难，一定会取得成功。”① “我们过去几十年艰苦奋斗，就是靠用坚定的信念把人民团结起来，为人民自己的利益而奋斗。”② “以人民的利益为价值本位”就是邓小平价值观的核心。江泽民同志明确指出：“我们党始终坚持人民的利益高于一切。党除了最广大人民的利益，没有自己特殊的利益。党的一切工作，必须以最广大人民的根本利益为最高标准。全党同志要始终坚持一切为了群众、一切依靠群众的根本观点，坚持党的群众路线，深入群众，深入基层，倾听群众呼声，反映群众意愿，集中群众智慧，使各项决策和工作符合实际和群众要求。”③ “各级干部一定要牢记，联系群众，宣传群众，组织群众，团结群众为实现自己的利益而奋斗，这是我们党的根本力量和优势所在，也是我们各项工作的取胜之道。我衷心希望大家处处以党和人民的利益为重，以人民群众为本，抛弃一切官僚主义、形式主义的不良习气，真正在领导方法和工作方法方面取得新的进步，在全心全意为人民谋利益方面创造出新的气象。”④ 由此可见，他把是否满足人民群众的根本利益作为区别无产阶级政党同其他政党的试金石，作为党的全部工作的出发点和落脚点，明确要求各级干部要以党和人民的利益为重，以人民群众为本。胡锦涛在党的十七大报告中指出：“必须坚持以人为本。全心全意为人民服务是党的根本宗旨，党的一切奋斗和工作都是为了造福人民。要始终把实现好、

① 《邓小平文选》第3卷，人民出版社1993年版，第142页。

② 同上书，第190页。

③ 《江泽民文选》第3卷，人民出版社2006年版，第280页。

④ 《江泽民文选》第1卷，人民出版社2006年版，第364页。

维护好、发展好最广大人民的根本利益作为党和国家一切工作的出发点和落脚点，尊重人民主体地位，发挥人民首创精神，保障人民各项权益，走共同富裕道路，促进人的全面发展，做到发展为人民、发展依靠人民、发展成果由人民共享。”① 科学发展观的核心是以人为本，以人为本就是以最广大人民的根本利益为本。历史是人民群众创造的，这是马克思主义唯物史观的基本观点。马克思、恩格斯、列宁、毛泽东、邓小平、江泽民和胡锦涛以唯物史观作为自己价值观的理论基础，把人民作为价值观的主体，科学地回答了“为什么人”“依靠什么人”“怎样为人”的问题。从中可以看出马克思主义价值观是以人民为主体的价值观，马克思主义价值观的核心就是要为广大人民群众谋利益，这是马克思主义价值观有别于其他形态的价值观的显著标志。

敬业从职业道德提升为社会主义核心价值观，体现了“为人类工作、为人民群众谋幸福”的马克思主义价值观。马克思在《青年在选择职业时的考虑》中写道：“如果我们选择了最能为人类而工作的职业，那么，重担就不能把我们压倒，因为这是为大家作出的牺牲；那时我们所享受的就不是可怜的、有限的、自私的乐趣，我们的幸福将属于千百万人，我们的事业是悄然无声地存在下去，但是她会永远发挥作用，而面对我们的骨灰，高尚的人们将洒下热泪。”② 马克思不仅创立了马克思主义学说，而且他把终身的精力奉献给了无产阶级的解放事业，开创了伟大的共产主义运动，立下了不朽功勋。“为人类工作、为人民群众谋幸福”是马克思至死不渝的价值追求。

“人本、敬业、共富、和谐”的社会主义核心价值观，体现了以人民为主体的马克思主义价值观，代表了广大人民群众的根本利益，是“人的自由而全面发展”的马克思主义核心价值观在社会主义中国的集中体现。“敬业、共富”不仅能够满足人民群众日益增长的物质文化生活的需要，而且能为“人的自由而全面发展”创造条件；“和谐发展”促进“人的自由而全面发展”。

---

① 胡锦涛：《高举中国特色社会主义伟大旗帜，为夺取全面建设小康社会新胜利而奋斗》，《人民日报》2007 年 10 月 25 日。

② 《马克思恩格斯全集》第 1 卷，人民出版社 1995 年版，第 459—460 页。

“人的自由而全面发展”的共产主义社会是建立在生产力高度发展、社会物质财富和精神财富极大丰富基础上的，只有以“敬业、共富”作为社会主义核心价值观，才能动员全社会力量不断发展社会生产力，不断创造更多的物质财富和精神财富满足人民群众日益增长的物质文化需求，实现共同富裕，为“人的自由而全面发展”创造条件。“和谐发展”不仅包括人与自然和谐发展，而且包括人与社会、人与他人、人与自身和谐发展。只有人与自然和谐发展，人在自然面前才能自由全面发展；只有人与社会和谐发展，才能正确处理人与社会的关系，人在社会生活中才能自由全面发展；只有人与他人和谐发展，才能处理好个人与他人的关系，在与他人交往过程中才能自由全面发展；只有人与自身和谐发展，人的心理和生理才能健康，人的自由全面发展才有心理和生理基础。

此外，“人本、敬业、共富、和谐”的社会主义核心价值观不仅植根于中华民族传统文化基础上，继承了中国“民本”“均富”“大同”“敬业”等传统价值观的精华，实现了对中国传统价值观的超越，而且借鉴了国外价值观的精华，实现了对国外价值观的超越。它针对并力求解决广大领导干部和人民群众普遍关心的根本问题，又体现了社会主义的基本原则、本质特征和时代要求。

第三章
思想政治教育创新的内涵及其本质

研究社会主义核心价值体系与思想政治教育创新，必须从思想政治教育创新的基本概念等基础性问题入手，才能科学地把握思想政治教育创新的本质。近年来，有关思想政治教育创新问题的研究文章众多，但大多忽视了有关创新的基础性问题研究，有关思想政治教育创新的基础性问题研究特别薄弱。本章将对创新、思想政治教育创新的基础性问题进行研究，以求夯实思想政治教育创新的基础。

第一节　创新概述

一　创新的概念剖析

按照常规的研究方法，在研究思想政治教育创新之前必须考察创新的概念，弄清创新的含义。因此，对于创新这一概念的理解，直接关系到我们对思想政治教育创新的理解。“创新”一词在人类社会生活中随处可见，它已成为人类社会语言海洋中最诱人的词汇，成为世人关注的焦点。无论是现代化程度比较高的发达国家，还是发展中的欠发达国家都重视创新，对创新的应用已经不再局限于理论界，而是广泛地延伸到一切领域。我们所处的时代是创新的时代，国与国的竞争，从某种意义上来讲就是创新的竞争。正是因为如此，党中央从全局和战略的高度出发，综合分析国际环境和国内形势后提出了“加强自主创新，建设创新型国家”的重大战略决策。但是，什么是创新？时至今日学术界依然是仁者见仁、智者见智，没有形成一个统一的、权威的定义。本节在分析借鉴国内外有关研究成果的基础上，力图对创新的概念做进一步阐释，力求把握创新的本质，为界定思想政治教育创新奠定基础。

（一）关于创新界定的考察

从学术角度来看，“创新”的概念是美籍、奥地利经济学家约瑟夫·熊彼特1912年在他的著作《经济发展理论》（*Theory of Economic Development*）中首次提出的。根据其定义，创新就是一种新技术在生产领域中的首次市场化应用，就是在生产体系中引进一种新的生产要素和生产条件，建立一种新的生产函数，改进投入产出比，提高经济效益，并在经济活动中引入新的思想、方法以实现生产要素新的组合。它主要包括以下五个方面的内容：第一，采用一种新产品，即采用产品的一种新的特性；第二，采用一种新的生产方法，即在有关制造部门中尚未通过经验评定的方法，并不必然建立在科学和新的发现基础之上，也可以作为一种产品的新方式；第三，开辟一个新的市场，即在有关国家的某一制造部门开辟以前未曾进入的市场；第四，掠取或者控制原材料供应来源，即掠取或者控制半制成品的一种新的供应来源；第五，实现一种工业上新的组织，即形成一种垄断地位或者打破一种垄断地位的组织。① 约瑟夫·熊彼特是从经济学角度提出“创新”概念的，从他提出创新的本意来看，创新指的是一种经济活动，技术创新和制度创新都是从其创新概念演化而来的。此后，学者们不断推进创新问题研究，由于创新涉及众多领域，从而引发许多新概念，如体制创新、国家创新、管理创新、教育创新、金融创新、文化创新、社会创新、理论创新等。

葛霆研究员与他的助手周华东对新世纪各国对创新概念有代表性的再定义进行了研究，他们认为：“这些创新概念的再定义有以下几个共同点：首先，所有的定义都是在熊彼特理论基础上的发展；其二，全面拓展了创新概念含义的范畴，从狭窄的技术创新的窠臼扩展到了包括营销、组织、体制、社会系统等广阔的非技术创新领域；其三，特别强调了创新的价值实现。”② 他们认为：“‘创新’是把睿智和创造

① 彭健伯：《创新哲学论》，人民出版社2006年版，第48—49页。
② 转引自金吾伦《创新的哲学探索》，东方出版中心2010年版，第41页。

（技术和非技术的）转化为具有经济和社会价值的产品（物质与非物质的）和过程方法（技术和非技术的、市场和非市场的）的过程。创新概念的重新认识和再定义对我国也有着十分重要的现实意义。我们把 Innovation 译为‘创新’后，对于中文‘创新’的词义往往是按照字面的意义来理解，即‘创造新的东西’。这种字面的意义的理解淡化甚至有时忽视了作为‘创新（Innovation）’概念中最重要的内涵——价值的实现。准确地理解和把握创新的本质性内涵可以使我们科学、客观地研究分析自己（从国家到地方到企业）的创新能力和薄弱环节，让我们进一步明确建设创新型国家的战略要点和主攻方向，保证我们相关政策措施的准确性和有效性。”①

李士等著的《创新理论导论》一书中对“创新”的流行的理解进行了归纳：关于创新的一种流行说法是，创新是人产生新好的精神或物质产物的思维与行为的总和。它认为“新”是其本质，是指首次出现的或首次经验到的，或性质上改变得更好，或过去没有的事物、过程和状态。这包括下述诸含义。（1）其准确含义是新好，既具备“新”又有品质上的“好”。以“新”开头的词汇的含义，都是某种程度的创新，如新颖、新奇、新鲜、新巧、新异、新兴、新高和新好；“好”的含义包括：有价值的、优秀的、使人满意的等。（2）狭义创新是指创新产物对于社会来说是新的，有价值的和首创的。通常所谓的创新就是指狭义的创新。如爱迪生发明的留声机和白炽灯，袁隆平研究培育成功了籼型杂交稻种。（3）广义创新是指创新产物对创新者本人来讲是新好的产物，而对社会来说不一定是新的。某人有一种创意或一种新设计、新发明等，对他个人来说是新的，但对一个群体来说并不是新的，其他部门、地区、国家已经有了。这就是广义创新。（4）创新包括狭义创新和广义创新，因为它们的产物全部具有新好意义。例如原子弹、氢弹都不是中国发明和首先制成的，在世界范围内不能归入狭义创新，但中国靠自己的力量造出了原子弹、氢弹的创新意义仍是深远而巨大的。（5）创新与创造基本上属于同一范畴。二者

① 转引自金吾伦《创新的哲学探索》，东方出版中心 2010 年版，第 43 页。

的主体都是人，通过人的思维和行为形成区别于已有事物的精神和物质成果，这种成果都具备首创性、新颖性、价值性特征，故二者一般情况下可以相互代替。所以，《现代汉语词典》将创新定义为“抛开旧的，创造新的”，创新又是发明、发现、发展、革新、创造的总称，创新比创造的包容性更大。第二种流行说法认为，“创新”是创造的泛化，它包括广义创造（类似之前的“广义”创新）和狭义创造（类似之前的“狭义”创新）。狭义创造是相对于人类、相对于世界范围而言的，它提供了人类前所未有的具有普遍价值的新成果，如科学上的新发现、工艺技术上的新发明、社会科学上的新思维和新理论。广义创造在时空上比较宽泛，它可以相对于个体，也可以相对于一定群体或一定地域而言前所未有的新事物。创新既包括狭义创造，也包括广义创造；前者是主导，后者是基础。因此，创新也就是创造，是创造的泛化，是广义创造和狭义创造的辩证统一。第三种流行的通俗说法是，创意就是创新、创造，是与模仿、加工截然不同的，虽然不是绝对意义上的独创性，但是在原有事物的基础上有所发展和突破。这里的创意是人们常说的“点子”“主意”或“想法”。创意是人类大脑创造性思维的产物，是人类运用智慧的结晶；创意是人在某一时刻的“突发奇想”；创意是科学技术和艺术结合的创造。①

（二）与创新相关的几个概念及其关系

对于创新与创造的关系，学术界大致有以下几种观点：第一，等同说。即创造就是创新，两者不存在实质性的差别，二者含义可以兼容，视同一个相同的概念，不必将它们在逻辑意义上进行严格区分。第二，本质不同说。认为二者是完全不同的概念，分别表示不同的过程；“创造”是“无中生有”，即创造出一个自然界没有的东西来，而“创新”是“有中生新”，在已有的基础上进行变革和改进，具有新的功能和效益；创造是指科学技术的发现及发明，创新是指这种发明的第一次商业性运用。第三，包含说。有两种观点：一种认为“创造”包括了“创新”，创新仅是人类创造活动的一种，它专指经济领域的

① 李士等：《创新理论导论》，中国科学技术大学出版社 2009 年版，第 15—16 页。

创造，是创造的一个突出环节和核心，是创造价值的最高体现。另一种观点认为“创新”包括了“创造”，“创造”是创新的一个环节，某种新的想法、概念，新的器物，只要发明或创造出来就叫创造，而“创新”既要提出和创造出来，又要推广使用，并产生一定的经济效益和社会效益。第四，交叉说。认为“创造”和“创新”的内涵既有相容又有不相容的方面，是交叉状态。①

对于创新与发明、创造及其关系，尹成湖等人认为，发明是由专利制度的实施来明确定义的。不同国家的专利法，对发明的定义略有差异，如我国的专利法规定，一切具有新颖性、先进性和实用性的技术成果均为发明。日本的专利法规定，发明是指利用自然规律在技术思想中的高度创造。发明成果常见的形式有发明专利、实用新型专利、外观设计专利。创造是首创前所未有的新思想、新理论和新方法，做出新事物或新东西。创造的主要特性是新颖性和有价值性。创造主要来源于科学研究成果。在技术领域，创造与发明的含义十分密切，常把发明创造放在一起来使用。创新与发明创造的含义有所不同，创新主要体现有中更好，侧重经济领域的技术改进和制度更新，如使用更方便、性能更好、功能更强、更经济便宜、应用范围更广泛等。创造是无中生有，体现独特、独创，创造侧重于新思想、新理论、新方法等的创建。发明侧重于技术的应用，如新方法、新工艺、新产品等，强调新颖性、先进性和实用性。他们认为，发明、创造是创新的基础和前提，创新是为了获得更高的经济利益和社会价值。创新过程需要发明创造。发明创造是不可预测的，也不能计划，具有偶然性；而创新可以预测，可以计划，可以有组织、有目的、有体系地进行，但创新有风险。创新是一个不断的、复杂的，甚至是艰苦的改进过程。偶然的发明并不能直接推动生产力的发展，发明只有经过不断的创新过程，才能变为实实在在的应用，才能最终发挥作用。人们有一种模糊认识，常把发明看得太重，把创新看得无所谓。事实证明创新非常重要。例如，飞机是100多年以前美国的莱特兄弟发明的，当初发明的

① 李祖扬主编：《创新原理与方略》，天津人民出版社2007年版，第25页。

飞机很简单，飞不高，也飞不远，若停留在那个水平，飞机对人类就没有什么用途，只不过是件很新鲜好玩的东西而已。今天的飞机成为人们生活中必不可少的交通工具，真正使飞机有今天的作用靠的是不断地改进和创新。又如，我国四大发明之一的火药，在我国长期用于烟花爆竹，传入西方后，经过不断创新，用于工程和军事，才使其更有用，更有价值。创新注重应用，注重科学技术转化为生产力，注重获得经济利益和社会效益。发明很重要，但发明只是创新的第一步，要使发明得到应用就得创新。现在人们发明的东西很多，每年发明的专利有数百万件，真正变成有用的东西比例很低，要使人们的生活得到改善，靠的是对这些发明进行不断地改进和创新，使其变成更有用的东西。创新与发明创造有相同的一面，也有不同的一面，它们是一种集合关系，其相同的部分主要是指其产品具有新颖性，都需要进行创造性思维，都需要有创造力，都需要进行探索性工作等。①

（三）创新概念界定

从上述有关创新界定以及与创新相关的概念及其关系的考察可以看出，研究者们各自从不同的认识维度对创新提出了各种不同的理解，为我们对创新做进一步的阐释奠定了良好的基础。笔者认为，要对创新作出科学的界定，必须注意以下几个方面的问题。

第一，根据前面我们对有关创新界定的考察分析，我们可以看出，“在不同的领域和不同的行业、学科对创新有不同的理解。如在科研工作中有新的发现、新的探索，取得新的成绩和突破性的成果，是科学家讲的创新和科学院讲的知识创新。把土地、劳动、资本、技术等生产要素优化组合，使用代表先进生产力的各式各样的科学技术和管理方法去生产新的产品、开拓新的市场，是从经济学方面理解的创新。对客观事物的发展规律深入研究，使对客观事物发展规律的认识跃到一个新境界，是理论创新。‘创新是一个民族进步的灵魂，是一个国家兴旺发达的不竭动力，也是一个政党永葆生机的源泉。’说明了创新对民族、国家、政党生命的发展所具有的重要意义，也就是政治家

① 尹成湖等：《创新的理性认识及实践》，化学工业出版社2005年版，第1—3页。

讲的创新"[1]。我们研究的是社会主义核心价值体系与思想政治教育创新问题，是思想政治教育学的问题，应根据思想政治教育学科的特点来界定创新。

第二，当前有关创新的定义都是在美籍奥地利经济学家约瑟夫·熊彼特提出的创新概念基础上的发展，全面拓展了创新概念含义的范畴，从狭义的技术创新扩展到了广阔的非技术创新领域。也就是说，创新的概念尽管是在经济学领域首先提出来的，但其含义远远超出了经济学领域，随着时代的发展，随着学术研究的不断深入，不同的学科从各自学科的特点出发赋予了创新以非常丰富的内涵。

第三，要准确界定创新，必须对"创新"一词进行语义分析，从而科学把握"创新"一词的含义。从词源学的角度考察，创新的英文是 innovation，源于拉丁语的 innovare，其含义有两个方面：一是（新事物、思想或方法的）创造、创新、改革（the introduction of new things，ideas or ways of doing sth）。二是新思想；新方法（a new idea，way of doing sth，etc. That has been introduced of discovered）[2]，其含义比较广泛，创新指的是改变、更新或制造新的事物。在中国，《辞海》中没有"创新"一词，只有与之相近的"创造"一词。"创"解释为"创始""首创"。"创造"解释为"首创前所未有的事物"[3]。后来的《现代汉语词典》中出现了"创新"，该词典将"创新"解释为"抛开旧的，创造新的"[4]。从中可以看出，中国词典对"创新"的释义比英文中"创新"的含义要狭窄得多，其含义与"创造"基本相同。创新就是抛开旧的，创造新的，是指能为人类社会的文明与进步创造出有价值的、前所未有的全新物质产品或精神产品。比如人类要生存、要发展，就必须创造生产工具，使人类脱离动物界；创造语言文字使人类脱离原始人的蒙昧状态，逐渐发展成为有高度智慧的现代

---

① 滑云龙等主编：《创新学》，中国农业大学出版社 2006 年版，第 27 页。

② ［美］霍恩比：《牛津高阶英汉双解词典》第 7 版，王玉章等译，商务印书馆 2009 年版，第 1053 页。

③ 辞海编辑委员会：《辞海（缩印本）》，上海辞书出版社 1980 年版，第 183 页。

④ 中国社会科学院语言研究所词典编辑室编：《现代汉语词典》，商务印书馆 1983 年第 2 版，第 167 页。

人。人类与自然做斗争的每一次胜利都离不开创新。人类历史就是一部创新活动史。从本质上说，“旧”往往是落后的，失去生命力的，既定的，腐朽的；“新”往往是先进的，富有生命力的，未定的，正在成长壮大的。要创新，首先就要抛弃或超越旧事物、旧思想、旧观念，因为如果不抛弃或超越这些旧事物、旧思想、旧观念，就意味着符合这些旧事物、旧思想、旧观念，这就不是创新，或不是真正的创新。① 从上述语义分析可以看出，创新是一个外来词，其词义比汉语中的“创造”要宽得多，其含义不仅包含创造，而且包含改变、更新。如果仅仅把创新局限在汉语中理解的“创造”的狭窄的范围内，与创新的词义是不相符的。

第四，在当代，要科学地理解“创新”，不能忽视作为“创新”概念中最重要的内涵——价值的实现。“创新必须要强调‘新’，但‘新’不是创新的唯一标准。对于创新，‘新’是必要条件，但仅仅有‘新’不充分也不完善。首先，创新必须体现为新的产品（包括物质产品和非物质产品）、新的过程方法（包括技术和非技术的、市场和非市场的）等具体的成果。其二，必须能实现其（包括睿智、观念、发现、技术和非技术性的创造等等）经济和社会价值，否则一切发明创造将无所施其技，人们的创造性将无所作为，进而蕴藏在社会中的巨大创造力行将泯灭。其三，事实上不是所有的新事物都是好的和有益的，许多新事物是消极的甚至是有害于社会的，如新的毒品和兴奋剂、网络上新的不良信息和垃圾信息，等等。是否具有可实现的经济价值和积极的社会价值是检验所有新事物的最为重要的标准。创新的价值实现，正是检验一切新事物是否具有经济和积极的社会价值的最重要的过程和方法。其四，创新的价值实现体现了创新是一个过程，这个过程是由多个环节构成的，有多个行为主体参与，具有多层次的特点。”②

第五，创新是一个相对的概念。爱迪生发明的留声机和白炽灯，袁隆平研究培育的籼型杂交稻种，对于人类，对于世界范围而言，是

① 滑云龙、殷焕举主编：《创新学》，中国农业大学出版社 2006 年版，第 27 页。

② 金吾伦：《创新的哲学探索》，东方出版中心 2010 年版，第 42—43 页。

新的、有价值的和首创的，它提供了人类前所未有的具有普遍价值的新成果，毫无疑问，这是一种具有原创性的创新。原子弹、氢弹、载人航天飞行都不是中国发明和首创的，但中国依靠自己的力量制造出了原子弹、氢弹，实现了飞天的梦想，这对于中国来说，其创新意义是巨大而深远的。由此可以看出，创新是一个相对的概念，是相对不同的地域和群体而言的。

从上述分析可以看出，传统狭窄地将“创新”等同于“创造”，将“创新”等同于“技术创新”，已经无法准确反映现实创新中如此丰富的内涵。由于创新与创造、发明等概念紧密相关，其目的是为了推动政治、经济、文化和社会的发展，加之当前“创新”一词被广泛使用，我们认为从广义的角度理解创新，才能从语义、语用和语境等多方面把握创新的本质。根据上述分析，笔者认为，所谓创新，就是人类在社会实践过程中扬弃旧事物、旧思想、旧方法，把新思想、新方法、新技术、新成果转化为具有经济和社会价值的产品（物质的和非物质的）和过程方法（技术和非技术的、市场和非市场的）的过程。换句话说，创新就是人类能动地进行创造、改革并最终获得更高效益的一个综合过程。构成创新的基本要素是：人、创新成果、实施过程和更高效益。[①] 由此可以看出，创新并不神秘。创新，即推陈出新，破旧立新，有推有出，有破有立。把知识向前推进一步，向更广、更深、更精的方向迈进一步，都是创新的一步。创新是不断改进一些有用的东西或事物，使其更好、更有用、更方便、更经济。[②] 创新包括了创造、发明，发明、创造是创新的基础和前提，创新过程需要发明、创造，但它不只是停留在发明、创造之上，而在此基础上推广使用，并产生一定的经济效益和社会效益。创新是一个不断的、复杂的甚至是艰苦的发明、创造与改进的过程。偶然的发明、创造并不能直接推动社会的进步和发展，只有经过不断的创新过程，才能变为实实在在的应用，才能最终发挥经济效益和社会效益。

---

① 余伟编：《创新能力培养与应用教程》，航空工业出版社2004年版，第3页。

② 尹成湖等：《创新的理性认识及实践》，化学工业出版社2005年版，第2页。

二 创新的基本特征

无论何种类型的创新，通常都具有以下几个方面的共同特征。分析创新的这些基本特征，可以使我们加深对创新基本概念的进一步理解。

（一）超越性

创新贵在一个“新”字上，从事创新活动就是持续不断地对客观事物的现状进行革新，尤其是发明、创造、发现与现存事物不同的新生事物。“超越是创新的本质特征。创新不是对事物进行表面的或形式上的翻新，也不是对现存事物做轻微的变动，从创新设想的提出和确认，到技术开发，再到技术成果有效应用于市场开拓，都是创造性的超越活动。例如，发现事物运动的新规律，就意味着对现有的知识体系增添了新内容；发明了一种新产品，就意味着对原有的意识、知识的突破，对现有工具、设备、技术、产品等事物或物质性成果的超越，都包含有某种首创性的特点，即使是社会上已有的事物，将其重新结合也会给社会生活带来全新的影响和首创性的震撼。所以，整个创新过程是一种创造性的超越活动。这种超越常包含着双重的扬弃：一是要扬弃现成的现实，先在头脑中以观念的形式形成理想意图；另一方面又要扬弃理想意图的观念形式，使之转化为具有外部实在性形式的现实事物；同时，也就扬弃了先前的既成现实。正是通过超越，创新才能够不断创造出满足人类日益增长的需求的物质和精神产品。”[①] 创新就是“超前于社会的认识，超前于社会的创造，超前于时代的发明。如果跟在别人后面亦步亦趋，跟得再紧，也无法创造出属于自己的东西，只有以其超前性才能屹立于世界先进民族之林。这是创新的最主要特点。创新既不是复制老祖宗的东西，也不是搞舶来品一味地模仿，而必须是继承创新，搞出前所未有的新成果”[②]。

（二）实践性

创新是一种主观见之于客观的创造性的实践活动，创新从实践中

① 李祖扬主编：《创新原理与方略》，天津人民出版社2007年版，第27—28页。

② 李瑞成、孙淑丽：《现代思想政治工作创新论》，齐鲁书社2000年版，第11页。

来，创新成果在实践中才能得到运用，并在实践中接受实践的检验，这是创新的共性。创新不是自然而然地自发地产生的，也不是人的头脑中固有的，一切创新都来源于实践。创新是以客观世界的事物为对象的，但是只有那些被人的实践活动所指向的事物，才与人发生相互作用，才能成为人们认识的对象。也就是说，创新产生于实践的需要，哪些事物成为人们的认识对象，取决于人们社会实践的需要和水平。并且只有在实践中才能认识事物的本质和规律，才会有发现、发明、创造和创新的产生。单凭直观，人们在一定程度上也能认识客体，但只能使人接触事物少量的表面现象，不能揭示事物的本质和规律，当然不可能产生创新。只有在变革客体的实践中，使客体许多隐匿的现象暴露出来，人们才能通过分析大量的现象，揭示事物的本质和规律，实现创新。实践是创新发展的动力，创新是随实践的发展而发展的。首先，变化发展着的实践不断给人们提出新的认识课题，推动人们不断地进行新的探索和研究，不断地进行创新。其次，实践在给人们提出新课题的同时，也不断提供大量有关的经验材料及新的认识工具，使人们能不断解决认识课题，使创新不断向前发展。最后，实践还改造了人的主观世界，它锻炼和提高了人的创新能力。实践是检验创新的唯一标准。人们在实践中形成的创新，是否正确反映了客体的本质和规律，是否具有科学性，只有回到实践中去才能检验。能量守恒定律、万有引力定律等经过大量的实践检验证明是正确的，是一种创新。“永动机”“水变汽油”“气功发电”等被一些人称为创新，但经实践的检验，违背了客观规律，是伪科学、反科学的，它只能成为人们茶余饭后的“笑料”，不属于创新的范畴。实践是创新的目的，创新的目的在于指导实践，有效地改造世界。实践是创新的最终归宿。总之，创新的产生、发展、检验和归宿，创新过程的每一个环节，都依赖于实践。

（三）相对性

创新的相对性包括时间和空间两个方面。从时间的角度看，任何一种创新都不是永恒的。在某一时间段内，某种理论、某项技术或某个产品是创新，但在另一个时间段内，这种理论、技术或产品随着时过境迁可能会因为失去它的创新特征而不再具有创新的意义。例如，原子结构理论是在量子理论出现之前的一项创新，但当量子理论确立以后，它就不再具备创新的特征了；同样，黑白电视机在彩电出现之前是创新，而在彩色电视机出现以后，便逐渐销声匿迹了。创新在空间方面的相对性是指任何一项创新活动都与它所在的地域有关。例如，相对论和量子力学都是理论上的重大创新，是服务于全人类，服务于全世界的，是“放之四海而皆准”的真理，具有“广义”的概念，可称为“广义创新”；而另外一些创新，如观念创新、体制创新等，可能只适用于一个国家或一个企业，即只在特定的地域内是一种创新，而离开这个区域以后，就可能不再是一种创新了，即具有“狭义”的概念，可称作“狭义创新”。例如，邓小平同志创立的“一国两制”的理论，不仅适应于解决中国的香港问题、澳门问题，也同样适合于解决中国的台湾问题，但不能用来解决中国的其他省市或地区的问题。由此不难理解，任何一项创新活动都不是绝对的，而只具备相对的概念，无论是时间上还是空间上皆如此。①

（四）风险性

由于创新是做前人未做的事情，是对现状的革新，没有现成的经验可以借鉴，极可能达不到改善现状的期望值，使创新最终流于失败或无效，从而导致无法收回成本，这就意味着创新的高风险性。高风险性是创新不确定性的必然伴生物。“创新的不确定性问题，说到底，是一个随机性或或然性问题。正是由于不确定性，即或然性的存在，才使得创新成为一种充满风险的活动，也就是说，失败的可能性是很大的。……而且创新的不确性和风险性跟创新主体的期望值成正比，即期望值越高，规模越大，风险就越大。”“这就要求创新容许有失败，硅谷的经验中最重要的一条就是‘容忍失败’，‘失败了没关系’。我们常说，‘失败是成功之母’。”②

---

① 王复亮：《创新教育学》，中国经济出版社2006年版，第86—87页。

② 金吾伦：《创新的哲学探索》，东方出版中心2010年版，第45—46页。

三　创新的类型

由于创新涉及众多领域，由此引发了许多新概念。按照不同分类标准，可以将创新分为不同的类型。

（一）按创新影响规模分类

按创新影响规模，创新可以分为全球级创新、国家级创新、产业级创新和企业级创新四个层次。全球级的创新往往是革命性的，会给全球经济带来全面的变革。

（二）按创新影响深度分类

按照创新的影响深度，创新可分为渐进型创新和激变型创新。"渐进型创新，顾名思义是渐进的和连续的小规模的创新，一般是指对现有的产品、服务和过程、方法的不断的改进，达到提高质量、降低成本、保证市场占有率和提高收益率等。渐进型创新是企业不断改进自身的竞争力、预防落后，保证长期生存的助推剂。激变型创新，顾名思义是有突破性的创新，不经常发生，一般指采用全新的产品、服务和过程、方法替代原有的。成功的激变型创新往往会创造新的绩效基础、新的竞争力和新的业务模式，从而导致企业的再造或产业的升级。"①

（三）按社会活动领域分类

人类社会的所有领域都存在着创新可能，也都需要创新，所有创新的形式和内容千差万别，类型也多种多样。"最一般地说，可以把创新分为三个基本的类型：知识创新（理论创新）、技术创新和制度创新。知识创新（理论创新）的核心内容是自然科学和人文社会科学的新思想、新观念和新公理体系的产生，其直接结果是新的概念范畴和理念学说的产生。技术创新的核心内容是技术发明及其商业应用，其直接结果是提高社会生产力的发展水平，进而促进社会经济的增长。体制创新的核心内容是社会政治、经济和管理等制度的革新，其直接结果是激发人们的创造性和积极性，促使所有社会资源的合理配置，

① 金吾伦：《创新的哲学探索》，东方出版中心2010年版，第8页。

最终推动社会进步。”①

（四）按创新的实现方式分类

创新按多种实现方式，可以分为物化创新、关系创新、方法创新和行为创新四种。物化创新根据其在生产领域的实现形式可分为物质使用价值的创新、能量转换技术的创新与信息传播方式的创新。物质使用价值的创新是在物化产品中，或是发现新的有用物，利用其使用价值；或是化合与组合不同物，使其产生新的使用价值；或是开发现有物的新的属性，扩大其使用价值。能量转换技术的创新是在物化产品中，针对不同的能源，研制出转换能量的新装置，扩大能源开采范围，提高能量转换的效率，以满足人在生产与生活中的能量需要。信息传播方式的创新是在物化产品中，采用新型的符号系统及其载体，应用先进的信息处理技术，加快信息传播的速度，增加信息扩散的途径。从自然语言系统到人工语言系统，再到计算机语言系统，是信息的人工符号化的不断创新。关系是人在生产与交往活动中的产物，人可以建立适应于自己活动需要的关系，也可以改变不适应自己活动需要的关系，还可以随着主体活动的范围的扩大，创建各种新的关系，这些就是关系创新。方法创新是活动规则的创新，规则创新使人的活动更加合乎理性。方法创新的主要方式有：方法发明、方法移植、方法借鉴和方法组合。行为创新是人、组织、社会内部能量类型与释放方式、方向、速率的改变。行为创新是创新的主体表现形式，是人以自身为改造对象的实践活动，是以多种方式对人及其行为的重新塑造。②

（五）按创新的独立程度分类

按创新的独立程度，创新可分为自主创新、集成创新和技术引进再创新。自主创新是指主要依靠自己的能力独自完成创新工作。自主创新具有以下三个显著的特点。一是核心技术的自主突破；二是关键技术的领先开发；三是新市场的率先开拓。集成创新可以分为三个层面：技术集成层面、知识集成层面和组织集成层面。技术引进再创新

---

① 参见李祖扬主编《创新原理与方略》，天津人民出版社2007年版，第36—37页。

② 同上书，第37—39页。

是指技术水平相对落后的企业，利用各种手段引进其他企业的技术，进行消化吸收以后达到自己创新目的的创新方式。

第二节　思想政治教育创新概述

一　思想政治教育创新的概念剖析

（一）学术界对思想政治教育创新的界定

通过中国知网（CNKI）检索思想政治教育创新相关文献，我们发现研究大学生思想政治教育创新的文献占绝大多数，而且在这些探讨思想政治教育创新的文献中普遍不重视对“思想政治教育创新”基本概念的界定，只有极少数文献对思想政治教育创新的概念进行了探讨。本书力求在此基础上对思想政治教育创新进行进一步阐释。

叶丹红认为：“创新是一种创造性的实践活动，是创新者运用新的观念和方法，对现状进行实质性的变革和改善，以达到更高目的的一个持续不断的过程。因而创新的本质内涵是‘发展’，而‘发展’则是创新的意义所在。一方面，创新为发展提供了动力；另一方面，发展成为创新的目的和结果。没有发展，任何创新都将失去其自身价值，也将没有内在的生命力。正是在这个意义上，我们可以说创新就是发展。思想政治教育作为教育内容的重要方面，在经济全球化、社会信息化、文化多元化和教育国际化背景下，面临着新的问题、新的情况，迫切要求思想政治教育创新以增强思想政治教育针对性和时效性。由此可见，思想政治教育创新作为创新系统中的一个方面，其本质内涵就是发展。”①

孙玫贞认为：“从思想政治教育的角度来看，任何创新都是基于对传统和现实不断追求的过程，意味着思想政治教育在不断由必然王国向自由王国的转化与发展，是一个永无止境的过程。因此，思想政治教育创新的本质是以现实背景为立足点，以对传统思想政治教育反

---

①　叶丹红：《新时期思想政治教育创新的内涵、特点及途径探讨》，《三峡大学学报》2006年第4期。

思为基础，以完善和发展人为目标的多方面开拓的过程。”①

廖志诚认为：“思想政治教育创新是思想政治教育观念、内容、方式、方法、手段、机制等各个方面适应现代社会发展和人的发展需要，并促进社会发展和人的发展的改革和转变。因此，思想政治教育创新本质内涵要求我们随着时代的变迁，服务对象的变化，环境的改变和模式的转换，不断更新思想政治教育观念，丰富思想政治教育内容，改变思想政治教育方式，创新思想政治教育手段，从而实现新时期思想政治教育的目的。”②

马运军、刘春田认为：“思想政治教育创新是教育主体基于提高思想政治教育效果的目的，对思想政治教育理论或实践所进行的创造、改进和完善，思想政治教育创新的本质是思想政治教育的发展。”③

胡春莉、马晓琳认为：“思想政治教育创新主要是指思想政治教育观念、内容、制度、载体、方法的首创与改革，是否定之否定，是对过去传统思想政治教育的一种既克服又保留，是扬弃。因此，在谈思想政治教育创新时，不能只看它新不新，更重要的是要与过去比，是否在过去基础上有了新的突破。”④

毕德认为：“思想政治教育创新是为了解决思想政治教育面临的新课题，对思想政治教育的内容、方法、机制等进行新的组合、完善、丰富和发展，使之更加符合思想政治教育规律的要求，从而解决新课题，取得新突破，最终实现思想政治教育的现代化。”⑤

张蔚萍主编的《思想政治工作学教程》认为：“国内外学者普遍认为，创新是开发新事物的过程，是运用科学知识创造和引进新事物

---

① 孙玫贞：《思想政治教育创新之思与创新之维》，《昭通高等专科学校学报》2009 年第 2 期。

② 廖志诚：《社会转型时期思想政治教育创新动力研究》，博士学位论文，福建师范大学，2008 年，第 9 页。

③ 马运军、刘春田：《论思想政治教育创新的条件》，《党政干部论坛》2004 年第 1 期。

④ 胡春莉、马晓琳：《思想政治工作创新的主客体及相关要素的哲学思考》，《济南职业学院学报》2006 年第 4 期。

⑤ 毕德：《关于思想政治工作创新的几个基本理论问题》，《社科纵横》2009 年第 6 期。

的过程，是适应时代需要在实践中解决新课题的过程。中国共产党思想政治工作的创新，就是运用革命理论和科学知识，适应新世纪新时代的变化和党的事业发展的需要，在理论和实践两个方面解决思想政治工作新课题，推动思想政治工作与时俱进的过程。思想政治工作创新的大趋势是科学化、现代化，核心是思想观念和思维方式的科学化、现代化。”①

（二）思想政治教育创新的界定

从上述理论界有关思想政治教育创新界定的考察可以看出，思想政治教育理论界不仅对思想政治教育创新的基本概念的界定重视不够，而且是仁者见仁、智者见智。有的从发展的视角界定思想政治教育创新，认为思想政治教育创新的本质内涵就是发展，将思想政治教育创新等同于发展，其观点是值得商榷的。创新是思想政治教育发展的动力，创新的目的是为了促进思想政治教育发展，但思想政治教育创新不是推动思想政治教育发展的唯一因素，思想政治教育发展是多种因素综合作用的结果。即使思想政治教育创新是思想政治教育发展的唯一推动因素，它也只是推动因素而已，二者并不能画等号。有的从人学的视角界定思想政治教育创新，认为思想政治教育创新的本质是以完善和发展人为目标的多方面开拓的过程。这种观点也是值得商榷的。完善和发展人是多学科共同面对的课题，将这样一个问题当作思想政治教育创新的本质，是欠妥当的，思想政治教育创新也是无法担当如此重任的。有的从马克思主义哲学中否定之否定规律的视角来界定思想政治教育创新，认为思想政治教育创新是对过去传统思想政治教育的一种既克服又保留，是扬弃。这种观点是正确的，但这样界定思想政治教育创新是不规范的。有的从时代需要的视角来界定思想政治教育创新，认为思想政治教育创新是为了解决思想政治教育面临的新课题，推动思想政治教育与时俱进的过程。这种观点只说明了为什么要进行思想政治教育创新，并没有对思想

① 张蔚萍主编：《思想政治工作学教程》，中共党史出版社2004年版，第397页。

政治教育创新是什么进行界定，因此，这种观点也是值得商榷的。从上述分析可以看出，对思想政治教育创新基本概念探讨还处在一个较浅的层次上，是当前思想政治教育理论研究领域一个较为薄弱的环节，应进一步深入探讨。

笔者认为：思想政治教育创新的界定不能脱离“创新”的本质，它应既体现创新的本质，又体现思想政治教育的特点，是二者的有机统一。根据前面我们对创新概念的剖析，笔者认为，所谓思想政治教育创新，就是人类在思想政治教育实践过程中扬弃旧事物、旧思想、旧方法，把新思想、新方法、新成果转化为具有思想政治教育价值的理论和实践的过程。简单地说，思想政治教育创新就是人类在思想政治教育实践过程中能动地进行创造、改革并最终获得更高的思想政治教育效果的一个综合过程。构成思想政治教育创新的基本要素是：人、创新成果、实施过程和更高效果。

二　思想政治教育创新的基本特征

（一）学术界关于思想政治教育创新基本特征的论述

叶丹红认为：思想政治教育创新有四个明显特点，一是思想政治教育认知的规律性。思想政治教育创新必须从思想政治教育存在和面临的实际情况出发，从思想政治教育的内在结构和功能特性上，遵循一定的规律，来推动思想政治教育的发展。思想政治教育创新价值的体现取决于思想政治教育的针对性、时效性、主动性，实现思想政治教育创新就要按照社会发展的规律来实施。遵循规律、把握规律，才能从复杂关系中揭示其必然的、本质的关系，达到思想政治教育科学性的探索，从而最终实现思想政治教育创新的目的。二是思想政治教育运行的层次性。他认为思想政治教育创新是从重点突破到一般教育，由浅入深、由小到大、由虚到实、由远到近、由旧到新的分层次、分阶段、井然有序地进行。三是思想政治教育元素的综合性。他认为，思想政治教育创新的综合性体现在思想政治教育在政治、经济、文化诸多领域的拓展。四是思想政治教育构建的系统性。他认为，思想政治教育是一个多规定、多层次、多联系、多功能、全方位的系统，思想政治教育创新系统结构必然要求思想政治教育创新要遵循系统性原则。[①]

刘春田认为：思想政治教育创新表现出三大特点。一是，思想政治教育创新是观念形态的创新与实践创新的紧密结合；二是，思想政治教育创新是科学性与价值性的统一；三是，思想政治教育创新是多样性与统一性的协调。[②]

胡春琳、马晓琳认为：思想政治教育创新的特征应该有以下几个方面：一是现实性。就是这种创新必须是思想政治教育自身发展的要求，而不是主体的随意想象，刻意创新。二是有效性。就是这种创新必须是在实践中产生和发展而来的，是有效的创新。三是针对性。就是这种创新必须是针对某种需要产生的创新，不是泛泛的。[③]

毕德认为：思想政治教育创新的特点有五个方面：从总体上看，思想政治教育创新是一个连续、动态的过程。创新伴随着思想政治教育发展的整个历史过程，并成为思想政治教育发展的不竭动力。从起源上看，思想政治教育创新起源于思想政治教育发展过程中不断出现的新课题。创新是解决新课题的钥匙和必由之路。从目标上看，思想政治教育创新具有很强的指向性。新世纪新阶段思想政治教育创新是为了实现思想政治教育现代化目标的实现，并在此目标实现的基础上向着更高的目标、更新的境界迈进。从形式上看，思想政治教育创新既有原创形式，如使用网络开展思想政治教育，这是历史上未曾有过的，也有对已有内容、方法、机制等进行重新配置和组合的非原创形式。无论何种形式，思想政治教育创新与借鉴都是相互渗透、有机统一的。从实质上看，思想政治教育创新是通过不断地改进和完善思想

① 参见叶丹红《新时期思想政治教育创新的内涵、特点及途径探讨》，《三峡大学学报》2006 年第 4 期。

② 参见刘春田《略论思想政治教育创新的结构和特点》，《湖北行政学院学报》2007 年第 5 期。

③ 参见胡春莉、马晓琳《思想政治工作创新的主客体及相关要素的哲学思考》，《济南职业学院学报》2006 年第 4 期。

政治教育，使之更加符合自身发展规律的要求。[①]

（二）思想政治教育创新的基本特征

从上述理论界关于思想政治教育创新基本特征的论述可以看出，学者们从不同角度对思想政治教育创新的基本特征作出了各种不同的理解，为我们对思想政治教育创新的基本特征作进一步的阐释奠定了良好的基础。我认为，思想政治教育创新是创新的一个组成部分，不能离开创新的基本特征来谈思想政治教育创新的基本特征，它应既具有创新的共同特征，又具有思想政治教育创新的独特性，是二者的有机统一。根据前面我们对创新的基本特征的分析，结合学术界关于思想政治教育创新基本特征的论述，我认为思想政治教育创新具有以下几大基本特征。

1. 超越性

超越性是创新的本质特征，也是思想政治教育创新的本质特征。思想政治教育创新是建立在思想政治教育现实基础上，对现存的思想政治教育的一种既克服又保留，是扬弃。扬弃现存思想政治教育中不适应时代发展、不符合思想政治教育发展规律的因素，保留其中适应时代发展、符合思想政治教育发展规律的因素，并把它发展到新的阶段，其目的是促进思想政治教育发展。因此，整个思想政治教育创新过程是一种对现存思想政治教育的创造性超越活动。正是通过超越，思想政治教育创新才能不断满足社会发展和人的发展对思想政治教育提出的要求，解决思想政治教育面临的新课题，推动思想政治教育不断与时俱进，实现思想政治教育科学化、现代化。

2. 实践性

思想政治教育创新来源于人民群众的实践，是对人民群众思想政治教育实践经验的创造性总结，人民群众创造性的思想政治教育实践是思想政治教育创新的活水源头，离开了人民群众创造性思想政治教育实践，思想政治教育创新就成了无源之水、无本之木。思想政治教育创新植根于人民群众思想政治教育实践之中，这是被中国共产党思

① 毕德：《关于思想政治工作创新的几个基本理论问题》，《社科纵横》2009 年第 6 期。

想政治教育实践所证明了的。思想政治教育创新不仅来源于人民群众思想政治教育的实践，而且思想政治教育创新成果只有回到人民群众思想政治教育实践之中，在人民群众思想政治教育实践中得到运用，才能发挥作用。从思想政治教育实践中形成的思想政治教育创新成果，是否正确反映了思想政治教育的本质和规律，是否具有科学性，只有在人民群众思想政治教育实践中才能得到检验。思想政治教育创新的每一个环节，都离不开人民群众思想政治教育实践。

3. 系统性

思想政治教育创新是一个十分复杂的系统，它涉及政治、经济、文化、社会心理状况等外部条件，以及思想政治教育系统内部诸要素及其相互联系等内部条件。思想政治教育创新作为一个系统工程，它不仅由上述这些内外因素共同构成，而且这些要素在系统中所处的地位和所发挥的作用都是不同的。构成这一系统的各要素只有按照系统发展的内在需要形成某种合理的层次和结构，才能使系统真正成为一个有机整体，从而取得它的每一个要素和所有要素机械总和所不能具有的特殊的性质与规律性，使整个系统发展达到最优化。构成思想政治教育创新系统的各种要素，在整体系统中，不仅处于不同的层次上，形成一定的结构，而且处在紧密的相互联系和不停的相互作用中，这就使得系统的这种层次和结构在系统发展过程中也不是一成不变的，它们必然处于不同的变动之中。有时某种因素成了影响思想政治教育创新发展的最重要因素，有时另一些要素又会凸显出来，成为整个系统发展的关键性要素。

4. 历史性

思想政治教育创新是一个社会历史范畴。思想政治教育创新的具体目的和方向等受社会历史条件的制约，并随着历史的发展而变化。一部思想政治教育发展史，也就是一部思想政治教育创新史。中国最早的思想政治教育在原始社会就开始出现了，当时主要体现在集体生产劳动和原始的宗教活动中，施教者往往是生产和生活经验丰富的老人。公元前21世纪，中国进入奴隶社会，奴隶主为了维护自己的统治地位，除了制定和使用严刑峻法外，也开始向百姓传播和施行道德教化。在奴隶主学校里，统治者用“诗教”“乐教”“礼教”传授政治思想和道德规范，并将之作为人们修养和应世的工具。在秦汉以后两千多年的封建社会中，占据意识形态统治地位的是以“孔孟”为代表的儒家思想。特别是西汉董仲舒推行“罢黜百家、独尊儒术”之后，儒家思想道德教育的理论越来越系统化，逐渐成为历代封建王朝维护其统治的有效工具。中国共产党继承了中国古代思想政治教育的优良传统，在马克思主义与中国实际相结合的过程中，不仅创立了中国共产党的思想政治教育，而且创造性地开展了思想政治教育。中国共产党强有力的思想政治教育为中国革命和建设提供了重要的思想保证。

三　思想政治教育创新的类型

（一）学术界关于思想政治教育创新类型的论述

叶丹红认为：从思想政治教育创新的模式上看，创新可分为两种类型：一是移植型创新发展模式；二是自主型创新发展模式。移植型创新发展模式，主要指一方面继承我国古代文化成果和文明，并在继承中发展，注入思想政治教育创新的内容；另一方面，借鉴相关学科和其他国家、地区有关思想政治教育的经验、知识、方法来改进思想政治教育。自主型创新发展模式，主要是依靠思想政治教育自身完善、独立的内在结构和功能特性，实现思想政治教育内在发展。从思想政治教育创新的体系来看，其创新体系主要包含思想政治教育观念创新、内容创新、方法创新、手段创新、载体创新、机制创新等。①

邱柏生认为：思想政治教育创新有着丰富的层次和类型表现，并通过理论内容创新体系、理论传播创新体系和理论应用创新体系三大方面表现出来。理论内容创新体系主要表现为理论的生产、新形态加工、理论组合等。理论传播创新体系主要包括传递、扩散与分享理论的若干环节及过程所构成的系统，有传播方式、传播途径、传播技术等内涵。它们在形态上也可以表现为“原始创新”“集成创新”与

① 叶丹红：《新时期思想政治教育创新的内涵、特点及途径探讨》，《三峡大学学报》2006年第4期。

“引进吸收消化再创新”三类。理论应用创新体系主要指运用新理论创造性地结合实际去培养社会成员，使之发展出具有新理论所指向的精神世界、较高技能、最新知识等综合素质。[①]

李瑞成、孙淑丽根据思想政治教育创新的内容将思政治教育创新划分为：战略创新、内容创新、观念创新、理论创新、方法创新、制度创新、思路创新、机制创新和宣传创新。[②]

中国思想政治工作研究会组织编写的《思想政治工作创新论》将思想政治教育创新划分为：思想政治教育创新的目标、思想政治教育观念的创新、思想政治教育内容的创新、思想政治教育方法的创新和思想政治教育机制的创新。[③]

苏振芳主编的《思想政治教育学》将思想政治教育创新划分为：思想政治教育目标创新、内容创新、观念创新、方式方法创新、机制创新和队伍建设创新。[④]

（二）思想政治教育创新的类型

从上述理论界关于思想政治教育创新的类型的论述可以看出，理论界关于思想政治教育创新类型的研究是极为薄弱的，对思想政治教育创新类型的认识也是不一致的。但大量关于思想政治教育创新的研究都是聚焦于思想政治教育目标创新、理念创新、内容创新、方法创新等问题上。

笔者认为：思想政治教育创新的类型与层次是紧密联系结合在一起的，各种创新类型中包含着不同的创新层次，每种创新层次中也包含着丰富的创新类型，思想政治教育创新的分类应将类型与层次结合起来。

根据学术界关于思想政治教育创新类型最常见的划分方式，笔者认为思想政治教育创新可以划分为：思想政治教育理念创新、目标创

① 邱柏生：《改革开放以来高校思想政治教育创新的特征》，《思想理论教育导刊》2008年第10期。

② 李瑞成、孙淑丽：《现代思想政治工作创新论》，齐鲁书社2000年版，第33页。

③ 中国思想政治工作研究会组织编写：《思想政治工作创新论》，学习出版社2005年版，目录，第2—3页。

④ 苏振芳主编：《思想政治教育学》，社会科学文献出版社2006年版，目录，第4页。

新、内容创新、方法创新和评价创新。这每种创新类型又包含着原始创新、集成创新和引进消化再创新等不同层次。笔者将根据这样一种分类方法展开社会主义核心价值体系与思想政治教育创新研究。

第三节　思想政治教育继承、借鉴与创新的关系

思想政治教育创新是在继承和借鉴基础上的创新，离开了思想政治教育的继承，思想政治教育创新就成了“无源之水、无本之木”。离开了思想政治教育的借鉴，思想政治教育创新是封闭的、狭窄的、不充分的。要研究思想政治教育创新，必须正确认识并处理好继承、借鉴与创新的关系。

一　思想政治教育继承、借鉴的含义

在《现代汉语词典》中，“继承”有两种解释：“一是依法承受（死者的遗产等）。二是后人继续做前人遗留下来的事业。”[①] 由此可以看出，所谓继承就是继续做前人未竟的事业，把前辈的优良传统承接过来，传递下去。所谓思想政治教育继承就是把中国传统的思想政治教育精华，特别是中国共产党思想政治教育的优良传统承接过来，传递下去，为当前的思想政治教育服务。

《现代汉语词典》将“借鉴”解释为：“跟别的人或事相对照，以便取长补短或吸取教训。”[②] 所谓思想政治教育借鉴指的是吸取国外思想政治教育以及与思想政治教育相关学科的有益因素，以人之长，补己之短，为现实思想政治教育服务。

二　思想政治教育继承、借鉴与创新的关系

从上述关于思想政治教育创新、思想政治教育继承和思想政治教育借鉴含义的分析与界定，我们可以看出，它们是含义完全不同的三

① 中国社会科学院语言研究所词典编辑室编：《现代汉语词典》，商务印书馆 1983 年第 2 版，第 537 页。

② 同上书，第 584 页。

个概念，相互之间的区别是十分明显的。但它们之间又是相互联系的。思想政治教育继承是思想政治教育借鉴和创新的前提和基础，这是思想政治教育的传承性对思想政治教育的要求。思想政治教育有其自身的传承性，又有随着人类进步而发展变化的时代性。生产力的发展与社会经济状况的变化，都会使思想政治教育的理念、目标、内容、方式和方法相应地发生变化。不同时代有不同的思想政治教育要求，思想政治教育具有鲜明的时代性。但是，作为意识形态的思想政治教育又有相对独立性和历史继承性。在社会意识的任何特定领域中，“都有由它的先驱者传给它，而它便由此出发的特定的思想资料作为前提”①。作为意识形态的思想政治教育的形成和发展也具有这一特点，在任何时代中，无论什么样的新思想政治教育都不可能凭空出现。一般地说，新思想政治教育总是以一定的经济关系为依据，通过对历史上已有的思想政治教育遗产进行批判继承而不断发展起来的。因此，在新旧思想政治教育之间存在着历史传承性，这是思想政治教育发展创新中的一个重要规律。新旧思想政治教育之间这样一种批判继承的历史关系，其实质是一种辩证否定的发展过程。在这个发展过程中，新思想政治教育在其成长的历史中始终要坚持对于旧思想政治教育的批判，不断消除旧思想政治教育的消极影响，为自己的发展扫清道路。没有对旧思想政治教育的批判，就没有新思想政治教育的顺利发展。但是对旧思想政治教育的批判，并不是形而上学的否定，不是简单的抛弃，而是在批判过程中有所改造和有所吸取，是扬弃。正是由于对旧思想政治教育的这种批判继承关系，才使新思想政治教育高于旧思想政治教育，并与旧思想政治教育有本质区别，使思想政治教育发展到新的历史阶段。因此，新思想政治教育不是凭空产生的，也不是从天上掉下来的，而是对传统思想政治教育的继承、发展和创新。思想政治教育创新必须植根于民族的思想政治教育传统之中。尽管传统思想政治教育中含有其时代性、阶级局限性的内容，但又有其不可忽视的超越时代的可继承的内容。热爱祖国、勤劳节俭、尊老爱幼、诚实

① 《马克思恩格斯选集》第4卷，人民出版社1995年版，第703—704页。

守信、团结友善、廉洁奉公、律己宽人等，仍然是今天思想政治教育的重要内容，不会因为经济基础或社会制度等变化而变化。因此，传统的因素在现代思想政治教育中必然占有相当成分，现代思想政治教育中包含着思想政治教育的传统，现代的思想政治教育就是要吸收传统思想政治教育的合理内核，同时又容纳时代精神。我们绝不能割裂思想政治教育的传承性与时代性之间的联系，也不能混淆二者之间的区别。

思想政治教育借鉴是思想政治教育继承和创新的重要条件。思想政治教育是中国共产党的政治优势，但不是中国共产党的“专利”。思想政治教育是人类社会普遍存在的一种实践活动，不仅中国有，世界各国都有。这是因为，一切国家的统治阶级为了维护其统治地位，总是坚持用自己的意志去培育人，运用种种手段宣传各种有利于加强其统治地位的观念、理念，以期使教育对象认同其思想政治道德要求。只不过有的愿意公开表明思想政治教育的阶级性和目的性，有的则闪烁其词，不愿意暴露它的阶级性和目的性；有的把思想政治教育当作一门独立学科来进行系统的阐明和研究，有的则只是隐秘于公民教育、政治教育、道德教育、政府行为等诸多教育活动中。我们不能因为世界上其他国家不使用“思想政治教育”这样一个名称，就否定他们进行思想政治教育的事实。只要我们实事求是地分析世界上一些国家的公民教育、政治教育、共同价值观教育、民族振兴教育、品质教育、传统文化教育、宗教教育、道德教育等，不难看出他们进行的都是思想政治教育。世界各国思想政治教育有很多可以吸收的好经验，也有许多值得我们吸取的教训，这些都是人类共同创造的宝贵财富，可以把它吸收进来，为我所用。一切人类文明，只有在相互借鉴中，才能得到更好的生存发展。世界上任何一个民族、任何一个国家，如果长期闭关锁国，安于现状，不敢于并且不善于借鉴一切外来的优秀成果，它必然要走向衰落乃至灭亡，这是被人类无数事实所证明了的客观事实。思想政治教育是人类文明的重要组成部分，现代思想政治教育只有在相互借鉴中，才能得以创新发展。当今世界是一个开放的世界，地球已经变成了一个小小的“村落”，世界各个民族、各个国家的经济、政治、文化、科技等各个方面的交流，从来没有像今天这样频繁和丰富。它为我们学习和借鉴国外市场经济条件下进行思想政治教育的经验创造了十分有利的条件。关于社会主义市场经济条件下的思想政治教育，我们党的第二、第三代领导集体和以胡锦涛同志为核心的中央领导集体都非常重视，反复强调社会主义市场经济条件下要坚持“两手抓”“两手都要硬”，“愈是改革开放，愈要加强思想政治工作；愈是加强思想政治工作，愈能促进改革开放”①。但是，我们实行社会主义市场经济的时间不长，在社会主义市场经济条件下进行思想政治教育工作的经验不足，我们党的思想政治教育在很多方面还不能与社会主义市场经济相适应。而国外，特别是一些发达资本主义国家，市场经济已经实践了很多年，在市场经济条件下进行思想政治教育的实践经验比较丰富，他们思想政治教育的经验和教训，可供我们借鉴。总之，面对全球化、网络化快速发展的趋势，思想政治教育必须面向世界，站在时代和世界的高度，以更加开放的眼光审视我们的思想政治教育，在继承思想政治教育的优良传统的基础上，借鉴和吸收世界各国思想政治教育的经验，不断推进思想政治教育的创新和发展。

思想政治教育创新是思想政治教育继承和借鉴的目的和结果，没有思想政治教育创新，思想政治教育继承和借鉴只能是停滞不前、简单重复。由此可以看出，思想政治教育继承、借鉴和创新三者之间是相辅相成、相互促进的，是在继承和借鉴的基础上创新，在创新发展中继承和借鉴，共同推进新时期思想政治教育发展。

总之，思想政治教育继承、借鉴和创新三者之间是既相互区别又相互联系的辩证统一的关系。我们在进行社会主义核心价值体系与思想政治教育创新研究过程中，要紧紧抓住这一辩证统一的关系。

① 中共中央宣传部编：《毛泽东邓小平江泽民论思想政治工作》，学习出版社2000年版，第24页。

第四章
社会主义核心价值体系与思想政治教育创新的关系

建设社会主义核心价值体系是党中央提出的重要战略任务。准确理解和把握社会主义核心价值体系与思想政治教育创新的关系，把建设社会主义核心价值体系与思想政治教育创新统筹融合起来，突出“社会主义核心价值体系”这一主线，对于进一步统一思想、提高认识，切实加强和改进思想政治教育，充分发挥思想政治教育在建设社会主义核心价值体系中的作用有重要的意义。

第一节　社会主义核心价值体系对思想政治教育创新的影响

一　社会主义核心价值体系为思想政治教育创新创造了有利条件

首先，建设社会主义核心价值体系为思想政治教育创新提供了良好的前提。自党的十六届六中全会提出建设社会主义核心价值体系以来，不仅引起了理论界的高度关注，而且得到了全国人民的广泛认同，在实践中显示出了强大的生命力。理论界围绕社会主义核心价值体系、社会主义核心价值观等有关社会主义核心价值体系的理论问题展开探讨，不仅发表了大量学术研究论文，而且出版了一批学术论著。思想政治教育理论研究者们也从社会主义核心价值体系的视角探讨思想政治教育理论与实践问题，探讨社会主义核心价值体系与思想政治教育的关系。上述这些理论探索和人民群众践行社会主义核心价值体系的实践，为思想政治教育创新从理论与实践两个方面提供了良好的前提。

其次，建设社会主义核心价值体系的目的为思想政治教育创新创造了良好的环境。党的十七大报告明确指出建设社会主义核心价值体系的根本目的是："建设社会主义核心价值体系，增强社会主义意识形态的吸引力和凝聚力。"① 自改革开放以来，不容否认，中国共产党十分重视社会主义意识形态建设，为了加强社会主义意识形态建设，充分发挥社会主义意识形态在中国特色社会主义建设中的引领作用，下发了不少文件，做了大量工作，但是未能取得良好的效果。究其根本原因，是"一手硬、一手软"和全球化进程中的价值多元冲击了社会主义意识形态建设。建设社会主义核心价值体系，抓住了我国社会主义意识形态的关键和根本，适应了现阶段人民群众思想变化的新特点，有很强的现实针对性和迫切性。思想政治教育是中国共产党意识形态的重要组成部分，要实现"建设社会主义核心价值体系，增强社会主义意识形态的吸引力和凝聚力"的社会主义核心价值体系建设目的，必须要创新思想政治教育，增强思想政治教育的吸引力和凝聚力，只有这样，才能充分发挥思想政治教育在社会主义核心价值体系建设中的作用。

最后，建设社会主义核心价值体系有利于形成思想政治教育创新的合力。中共中央宣传部编写的《社会主义核心价值体系学习读本》指出："建设社会主义核心价值体系是全社会的共同责任。必须把铸造灵魂、突出主题、把握精髓、打牢基础的要求，体现到经济社会生活的各个方面，从政策环境、体制环境、社会环境等方面给予有力支撑、形成建设社会主义核心价值体系的强大合力。"② "要充分发挥工人、农民、知识分子的主力军作用和青少年的生力军作用，发挥党员干部的模范带头作用，发挥新经济组织和新社会组织从业人员的积极作用，发挥公众人物特别是各界知名人士的独特作用，汇聚起建设社会主义核心价值体系的强大合力。大力倡导建设社会主义核心价值体

① 胡锦涛：《高举中国特色社会主义伟大旗帜，为夺取全面建设小康社会新胜利而奋斗》，《人民日报》2007年10月25日。

② 中共中央宣传部编：《社会主义核心价值体系学习读本》，学习出版社2009年版，第66—67页。

系人人有责的理念，引导每一个社会成员自觉践行社会主义核心价值体系的要求，形成人人关心、共同参与、携手推进的生动局面。”[①] 它必然会使全社会思想政治教育观念发生变化，会使全党全社会更加关注人的思想政治品德素质的提高，使全党全社会在思想政治教育上更好地配合，形成一种默契，产生思想政治教育创新的合力。

二　社会主义核心价值体系为思想政治教育创新提供了宝贵的资源

首先，社会主义核心价值体系为思想政治教育创新提供了价值导向。社会主义核心价值体系集社会主义价值理念之大成，把我们党倡导的基本理论、思想观念和价值取向系统凝练地整合在一起，是社会主义意识形态的核心内容和最重要组成部分，决定着社会主义意识形态的性质和方向。社会主义核心价值体系是社会主义制度在价值层面的本质规定，反映了我国社会主义基本制度的本质要求，渗透于经济、政治、文化、社会建设的各个方面，在所有社会主义价值目标中处于统摄和支配地位，为中国特色社会主义的发展和完善提供了思想根基，是我国社会主义制度的内在精神之魂。社会主义核心价值体系是社会主义中国的精神旗帜，[②] 也是思想政治教育创新的价值导向，为思想政治教育创新指明了方向。离开了马克思主义科学理论的指导，思想政治教育创新就失去了方向和灵魂；离开了中国特色社会主义共同理想，思想政治教育创新就失去了内核和主题；离开了民族精神和时代精神，思想政治教育创新就失去了精髓和主旋律；离开了社会主义荣辱观，思想政治教育创新就失去了基础。

其次，社会主义核心价值体系为思想政治教育创新提供了重要理论依据。建设社会主义核心价值体系，是中国共产党在思想文化建设上的重大理论创新，是马克思主义中国化的最新成果，它为新时期思想政治教育创新提供了重要理论依据。其中，以改革创新为核心的时

---

① 中共中央宣传部编：《社会主义核心价值体系学习读本》，学习出版社 2009 年版，第 63—64 页。

② 同上书，第 5—6 页。

代精神为思想政治教育创新提供了直接的理论依据。民族精神和时代精神是中华民族自强不息、发展壮大的强大精神支柱，是我们不断开辟新征程、开创新未来的不竭动力，是社会主义核心价值体系的精髓。“改革创新是时代精神的核心。改革创新精神表现为一种突破陈规、大胆探索、善于创造的思想观念，表现为一种不甘落后、奋勇争先、追求进步的责任感和使命感，表现为一种坚韧不拔、自强不息、锐意进取的精神状态。改革创新精神继承中华民族革故鼎新的传统，体现当代中国发展进步的要求，贯穿改革开放的全部实践，贯通时代精神的各个方面。三十多年来我国经济体制、政治体制、文化体制、社会体制以及其他各方面体制改革不断深化，理论创新、制度创新、科技创新、文化创新以及其他各方面的创新全面推进，改革创新成为时代的最强音，成为社会发展的潮流。正是因为改革创新，社会生产力获得了极大解放，我国以世界上少有的速度持续快速发展起来，取得了改革开放和社会主义现代化建设的辉煌成就，创造了举世瞩目的发展奇迹。事实证明，改革创新是我们党和国家发展进步的活力源泉，是中国特色社会主义事业开拓前进的不竭动力。”① 改革创新也是思想政治教育不断向前发展的不竭动力。建设社会主义核心价值体系，要求思想政治教育要弘扬改革创新精神，以社会主义核心价值体系为指导，开创思想政治教育新局面。

最后，社会主义核心价值体系丰富了价值观教育的内容。价值观教育是思想政治教育的重要内容，长期以来，在思想政治教育领域对价值观教育重视不够，价值观教育仅仅局限在人生价值观等十分狭窄的内容上，社会主义核心价值体系建设拓宽了价值观教育的视野，极大丰富了价值观教育的内容，为价值观教育创新提供了非常宝贵的资源。

---

① 中共中央宣传部编：《社会主义核心价值体系学习读本》，学习出版社 2009 年版，第 46—47 页。

三　社会主义核心价值体系对思想政治教育创新提出了新的要求

第一，应把社会主义核心价值体系融入思想政治教育全过程，作为思想政治教育创新的首要任务。党的十七大报告明确指出，要“切实把社会主义核心价值体系融入国民教育和精神文明建设全过程，转化为人民的自觉追求”[①]。思想政治教育是国民教育和精神文明建设极为重要的组成部分，思想政治教育的目的之一是帮助广大人民群众树立正确的价值观，思想政治教育如何把社会主义核心价值体系融入思想政治教育全过程，教育和引导人民群众树立正确的价值观，将社会主义核心价值体系转化为人民的自觉追求，这是摆在思想政治教育领域的一个既现实紧迫又任重道远的重大理论课题和实践课题。要完成好党中央提出的这一重大任务，必须“把社会主义核心价值体系融入思想政治教育全过程”作为新时期思想政治教育创新的首要任务，紧紧围绕社会主义核心价值体系对思想政治教育提出的新要求，创新思想政治教育的理念、目标、内容、方法和评价，建立适应社会主义核心价值体系要求的思想政治教育理念、目标、内容体系，重构适应社会主义核心价值体系要求的思想政治教育方法和评价体系，拓宽适应社会主义核心价值体系要求的思想政治教育载体。

第二，深化对社会主义核心价值体系与思想政治教育创新关系研究，为社会主义核心价值体系融入思想政治教育全过程奠定认识基础。广大思想政治教育工作者不仅要加强对社会主义核心价值体系的研究，更要加强对社会主义核心价值体系与思想政治教育创新关系研究，弄清社会主义核心价值体系对思想政治教育创新的要求，弄清思想政治教育创新在社会主义核心价值体系建设中的作用，弄清社会主义核心价值体系与思想政治教育创新的区别与联系等。综观现有的研究成果，研究者大多从社会主义核心价值体系和思想政治教育创新两方面分别进行探讨，没有把社会主义核心价值体系与思想政治教育创新作为一个整体，既从社会主义核心价值体系的视角研究思想政治教育创新，又从思想政治教育创新的视角研究社会主义核心价值体系。对社会主

① 胡锦涛：《高举中国特色社会主义伟大旗帜，为夺取全面建设小康社会新胜利而奋斗》，《人民日报》2007年10月25日。

义核心价值体系与思想政治教育创新之间存在的内在关联研究不够全面、深入、系统，认识不够到位。比如，一些人认为，建设社会主义核心价值体系是社会主义意识形态建设的事情，与思想政治教育关系不大。持这种观点的人看不到社会主义核心价值体系与思想政治教育创新二者之间的关系，本质上是割裂了二者的内在逻辑关联。也有人认为，社会主义核心价值体系的提出对于思想政治教育无非是提出了新的教育内容，在新时期推进思想政治教育创新发展，就是要把社会主义核心价值体系作为思想政治教育创新的重要内容。这种观点部分地看到了二者的联系，但理解过于简单化、片面化。还有人提出，用建设社会主义核心价值体系取代思想政治教育。持这种观点的人夸大了二者的相互关系，抹杀了二者的区别。这些观点的存在，从根本上都源于对二者及其关系把握得不到位，认识不深刻，既不利于社会主义核心价值体系建设，也不利于思想政治教育创新，应努力在实践中克服和纠正。①

第三，以社会主义核心体系引领思想政治教育创新。党的十七大报告指出："社会主义核心价值体系是社会主义意识形态的本质体现。"这一论断深刻揭示了社会主义核心价值体系在社会主义意识形态中的地位和作用。作为社会主义意识形态重要组成部分的思想政治教育必须体现社会主义意识形态这一本质要求，紧密结合思想政治教育实际，准确把握以社会主义核心价值体系引领思想政治教育创新的基本要求，探索以社会主义核心价值体系引领思想政治教育创新的有效途径，努力构建以社会主义核心价值体系引领思想政治教育创新的长效机制。以社会主义核心价值体系引领思想政治教育创新，应当把社会主义核心价值体系作为思想政治教育创新的基本内容，着力提高人民群众的马克思主义理论水平，坚持不懈地用马克思主义中国化最新成果武装全党，教育人民，用中国特色社会主义共同理想凝聚力量，用以爱国主义为核心的民族精神和以改革创新为核心的时代精神鼓舞斗志，用社会主义荣辱观引领风尚，巩固全党全国各族人民团结奋斗

① 参见黄蓉生、白显良等《社会主义核心价值体系视域下大学生思想政治教育创新》，《思想理论教育》2008 年第 15 期。

的共同思想基础。要把社会主义核心价值体系融入思想政治教育全过程，纳入思想政治教育总体规划，积极探索社会主义核心价值体系教育的规律，科学有效地把社会主义核心价值体系体现到学校思想政治教育、社区思想政治教育、网络思想政治教育、农村思想政治教育、干部思想政治教育和宣传思想政治教育之中。建立以社会主义核心价值体系引领思想政治教育创新的领导机制、联动机制、渗透机制和激励机制，形成社会主义核心价值体系引领思想政治教育创新的合力。

第四，社会主义核心价值体系对思想政治教育工作者提出了新的要求。社会主义核心价值体系是在思想文化建设上一个重大理论创新，是党深刻总结历史经验、科学分析当前形势提出的一项重大任务。以社会主义核心价值体系引领思想政治教育创新，要求思想政治教育工作者要有创新精神。首先，要创造性地学习社会主义核心价值体系，做学习研究社会主义核心价值体系的表率。毛泽东指出："我们的报纸每天都在教育人民，我们的文学艺术家，我们的科学技术人员，我们的教授、教员，都在教育人民，教学生。因为他们是教育者，是当先生的，他们就有一个先受教育的任务。在这个社会制度大变动的时期，尤其要先受教育。"① 邓小平也指出："要教育人民，必须自己先受教育。要给人民以营养，必须自己先吸收营养。"② 思想政治教育工作者应切实加强对社会主义核心价值体系的学习，不断深化对社会主义核心价值体系的认识，增强贯彻落实社会主义核心价值体系的坚定性。要将学习与研究结合起来，积极探索社会主义核心价值体系建设的规律，为社会主义核心价值体系建设做出自己的贡献。要针对思想政治教育的实际，研究社会主义核心价值体系引领思想政治教育创新过程中的理论问题和实践问题，探索社会主义核心价值体系引领思想政治教育创新的规律。其次，要做践行社会主义核心价值体系的表率。思想政治教育工作者在以社会主义核心价值体系引领思想政治教育创新的过程中，要把真理的力量与人格的力量结合起来，凡是要求教育

---

① 中共中央宣传部编：《毛泽东邓小平江泽民论思想政治工作》，学习出版社 2000 年版，第 249—250 页。

② 同上书，第 251 页。

对象做到的，思想政治教育工作者应尽量首先做到；凡是要求教育对象不要做的，思想政治教育工作者应该首先不做。思想政治教育工作者的威望取决于自己是否能成为社会先进理论的践行者，成为人们行为的模范。思想政治教育工作者践行社会主义核心价值体系，对教育对象社会主义核心价值观的确立具有重要的导向和示范作用，思想政治教育工作者践行本身就是建设社会主义核心价值体系的巨大力量。因此，思想政治教育工作者在将社会主义核心价值体系融入思想政治教育创新过程中，不仅要做学习研究社会主义价值体系的表率，更要做践行社会主义核心价值体系的表率，而且践行比学习研究更加重要。

第二节　思想政治教育创新在建设社会主义核心价值体系中的作用

思想政治教育是建设社会主义核心价值体系的前沿阵地和主导力量，在建设社会主义核心价值体系中有举足轻重的地位。对于思想政治教育来说，在建设社会主义核心价值体系过程中发挥作用是一个创新的过程，必须着眼于建设社会主义核心价值体系的现实要求，并从思想政治教育的特点和功能出发，对思想政治教育进行大胆创新。

一　思想政治教育理论创新在建设社会主义核心价值体系中的作用

以社会主义核心价值体系引领思想政治教育创新，将社会主义核心价值体系融入思想政治教育全过程是一项全新的时代课题。需要新的思想政治教育理论指导。按照社会主义核心价值体系的要求，创新思想政治教育理论，为社会主义核心价值体系融入思想政治教育全过程提供理论指导，这是历史赋予思想政治教育理论界的使命。思想政治教育学科是20世纪80年代初建立起来的一门新兴学科，学科建立才20多年。20多年以来，思想政治教育理论界在思想政治教育理论研究方面取得了巨大的成绩，不仅发表了大量学术论文，而且出版了一大批有一定学术分量的学术著作。这些研究成果为思想政治教育理论创新奠定了良好的基础。但毕竟思想政治教育学科才建立20多年，理论研究的时间也比较短，仍然处于理论的奠基阶段，在许多方面还需要进一步深化。从建设社会主义核心价值体系的视角来审视思想政治教育的理论，思想政治教育理论研究远远满足不了建设社会主义核心价值体系的需要，亟须在以下几个方面进行理论创新，才能发挥它在建设社会主义核心价值体系中的作用。一是重视思想政治教育哲学，特别是思想政治教育价值哲学理论的创新，为社会主义核心价值体系融入思想政治教育全过程提供哲学基础。纵观“思想政治教育存在的这样或那样的问题，恰恰与缺乏一种哲学层面的核心价值观有关。因而重具体问题的应急措施，轻长远前瞻的价值预设；重现实需要，轻哲学思维。于是注重其工具价值的一维性、单向度，忽视了其多维性、多向性。不但思想政治教育本身难以突破陈规，也同样制约着其他学科领域的创新、发展。因为缺乏哲学思维，便缺乏科学的高度、广度和深度；缺乏哲学思维，学术只能是应景式的牙慧，学科也只能被边缘化；缺乏哲学思维的学者，在窄狭专业的学术圈子可以称为专家，但永远不会成为超越其学术领域的大师。在我们党历史上，思想政治教育既取得过突出的成绩，同时也有过被异化的痕迹，这种异化突出地表现为将思想政治教育仅仅当作一种工具价值，而轻视了其目的价值、合理价值。而过多强调思想政治教育的事实运用和直观的解释范式，容易使思想政治教育成为‘消防队’式的应急之术，而且缺乏哲学上高度的抽象概括，也容易成为不同事件的切片，无法一以贯之。缺乏深厚的理论基础，导致认识的片面性、简单化和实践过程中的碎片化。因而人们无法真正形成理性认识，难以把握到思想政治教育的哲学意蕴和内在价值。人们往往在现象的层面和片面的向度上进行思考。历史上曾出现过思想政治教育地位中心论、作用万能论以及‘无地位论’、‘无用论’等观点，正是这种错误思维的结果。思想政治教育在革命和建设中具有怎样的合理性和目的性，单从既有的直接经验和感性认识的实存形式上，是无法真正把握的。因此，只有从价值哲学的高度抽象和升华思想政治教育的地位和作用，才能够帮助我们科学地认识思想政治教育的真正价值”[①]。但是思想政治教育哲学，特别是思想政治教育价值哲学如此重要的问题并没有引起理论界的重视，研究成果极为薄弱，无法满足社会主义核心价值体系融入思想政治教育全过程的需要，加强思想政治教育哲学理论研究，特别是思想政治教育价值哲学的理论创新，创立思想政治教育哲学分支学科，是发挥思想政治教育创新在建设社会主义核心体系中的作用的客观要求。二是要紧紧围绕“社会主义核心价值体系融入思想政治教育全过程”这个核心问题进行思想政治教育理论创新，增强理论创新中的问题意识。当前思想政治教育理论研究中一个非常突出的问题就是问题意识不强，有些思想政治教育理论研究者习惯于在书斋中研究思想政治教育理论，进行所谓的思想政治教育理论创新，不解决思想政治教育现实中存在的问题，这种象牙塔式的理论创新，严重地影响了思想政治教育理论创新在建设社会主义核心价值体系中作用的发挥。当前，思想政治教育最大的理论问题与现实问题就是“社会主义核心价值体系融入思想政治教育全过程”问题，当前，思想政治教育理论研究应紧紧围绕这一核心问题展开，破解“社会主义核心价值体系融入思想政治教育全过程”中的理论难题，探索“社会主义核心价值体系融入思想政治教育全过程”的规律，构建“社会主义核心价值体系融入思想政治教育全过程”的理论体系等。只有这样，才能充分发挥思想政治教育理论创新在建设社会主义核心价值体系中的作用。三是要创新价值观教育理论，为社会主义核心价值体系教育提供理论指导。价值观教育是思想政治教育的重要内容之一。当前价值观教育的理论研究，要以社会主义核心价值体系为引领，紧紧围绕社会主义核心价值体系教育创新价值观教育理论，探索社会主义核心价值体系教育的特点和规律。

总之，思想政治教育理论创新可以为社会主义核心价值体系融入思想政治教育全过程提供理论指导。

---

① 欧清华：《社会主义核心价值观是思想政治教育的逻辑基础》，《科学社会主义》2008 年第 5 期。

二　思想政治教育实践创新在建设社会主义核心价值体系中的作用

充分发挥思想政治教育在建设社会主义核心价值体系中的作用，不仅需要思想政治教育理论创新，更需要思想政治教育实践创新。只有在思想政治教育创新理论指导下进行思想政治教育实践创新，社会主义核心价值体系融入思想政治教育全过程才能落到实处，思想政治教育在建设社会主义核心价值体系中的作用才能真正得到充分发挥。当前，思想政治教育实践领域最大的难题是思想政治教育实效性不强，思想政治教育陷入了“说起来重要，做起来次要”的尴尬境地。要充分发挥思想政治教育在建设社会主义核心价值体系的作用，必须以社会主义核心价值体系引领思想政治教育实践创新，从以下几个方面解决当前思想政治教育实践领域存在的问题，增强思想政治教育的针对性和实效性。一是广泛深入地开展价值观的调查研究，摸清人民群众在价值观方面存在的突出问题，为社会主义核心价值体系引领思想政治教育实践创新奠定基础。二是要深入广大群众思想政治教育的实践之中，及时总结人民群众在建设社会主义核心价值体系过程中的好经验，使思想政治教育实践创新植根于人民群众的实践之中。三是要重视思想政治教育的预测，增强思想政治教育的预见性和超前性。思想政治教育作为一个完整的系统，应该在人们思想政治品德问题的防范、矫正和反思三个环节开展工作。然而在实践中，我们的思想政治教育只注重了矫正和反思两个环节，而不同程度地忽视了防范环节，造成了思想政治教育的短期行为。有不少思想政治教育工作者总是头痛治头，脚痛治脚，就事论事，疲于应付，总是等问题突出，甚至是出了事情，发生了案件，才下工夫，相当多的精力用到了思想问题发生之后，而忽视了“未雨绸缪”的超前教育防范，造成了工作上的极大被动。有了问题解决问题是必须的，但是这样做又是很不够的。如果增强思想政治教育的预见性和超前性，把问题前和问题后的工作紧密结合起来，思想政治教育就能变被动为主动，取得更好的效果。四是紧紧抓住“社会主义核心价值体系融入思想政治教育全过程”中出现的新情况、新问题进行思想政治教育实践创新，增强实践创新的针对性。

总之，思想政治教育实践创新可以使社会主义核心价值体系融入思想政治教育全过程落到实处。

三　思想政治教育创新在引领社会思潮中的作用

党的十七大报告明确指出，要“积极探索用社会主义核心价值体系引领社会思潮的有效途径，既尊重差异、包容多样，又有力抵制各种错误和腐朽思想的影响”[①]。在众多学科中，思想政治教育为分析和引导社会思潮提供了独特的学科平台和重要途径。这种独特性主要是由三个方面决定。首先，思想政治教育具有独特的理论基础。思想政治教育是马克思主义理论一级学科中的一个二级学科，也是将马克思主义理论与实际联系起来的中介学科，这就决定了马克思主义是思想政治教育理论研究与实践操作的理论基础。而马克思主义具有实践性、革命性和科学性高度统一的根本特征。它赋予了马克思主义最重要的理论品质即与时俱进。这就决定了马克思主义必须科学吸收人类一切文明成果，同时决不放弃同一切伪科学与反科学进行不可调和的斗争，因此，对社会思潮的分析与批判就成了马克思主义的历史使命。可以说，一部马克思主义的发展史就是马克思主义批判分析社会思潮的历史，从马克思对蒲鲁东主义、巴枯宁主义、拉萨尔主义的清算，到列宁对俄国民粹主义的批判；从毛泽东对本本主义、经验主义、教条主义的批判，到邓小平反对资产阶级自由化的斗争，马克思主义薪火相传的发展无不经历了错综复杂的思想斗争。以马克思主义为理论基础的思想政治教育自然在分析和引导社会思潮过程中也就具有其他学科无法替代的价值与作用。[②]

其次，思想政治教育有其独特的基本矛盾。这一矛盾就是一定社会、一定阶级对人们思想政治品德的要求与人们实际的思想政治品德水准的矛盾。这种矛盾贯穿于思想政治教育的全过程和各方面，对这

① 胡锦涛：《高举中国特色社会主义伟大旗帜，为夺取全面建设小康社会新胜利而奋斗》，《人民日报》2007 年 10 月 25 日。

② 毕红梅、李东升主编：《当代西方思潮与思想教育》，华中师范大学出版社 2010 年版，第 227—228 页。

个矛盾的不断解决也就是思想政治教育不断发展的动力。而社会思潮显然是引发这一矛盾的重要因素，因此，与其他学科对社会思潮及其引导的关注相比，思想政治教育具有无可比拟的力度、深度和广度。

最后，思想政治教育具有独特的学科使命。思想政治教育的特殊使命在于它以培养人的理想信念为核心，以爱国主义教育为重点，以道德教育为基础，以培养科学的思维方式为重要任务。这种独特的学科使命决定了思想政治教育与社会思潮的相关度比其他任何学科都强。在当前，思想政治教育要完成自己的学科使命，就必须把社会思潮纳入自己的当然视域，既要吸收西方思潮中有利于实现思想政治教育使命的积极因素，又要在思想政治教育实践中抵制和批判不利于实现思想政治教育使命的消极因素。[①] 总之，只有按照社会主义核心价值体系的要求，创新思想政治教育，才能充分发挥思想政治教育在引领社会思潮中的作用。

四　有利于发挥思想政治教育在建设社会主义核心价值体系中的功能

第一，思想政治教育创新有利于发挥思想政治教育的导向功能，有利于把全党全社会的思想统一起来，共同构建社会主义核心价值体系。建设社会主义核心价值体系，首先要把全党全社会的思想统一到这一重大的任务上来，这就需要创新思想政治教育，充分发挥思想政治教育的导向功能，通过运用启发、动员、教育、监督、批评等方式，把广大人民群众的思想引导到符合社会主义核心价值体系要求的正确方向上来。要创新思想政治教育目标导向，通过长期反复的思想政治教育，使社会主义核心价值体系在整个社会占据主导地位，使社会主义核心价值体系在人们思想中扎根，从而坚定全党全社会为之努力奋斗的决心和信心。在思想政治教育中，应督促各级党委政府部门、各单位结合实际制定建设社会主义核心价值体系的目标，督促人民群众结合实际拟定践行社会主义核心价值体系的目标。要创新舆论导向，

---

① 参见毕红梅、李东升主编《当代西方思潮与思想教育》，华中师范大学出版社 2010 年版，第 227—228 页。

紧紧围绕社会主义核心价值体系的基本要求，科学运用赞赏、激励、批评、监督等手段，形成正确的社会舆论，推进社会主义核心价值体系建设。要创新自主导向，引导人民群众根据社会主义核心价值体系的要求，通过自我反省、自我反思、自我改造、自我管理、自我鉴定等自我教育的方式方法提高思想政治品德素质，积极主动地投身到建设社会主义核心价值体系的实践中来。第二，思想政治教育创新有利于发挥思想政治教育的激励功能，有利于调动全党全社会建设社会主义核心价值体系的积极性和主动性。建设社会主义核心价值体系是全社会的共同责任，需要把全党全社会的积极性、主动性激发出来，形成合力，这就需要创新思想政治教育，充分发挥思想政治教育的激励功能，通过榜样激励、奖惩激励、情感激励等各种行之有效的思想政治教育激励方法，最大限度地调动人民群众的积极性和主动性。第三，思想政治教育创新有利于发挥思想政治教育的转化功能，有利于把社会主义核心价值体系转化为人民的自觉追求。社会主义核心价值体系是全党全国各族人民团结奋斗的共同思想基础，建设社会主义核心价值体系，就是树起一座精神灯塔，指引全国各族人民不为任何风险所惧，不被任何干扰所惑，更好地投身改革开放和社会主义现代化建设，不断夺取中国特色社会主义事业新胜利。要实现这一目的，就必须让人民群众普遍接受、理解和掌握社会主义核心价值体系的精神实质，并在实际工作、生活中自觉地遵守和奉行。这就需要创新思想政治教育，充分发挥思想政治教育的转化功能，通过情感融化、事理说服、行为约束等多种途径，把社会主义核心价值体系转化为人们的自觉追求，帮助人们改造不符合社会主义核心价值体系的观念，纠正既有的错误思想认识，使人们自觉践行社会主义核心价值体系。第四，思想政治教育创新有利于发挥思想政治教育的凝聚功能，有利于使社会主义核心价值体系融入人心。建设社会主义核心价值体系是一项长期艰巨的任务。当前，我国经济社会发展正处在关键时期，随着改革开放的不断深入，人们的思想观念也在相应地发生着深刻的变化。同时，我国作为一个后发现代化国家，传统社会和现代社会的多种生产方式和生活方式并存，这将不可避免地带来思想观念和价值观念上的多元化。要完成建设社会主义核心价值体系的这一艰巨任务，需要创新思想政治教育，充分发挥思想政治教育的凝聚功能，坚持用社会主义核心价值体系凝聚人心，从而把千差万别、思想各异的社会个体凝聚成一股富有凝聚力的社会整体力量。[①]

第三节　社会主义核心价值体系与思想政治教育创新在互动中共同发展

社会主义核心价值体系与思想政治教育创新之间既相互区别又相互联系，二者是辩证统一的关系。社会主义核心价值体系与思想政治教育创新在内涵、目标、任务、内容等方面存在着明显的差异。它们虽然属于社会主义意识形态建设的范畴，但二者在社会主义意识形态中所处的地位是不同的。社会主义核心价值体系体现了社会主义意识形态的本质，决定着社会主义意识形态的性质和方向。思想政治教育是社会主义意识形态的重要组成部分，但不属于本质内容，属于非本质的方面，是社会主义意识形态建设的重要手段。但二者之间又是紧密联系的，二者在社会主义意识形态建设的实践中相互促进，互动发展。

首先，社会主义核心价值体系与思想政治教育创新辩证统一于社会主义意识形态建设。社会主义核心价值体系是社会主义意识形态的本质体现，是社会主义制度在价值层面的本质规定，反映了我国社会主义基本制度的本质要求，体现着最广大人民群众的根本利益，是社会主义意识形态的核心内容和最重要组成部分，是中国特色社会主义道路的理论根基，是中国特色社会主义理论体系的思想基础，在所有社会主义价值目标中处于统摄和支配地位。“抓住社会主义核心价值体系，就抓住了社会主义意识形态的本质，从根本上坚持了社会主义，就能在人们思想观念深刻变化、空前活跃的情况下引领社会思潮，增强社会共识，最大限度地把全党全国各族人民团结和凝聚在中国特色

① 陈成文、郑自立：《思想政治工作与构建社会主义核心价值体系》，《攀登》2008年第2期。

社会主义伟大旗帜之下。”[①] 思想政治教育，作为中国特色社会主义事业的重要组成部分，归属于社会主义意识形态领域；作为一定“社会或社会群体用一定的思想观念、政治观点、道德规范对其成员施加有目的、有计划、有组织的影响，使他们形成符合一定社会、一定阶级所需要的思想品德的社会实践活动”[②]，具有鲜明的意识形态性。“意识形态与思想政治教育是内容和载体的关系。意识形态（主要是指统治阶级的意识形态）是思想政治教育的内容，思想政治教育是灌输意识形态的载体和途径，任何阶级的思想政治教育传播和灌输的都是本阶级的意识形态，而不是别的意识形态；反过来，统治阶级通过思想政治教育这一途径（比如通过学校的思想政治教育这一途径）来传播主流意识形态。因此，思想政治教育和意识形态是形式与内容的关系，没有完全脱离意识形态的思想政治教育，可以说，离开了意识形态内容的教育就不是思想政治教育；同样，脱离思想政治教育，统治阶级意识形态的传播途径将大为减少，其效果也会受到极大的影响。”“意识形态和思想政治教育是目的和手段的关系。思想政治教育是传播意识形态的一种手段，但是其本身不是目的，真正的目的是传播主流意识形态，使主流意识形态成为社会全体成员的指导思想，成为个体政治社会化的指导思想。对统治阶级而言，其思想政治教育主要有三个任务：一是传播本阶级的意识形态，使之成为全社会的主流意识形态，既要为本集团、本阶级的成员所认同，还要为全体社会成员所认同；二是对非主流意识形态进行研究和分析，必要时还要斗争和扬弃；三是对主流意识形态进行发展创新，针对社会发展的现实需要，对主流意识形态中不适合社会发展的内容进行改进，并增加新的内容，以保持主流意识形态的先进性，使之既正确反映社会现实，又具有一定的超越性。”[③] 从上述论述可以看出思想政治教育具有重要的意识形态功能，“从本质上讲，思想政治教育就是一种灌输主流意识形态，开展

---

① 袁贵仁：《社会主义意识形态的本质体现》，《人民日报》2008 年 4 月 21 日。

② 陈万柏、张耀灿主编：《思想政治教育学原理》，高等教育出版社 2007 年版，第 4 页。

③ 李辽宁：《当代中国思想政治教育意识形态功能研究》，武汉大学出版社 2006 年版，第 54—55 页。

意识形态教育的实践活动，是统治阶级将自身的意志上升为全社会的共同意志的中介和手段，其终极目的是维护统治的合法性。因此，发挥思想政治教育的意识形态功能，进行主流意识形态教育和灌输是思想政治教育的题中应有之义"[①]。由此可以看出，社会主义意识形态是社会主义核心价值体系与思想政治教育创新之间逻辑关联的联结点，社会主义核心价值体系是社会主义意识形态的本质体现，思想政治教育是社会主义意识形态建设的重要途径和手段，二者统一于社会主义意识形态建设之中，共同促进社会主义意识形态发展。

其次，社会主义核心价值体系与思想政治教育创新在互动中共同发展。社会主义核心价值体系与思想政治教育创新之间，不是社会主义核心价值体系单向作用于思想政治教育创新，对思想政治教育创新产生影响的过程；也不是思想政治教育创新单向作用于社会主义核心价值体系，对社会主义核心价值体系产生影响的过程，而是双向互动，共同发展的过程。一方面，思想政治教育从社会主义核心价值体系中吸收自身发展的营养，实现思想政治教育创新，推动思想政治教育向前发展；另一方面，思想政治教育创新推动社会主义核心价值体系建设，使社会主义核心价值体系融入思想政治教育全过程之中，转化为人民的自觉追求，巩固马克思主义指导地位，巩固中国特色社会主义共同理想，巩固全党全国各族人民团结奋斗的共同思想基础。作为一名清醒的思想政治教育工作者，应认识到社会主义核心价值体系及其建设所提出的新的理论主张和实践举措，蕴含了极为丰富的思想政治教育发展的创新内涵，加强和改进新时期思想政治教育，应从社会主义核心价值体系中汲取理论智慧和实践营养，贯穿社会主义核心价值体系的基本精神，体现社会主义核心价值体系的根本要求，实现社会主义核心价值体系的实践追求，努力推进思想政治教育理念、目标、内容、方法、评价等方面全面创新。与此同时，也不能忘记，建设社会主义核心价值体系是当前思想政治教育面临的最为重要的任务，如何将社会主义核心价值体系融入思想政治教育全过程，转化为人民的

---

① 李辽宁：《当代中国思想政治教育意识形态功能研究》，武汉大学出版社 2006 年版，第 57 页。

自觉追求，如何积极探索用社会主义核心价值体系引领社会思潮的有效途径，如何增强社会主义意识形态的吸引力和凝聚力，是摆在广大思想政治教育者面前的重大而紧迫的时代课题。当前，思想政治教育还存在着针对性不够、实效性不强等不适应社会主义核心价值体系建设的方面，唯有创新思想政治教育，才能充分发挥思想政治教育在建设社会主义核心价值体系中的作用，促进社会主义核心价值体系建设。我们要坚持以社会主义核心价值体系引领思想政治教育创新，坚定不移地把社会主义核心价值体系融入思想政治教育全过程中，充分发挥思想政治教育在建设社会主义核心价值体系中的主导性和能动性。

总之，在全面建成小康社会、构建社会主义和谐社会、实现中华民族重新崛起和振兴的今天，只有科学把握社会主义核心价值体系与思想政治教育创新的关系，思想政治教育才能不辱使命，担当起建设社会主义核心价值体系的重任，思想政治教育才能不断更新自我，超越自我，不断增强自身的说服力和吸引力。

第五章
社会主义核心价值体系与思想政治教育理念创新

思想是行动的前提，观念是行动的先导。在新的历史条件下，以社会主义核心价值体系引领思想政治教育创新，首先要从理念创新入手，因为理念创新具有先导性和基础性。

第一节　思想政治教育理念创新的内涵

以社会主义核心价值体系引领思想政治教育理念创新，首先要科学、准确地把握思想政治教育理念创新的内涵。

一　思想政治教育理念的内涵

关于思想政治教育理念，随着我国思想政治教育理论与实践的发展，近年来引起了理论界的关注，但大多数研究集中在高校思想政治教育理念上，而且这些研究成果不重视对思想政治教育理念的内涵的研究，只有极少数论文和著作对思想政治教育理念的内涵进行了界定。本书力求在这些研究成果的基础上对思想政治教育理念进行界定。

吴琼认为："思想政治教育理念，是指人们在教育实践过程中形成的关于思想政治教育基本问题的本质和规律的理性认识，是人们从事思想政治教育实践活动的根本指导思想和行为准则，是对其他思想政治教育观念起统领作用和统摄意义的核心观念。”①

孙贤雷认为：“思想政治教育理念是思想政治教育主体对思想政治教育的地位和功能、目的和任务、过程与规律、内容与原则、方法和艺术等的总体看法和根本观点。思想政治教育理念是思想政治教育的灵魂。”②

张玉芬认为：“大学生思想政治教育的教育理念是人们对于大学生思想政治教育的意义、目标、内容、方法等的态度与观念的总和，它是大学生思想政治教育的灵魂，是大学生思想政治教育的有效性能否提升的关键。”③

戴焰军认为：“所谓思想政治工作理念，就是关于思想政治工作的目的、任务、原则、方法、队伍构成、工作机制等一系列基本问题的规定所体现出来的指导思想体系。”④

从上述论述可以看出，学术界关于思想政治教育理念的认识是不一致的，要科学、准确地把握思想政治教育理念应注意以下几个问题：

一是，思想政治教育理念是在思想政治教育观念基础上形成的，它不是一般的思想政治教育观念，它是在思想政治教育中处于中心地位、起主导作用的观念，是思想政治教育观念的中心和内核，它对思想政治教育其他观念起统领和统摄作用，其他思想政治教育观念以不同方面体现着思想政治教育理念。在当前思想政治教育理念研究者中有不少研究没有把思想政治教育理念与思想政治教育观念区分开来，把一般的思想政治教育观念也当成了思想政治教育理念，有的甚至把思想政治教育理念看成思想政治教育观念的总和，严重影响了思想政治教育理念研究的发展，必须引起我们重视。

---

① 吴琼：《改革开放以来高校思想政治教育理念创新历程及其启示》，《北京教育·德育》2010年第1期。

② 孙贤雷：《略论思想政治教育理念的更新》，《湖南医科大学学报》（社会科学版）2010年第1期。

③ 张玉芬：《当前我国大学生思想政治教育的理念误区及对策探析》，《湖南财经高等专科学校学报》2008年第12期。

④ 戴焰军：《增强思想政治工作实效性的对策研究》，中国民主法制出版社2008年版，第130页。

二是，思想政治教育理念是对思想政治教育基本问题的总体看法和根本观点。思想政治教育是一个科学的体系，涉及的问题很多，思想政治教育理念不是对思想政治教育所有问题的观点和看法，而是对思想政治教育基本问题的总体看法和根本观点。比如，为什么要做思想政治教育？在传统思想政治教育理念中，社会中心论的理念占主导地位，过分注重社会因素对思想政治教育的制约作用，忽视了人的因素对思想政治教育的作用，使思想政治教育成为社会政治的工具，忽视了人的发展，造成了思想政治教育的低效，严重影响了思想政治教育的发展。随着社会主义市场经济的发展，随着人的主体性增强，很显然这种理念已落后于时代的要求。思想政治教育必须从这种片面的理念中走出来，以社会主义核心价值体系为指导，树立以人为本的理念，关注人的价值，把思想政治教育的社会价值和个人价值统一起来，思想政治教育不仅要关注其社会价值，而且要重视其个人价值，不仅要引导社会健康和谐地发展，而且要教育和引导人民群众过幸福的生活。再比如，在思想政治教育怎样做的问题上，传统思想政治教育比较注重思想政治教育工作者的作用，并且单向度地把思想政治教育工作者看作思想政治教育的主体，把思想政治教育对象看作被动的客体，过分地强调理论灌输在思想政治教育中的作用，思想政治教育陷入了“我讲你听，我打你通”的孤立的境地。在经济全球化的今天，信息更新不断加强，人的主体性不断增强，与计划经济时期的封闭环境相比，社会主义市场经济环境下思想政治教育者信息资源占有的优势不复存在了，单位结构也被打破了，行政的约束力也弱化了。如果思想政治教育工作者仍然摆出一种居高临下的态度，思想政治教育是不可能取得良好效果的。这就要求我们在思想政治教育过程中要正确认识和处理思想政治教育者与教育对象的关系。思想政治教育是人做人的工作，人都是有主体性的人，人与人之间的关系是主体与主体之间的关系。它要求思想政治教育者在思想政治教育者与教育对象关系的认识上要改变“思想政治教育者是主体，教育对象是客体”的不正确的思想政治教育理念，树立思想政治教育交往理念，思想政治教育过程是主体与主体之间协商、交流与对话的过程。

三是，思想政治教育理念是在长期的思想政治教育实践过程中形成的。离开了人民群众思想政治教育实践，正确的思想政治教育理念就不可能形成。

根据上述分析，笔者把思想政治教育理念界定为：是思想政治教育主体间在长期的思想政治教育实践过程中形成的关于思想政治教育基本问题的总体看法和根本观点。它是思想政治教育的灵魂，它对思想政治教育其他观念起统摄作用。

二　思想政治教育理念创新的内涵

关于思想政治教育理念创新，笔者拜读了中国学术期刊网上的相关论文，未见到有论文对其进行界定，拜读能找到的相关著作，只有戴焰军主编的《增强思想政治工作实效性的对策研究》一书对其进行了界定。该著作将其界定为："思想政治工作的理念创新，就是根据新的时代要求和实践需要，转变过去条件下形成的某些不能适应今天现实要求的旧观念、旧做法，探索和确立新的历史条件下行之有效的新观念、新做法，让思想政治教育更好地发挥作用。它的实质，是要加强思想政治工作。"① 该界定基本把握了思想政治教育理念创新的精神实质，但不够准确、规范。第一，它把思想政治教育理念与思想政治教育观念同等对待，不加区分。第二，它把不属于思想政治教育理念的"旧做法""新做法"也当成思想政治教育理念。第三，它把思想政治教育理念创新的实质概括为"是要加强思想政治工作"，笔者认为是不规范的。

根据本书第三章对"创新"的界定，笔者将思想政治教育理念创新界定为：所谓思想政治教育理念创新是思想政治教育主体间在思想政治教育实践过程中扬弃旧的思想政治教育理念，根据社会主义核心价值体系建设的要求，建立符合时代变化、反映时代特点、代表时代发展趋势的新的思想政治教育理念的过程。思想政治教育理念创新的目的是促进思想政治教育理念的发展。

① 戴焰军：《增强思想政治工作实效性的对策研究》，中国民主法制出版社 2008 年版，第 133 页。

第二节　以社会主义核心价值体系引领思想政治教育理念创新

思想政治教育理念创新是党的理论创新发展的要求，是思想政治教育自身发展的呼唤，是时代发展的客观要求。只有积极主动地按照社会主义核心价值体系的要求创新思想政治教育理念，思想政治教育才能在建设社会主义核心价值体系中充分发挥作用。

一　党的理论创新发展的必然要求

马克思主义发展的历史告诉我们，马克思主义不是一个自我封闭的体系，而是在实践中不断创新和发展的科学思想体系；它从不满足现状，主张批判地吸收人类文明所创造的一切优秀成果，根据实践的发展不断进行理论创新；马克思主义之所以能够永葆青春，正在于它能够准确地把握时代脉搏，不断地进行理论创新，不断地正确回答时代的课题。中国共产党从成立的那一天起就继承了马克思主义与时俱进、不断理论创新的传统，在探索民族解放和民族富强的道路上，不断把马克思主义基本原理与中国革命建设改革的实际相结合，走出了一条中国特色社会主义革命和建设的道路，创造出一系列重大的理论成果。党的十六大以后，以胡锦涛为总书记的党中央，以邓小平理论和“三个代表”重要思想为指导，根据不断变化的国际国内形势，根据全面建设小康社会、不断推进中国特色社会主义建设新的历史任务的要求，在继承中发展，在坚持中创新，先后创造性提出科学发展观、社会主义荣辱观、构建社会主义和谐社会、加强党的先进性建设、建设社会主义核心价值体系等重大战略思想，逐步形成新的理论，从而使中国共产党实现了与时俱进，始终保持了先进性。社会主义核心价值体系是新时期党的理论创新的最新成果，迫切需要思想政治教育者要解放思想，更新理念，把社会主义核心价值体系融入思想政治教育全过程，以理念创新，推进思想政治教育全面创新。

二　思想政治教育自身发展的呼唤

中国共产党思想政治教育实践证明，什么时候用科学的思想政治教育理念指导思想政治教育实践，思想政治教育就能取得良好的效果，就能为中国的革命建设改革提供强有力的思想保证和精神动力。什么时候用落后的、过时的、错误的理念指导思想政治教育实践，思想政治教育就会遭受损失。在革命战争年代，中国共产党不仅开创了思想政治教育，而且思想政治教育为中国革命的胜利立下了汗马功劳，得益于党的思想政治教育理念正确，紧紧围绕夺取政权，紧紧围绕党各个时期的中心任务开展强有力的思想政治教育工作。“文化大革命”时期，坚持“以阶级斗争为纲”的错误理念，使党的思想政治教育蒙受了巨大损失，这种恶果造成人们对思想政治教育的逆反至今仍然存在，极大地败坏了思想政治教育的口味。十一届三中全会以后，党和国家的工作重心实行了战略转移，适应这一重大转变，思想政治教育理念也适时地由“以阶级斗争为纲”转变为“服务经济建设”这个中心，才使思想政治教育又重新显现出生机与活力。当前思想政治教育效果不佳，针对性和实效性不强，有诸多具体原因，如方法不得当、内容不科学、机制不健全等，究其根本原因就在于其教育理念的不合理性。要以社会主义核心价值体系引领思想政治教育创新，全面开创思想政治教育的新局面，充分发挥思想政治教育在中国特色社会主义现代化建设中的作用，首先必须改革发展思想政治教育理念，实现思想政治教育理念创新。

三　时代发展的客观要求

思想政治教育处于一个日益凸显发展主题的国际环境之中，发展是当今时代的主题。发展中国家为实现赶超，不断推进其现代化的进程；发达国家为保持其科技和经济优势，也在继续推进其发展。不同的发展阶段，不同的发展实践，形成了各式各样的发展观。我国的发展，是在科学发展观指导下的全面协调可持续的发展。在这个发展的时代，思想政治教育理念理所当然要不断创新与发展，只有这样才能与时俱进，对思想政治教育起到积极的指导作用。

随着中国特色社会主义事业的迅速发展，思想政治教育面临着前所未有的发展机遇，也面临着严峻的挑战。经济全球化日益发展，对我国政治、经济、文化、思想等各个方面产生了深刻影响。经济全球化对思想政治教育是一把双刃剑，一方面，有利于我国的思想政治教育面向世界，广泛学习借鉴世界各国思想政治教育好的经验，推进思想政治教育发展；另一方面，经济全球化是以美国为首的西方发达资本主义国家强势地位的全球化，它们凭借各方面雄厚实力，推行文化霸权主义，再加上互联网的快速发展，使我国的思想政治教育受到巨大冲击。改革开放30多年的快速发展，我国的经济体制、社会结构、利益格局和人们的思想观念都发生了深刻的变化，给思想政治教育提出了诸多新的要求。要使思想政治教育与时代发展变化相适应，就必须创新思想政治教育理念，才能适应时代发展的要求。

第三节　思想政治教育理念创新的基本原则

以社会主义核心价值体系引领思想政治教育理念创新，应坚持方向性原则、求实性原则和主体性原则，否则，思想政治教育理念创新就会迷失方向。

一　方向性原则

首先，思想政治教育理念创新需要解放思想，大胆创新，突破原有理念的羁绊，创造出新的、更加科学的思想政治教育理念，推进思想政治教育的发展。因此，思想政治教育理念创新具有明确的方向性，它不能阻碍思想政治教育的发展，应该促进思想政治教育的发展，这是由思想政治教育理念创新的目的所决定的。

其次，思想政治教育理念创新具有明确的政治方向，应坚持社会主义方向，不能违背“四项基本原则”。这是由思想政治教育的本质决定的。在阶级社会中，各个政治集团的意识形态特别是政治思想，总是反映着一定的阶级利益和要求，表现着一定的阶级关系和阶级矛盾。因此，不同时代与不同社会制度中的各个政治集团，都采取一定的思想政治教育方式来灌输和传播自己的意识。在封建社会，我国的封建统治阶级广泛传播“三纲五常”的思想，以维护其封建统治。在资本主义社会，资产阶级则是大力宣扬自由、平等、博爱，大力宣扬个人主义，以巩固资本主义制度。中国共产党思想政治教育的根本目的和任务，则是用马克思主义、毛泽东思想和中国特色社会主义理论教育人民群众，培养和造就有理想、有道德、有文化、有纪律的社会主义新人。党的思想政治教育这一本质特征决定了我们在思想政治教育理念创新过程中必须坚持社会主义方向，不能违背“四项基本原则”。否则，就会迷失方向。

最后，思想政治教育理念有正确与错误之分。思想政治教育理念创新应抛弃不适应时代发展的理念，树立适应时代发展的新理念。应遵循思想政治教育发展的规律，不能违背思想政治教育发展的规律。

二　求实性原则

求实性原则，又称实事求是原则，指思想政治教育主体间在进行思想政治教育理念创新过程中要坚持一切从实际出发、实事求是的原则。实事求是是中国共产党一贯倡导的理论和实践相统一的科学态度和作风，也是思想政治教育理念创新的一项根本原则，它体现了马克思主义、毛泽东思想和中国特色社会主义的精髓。思想政治教育理念创新坚持求实性原则，必须做到以下几点：

第一，要深入实际，认真调查研究。这是坚持求实性原则的基础工作。客观实际是我们想问题、办事情的基本出发点，因此，进行思想政治教育理念创新，首先必须花大力气，深入客观实际，认真调查研究，发现思想政治教育理念存在的问题，把握思想政治教育理念形成变化发展的规律。

第二，要实用。思想政治教育理念的创新要实用，不能脱离社会主义初级阶段思想政治教育的实际，不能盲目照搬照抄国外思想政治教育的理念。

第三，要求实效。思想政治教育理念创新应追求实际的效果，防止搞形式主义的东西。思想政治教育理念创新的目的是为了促进思想政治教育的发展，不是为创新而创新。

第四，要从不断变化的实际出发。因为社会在不断向前发展，客观情况经常发生变化，人的思想在不断地发展变化，思想政治教育理念也在不断地发展变化，因此，思想政治教育理念创新要注意从不断变化的实际出发，使之与不断变化的实际相协调。为此思想政治教育者要特别注意用发展的观念在动态中分析和把握思想政治教育各种观念，透过现象抓住本质，探求规律，从而使思想政治教育理念常变常新。

三 主体性原则

主体性原则是指思想政治教育主体间在进行思想政治教育理念创新过程中，既充分发挥教育者的主体性，又充分发挥教育对象的主体性，以实现思想政治教育理念创新的行为准则。

坚持思想政治教育理念创新的主体性原则，首先是由社会主义制度的本质要求所决定的。人民群众是历史的创造者，是社会主义国家的主人。思想政治教育理念创新，必须尊重人民群众的主人翁地位，充分发挥教育者和受教育者在思想政治教育理念创新中的主体性。其次，坚持主体性原则是社会主义市场经济的要求。随着社会主义市场经济的发展，人的主体性不断增强，在这样的条件下进行思想政治教育理念创新，必须尊重教育者和受教育者的主体性。

坚持主体性原则，第一，要充分发挥思想政治教育者在思想政治教育理念创新中的主体性。强调主体性的原则，强调受教育者的主体性，并不是要否定和取消思想政治教育者在思想政治教育理念创新中的主体性。在思想政治教育理念创新的过程中，思想政治教育者的主体性是不可缺少的。实践证明，在思想政治教育理念创新过程中，教育者的主体性发挥得越好，受教育者的主体性就越能得到充分调动。因此，充分发挥思想政治教育者在思想政治教育理念创新中的主体性，是贯彻主体性原则不可缺少的重要一环。第二，要充分发挥受教育者在思想政治教育理念创新中的主体性。受教育者是思想政治教育理念创新的主体，是思想政治教育理念创新的主人。思想政治教育理念创新应植根于人民群众思想政治教育实践之中，充分调动人民群众在思想政治教育理念创新中的积极性、主动性和创造性，让人民群众的创造力充分迸发出来。

第四节　思想政治教育理念创新的基本方法

以社会主义核心价值体系引领思想政治教育理念创新需要正确的方法来实现，毛泽东曾经在《关心群众生活，注意工作方法》一文中形象地把工作比喻为过河，把方法比喻成桥或船。他说："我们不但要提出任务，而且要解决完成任务的方法问题。我们的任务是过河，但是没有桥或没有船就不能过。不解决桥或船的问题，过河就是一句空话。不解决方法问题，任务也只是瞎说一顿。"[①] 由此可以看出，方法对思想政治教育理念创新的重要性。思想政治教育理念创新的方法很多，笔者在此论述的是基本方法。

一　辩证思维的方法

所谓辩证思维的方法是指思想政治教育主体间在进行思想政治教育理念创新的实践过程中，将辩证法运用于自己的思维之中，辩证地认识思想政治教育理念形成变化发展的规律，从而创新思想政治教育理念的方法。辩证法是辩证思维的核心。马克思主义哲学认为，辩证法是关于自然界、社会和人类思维运动与发展的一般规律的科学，也是关于客观世界普遍联系与发展的科学。坚持辩证思维是我们克服主观性、片面性、随意性，正确认识思想政治教育理念，创新思想政治教育理念的基本方法。

第一，要辩证地看待新旧理念。思想政治教育理念有正确与错误的区别，也有新与旧的区别。思想政治教育理念的正确与错误和思想政治教育理念的新与旧既有一定的联系，又是有明确区别的。我们所

① 《毛泽东选集》第1卷，人民出版社1991年版，第139页。

讲的思想政治教育理念创新，是指内容正确的思想政治教育新理念。我们不能以产生时间的早晚、先后作为区分思想政治教育理念新旧的标准。判断思想政治教育理念新旧的标准是社会实践，看它是符合现实还是落后于现实，是对思想政治教育发展起促进作用还是起阻碍作用。总之，只有新形成的，或者具有新的内涵的、反映了思想政治教育本质联系和历史必然性的思想政治教育理念，才是新理念。第二，辩证地看待传统理念。以社会主义核心价值体系引领思想政治教育理念创新，必须辩证地看待传统理念。一方面，不能把传统理念与旧理念直接等同起来。传统理念中包含着旧理念，但并非都是旧理念，而是存在着较为复杂的情况。有些传统理念的基本精神已经过时，如"以阶级斗争为纲"，也有些传统理念只是某些具体内容过时而基本精神仍然适用，比如"围绕党的中心工作开展思想政治教育"。另一方面，也不能把传统理念简单地等同于新理念。即使是那些在今天仍有积极意义的传统理念，总是因其产生的特定历史条件的制约而具有局限性。应根据时代发展变化不断赋予新的内容，才能不断获得新的活力。第三，辩证地看待新出现的理念。当前，思想政治教育领域新出现了一些理念，是不是新理念，应对其进行具体分析。虽然新出现的理念中有不少是符合新情况和历史发展要求的，但也有些并不符合时代特点和历史发展的要求。一些新出现的理念并不是对思想政治教育现实的正确反映，而是对现实的歪曲反映，当然不能当作新理念。有些新出现的理念，看起来很新鲜，但仔细分析起来，实际内容并不新，只不过是旧理念的花样翻新。有些新出现的理念是西方思想政治教育理念的照搬照抄，并不符合中国的实际。在思想政治教育理念创新中，对于新出现的理念要特别注意进行具体分析，认真鉴别，绝不能盲目从众，也不能只看表面现象，简单地唯"新"是从。第四，辩证地看待外来理念。随着经济全球化和互联网的快速发展，地球变成了一个村落，各种各样的思想观念纷纷传播进来。对于外来的思想政治教育理念，不加分析地统统视为资产阶级腐朽思想，一概加以排斥是不对的。把一切外来的理念当成新理念，也是错误的有害的。应当看到，外来的理念也有新旧之分、良莠之别，应认真进行鉴别，应根据我国具体国情取其精华，去其糟粕，为我所用。[①]

二　实践性思维方法

所谓实践性思维方法是指思想政治教育主体间在进行思想政治教育理念创新过程中，将实践性思维运用于自己的思维中，始终站在思想政治教育理论和实践的前沿，不断从实践中发现新情况、新问题，掌握新规律，达到新境界，提炼出思想政治教育新理念的方法。

全部社会生活在本质上是实践的，是马克思主义哲学基于对人的实践活动在社会生活中的地位和作用的全面探讨，得出的一个极为深刻而重要的结论。实践之所以是社会生活的本质，是因为从人类社会和自然的关系来看，实践是决定人类社会区别于自然界的根本原因，实践最终使人和人类社会从自然界中分离出来。实践创造了人，创造了社会，创造了人类历史，没有人的实践就没有社会。从社会生活的本质和现象的关系来看，实践是社会生活的基础，人类一切社会生活都是由社会实践构成的。创造物质生活资料的实践构成了社会的物质生活，创立和改造社会关系的实践构成了社会的政治生活，创造精神文化的实践构成了社会的精神生活。从社会发展的过程来看，实践是推动社会发展的动力之源，社会发展的基本动力是生产力和生产关系、经济基础和上层建筑的矛盾运动。生产力和生产关系的矛盾是直接由生产实践引起的。经济基础和上层建筑的矛盾是在生产力和生产关系矛盾的基础上形成的。此外，社会基本矛盾的解决也有赖于实践，通过实践使社会基本矛盾由基本不适应到基本适应，由此推动社会的进步和发展。

“社会生活在本质上是实践的，作为社会存在的人类思维方式，也应该是实践的。实践是人们有意识有目的地改造世界的物质活动。实践性思维不满足于这样或那样地解释世界，而是科学地指导实践，在实践中力图能动地改变世界的思维活动。……马克思主义以前的一切哲学思想，都从抽象的理性出发，只是这样或那样地解释世界，根

① 参见胡振民主编《思想政治工作创新论》，学习出版社 2005 年版，第 81—84 页。

本不懂得改变世界。马克思、恩格斯在对旧哲学进行革命改造的基础上，创造了马克思主义哲学。这种崭新哲学的出现，不仅是理论上的创新，而且是思维方式上的根本革命。其革命的实质，就是建立了科学的实践性思维方式，它特别强调实践在认识中的首要地位和基础作用，强调实践是检验真理的唯一标准。因此，实践观点作为一种崭新的思维方式，也必然成为马克思主义哲学对待一切问题的思维逻辑，成为马克思主义哲学最根本的基石。”①

以社会主义核心价值体系引领思想政治教育理念创新是一项重要的社会实践活动，应坚持实践思维方法，要站在思想政治教育理论和实践的前沿，吸收最新理论成果，探讨并解决思想政治教育实践中的新问题。只有这样，才能从那些不合时宜的思想政治教育理念中解放出来，用适应时代发展的新理念去指导思想政治教育实践。这就要求思想政治教育理念创新者不仅要善于学习，而且要把学习与研究紧密结合起来，勤于思考，勇于探索，用先进的理念武装自己。对于党的最新理念，必须主动先学一步，及时、准确、深刻地把握其精神实质，并且结合思想政治教育实际把学习与研究结合起来，使自己的思想观念跟上时代的步伐。要站在思想政治教育实践前沿，虚心向群众学习，注意发现人民群众在思想政治教育实践中创造的新理念，并以社会主义核心价值体系为指导，通过科学的理性思考，使之上升为思想政治教育的新理念。群众是社会实践的主体，思想政治教育理念创新的根本目的就是指导群众思想政治教育的实践。思想政治教育理念创新只能来自思想政治教育实践，有价值的思想政治教育新理念必须是能够帮助群众正确认识和解决思想问题与生活问题的理念。群众思想政治教育实践不仅为思想政治教育理念创新提供了不竭的源泉，在群众思想政治教育实践中也蕴藏着理念创新的巨大潜能。实践是检验真理的唯一标准，也是检验思想政治教育理念创新的唯一标准。以社会主义核心价值体系引领思想政治教育理念创新，必须尊重群众实践，从群

---

① 唐志龙：《思想政治工作思维方式导论》，汉语大词典出版社 2001 年版，第 132—133 页。

众中来，到群众中去，相信群众，依靠群众。[①]

三　创造性思维方法

创造性思维是指在特定条件下，人脑对符合客观事物的存在及规律的重新认识和正确概括等间接反映并提出新观点的过程。简单地说，创造性思维就是产生新思维、新概念的思维。创造性思维是创新能力的核心因素和创新意识的主要内容，是创新活动的灵魂和发动机。创造性思维与常规思维的显著差异在于：第一，思维起点不同。创造性思维在思维起点上，更多的不是看过去，而是看现在，不是想昨天，而是思未来，不是一切往后看，而是向前看。第二，思维结果不同。创造性思维的结果具有新颖性、独特性，而常规思维不具有，常规思维的实质是“同义反复”的过程，两者之间有着本质的差别。创造性思维是一种具有开创性意义的思维活动，它创建新理论、形成新观念、提出新举措，发明新技术等，不断开辟人类认识的新领域。[②]

创造性思维在人类实践活动中有着十分重要的地位和作用。第一，创造性思维是深化认识的关键。创造性思维所要探索的是对象的内在本质和规律性，是思维的高级阶段。它要求人们运用综合知识才能去审视对象，不仅要知道对象是什么，而且还要知道为什么、怎么做。因此，创造性思维能使人们从表面深入内部，从现象深入本质。第二，创造性思维是推动历史进步的动力。没有创造性思维就不会有人类社会的产生和进步。人类历史上所有新事物应该说都是从思维的创新开始的。只要具备了创造性思维，人们就可以用它去解决各种各样的问题。人类历史上任何一次社会变革，任何一种科技创新，任何一种文化的创造，都是当时人们发挥创造性思维的结果。第三，创造性思维是攻克难关的法宝。人们在学习、工作和生活中，处处都会遇到难题。对于那些常规方法无法解决的难题，创造性思维因其独特的品质和灵活的方法，往往是攻克难关的法宝。创造性思维具有勇于进取的锐气

---

① 中国思想政治工作研究会组织编写：《思想政治工作创新论》，学习出版社 2005 年版，第 89—90、80 页。

② 滑云龙、殷焕举主编：《创新学》，中国农业大学出版社 2006 年版，第 78 页。

和善于机智应变的灵气。所以，在创新活动中，面对各种各样的困难，有的甚至是常人难以逾越的障碍，创造性思维最具穿透力。[①]

以社会主义核心价值体系引领思想政治教育理念创新是一种创造的实践活动，需要运用创造性思维的方法，去探索发现思想政治教育的新理念。创造性思维可以使我们在思想政治教育过程中遇到新情况、新问题，过去的理念没有办法解决时，从传统的理念中跳出来，根据变化的实际，提出思想政治教育新理念。实践证明，一个善于进行思想政治教育理念创新的主体，必须是善于进行创造性思维、具有较强的创造才能的人。在思想政治教育理念创新过程中，思想政治教育主体创造性思维的产生有着一定的条件。首先，要有强烈的探索精神。这就需要主体在思想政治教育理念创新活动过程中，坚持不懈地对思想政治教育理念形成变化发展的规律进行探索与思考。只要善于观察，勤于动脑，勇于探索，及时总结，就一定能在思想政治教育实践中创新思想政治教育理念。其次，要具备丰富的经验与知识。丰富的思想政治教育经验与知识，是思想政治教育理念创新主体形成和发展创造性思维的重要基础。只有具备丰富的思想政治教育经验与知识，思想政治教育理念创新主体才能眼界开阔，思路敏捷，在思想政治教育理念创新过程中有效进行创造性的活动。最后，要具有灵活的思维能力。灵活的思维能力不仅包括理性思维能力，也包括许多非理性思维能力，能促使自己产生强烈的好奇心和灵活的思维转向力，使思想政治教育理念创新主体有效地摆脱思维的困境，善于从不完善的理念里发现问题，找到解决的新思路，提出新的创见。[②]

第五节　破除不符合时代发展的思想政治教育理念

以社会主义核心价值体系引领思想政治教育创新，要破除下列不符合时代发展的思想政治教育理念。

---

① 滑云龙、殷焕举主编：《创新学》，中国农业大学出版社 2006 年版，第 87—88 页。

② 参见唐志龙《思想政治工作思维方式导论》，汉语大词典出版社 2001 年版，第 126—127 页。

一　破除“自我中心”的理念

持这种理念的同志，总是留恋思想政治教育的“帅”位，轻视“服务”，认为思想政治教育从“帅”位走下来，降低了“层次”，压低了“品位”，违背了传统。在实践中推行一套“左”的做法，冲击经济建设这个中心，搞“自我中心”“自我循环”。

这种理念首先歪曲了马克思主义关于政治与经济辩证关系的原理，把政治抬高到了“高于一切，冲击一切”的地位。在新时期，我们要坚持我党一贯坚持的“政治是经济工作和其他一切工作的生命线”的方针，切实加强思想政治教育，保证经济工作和其他一切工作的社会主义性质和方向，但不能颠倒二者之间的关系。

其次，这种理念也违背了中国共产党思想政治教育的优良传统。从中国共产党的思想政治教育传统来讲，从来不是搞“自我中心”而是强调思想政治教育为党的中心任务服务。在革命战争年代，思想政治教育是为革命战争这个中心服务的，在社会主义改造时期，思想政治教育是为实现“一化三改”的中心任务服务的，后来由于“左”倾错误思想的发展，把它抬高到“高于一切，冲击一切”的地位，使党和国家遭受了重大损失，党和人民吃尽了苦头，这绝不属于思想政治教育的传统，而是对思想政治教育传统的严重破坏。

二　破除“自发”的理念

持这种理念的同志认为，只要经济上去了，人民生活改善了，人的思想政治道德素质和党内外风气就会自然好起来。

这种理念违背了马克思主义“灌输”理论。尤其过分夸大了物质的决定作用，忽视思想政治教育的重要性。我们党在革命战争年代，在新中国成立初期，物质条件那么差，为什么人的精神面貌和党内外风气那么好？在当前较好的经济条件下，为什么有的人思想政治道德素质好，而有的人精神颓废，生活腐败，作风不正？事实说明，人的思想政治道德素质的高低，根本原因不在于物质条件改善的程度，而在于加强和改进思想政治教育。实践表明，不大力加强和改进思想政治教育，就不可能有今天健康文明的社会风尚，物质文明的成果也会被葬送。当前，在把经济建设搞得更好的同时，必须切实把思想政治教育提到更加突出的地位。

三　破除“与己无关”的理念

马克思主义唯物史观认为，人民群众是历史创造者，作为思想政治教育主体的人民群众，既是思想政治教育的对象，更是思想政治教育的主体，是社会主义社会的主人。他们在中国特色社会主义建设中具有强烈的历史主动性和主观能动性。诚然，思想政治教育应该由思想政治教育系统来领导、组织和实施，主管这项工作的领导要高度重视，思想政治教育工作人员要尽职尽责，这是无可非议的。但是，任何一项社会活动都要以人为本，否则，再好的活动也无法开展。广大群众是思想政治教育的主体，思想政治教育只有与群众相结合，动员、组织群众一起去做，才能使思想政治教育更好地渗透到各项经济业务工作中去。同时，思想政治教育只有依靠群众主动参与，形成人人是教育者，人人又是受教育者，才能真正使广大人民群众团结起来拧成一股绳，心往一处想，劲往一处使，形成一股“合力”。从这个意义上讲，思想政治教育不是也不应该是少数政工干部的“专利”，而是全党、全国人民的事情，是人民群众的应有权利。

四　破除“务虚”的理念

首先，长期以来，我们有些同志认为思想政治教育是“务虚”的工作，“耍嘴皮子”的工作，是“虚功”。这种理念没有看到思想政治教育与经济工作间相互促进、相互转化的关系。社会主义现代化建设的实践表明，生产力的发展，经济的繁荣，为思想政治教育提供了坚实的物质基础，而思想政治教育为社会主义现代化建设提供精神动力、智力支持和思想保证，这种精神的力量又会转化为生机勃勃的社会生产力。

其次，这种理念没有看到思想政治教育本身也有虚实之分。思想政治教育不仅要管人们精神领域的思想认识问题的一面，而且也有物质性建设、实体性建设的一面。思想政治教育要取得实效，开展全方位的工作，就不能只注意精神领域的“方位”，而忽视实体的“方位”。不仅要靠“嘴皮子”“笔杆子”，也要靠现代化的传播工具和器材，还要靠一支过硬的队伍。特别是在社会主义市场经济环境中，为发挥思想政治教育的先导和保证作用，思想政治教育与经济工作有机结合，渗透到经济工作的各个环节中，做到虚功实做，以取得实效为目的，才会显示出强大的生命力、感召力。

第六节　树立适应社会主义核心价值体系要求的新理念

一　树立用中国特色社会主义理论武装人民的理念

善于用马克思主义中国化最新成果统一全党全国各族人民的思想，是中国共产党思想政治教育的重要经验。党的理论创新每推进一步，党的理论武装工作就要跟进一步。当前，我们继承和发扬用马克思主义中国化最新成果统一全党全国各族人民的优良传统，就是要树立用中国特色社会主义理论武装广大人民群众的思想政治教育理念。中国特色社会主义是由邓小平理论、“三个代表”重要思想以及科学发展观等重大战略构成的科学理论体系。这个理论体系是马克思列宁主义、毛泽东思想的继承和发展，是马克思主义基本原理与当代中国实际和时代特征相结合的产物，凝聚了几代中国共产党人带领人民不懈探索实践的智慧和心血，是马克思主义中国化最新成果，是当代中国的马克思主义。这一理论体系，坚持辩证唯物主义和历史唯物主义这一马克思主义的根本方法，创造性地运用它们分析当今世界和当代中国的实际，作出了一系列新的理论概括；坚持马克思主义关于无产阶级政党必须植根于人民的政治立场，贯彻马克思主义的群众观点，对人民群众在实践中创造的新鲜经验进行了理论上的总结和升华；坚持马克思主义与时俱进的理论品质，体现了马克思主义理论创新的巨大勇气。这充分表明，这一理论体系既坚持马克思主义基本原理，又具有鲜明的时代特征，是坚持和发展马克思主义的典范。在当代中国，坚持马克思主义，就必须坚持中国特色社会主义理论体系；坚持中国特色社会主义理论体系，就是真正坚持马克思主义。

改革开放30多年来，中国共产党找到了中国特色社会主义的正确道路，我国的社会主义现代化建设取得了举世瞩目的伟大成就，在国际风云变幻中经受住了严峻的考验，社会主义事业焕发出新的勃勃生机，并表现出广阔的发展前景，最根本的就是因为我们有了中国特色社会主义理论指导。正是因为如此，党的十七大报告在全面回顾和深刻总结改革开放的伟大历程和宝贵经验时指出："改革开放以来我们取得一切成绩和进步的根本原因，归结起来就是：开辟了中国特色社会主义道路，形成了中国特色社会主义理论体系。高举中国特色社会主义伟大旗帜，最根本的就是要坚持这条道路和这个理论体系。"①2012年7月23日，胡锦涛同志在省部级主要领导干部研讨班上的讲话中进一步强调指出："经过长期努力，我们坚持和发展中国特色社会主义取得了重大理论和实践成果，最重要的就是，开辟了中国特色社会主义道路，形成了中国特色社会主义理论体系，确立了中国特色社会主义制度。这是党和人民90多年奋斗、创造、积累的根本成就，必须倍加珍惜、始终坚持、不断发展。"实践已经并将继续证明，只有高举中国特色社会主义旗帜，才能发展中国、发展社会主义，实现中华民族伟大复兴。当前，我国发展进入了一个关键时期，面对前所未有的机遇和挑战，尤其需要我们对"举什么旗"这个问题作出明确的回答。党的十七大报告指出："中国特色社会主义伟大旗帜，是当代中国发展进步的旗帜，是全国各族人民团结奋斗的旗帜。"② 它代表了中国最广大人民的根本利益，指引着中华民族伟大复兴的正确方向，具有强大的吸引力、凝聚力、感召力。在当代中国，只有中国特色社会主义旗帜而不是别的什么旗帜能够最大限度地团结和凝聚不同社会阶层、不同利益群体人们的智慧和力量。高举中国特色社会主义旗帜，是历史的选择、时代的选择、人民的选择。高举中国特色社会主义伟

① 胡锦涛：《高举中国特色社会主义伟大旗帜，为夺取全面建设小康社会新胜利而奋斗》，《人民日报》2007年10月25日。

② 同上。

大旗帜不动摇，是我们克服一切艰难险阻，实现民族振兴、国家富强、人民幸福、社会和谐的根本政治保证和思想保证。以社会主义核心价值体系引领思想政治教育理念创新，只有树立用中国特色社会主义理论武装人民的理念，才能使之成为自己行动的指南，保持正确的政治方向，为中国特色社会主义事业提供有力的思想保证和精神动力，中国特色社会主义理论才能变成广大人民群众的精神力量。要教育和引导人民群众“紧密联系党的基本路线、基本纲领、基本经验，紧密联系中国特色社会主义的发展道路、发展阶段、发展战略，紧密联系社会主义经济建设、政治建设、文化建设、社会建设以及生态文明建设和党的建设的基本目标，全面把握中国特色社会主义理论体系，深刻领会中国特色社会主义理论体系的根本立场、基本观点、科学方法”①。要把社会主义核心价值体系作为学习贯彻中国特色社会主义理论体系的重点，引导广大党员、干部和群众不断深化对社会主义核心价值体系的学习，进一步加深对社会主义核心价值体系的理解，准确把握社会主义核心价值体系的科学内涵、精神实质、根本要求，切实把社会主义核心价值体系作为改造自己主观世界的强大思想武器，不断增强贯彻落实社会主义核心价值体系的自觉性和坚定性，自觉地践行社会主义核心价值体系。

二　树立以人为本的理念

以社会主义核心价值体系引领思想政治教育创新，必须树立以人为本的理念。首先，树立以人为本的理念是贯彻科学发展观的体现。以人为本是科学发展观的核心。以人为本体现了马克思主义的基本观点，体现了我们党的宗旨和执政理念，体现了立党为公、执政为民的本质要求，是社会主义制度的本质特征，是全面建成小康社会、实现社会主义现代化的根本要求。思想政治教育是党的工作的重要组成部分，是实现科学发展观的重要手段，思想政治教育要贯彻科学发展观，就必须坚持以人为本的理念，着力提高人的思想，培养人的德行，塑

① 中共中央宣传部理论局：《中国特色社会主义理论体系学习读本》，学习出版社 2009 年版，第 57 页。

造人的精神，丰富人的精神世界，增强人的精神力量，促进人的全面发展。

其次，树立以人为本的理念是思想政治教育的内在要求。思想政治教育是做人的工作，它内在地要求以人为本，尊重人、关心人、发展人。思想政治教育的主体是人，对象是人，其根本任务就是启发人的自觉性，调动人的积极性，激发人的创造性，因此，在思想政治教育过程中，我们既要坚持教育人、引导人、鼓舞人、鞭策人，又要做到尊重人、理解人、关心人、帮助人。思想政治教育的根本目的就是要提高人们认识世界和改造世界的能力，实现人的全面发展，直接体现了以人为本的思想。以人为本是增强思想政治教育有效性的途径，在思想政治教育过程中，只要我们坚持以人为本，把人作为思考一切问题的出发点和落脚点，就会将思想政治教育真正做到人的心坎上，从而取得思想政治教育的最大效益和最佳效果。由此可以看出，思想政治教育的主体是人，对象是人，根本任务是人，根本目的是人，实施思想政治教育的有效途径也是人。这样，以人为本就成为思想政治教育的永恒追求。①

最后，传统思想政治教育的“人文失落”要求树立“以人为本”的理念。传统“思想政治教育仅仅作为一种工具为一定时期的政治需要服务。对思想政治教育的重视不是出于‘人本身’的需要，而是为社会需要服务的，是为了社会需要而培养人，而对人的利益、人的发展、人的需要是不甚相关，甚至是相悖的，因而造成人们会远离、漠视甚至拒斥思想政治教育。这种‘工具理性’的教育方式使我国的思想政治教育完完全全地忽视了人的主体性地位，思想政治教育的目的不是为了促进人的生命本性的全面生成与完善，而是使人的生命向片面化、单一化、孤立化发展。以至于思想政治教育在一定程度上成为一种‘目中无人’的苍白说教，这基本歪曲思想政治教育应有之意和内在含义，造成我国思想政治教育的‘人文失落’，具体来说主要体现在如下几个方面：第一，从思想政治教育的落脚点来看，以往思想

① 邵广侠等：《以人为本：思想政治教育的永恒追求》，《教育探索》2005 年第 12 期。

政治教育的落脚点更多地放在保证社会、经济的发展上，而淡化了其促进人的全面自由发展中的功能，使思想政治教育失去了完善人格。第二，从思想政治教育内容来看，我们过分地追求一种统一与标准，一定程度上阻碍了人的个性自由发展、压抑个人的智慧和创造精神。第三，从思想政治教育的方法来看，更多地采取强制管理和灌输教育方式，包括人的情感，使受教育者失去建设自身思想道德品质的内在热情与主动精神。这种教育方式自始至终缺乏对人生问题、价值追求的深入论述，更谈不上人文关怀。这种教育方式不能引导受教育者形成人文关怀方面的素质，而是让受教育者死记硬背一些硬条条，更实现不了思想政治教育最终目的。由此可见，正是这种人文精神失落，使我国的思想政治教育只能浮于表面，使本应是启迪人生智慧而引人入胜的思想政治教育变成了苍白、抽象、脱离人的刻板教条”①。要解决这一问题，只有树立“以人为本”理念，实现思想政治教育理念的转换，使思想政治教育回归属人的本质。

树立“以人为本”理念不能矫枉过正，从一个极端走向另一个极端。不能过于强调个人价值而忽视社会价值；不能过于强调现实需要而忘记思想政治教育的引导功能；不能过于强调教育对象的主体性而忽视教育者的主体性。

三 树立和谐发展的理念

建设和谐文化，倡导和谐理念，培育和谐精神，是党的十六届六中全会通过的《中共中央关于构建社会主义和谐社会若干重大问题的决定》提出的要求，是党的中央领导集体在社会主义文化建设上的重大创新。社会主义核心价值体系是建设和谐文化的根本，以社会主义核心价值体系引领思想政治教育创新不仅要倡导和谐理念，培育和谐精神，建设和谐文化，而且要树立和谐发展的理念，促进思想政治教育和谐发展。

（一）思想政治教育要和谐发展

自改革开放以来，党中央反复强调要加强思想政治教育，在思想

① 李树芳等：《当代思想政治教育的人文诉求》，《陕西社会主义学院学报》2007 年第 3 期。

政治教育方面也取得了举世瞩目的成就，极大地推动了中国特色社会主义建设的发展。但是也存在着诸多不和谐因素。集中体现在两个方面：一是思想政治教育系统与社会其他系统不和谐；二是思想政治教育系统内部的不和谐。简单地说就是系统外部的不和谐和系统内部的不和谐。

第一，思想政治教育与社会其他系统之间的不和谐。思想政治教育外部系统的不和谐主要体现在过于重视经济建设，忽视思想政治教育，在物质文明建设和精神文明建设方面，“一手硬，一手软”，以至于出现了思想政治教育“说起来重要，做起来次要，忙起来不要”的不良现象。思想政治教育与社会其他系统之间的不和谐，不仅影响了思想政治教育和谐发展，而且影响了思想政治教育的实效。

第二，思想政治教育系统内部的不和谐。思想政治教育系统内部的不和谐表现在诸多方面。其一，家庭、学校、社会之间不和谐。以毛泽东、邓小平、江泽民、胡锦涛为核心的党的领导集体都非常重视思想政治教育，反复强调要动员各方面力量，齐抓共管，形成思想政治教育的合力。但是在现实生活中家庭、学校、社会在思想政治教育方面仍然有诸多不和谐的地方，有许多家庭仍然存在忽视思想政治教育的现象，“有人花钱买智育，无人花钱买德育”的现象普遍存在着。学校思想政治教育也面临着“5 + 2 = 0”的尴尬。其二，知、情、意、信、行不和谐。思想政治教育只停留在“知”的层面上，忽视了思想政治道德情感的培养、思想政治道德意志的磨炼和思想政治道德行为习惯和信念的养成，“知”“行”脱节。其三，思想政治教育主体间不和谐。在思想政治教育中，有不少思想政治教育者仍然把自己作为思想政治教育的主体，把思想政治教育对象当作被动的客体，忽视了思想政治教育对象的主体性。其四，继承、借鉴和创新的不和谐。在思想政治教育中，继承得比较多，借鉴国外思想政治教育的有益经验并在继承、借鉴的基础上创新较少。有些人甚至认为思想政治教育是我们党的“专利”，否认国外有思想政治教育活动，拒绝学习国外思想政治教育的有益经验。其五，内容的不和谐。在集体利益和个人利益关系上，宣传集体利益多，关注个人利益少；在人与自然关系上，对人与人、人与社会之间的关系关注多，对人与自然则关注少；在权利和义务上，宣传义务多，宣传权利少等。其六，方法的不和谐。运用灌输等传统方法比较多，与时代发展相适应的新途径、新方法、新手段运用得较少，思想政治教育方法的科技含量不高；在解决思想问题与解决实际问题结合上，关注思想政治道德问题比较多，对思想政治教育对象存在的诸多实际问题关注得较少；在先进性与广泛性的关系上，长时期只注意了思想政治教育的先进性，一味地进行共产主义思想道德教育，忽视了思想政治教育的广泛性，近年来有些人走向了另一个极端，出现了只注重广泛性而忽视先进性的倾向，认为现在是社会主义初级阶段，宣传共产主义思想道德，要求太高了；在自律与他律的关系上，长时间只注重了他律，忽视了自律，忽视了思想政治教育对象主体的自我教育、自我修养。其七，工具理性和价值理性的不和谐。长期以来，思想政治教育只注重了工具理性，忽视了价值理性，只把思想政治教育作为实现社会目的的手段和工具，忽视了思想政治教育的价值理性即人本身价值的提升。

（二）思想政治教育和谐发展的基本要求

第一，思想政治教育和谐发展是内在和谐与外在和谐的统一。它们统一于思想政治教育的实践之中，忽视任何一个方面，都不能实现思想政治教育的和谐发展。其中思想政治教育的内在和谐是基础和前提，思想政治教育的外在和谐是条件和保证。只有实现思想政治教育的内在和谐，才能充分发挥思想政治教育的功能，夯实中国特色社会主义的思想政治道德基础，促进全面建设小康社会、构建社会主义和谐社会发展，展示思想政治教育的价值。实现思想政治教育与社会的和谐发展，可以为思想政治教育功能的发挥创造良好的外部条件。因此，实现思想政治教育和谐发展，既要将思想政治教育放在整个社会大系统中加以考虑，协调好与社会其他系统之间的关系。同时，也要重视思想政治教育系统内部的和谐，达成内部和谐与外部和谐的有机统一。

第二，思想政治教育要与经济社会发展相和谐。中国特色社会主义是经济、政治、文化、社会和生态全面发展的社会主义。这几个方面相互促进，相互依存，有机统一于中国特色社会主义进程之中。思想政治教育是中国特色社会主义的重要组成部分，对经济、政治、文化、社会和生态的发展有巨大的能动作用，但这并不意味着思想政治教育高于或优于经济、政治、文化、社会和生态的其他方面。以经济建设为中心，仍然是新时期党和国家工作的中心任务，党的一切工作，包括思想政治教育都要紧紧围绕这个中心，服从服务于这个中心，这是新时期思想政治教育鲜明的党性要求，也是经济基础对上层建筑的必然要求。新时期思想政治教育既不能游离于经济建设这个中心之外，更不能搞“自我中心”“两个中心”乃至多个中心，妨碍干扰经济建设这个中心。另一方面，经济建设、政治建设、社会建设、文化建设和生态建设也要与思想政治教育相结合，将思想政治教育渗透到经济建设、政治建设、社会建设、文化建设和生态建设之中去，充分发挥思想政治教育的经济功能、政治功能、社会功能、文化功能和生态功能，使思想政治教育与社会主义市场经济相适应，与社会主义法律规范相协调，与中华民族传统美德相承接，促进经济、政治、社会、文化、生态和谐发展，实现思想政治教育系统与外部环境的和谐。

第三，思想政治教育系统内部要和谐发展。思想政治教育本身就是一个系统工程，系统的一个重要原则就是整体性原则。因此，思想政治教育要实现系统内部的和谐必须坚持整体性原则，要把思想政治教育作为一个系统工程来抓，不能一叶障目，只重视思想政治教育的某几方面，而忽视其他方面。除此之外，还要注意思想政治教育各种因素的关系和联系，充分发挥思想政治教育各因素的作用，只有当思想政治教育系统的各要素协调一致，形成一个有机整体时，思想政治教育系统内部才能和谐发展，思想政治教育系统的功能才能得到充分发挥。这就要求新时期思想政治教育者要树立和谐发展的理念，要本着“着眼未来、立足现实、着重建设”的精神，整体设计和构思思想政治教育。要运用系统关于整体性和关联性的原则，把参与思想政治教育的各方面力量组织好，部署好，形成思想统一、步调一致的整体，从而发挥各方面力量在思想政治教育中的整体效应，形成思想政治教育的“合力”。新时期思想政治教育最忌讳的是各种因素的不系统性、不协调性。这种不系统性、不协调性，往往会导致思想政治教育系统内各种因素相互“顶牛”，影响思想政治教育的效果。正是在这个意义上，毛泽东指出：“思想政治工作，各个部门都要负责任，共产党应该管，青年团应该管，政府主管部门应该管，学校的校长教师更应该管。”[①] 江泽民同志也特别强调“加强和改进教育工作，不只是学校和教育部门的事，家庭、社会各方面都要一起来关心和支持。只有综合治理，多管齐下，形成一种有利于青少年身心健康发展的社会环境，年轻一代才能茁壮成长起来”[②]。系统整体性原则还要求思想政治教育目标一致和思想政治教育各因素之间关系协调。所谓目标一致，不只是在口头上和形式上一致，行动上也要一致。目标的差异常常是形成“合力”的最大障碍。所谓关系协调，就是各方面的因素在整个思想政治教育系统中位置恰当，主次分明，配合默契，各自能发挥自己的作用。

四　树立服务群众的理念

以社会主义核心价值体系引领思想政治教育创新，要树立服务的理念。思想政治教育要服务中国特色社会主义事业，服务经济建设这个中心，服务全党全国工作大局，服务群众，这四个方面相互联系，辩证统一，但这四个方面最重要、最核心、最根本的就是进一步强化服务群众的理念。[③]

首先，树立服务群众的理念是思想政治教育的本质要求。江泽民同志在中央思想政治工作会议上的讲话中指出：“党的思想政治工作本质上是群众工作，是宣传群众、教育群众、引导群众，提高群众的工作，因此必须坚持走群众路线。各级领导干部一定要牢固树立群众观点，带着对人民群众的深厚感情去做思想政治工作，老老实实向人民群众学习，诚心诚意为人民群众服务。”[④] 中国共产党最大的政治优

① 《毛泽东邓小平江泽民论思想政治工作》，学习出版社2000年版，第84页。

② 江泽民：《关于教育问题的谈话》，《人民日报》2000年3月1日。

③ 参见胡振民主编《思想政治工作创新论》，学习出版社2005年版，第99页。

④ 《江泽民文选》第3卷，人民出版社2006年版，第95页。

势是以群众工作为主要载体的思想政治教育工作。中国共产党之所以能从小到大，由弱到强，在艰难困苦的情况下克服战胜一个又一个的困难，带领全国人民取得一个又一个的胜利，靠的是以群众工作为载体的思想政治教育工作，靠的是一批又一批用马克思主义、毛泽东思想和中国特色社会主义理论武装起来的，有理想、有追求，思想政治品德素质过硬，冲锋在前、吃苦在前、享受在后的人民群众。这一批思想政治品德素质过硬，有抱负、有理想、有追求、有精神家园的人民群众不仅为中国革命取得胜利做出了巨大贡献，而且为中国特色社会主义建设做出了重大贡献。可以毫不夸张地说，没有以群众工作为主要载体的强有力的思想政治教育工作，就没有新中国的成立和中国特色社会主义建设的巨大成就。“善于做群众的思想工作，提高群众的觉悟，激励群众为实现自己的根本利益而奋斗，是我们党的传家宝，任何时候都不能丢。”① 回首一下新形势下的思想政治教育工作，为什么针对性、实效性不强，吸引力不够？笔者认为一个重要原因是脱离了实际，脱离了人民群众，满足不了人民群众的需要。从思想政治教育理论研究层面来看，当前存在着理论与实际相脱节，与人民群众思想实际相脱节的问题。有一些思想政治教育理论研究者过于学者化、专家化，他们虽有较高的学历层次、较好的马克思主义理论素养、较扎实的思想政治教育理论基础，但长期生活在高等院校和科研院所内，缺乏思想政治教育的实践经验，他们中的有些人只是在书本上、书斋里与思想政治教育的实践相关联，没有走出书斋，走向实践，在真实的思想政治教育实践的场景中为实践的发展而思考和行动。面对真实的思想政治教育实践，这种理论的力量就大打折扣。思想政治教育是一门与实践紧密联系的科学，需要不断与时俱进，密切关注现实生活提出的问题。当前，思想政治教育的环境、对象、内容、方法体现出不同于以往历史时期的时代性和特殊性。思想政治教育理论研究在进行基础研究的同时，应紧密联系实际，关注现实问题，多做调研，开展实证研究、实验研究，为思想政治教育实践提供有价值的理论指导。

① 中共中央宣传部编：《毛泽东邓小平江泽民论思想政治工作》，学习出版社 2000 年版，第 10 页。

从思想政治教育实践层面来看，有一些思想政治教育工作者，尤其是一些领导干部官僚主义、形式主义严重，不愿意深入人民群众之中扎扎实实地做群众的思想政治教育工作，满足于作报告、开大会，搞“形象工程”“政绩工程”，把工夫花在了作宣传、造声势上。没有把群众的思想政治教育工作与帮助群众解决实际问题结合起来。思想政治教育本质上是群众工作的论断，要求新形势下的思想政治教育必须走群众路线，要带着对人民群众的深厚感情去做思想政治教育工作，老老实实向人民群众学习，诚心诚意为人民群众服务。只有这样的思想政治教育才有针对性和实效性，才有吸引力。

其次，树立服务群众的理念是马克思主义群众观点的要求。群众观点是马克思主义唯物史观的基本观点，要做好新时期以群众工作为主要载体的思想政治工作，必须树立群众观点，要对广大思想政治教育工作者加强群众观点的教育。在革命战争年代，中国共产党将群众观点概括为：一切为了人民群众的观点，一切向人民群众负责的观点，相信群众自己解放自己的观点，向人民群众学习的观点。在改革开放的新时期，党根据新的时代特征将群众观点概括为：人民群众是历史的创造者、向人民群众学习、全心全意为人民服务、干部的权力是人民赋予的、对党负责和对人民负责相一致、要依靠群众又要教育和引导群众前进的观点。

群众的观点体现了党的根本宗旨。早在革命战争年代，毛泽东就指出：“有无群众观点是我们同国民党的根本区别，群众观点是共产党员革命的出发点与归宿。”① “我们共产党人区别于其他任何政党的又一个显著的标志，就是和最广大的人民群众取得最密切的联系。全心全意地为人民服务，一刻也不脱离群众；一切以人民的利益出发，而不是从个人或小集团的利益出发；向人民负责和向党的领导机关负责的一致性；这些就是我们的出发点。”② 胡锦涛在新时期又进一步强

① 中共中央宣传部理论局：《论党的群众工作——重要论述摘编》，学习出版社2011年版，第14页。

② 中共中央宣传部编：《毛泽东邓小平江泽民论思想政治工作》，学习出版社2000年版，第76页。

调："高度重视群众工作，坚持人民主体地位，发挥人民首创精神，是由我们党的性质决定的，也是由我们党的根本宗旨决定的。群众是真正的英雄，是我们党的力量源泉和胜利之本。"①

最后，树立服务群众的理念是由思想政治教育自身的特点和规律决定的。"党的思想政治工作，从根本上说就是做人的工作，做群众的工作，涉及人们的思想、观念、意识等领域，也就是人们的精神生活。"② 思想政治教育作为一门科学，是一门研究人的思想政治品德形成、发展规律和对人们进行思想政治教育的规律的应用性学科，具有实践性和群众性相统一的特征。人民群众是思想政治教育的主体，思想政治教育如果离开了人民群众这个主体，也就失去了其存在的意义和价值。

因此，树立服务群众的理念是思想政治教育本质要求，体现了党的根本宗旨，反映了思想政治教育自身的特点和规律，阐明了广大思想政治教育者对群众应有的态度，是做好新时期思想政治教育工作的根本指导思想，为新时期思想政治教育开展指明了方向。

树立服务群众的思想政治教育理念，要培养与人民群众的深厚感情。胡锦涛要求："各级党委、政府和领导干部都要坚持贯彻党的群众路线，带着深厚的感情做群众工作，千方百计把群众工作做深、做细、做实。"③ 广大思想政治教育工作者要培养与人民群众的深厚感情，要把同人民群众的深厚感情体现在思想政治教育的实践上，带着感情去做群众的思想政治教育工作。要用真心真情去感召群众、吸引群众、凝聚群众，做到以情感人、以理服人。

树立服务群众的思想政治教育理念，要深入群众，亲近群众。深入群众，拉近与群众空间和心理上的距离，是做好群众思想政治教育工作的第一步。邓小平同志指出："我们的群众路线，不是满足于那

① 中共中央宣传部理论局：《论党的群众工作——重要论述摘编》，学习出版社2011年版，第10页。

② 《江泽民文选》第3卷，人民出版社2006年版，第76页。

③ 中共中央宣传部理论局：《论党的群众工作——重要论述摘编》，学习出版社2011年版，第67页。

个热热闹闹，主要的是要做经常的、细致的工作，做人的工作。这是一点一滴的工作，这样的工作积累起来，才有我们伟大的成绩。所以，我们要搞得深入一些。我们党的历史，我们党的传统，有热闹的形式，但是归根到底，我们是实事求是地做深入的工作。为什么我们过去在农村做的工作那样好？就是因为做得很深入。我们甚至做一件事情可以不登报也能搞好。禁鸦片烟，不登报，完成了；土地改革和镇压反革命，不登报，完成了。这就是靠家喻户晓。所谓家喻户晓，就是一种又是热闹的事情，又是极端细致的事情。所以，我们主要做细致的工作、深入的工作，做人的工作也好，做各行各业、各方面的工作也好，种庄稼也好，搞工业生产也好，办学校也好，都要做细致的工作。我们要把大量的工作放到群众中去，同他们一块生活，一块活动，一块说笑话，一块下棋，然后去做工作。”① 江泽民提出：“要认真调查研究社会各种动态以及群众思想活动的新情况新变化，有针对性地做好思想教育和引导工作。空空泛泛地喊口号，蜻蜓点水，浮光掠影，是不会产生效果的。思想政治工作，内容上一定要贴近群众，善于从群众最关心、与群众切身利益最密切的问题入手，把工作做到群众心坎上。要努力建立一支能够与群众心心相印、整天与群众一起摸爬滚打、又善于做工作的基层思想政治工作队伍。”② 胡锦涛要求思想政治教育工作者“要在密切联系群众上下功夫，深入基层、深入群众，深入浅出宣传党的路线方针政策，把实际情况和工作部署讲清楚，了解群众疾苦，了解群众所思、所盼、所忧，做到人对人、面对面、手拉手、心连心做群众工作”③。

树立服务群众的思想政治教育理念，要尊重群众，信任群众。来到群众中间做群众的思想政治教育工作，尊重群众，信任群众，是能否做好群众思想政治教育的基本前提。思想政治教育的根基在群众，

---

① 中共中央宣传部编：《毛泽东邓小平江泽民论思想政治工作》，学习出版社 2000 年版，第 58—59 页。

② 中共中央宣传部理论局：《论党的群众工作——重要论述摘编》，学习出版社 2011 年版，第 80 页。

③ 同上书，第 84—85 页。

智慧在群众，力量在群众，必须一切依靠群众，一切为了群众，做到既教育人、引导人，又尊重人、信任人、关心人。毛泽东指出："只有代表群众才能教育群众，只有做群众的学生才能做群众的先生。如果把自己看作群众的主人，看作高踞于'下等人'头上的贵族，那么，不管他们有多大的才能，也是群众所不需要的，他的工作是没有前途的。"[①] 邓小平要求"我们一定要恢复和发扬毛主席为我们党树立的群众路线的优良传统和作风，真正相信和依靠群众，细心倾听群众呼声，关心群众疾苦，一刻也不脱离群众"[②]。胡锦涛要求我们："要在增进信任上下功夫，坚持相信群众，虚心听取群众意见，尊重人、理解人、关心人，做到以理服人、以情感人，使自己成为群众的贴心人。"[③]

树立服务群众的思想政治教育理念，要多办实事，帮助群众。做新时期群众思想政治教育工作，要把解决思想问题与帮助群众解决实际问题结合起来，既讲道理又办实事。早在革命战争年代，毛泽东就指出："一切空话都是无用的，必须给人民以看得见的物质福利。……我们的第一个方面的工作并不是向人民要东西，而是给人民以东西。我们有什么东西可以给予人民呢？就目前陕甘宁边区的条件说来，就是组织人民、领导人民、帮助人民发展生产，增加他们的物质福利，并在这个基础上一步一步地提高他们的政治觉悟与文化程度。"[④] 邓小平强调："一定要努力帮助群众解决一切能够解决的困难。暂时无法解决的困难，要耐心恳切地向群众解释清楚。"[⑤] "要坚决批评和纠正各种脱离群众、对群众疾苦不闻不问的错误。"[⑥] 在新的历史时期，胡锦涛反复强调："要在解决实际问题上下功夫，坚持教育群众和服务群众相统一，既要解决思想认识问题，又要帮助群众解决生

---

① 中共中央宣传部理论局：《论党的群众工作——重要论述摘编》，学习出版社 2011 年版，第 40 页。

② 同上书，第 32 页。

③ 同上书，第 85 页。

④ 同上书，第 57—58 页。

⑤ 同上书，第 61 页。

⑥ 同上。

产生活中的实际困难，尤其是要努力满足群众在教育、劳动就业、社会保障、医疗卫生、住房等方面的基本需求，热情帮助困难群众和特殊人群，不断改善群众生产生活条件，使群众发自内心地拥护党和政府。”①

树立服务群众的思想政治教育理念，要积极探索群众自我教育的新途径、新方法。始终依靠人民群众的智慧和力量，是我们做好新时期思想政治教育的立足点。历史唯物主义认为，人民群众创造历史的过程也是自己解放自己的过程。马克思主义这一观点，决定了我们对人民群众进行思想政治教育时要尊重人民群众自己教育自己的权利，让人民群众成为思想政治教育的主体。中国共产党非常重视发动群众进行自我教育，在新民主主义革命过程中，创造了忆苦思甜、回忆对比、讨论磋商、批评与自我批评等多种群众自我教育的形式。特别是批评与自我批评，成为马克思主义政党区别于其他政党的一个显著标志，成为解决党内矛盾、人民内部矛盾的基本方法。在改革开放的新时期，人们的独立性、自主性越来越强，人们越来越不愿意使自己处于行为客体的位置，而被动地接受教育。新时期思想政治教育在加强外在教育的同时，应积极探索群众自我教育的新途径、新方法，加强自我教育的启发、引导，让人民群众充分发挥自己的主体性，自己去思考，去分析，去选择，自己根据社会的要求有目的地对自己提出任务和要求，提高和完善自己，只有这样，思想政治教育才能焕发出生机和活力。

树立服务群众的思想政治教育理念，把人民群众拥护不拥护、赞成不赞成、高兴不高兴、答应不答应作为检验和衡量思想政治教育成效的标准。思想政治教育是做人的工作，它的工作对象是人，它的效果主要不是体现在做了哪些工作、完成多少工作量上，而是体现在群众思想政治素质是否提高、矛盾是否化解、积极性和创造性是否充分发挥了。要深入群众，扎根群众，虚心向群众学习，满足群众需求，把思想政治教育做深做实做活，更好地宣传动员群众，教育引导群众，

① 中共中央宣传部理论局：《论党的群众工作——重要论述摘编》，学习出版社2011年版，第85页。

帮助服务群众。思想政治教育做得好不好，归根结底要看群众满意不满意。①

五　树立交往的理念

思想政治教育是做人的思想工作，思想政治教育者是人，教育对象也是人，他们都具有主体性，因此，他们之间的关系不是主体与客体之间的关系，而是主体与主体之间的关系。所谓主体间，指的是两个或两个以上主体的关系。它超越了主体与客体关系的模式，进入了主体与主体关系的模式。单纯的“主体—客体”模式，在处理人与自然、人与物的关系时是行之有效的，但在处理人与人之间的关系时，就遇到了“他人不是客体”的困窘。因为“主体—客体”框架的根本缺陷就在于它是单主体，忽视、忘却了多极主体的共存以及他们之间的交往关系。在处理人与人之间的关系时，遇到具有主体性的人，把这种具有主体性的人也当作客体对待，因此，这种主体是以扼杀他人的主体性为前提的。从理论上解决这个问题的办法，就在于在面对人与人之间的关系时，从“主体—客体”或“主体—中介—客体”模式，向“主体—主体”或“主体—中介—主体”的模式转变。因此，主体间关系超出了主体与客体关系的模式，进入了主体与主体关系的模式。主体间性是在人与人的交往中得以体现的。所谓交往，简单地说就是共在的主体之间的相互作用、相互交流、相互沟通、相互理解。根据主体间性理论，思想政治教育活动是主体与主体之间的交往活动，交往在思想政治教育中不是手段，而是目的，交往是社会性的人的发展源泉，人们是通过交往来提高思想政治品德素质的。交往式思想政治教育克服了单纯的“主体—客体”模式的缺陷，承认教育者与受教育者是平等的主体，教育者和受教育者是“我与你”的关系，而不是“我与他”的关系。交往式思想政治教育是通过教育者和受教育者之间的相互理解、互动实现人的思想政治品德素质的提高，受教育者不再是被动的接受者，而是思想政治教育的积极参与者。交往式思想政

① 参见胡振民主编《思想政治工作创新论》，学习出版社 2005 年版，第 102—103 页。

治教育追求的是教育者和受教育者的思想政治品德的共进，而在“主体—客体”模式中，教育者被视为思想政治品德的权威者，教育者思想政治品德发展没有被提上议事日程，只关注受教育者思想政治品德的发展，显然是不全面的。以社会主义核心价值体系引领思想政治教育理念创新，应在总结历史和现实的思想政治教育经验的基础上，与时俱进，树立交往的理念。[①]

树立交往理念，首先要平等，即教育者与受教育者在思想政治教育中都是主体，并且具有平等的地位。地位平等是思想政治教育交往的基础和保证。如果教育者与受教育者地位不平等，交往就无法进行，建立交往式思想政治教育就成了无本之木。

树立交往理念，必须让思想政治教育者由“独白”走向交流与对话，在交流与对话过程中达成共识。交流与对话可分为三种类型，即思想政治教育者之间的交流与对话、思想政治教育者与受教育者之间的交流与对话、受教育者之间的交流与对话。其中以思想政治教育者与受教育者之间的交流与对话为主要形式。思想政治教育者与教育者之间的交流与对话有利于他们在交流与对话过程中达成共识，不断提升自身的思想政治品德素质和思想政治教育水平。受教育者与受教育者之间的交流与对话有利于他们之间的互相教育，有利于巩固思想政治教育效果，有利于受教育者达成共识。思想政治教育者与受教育者之间的交流与对话，有利于充分调动受教育者的积极性，有利于思想政治教育者与受教育者通过交流与对话达到思想的激荡、心灵的碰撞，最后产生出共识的“火花”，不仅使受教育者的思想政治品德素质得到提高，而且使教育者的思想政治品德素质得到完善。

六　树立效益的理念

在社会主义市场经济环境下，任何工作都必须讲求效益。思想政治教育也不例外。思想政治教育作为一种特殊而复杂的活动，既有人力、物力、财力的投入，也有精神成果和相应的物质成果的产出，即

① 张耀灿等：《思想政治教育学前沿》，人民出版社2006年版，第378页。

投入与产出关系。因此，它必须遵循以最小的劳动消耗获得最大的劳动成果和利益这一原则。长期以来，在我们一些政工部门中，往往习惯于用开会、报告、讲课、集训的次数，谈话的多少，培训、抓典型的人数，以及总结经验体会、上报材料篇数和工作时数的多少来作为评定思想政治教育好与坏的依据，似乎思想政治教育工作者劳动耗费越多，思想政治教育做得自然越好。这种状况必然造成形式主义泛滥。在当前，要扭转这种忽视思想政治教育效果的形式主义东西多的顽症，必须树立思想政治教育效益理念。

树立思想政治教育效益理念，提高思想政治教育效益就是要在思想政治教育中，充分发挥思想政治教育工作者、工作对象和工作环境等要素的作用，通过选择正确的内容、采取科学的方法，以最小的工作时间投入，最低的物力、财力消耗，实现符合经济发展和社会进步所需要的精神、物质产出的最佳效果。

七　树立“大政工”理念

“大政工”是相对于“小政工”而言的。“小政工”是指仅靠专职思想政治教育队伍做思想政治教育工作。所谓“大政工”不仅包括专职思想政治教育队伍，还包括动员和组织行政干部、广大党员、团员、班组长、工会组长、先进人物、积极分子以及广大人民群众都来做思想政治教育，形成党政工团结合、专兼结合、专群结合的宏大的思想政治教育队伍，形成思想政治教育的“合力”。“大政工”理念体现了思想政治教育的整体观、开放观、联系观，它要求思想政治教育工作者在从事思想政治教育时，力避片面性、表面性思维方式的影响，关注、研究并利用思想政治教育的相互因素。

树立“大政工”理念是新时期思想政治教育发展变化的客观要求。改革开放以来，思想政治教育本身的发展变化是非常显著的。从思想政治教育的内容上看，由以往较为偏重意识形态领域、政治领域转向突出以经济建设为中心上来。经济建设、改革开放、科技知识方面的教育宣传比重大大增加了。从思想政治教育的对象上看，也由以往主要是工、农、兵、学、商扩大到各个层次的群众，包括企业家、专业户、个体户、私营企业和外资企业的合作对象，都成为思想政治教育工作新对象。从思想政治教育的形式上看，也更多样化了，诸如利用企业文化、校园文化、社会文化、网络文化等。思想政治教育的显著变化，客观上要求思想政治教育改变仅靠少数人去做的状况，必须发动和组织各方面的力量，形成一支宏大的思想政治教育队伍。有了这样一支队伍，不仅壮大了思想政治教育队伍的力量，而且还可以把思想政治教育做到各个“角落”，发挥他们离群众最近、离第一线最近、最熟悉和了解群众思想的优势，及时地引导和解决群众的各种思想政治道德问题。“大政工”理念是党的群众路线在思想政治教育上的具体体现。

第六章
社会主义核心价值体系与思想政治教育目标创新

第一节　思想政治教育目标创新的内涵

以社会主义核心价值体系引领思想政治教育目标创新，应准确把握思想政治教育目标创新的内涵。

一　思想政治教育目标的内涵

关于思想政治教育目标，学术界主要有以下几种观点：

罗洪铁主编的《思想政治教育专题研究》认为：所谓思想政治教育目标，就是指思想政治教育者根据社会发展的客观要求，在科学预测的基础上，通过思想政治教育活动使受教育者的思想状况和行为习惯在一定时期内要达到的预期结果。①

张耀灿、郑永廷等著的《现代思想政治教育学》认为：思想政治教育目标是一定时期内实施思想政治教育活动所要达到的预期结果。②

陈秉公著的《思想政治教育学原理》认为：思想政治教育目标，就是教育者在一定时期内，进行各项思想政治教育工作，在受教育者思想品德、心理素质、人格及行为实践等方面所要达到的预想结果。③

邱伟光、张耀灿主编的《思想政治教育学原理》认为：思想政治

① 罗洪铁主编：《思想政治教育专题研究》，中央文献出版社 2007 年版，第 214 页。

② 张耀灿、郑永廷等：《现代思想政治教育学》，人民出版社 2006 年版，第 251 页。

③ 陈秉公：《思想政治教育学原理》，辽宁人民出版社 2001 年版，第 247 页。

教育目标，是指教育者根据社会要求与人的发展要求，通过思想政治教育活动使受教育者的思想政治品德在一定时期内所要达到的预期结果。[①]

苏振芳主编的《思想政治教育学》认为：思想政治教育目标，就是思想政治教育者通过在一定时期内一定条件下所进行的有目的的活动，预期在教育对象的思想和行动上要达到的状态。具体地讲，就是在某一时期内某种条件下，思想政治教育通过在中国共产党领导下的有严密组织系统的思想教育和管理、理论宣传和鼓动工作等全部实际活动，使全体党员、干部和群众在提高思想觉悟和认识能力，并推动对客观世界的改造方面达到一定水平。[②]

熊建生认为：所谓思想政治教育目标，是指一定社会对教育所要造就的社会个体在品德方面的质量和规格的总的设想或规定。[③]

从上述有关论述可以看出，学术界关于思想政治教育目标的理解是不相同的，要科学地界定思想政治教育目标，应注意以下几个方面的问题：

第一，思想政治教育目标不是单一的，而是集合的，是一个目标系统，界定思想政治教育目标不能一叶障目，应全面地反映思想政治教育目标的本质。综观学术界关于思想政治教育目标的界定，大多数人将思想政治教育目标聚焦在个体目标上，单纯从受教育者所要形成的思想政治品德和行为的角度来界定思想政治教育目标，忽视了思想政治教育的社会目标等其他目标。

第二，要准确界定思想政治教育目标，必须对“目标”一词进行语义分析，从而科学把握“目标”一词的含义。《辞海》认为“目标”一词有两个方面的含义：一是指目的，如：为一个共同目标而奋斗；二是指标的、对象。如：看清目标；发现目标。[④]《现代汉语词典》认为“目标”也有两个方面的含义：一是指射击、攻击或寻求的

① 邱伟光、张耀灿主编：《思想政治教育学原理》，高等教育出版社1999年版，第182页。
② 苏振芳主编：《思想政治教育学》，社会科学文献出版社2006年版，第179页。
③ 熊建生：《论思想政治教育目标与内容的辩证关系》，《理论月刊》2002年第2期。
④ 辞海编辑委员会编：《辞海（缩印）》，上海辞书出版社1980年版，第1665页。

对象：看清目标、发现目标；二是指想要达到的境地或标准：奋斗目标。[①] 综合上述权威工具书关于目标的释义，我们可以把目标定义为：一定时期内组织或个人活动所期望达到的结果。

第三，要准确理解目标的含义，应正确认识目的、目标和任务三个相关概念的关系。“目的是一种社会赋予的使命和职责，是人们希望获得的最终结果，这个结果是整体性的，具有高度的概括性和抽象性。目标则是目的和使命的具体化的表现，是在一定时期内所追求的最终成果和所希望的未来状况。任务又是目标的具体化。任务作为具体的实践要求，回答了在某一时期、某一阶段人们应该做一些什么事情。只有先确定了目的，才能确立目标，进而制定任务，任务必须服从于目的和目标。在它们三者的实现过程里，又必须首先完成任务才能实现目标，最后达到目的。三者相互影响，相互制约。同时我们还应该认识到，在一般情况下目的变动不大，保持了相对的稳定；而目标是为了实现目的制定的标准，是人类思维的产物，是根据目的而提出的在一定时期内要达到的预期结果，会根据客观历史条件的改变和具体实施情况的变化而进行调整和改变。目的决定目标，目标是根据目的而制定的，目的则需要通过具体化为一定的目标才能成为人们行动的指南。任务则是目标具体化的体现。任务作为目标的实践要求，比目标更为详细和具体。它规定了人们在什么时候、什么阶段应该做什么事情。任务是由目的和目标决定的，它必须服务于目的和目标，但是目的和目标的确立和制定又不能不考虑到任务在执行过程中的可操作性。”“三者是处于不同层次的概念，它们既有联系，又有区别。”[②]

第四，思想政治教育目标是在思想政治教育活动之前，人们在观念中设计的未来思想政治教育活动的理想结果。它是对一定时期思想政治教育活动结果的质与量的具体规定。正因为思想政治教育目标是对思想政治教育活动的最终结果的总的设想或规定，所以思想政治教

① 中国社会科学院语言研究所词典编辑室编：《现代汉语词典》第5版，商务印书馆2005年版，第809页。

② 罗洪铁主编：《思想政治教育专题研究》，中央文献出版社2007年第2版，第215页。

育目标制约与影响着思想政治教育的全过程，决定着思想政治教育的内容、方法等的选择与确定。

根据上述分析，我把思想政治教育目标界定为：所谓思想政治教育目标，是指思想政治教育主体间根据思想政治教育目的的要求，在观念中设计的一定时期内思想政治教育活动所要达到的预期结果。

二　思想政治教育目标创新的内涵

关于思想政治教育目标创新，我们查阅了中国学术期刊网上的相关论文，没有发现有论文对其界定。拜读了相关著作，也未见相关界定。由此可以看出，思想政治教育目标创新问题是一个极为薄弱，有待深入探讨的问题。

根据本书对“创新”的界定以及本节对思想政治教育目标的界定，我们将思想政治教育目标创新界定为：所谓思想政治教育目标创新，是指思想政治教育主体间在思想政治教育实践过程中扬弃旧的思想政治教育目标，根据社会主义核心价值体系建设的要求，建立符合时代变化、反映时代特点、代表时代发展趋势的新的思想政治教育目标的过程。思想政治教育目标创新的目的是促进思想政治教育目标不断与时俱进，向前发展。

第二节　思想政治教育目标创新的依据

以社会主义核心价值体系引领思想政治教育目标创新，不是人们主观随意确定的，而是社会存在和发展的反映。在思想政治教育目标创新过程中要受多种因素的影响和制约。我们认为，下述因素在思想政治教育目标创新中起主要作用，是思想政治教育目标创新的主要依据。

一　思想政治教育目的

从前面我们对思想政治教育目的、目标和任务关系的分析中可以看出，目的决定目标，目标是根据目的而制定的。以社会主义核心价值体系引领思想政治教育目标创新，应以思想政治教育目的为依据，不能偏离思想政治教育目的。

我国思想政治教育的目的是提高人们的思想政治品德素质，促进人的自由全面发展，激励人们为建设中国特色社会主义，最终实现共产主义而奋斗。这一目的包含相互联系的两个方面。第一，提高人们的思想政治品德素质。思想政治教育是满足人们精神需要的一种方式，是提升人的精神品质的社会实践活动，提高人们的思想政治品德素质是这一活动的内在目的。进行思想政治教育就是要使人们具备良好的思想政治品德素质。而较高的思想政治品德素质不仅是人们其他方面发展的保证，而且也是人们发挥现代化建设积极性的内在基础。因此，提高人们的思想政治品德素质，能更好地激励人们为建设中国特色社会主义、实现共产主义努力奋斗。第二，促进人的自由全面发展。人的自由全面发展既是共产主义的理想目标，也是社会主义的本质要求。社会主义的本质就是解放生产力、发展生产力，而发展生产力的落脚点就是人的自由全面发展。因此，关注人的发展是思想政治教育的根本，人的自由而全面发展是思想政治教育的终极目的。思想政治教育是通过人这个中介作用于社会生活的。只有促进人的自由全面发展，才能使人们更积极地投身于中国特色社会主义建设中，也才能为共产主义的实现准备更充分的条件。上述这两个方面，内在地构成了思想政治教育的目的。这一目的规定了思想政治教育的方向，是思想政治教育活动的灵魂，它是团结和动员思想政治教育主体间共同奋斗的旗帜。没有这面旗帜，思想政治教育活动就会迷失方向。以社会主义核心价值体系引领思想政治教育目标创新要符合这个目的，应将思想政治教育目的与目标统一起来。[①]

二　社会主义核心价值体系的客观要求

建设社会主义核心价值体系，是中国共产党在思想文化建设上的重大理论创新和重大战略任务，思想政治教育目标必须适应建设社会

① 陈万柏、张耀灿主编：《思想政治教育学原理》，高等教育出版社 2007 年第 2 版，第 73 页。

主义核心价值体系这一时代发展的要求，依据建设社会主义核心价值体系的目的、目标和任务确立思想政治教育的目标。由于本书第一章对社会主义核心价值体系进行了系统论述，在此不再赘述。

三　教育对象精神世界发展的需求及思想实际

思想政治教育是人做人的思想工作，它的所有活动都是直接作用人的。以社会主义核心价值体系引领思想政治教育目标创新，应以教育对象精神世界发展的需求及其思想政治品德现状为重要依据。

改革开放以来，随着物质文明的快速发展，广大人民群众的精神需求更加丰富多彩，正因为如此，党的十七大报告指出："当今时代，文化越来越成为综合国力竞争的重要因素，丰富的精神文化生活越来越成为我国人民的热切愿望。"[①] 以社会主义核心价值体系引领思想政治教育目标创新，必须考虑广大人民群众日益丰富的精神文化需求。只有这样，才能引导人民群众精神世界的发展需求得到积极的正向的发展；也只有这样，思想政治教育的目标才能为广大人民群众真正接受，内化为他们的个人目标，产生良好的效果。以社会主义核心价值体系引领思想政治教育目标创新，还应考虑受教育工作者的思想状况的实际，这一点对于创新思想政治教育具体目标尤其重要。在现实生活中，教育对象是分为不同类型、不同层次的。从职业、经济状况、文化程度、性别、年龄等方面，可以把教育对象分为不同类别，每一类别又可以按思想觉悟、政治态度、道德水准等分为不同层次。很显然，这些不同类别、不同层次的教育对象的思想政治品德状况是有差别的，这就要求我们在以社会主义核心价值体系引领思想政治教育目标创新时，要充分考虑教育目标与受教育者思想政治品德状况实际之间的紧密联系，考虑受教育者的接受可能性。如果忽视了教育对象思想实际，思想政治教育目标就有可能脱离教育对象思想的实际，目标有可能定得过高或过低，从而影响思想政治教育的效果。在过去乃至今天的思想政治教育实践过程中，我们有些思想政治教育工作者在确

---

① 胡锦涛：《高举中国特色社会主义伟大旗帜，为夺取全面建设小康社会新胜利而奋斗》，《人民日报》2007 年 10 月 25 日。

定思想政治教育目标时，往往满足于照搬党的奋斗目标或上级指示，而忽视了对于教育对象思想实际状况的分析，因而在制定思想政治教育目标时目标定得过高，过于笼统和空洞，缺乏具体性和针对性，其教育效果必然会大打折扣，我们必须引以为戒。随着社会的快速发展与进步，不仅社会在变，而且人的思想也在发生深刻变化，其精神世界需求更加丰富，思想状况更加复杂。以社会主义核心价值体系引领思想政治教育目标创新，一定要正视这种变化，下功夫研究新形势下教育对象丰富的精神需求和实际的思想状况，科学地创新思想政治教育目标，引导人民群众的思想向中国特色社会主义现代化建设所要求的方向发展。①

上述三个方面的主要依据是相互联系、相互制约的，它们从不同侧面对思想政治教育目标创新提出了要求。在以社会主义核心价值体系引领思想政治教育目标创新时，应将他们视为一个整体，不能将其分割开来，片面地强调某一方面而忽视另一方面。

第三节　思想政治教育目标创新在建设社会主义核心价值体系中的作用

一　为“社会主义核心价值体系融入思想政治教育全过程”指明了方向

在人类社会生活中，无论是群体还是个体，无论从事什么样的活动，都有明确的目的性，都是根据实践的需要，带着一定的目的而进行的。人在活动之前，总是根据已知的事实和条件，在头脑中形成一定的目的，并根据这种目的建构准备实行的计划。实践就是在这种目的和计划指导下的行动。这些都是任何动物所不具备的，目的性是人类社会的重要特征。正是因为如此，马克思指出：“蜘蛛的活动与织工的活动相似，蜜蜂建筑蜂房的本领使人间的许多建筑师感到惭愧。但是，最蹩脚的建筑师从一开始就比最灵巧的蜜蜂高明的地方，是他

① 参见陈万柏、张耀灿主编《思想政治教育学原理》，高等教育出版社 2007 年第 2 版，第 76—77 页。

在用蜂蜡建筑蜂房以前，已经在自己的头脑中把它建成了。劳动过程结束时得到的结果，在这个过程开始时就已经在劳动者的表象中存在着，即已观念地存在着。”① 以社会主义核心价值体系引领思想政治教育创新，不是盲目的、随意的，而是有着非常强的目的性的。以社会主义体系引领思想政治教育创新的方向就是由思想政治教育目标创新的方向所决定的。以社会主义核心价值体系引领思想政治教育目标创新，这一创新目标从总体上规定了“社会主义核心价值体系融入思想政治教育全过程”的方向，对具体的思想政治教育活动具有引导和激励作用。以社会主义核心价值体系引领思想政治教育创新的其他一切方面如内容创新、方法创新、评价创新等必须与这个方向一致。可以看出，以社会主义核心价值体系引领思想政治教育目标创新是思想政治教育创新的重要制约因素，为“社会主义核心价值体系融入思想政治教育全过程”指明了奋斗的方向。目标就是一面旗帜，目标为人们指明了奋斗的方向。

二　为“社会主义核心价值体系融入思想政治教育全过程”提供了动力

社会主义核心价值体系融入思想政治教育全过程，是思想政治教育者和受教育者的双向互动过程，只有思想政治教育者和受教育者都充分发挥主体性，积极双向交流与互动，社会主义核心价值体系融入思想政治教育全过程才能取得成效，落到实处。思想政治教育目标则为激发思想政治教育者和受教育者的主体性提供了动力。对于思想政治教育者而言，思想政治教育目标能较好地激发思想政治教育者在社会主义核心价值体系融入思想政治教育全过程中的活力，使他们积极主动地工作，为达到目标努力奋斗。对于受教育者而言，思想政治教育目标是他们在一定时期内的奋斗目标，思想政治教育个体目标所要求的思想政治品德就是受教育者应该努力达到的理想人格，它必然会对受教育者起到重要的激励作用。可见，思

① 《马克思恩格斯全集》第23卷，人民出版社1972年第2版，第202页。

想政治教育目标创新在激发思想政治教育者在社会主义核心价值体系融入思想政治教育全过程之中的活力的同时，也对受教育者产生巨大的激励作用，促使他们产生自我教育的积极性，不断地向目标所指引的方向前进，从而不断按照社会主义核心价值体系的要求提高自身的思想政治品德水平。[①]

三　为衡量社会主义核心价值体系融入思想政治教育全过程的成效提供了依据

思想政治教育目标既是思想政治教育活动的起点，又是终点。作为起点，它是思想政治教育过程各个环节、各个步骤安排和选择的直接依据；作为终点，它是评价思想政治教育活动效果的标准。

将社会主义核心价值体系融入思想政治教育全过程需要以社会主义核心价值体系引领思想政治教育目标创新，为其指明前进的方向。判断社会主义核心价值体系融入思想政治教育全过程是否有成效以及成效的大小，其重要依据就是在社会主义核心价值体系引领下创新的思想政治教育新目标。凡是有助于社会主义核心价值体系融入思想政治教育全过程，有助于实现思想政治教育新目标的思想政治教育活动，就是有成效的活动，反之则是没有成效的活动。从总体上看，社会主义核心价值体系融入思想政治教育全过程是否有成效，成效是大还是小，主要看实现思想政治教育目标的程度如何。从局部看，社会主义核心价值体系融入思想政治教育全过程的成效如何，要看思想政治教育活动的具体目标是否达到，如果达到了就是有成效的，反之，则是没有成效的。由此可以看出，以社会主义核心价值体系引领思想政治教育目标创新后形成的思想政治教育新目标，是衡量和检验社会主义核心价值体系融入思想政治教育全过程是否有成效的基本尺度。[②]

① 参见陈万柏、张耀灿主编《思想政治教育学原理》，高等教育出版社2007年第2版，第77—78页。

② 陈万柏、张耀灿主编：《思想政治教育学原理》，高等教育出版社2007年第2版，第78页。

四　思想政治教育目标创新能增强社会主义意识形态的吸引力和凝聚力

以社会主义核心价值体系引领思想政治教育目标创新，不仅有助于社会主义核心价值体系融入思想政治教育全过程，而且有助于增强社会主义意识形态的吸引力和凝聚力。这是因为思想政治教育是社会主义意识形态的重要组成部分，思想政治教育具有非常强的意识形态功能。以社会主义核心价值体系引领思想政治教育目标创新不仅能增强思想政治教育的活力，为思想政治教育指明新的前进方向，而且有助于充分发挥思想政治教育的意识形态功能，增强社会主义意识形态的吸引力和凝聚力。新的思想政治教育目标一经确立，必须在新的目标引领下形成思想政治教育新的内容、新的方法、新的评价体系，这一系列创新必将给思想政治教育带来新的生机与活力，必将进一步增强思想政治教育的吸引力和凝聚力，使思想政治教育的社会主义意识形态功能得到充分发挥，使社会主义意识形态更具吸引力和凝聚力。

五　可以提高社会主义核心价值体系融入思想政治教育全过程的自觉性和有效性。

将社会主义核心价值体系融入思想政治教育全过程需要以社会主义核心价值体系引领思想政治教育目标创新，有了明确的思想政治教育目标，就能够使思想政治教育者和教育对象自觉地按照目标要求去行动，避免社会主义核心价值体系融入思想政治教育全过程之中的盲目性。现在有一些单位和集体在社会主义核心价值体系融入思想政治教育全过程中成效不够显著，一个重要的原因就是缺乏一个明确而科学的目标，因此，在社会主义核心价值体系融入思想政治教育全过程中抽象而空洞，不能获得预期效果。正确的目标具有方向性和可实现性，它显示出思想政治教育活动的发展方向及其活动将要产生的价值。在社会主义核心价值体系引领思想政治教育目标创新过程中如何注意把社会利益与个人利益、长远利益与眼前利益结合起来，所制定的思想政治教育目标既符合社会利益，又有利于思想政治教育对象的成长与发展，使他们的个人价值得以实现，这样的思想政治教育目标就会产生巨大的吸引力，激发人们主动地、自觉地为实现这一目标而奋斗。同时，思想政治教育新目标的确立，还能使人们明确在社会主义核心价值体系融入思想政治教育全过程中自己的职责和任务，增强人们在社会主义核心价值体系融入思想政治教育全过程中的自觉性。思想政治教育者和教育对象有了将社会主义核心价值体系融入思想政治教育全过程的自觉性，必然会产生良好的思想政治教育效果。这是因为，有了明确的思想政治教育目标，有了将社会主义核心价值体系融入思想政治教育全过程的自觉性，思想政治教育者和教育对象就会齐心协力地按照思想政治教育目标，有目的、有计划、有步骤地将社会主义核心价值体系融入思想政治教育全过程之中，使之落到实处。

第四节　社会主义核心价值体系对思想政治教育目标创新的要求

一　社会主义核心价值体系对思想政治教育目标创新的总体要求

笔者仔细研读党的十六届六中全会文件、党的十七大报告、党的十八大报告、中共中央宣传部主编的《社会主义核心价值体系学习读本》、中共中央办公厅印发的《关于培育和践行社会主义核心价值观的意见》、习近平有关社会主义核心价值体系的论述等有关社会主义核心价值体系的重要文献，并结合学术界的相关研究成果，笔者认为社会主义核心价值体系对思想政治教育目标创新的总体要求主要有以下几个方面：

第一，切实把社会主义核心价值体系融入思想政治教育全过程转化为人民的自觉追求。“在当代中国，提出社会主义核心价值体系，实际上是旗帜鲜明地提出了在社会主义社会要坚持什么、反对什么、倡导什么、抵制什么，明确了社会主义社会是非、善恶、美丑等基本价值问题的取向和标准，明确了社会主义社会人们的价值追求。”① 正是因为如此，党的十七大报告明确提出要“切实把社会主义核心价值

① 黄蓉生、白显良等：《社会主义核心价值体系视域下大学生思想政治教育创新》，《思想理论教育》2008年第15期。

体系融入国民教育和精神文明建设全过程，转化为人民的自觉追求”①的任务。中共中央办公厅印发的《关于培育和践行社会主义核心价值观的意见》也明确要求：“把培育和践行社会主义核心价值观融入国民教育全过程。培育和践行社会主义核心价值观要从小抓起、从学校抓起。坚持育人为本、德育为先，围绕立德树人的根本任务，把社会主义核心价值观纳入国民教育总体规划，贯穿于基础教育、高等教育、职业技术教育、成人教育各领域，落实到教育教学和管理服务各环节，覆盖到所有学校和受教育者，形成课堂教学、社会实践、校园文化多位一体的育人平台，不断完善中华优秀传统文化教育，形成爱学习、爱劳动、爱祖国活动的有效形式和长效机制，努力培养德智体美全面发展的社会主义建设者和接班人。”② 思想政治教育是国民教育和社会主义精神文明建设的重要组成部分，要完成党中央提出的这一社会主义核心价值体系建设的任务，必须“切实把社会主义核心价值体系融入思想政治教育全过程，转化为人民的自觉追求”作为当前思想政治教育的一个重要目标。当前，特别要把培育和践行社会主义核心价值观作为思想政治教育的重点目标。

第二，建设社会主义核心价值体系，增强社会主义意识形态的吸引力和凝聚力。这是党的十七大报告明确提出的建设社会主义核心价值体系的根本目标。思想政治教育是社会主义意识形态工作的重要组成部分，应该服从服务于社会主义意识形态本质的要求，将“建设社会主义核心价值体系，增强社会主义意识形态的吸引力和凝聚力”作为当前思想政治教育的总体目标。

第三，要巩固马克思主义指导地位，坚持不懈地用马克思主义中国化最新成果武装全党，教育人民，用中国特色社会主义共同理想凝聚力量，用以爱国主义为核心的民族精神和以改革创新为核心的时代精神鼓舞斗志，用社会主义荣辱观引领风尚，巩固全党全国各族人民

① 胡锦涛：《高举中国特色社会主义伟大旗帜，为夺取全面建设小康社会新胜利而奋斗》，《人民日报》2007 年 10 月 25 日。

② 中共中央办公厅：《关于培育和践行社会主义核心价值观的意见》，《人民日报》2013 年 12 月 24 日。

团结奋斗的共同思想基础。这是党的十七大报告对社会主义核心价值体系四个组成部分的每一个部分所要达到的目标要求，当然也是当前思想政治教育所要达到的目标要求。

第四，“要倡导富强、民主、文明、和谐，倡导自由、平等、公正、法治，倡导爱国、敬业、诚信、友善，积极培育社会主义核心价值观”①。党的十八大报告这一论断，在总结近些年来社会主义核心价值观探索阶段性成果的基础上，不仅从国家、生活和个人三个层面对社会主义核心价值观进行了最新概括，而且提出了积极培育社会主义核心价值观这一在新的起点上深入推进社会主义核心价值体系建设的重大课题。“三个倡导”的提出，是我们党立足社会主义核心价值体系建设实践进行理论创新的又一重大成果，反映了我们党对社会主义核心价值观问题的最新认识，实现了社会主义核心价值观从无到有的新发展；“三个倡导”的提出，体现了我们党高度的理论自觉和文化自觉，是我们党加强社会主义核心价值体系建设的重大举措，对于巩固马克思主义在意识形态领域的指导地位，形成全民族奋发向上的精神力量和团结和睦的精神纽带，对于引领全体社会成员在思想上、道德上共同进步，对于深化对中国特色社会主义本质的认识，全面推进中国特色社会主义伟大事业，具有重大的理论意义和现实意义。以社会主义核心价值体系引领思想政治教育创新应将“倡导富强、民主、文明、和谐，倡导自由、平等、公正、法治，倡导爱国、敬业、诚信、友善，积极培育社会主义核心价值观”作为当前思想政治教育的总体目标。

根据上述分析，我们可以把当前思想政治教育的总目标概括为：思想政治教育要以“建设社会主义核心价值体系，增强社会主义意识形态的吸引力和凝聚力”为核心，切实把社会主义核心价值体系融入思想政治教育全过程，转化为人民的自觉追求。要巩固马克思主义指导地位，坚持不懈地用马克思主义中国化最新成果武装全党、教育人民，用中国特色社会主义共同理想凝聚力量，用以爱国主义为核心的

① 胡锦涛：《坚定不移沿着中国特色社会主义道路前进，为全面建成小康社会而奋斗》，《人民日报》2012年11月18日。

民族精神和以改革创新为核心的时代精神鼓舞斗志，用社会主义荣辱观引领风尚，巩固全党全国各族人民团结奋斗的共同思想基础。要倡导富强、民主、文明、和谐，倡导自由、平等、公正、法治，倡导爱国、敬业、诚信、友善，积极培育社会主义核心价值观。

二　社会主义核心价值体系对思想政治教育目标创新的具体要求

1. 对思想教育目标创新的要求

思想教育，即培养思想素质的教育。思想教育目标主要包括世界观教育目标、人生观教育目标、价值观教育目标和思维方式的教育目标。

世界观是人们在认识世界和改造世界的过程中形成的对整个世界的基本看法和总观点，是人们对世界本质、人与周围世界的关系、人在世界中的地位和生存价值等一系列观点的总和。从社会主义核心价值体系的视角审视世界观教育目标，要求思想政治教育在世界观教育目标上，要通过马克思主义世界观教育，使人们掌握辩证唯物主义和历史唯物主义的基本观点，形成科学的世界观，并能运用这些观点去观察问题、分析问题和解决问题。

人生观是人们在实践中形成的对于人生目的和意义的根本看法和总的态度。它决定着人们实践活动的目标、人生道路的方向和对待生活的态度。人生观主要是通过人生目的、人生态度和人生价值三个方面体现出来。人生目的，回答人为什么活着；人生态度，表明人应当怎样对待生活；人生价值，判别什么样的人生才有意义。这三个方面相辅相成，其中人生目的是人生观的核心，有什么样的人生目的就会有什么样的人生态度，就会追求什么样的人生价值。从社会主义核心价值体系的视角审视人生观教育目标，要求思想政治教育在人生观教育目标上，要通过马克思主义人生观教育，使人们掌握马克思主义人生观的基本观点，并运用这些观点去观察和对待人生问题。

价值观是人们在长期的价值生活实践中积淀和形成的有关客体对主体效应的看法或总的观点，是人们对所有价值和价值关系理性认识的结果。价值观的内容，一方面表现为价值取向、价值追求，凝结为一定的价值目标；另一方面表现为价值尺度和准则，成为人们判断事物有无价值及价值大小、是光荣还是可耻的评价标准。思考价值问题并形成一定的价值观，是人们使自己的认识和实践活动达到自觉的重要标志。从社会主义核心价值体系视角审视价值观教育目标，要求思想政治教育在价值观目标上，要通过社会主义核心价值体系教育特别是社会主义核心价值观教育，使人们掌握社会主义核心价值体系的基本内容及其精神实质，并能用它来指导自己的行动。

思维是人类独有的一种精神现象，“人的思维总是在一定的方式、方法下进行的，思维方式是形成人的精神、观点的生产方式。确切地说，思维方式是人们在实践的基础上，运用一定的思维工具去理解和把握客观对象的思维活动样式。在哲学领域思维方式属于认识论的范围，它包括两个相互联系着的方面。一方面，从思维者的角度看，思维方式是指人的思维活动的样式。作为思维着的人，在从事认识世界与改造世界的实践中，必然伴随着相应的思维活动，这些思维活动又有着一定的样式和模式，也就是思维方式，即用以思考的方法、进行思考的角度和思维程序等。另一方面，从思维者与思维对象的关系看，思维方式则是思维者作用与反映思维对象的一种工具和手段”。“思维方式是人类思维能力的突出表现，它以其精神的力量广泛而深刻地影响着社会生活的各个方面。过时的、陈旧的、非科学的思维方式，极力阻碍着人们正确认识世界和改造世界的实践活动，阻碍着社会的发展与进步；先进的、新颖的、科学的思维方式，则能指导人们正确认识世界和改造世界的实践活动，推动客观事物的发展，并以其巨大的力量推动着社会的进步。”① 从社会主义核心价值体系的视角审视思维方式的教育目标，要求当前思想政治教育在思维方式的教育目标上，要通过马克思主义唯物辩证的思维方式教育，使人们确立以求实性、开放性、创造性为核心的马克思主义唯物辩证的思维方式，并且运用科学的思维方式、方法去正确认识世界和改造世界。

在上述世界观教育目标、人生观教育目标、价值观教育目标以及

① 唐志龙：《思想政治工作思维方式导论》，汉语大词典出版社 2001 年版，第 3—4 页。

思维方式的教育目标中，价值观教育目标是核心。长期以来，我们的思想政治教育较为重视世界观教育目标和人生观教育目标，忽视了价值观教育目标的确立。在当前众多的思想政治教育教材和专著中，几乎都涉及世界观教育和人生观教育的目标及内容，很少有价值观教育目标及内容。在新课程改革之前的大中小学思想政治课课程目标中，只注重了知识和能力方面的目标，忽视了情感、态度与价值观方面的目标。大中小学思想政治课新课改以后，普遍认识到了这一问题，在知识和能力目标的基础上，都增加了情感、态度与价值观目标，均按照这种三维目标构建思想政治课目标体系。而我们的思想政治教育绝大多数领域仍停留在世界观和人生观教育目标上，忽视了价值观教育目标这一核心目标，使价值观教育滞后于时代发展的需要。因此，以社会主义核心价值体系引领思想教育目标创新，要求我们特别重视价值观教育目标创新，并且将它融入世界观教育目标、人生观教育目标和思维方式的教育目标之中，既让人们在科学世界观的基础上掌握正确的价值观，又要学会科学的思想方法，最终实现科学的世界观、正确的人生观、进步的价值观和科学的思维能力的统一。

2. 对政治教育目标创新的要求

所谓政治教育，简单地来讲，就是培养政治素质的教育。“政治教育是以政治思想为内容的。所谓政治思想，就是人们关于社会政治制度、政治组织、政治关系、政治生活以及政策和策略等问题的观点、理论的总和，或者说是关于政治现象和政治问题的思想体系。它既可以通过关于阶级、国家和社会制度等问题的论述，以理论的形态表现出来，也可以具体体现为党和政府在国家生活、政治关系方面的大政方针，或者说，整个社会和国家发展的大局。”[①] 政治教育目标主要包括对国家、民族、阶级、政权、社会制度和国家关系等方面的立场、情感、态度的教育目标。通过政治教育，帮助受教育者树立正确的政治立场、政治观点，确立坚定的政治信念，有较高的政治觉悟，养成良好的政治行为，使他们热爱自己的民族、自己国家的政权和社会制

① 王玄武、骆郁廷主编：《思想教育、政治教育、道德教育比较研究》，武汉大学出版社2002年版，第6页。

度，拥护国家的大政方针，努力为国家既定的目标奋斗。

从社会主义核心价值体系的视角审视政治教育目标，我认为应重点从以下几个方面创新政治教育目标：第一，在中国特色社会主义共同理想教育目标方面，通过中国特色社会主义共同理想教育，使人民群众牢固树立中国特色社会主义共同理想，自觉地把个人理想融入中国特色社会主义共同理想之中，为实现中国特色社会主义共同理想而奋斗。第二，在以爱国主义为核心的民族精神教育目标方面，通过以爱国主义为核心的民族精神教育，使人民群众了解中华民族发展的历史，了解我国的基本国情，掌握民族精神的基本内容，热爱社会主义祖国，热爱和平，增强民族自尊心、自信心和自豪感，坚定实现中华民族伟大复兴的信心，把人民群众的爱国热情引导和凝聚到建设中国特色社会主义伟大事业上来，引导和凝聚到为祖国的统一、繁荣和富强做贡献上来，为实现中华民族伟大复兴而奋斗。第三，在以改革创新为核心的时代精神教育目标方面，通过以改革创新为核心的时代精神教育，使人民群众了解改革开放发展的历程，了解新时期党的路线、方针、政策，掌握时代精神的基本内容，坚定走中国特色社会主义道路的信念，自觉地投身于改革创新的中国特色社会主义伟大实践之中，为中国特色社会主义建设做出自己应有的贡献。

3. 对道德教育目标创新的要求

道德教育，简单地讲，就是培养道德素质的教育。道德是由一定的社会经济关系所决定的，是一种特殊的社会意识形态。它通过社会舆论、传统习俗和人们的内心信念来维系，是对人们的行为进行善恶评价的心理意识、原则规范和行为活动的总和。道德对社会经济关系的反映不是消极被动的，而是以能动的方式来把握世界，引导和规范人们的社会实践活动。人们正是通过对道德的把握，来感受社会关系的脉动，识别社会发展的方向，确定自身生存发展与社会和自然的关系，并形成自己关于责任和义务的观念，确立自己的道德理想，自觉地扬善抑恶，明辨荣辱，选择高尚，弃绝卑下，保持社会和个人的健康发展。道德素质是人们的道德认识和道德行为水平的综合反映，包含着一个人的道德修养和道德情操，体现着一个人的道德水平和道德风貌。思想政治教育的一个重要任务是培养人们具有高尚的道德情操，它内在地要求对人们进行道德教育。在我国现阶段，道德可分为社会主义道德和共产主义道德两个层次。道德教育目标，主要包括社会公德教育目标、职业道德教育目标、家庭道德教育目标和共产主义道德教育目标等。

从社会主义核心价值体系的视角审视道德教育目标，要求思想政治教育在道德教育目标上，要以社会主义荣辱观教育目标为核心，创新道德教育目标，建构与社会主义核心价值体系相适应的道德教育目标体系。社会主义荣辱观教育的总目标是通过社会主义荣辱观教育，使人们掌握社会主义荣辱观的基本内容，引导人们明辨是非、善恶、美丑，形成正确的自我评价和社会评价，树立正确的行为导向，在全社会形成知荣辱、讲正气、促和谐的良好风尚，推进人的全面发展和社会全面进步。

社会主义荣辱教育的具体目标主要包括以下几个方面：第一，“以热爱祖国为荣、以危害祖国为耻”的教育目标，是指通过“以热爱祖国为荣、以危害祖国为耻”的教育，使人们热爱祖国，坚持祖国利益高于一切，时刻心系祖国前途命运，增强民族自尊心、自信心和自豪感，倍加珍惜国家安定团结的良好局面，以热爱祖国、报效祖国为最大光荣，抵制和反对损害社会主义祖国和民族的荣誉、尊严和利益的思想和行为。第二，“以服务人民为荣、以背离人民为耻”的教育目标，是指通过“以服务人民为荣、以背离人民为耻”的教育，使人们树立为人民服务的人生目的，自觉履行社会责任，心系人民，关爱他人，扶贫帮困，热心公益，通过各种形式为人民多做好事，为社会多做贡献，抵制和反对违背人民利益和愿望的思想和行为。第三，“以崇尚科学为荣、以愚昧无知为耻”的教育目标，是指通过“以崇尚科学为荣、以愚昧无知为耻”的教育，使人们树立科学思想，掌握科学方法，做到爱科学、学科学、讲科学、用科学，自觉反对愚昧，反对迷信，反对伪科学，养成科学、文明、健康的生活方式，用科学的力量促进人的发展和社会进步。第四，“以辛勤劳动为荣，以好逸恶劳为耻”的教育目标，是指通过“以辛勤劳动为荣，以好逸恶劳为耻”的教育，使人们形成劳动光荣、创造伟大的价值取向，树立正确的劳动态度，用自己辛勤劳动创造幸福生活，抵制和反对一切好逸恶劳、不劳而获的思想和行为。第五，“以团结互助为荣、以损人利已为耻”的教育目标，是通过“以团结互助为荣、以损人利已为耻”的教育，使人们树立团结互助的思想，在日常生活中做到团结友善、互帮互助、和睦相处，在危难关头做到一方有难、八方支援、和衷共济，抵制和反对一切以自我为中心、以私利为中心、损害他人、危害社会的思想和行为。第六，“以诚实守信为荣、以见利忘义为耻”的教育目标，是指通过“以诚实守信为荣、以见利忘义为耻”的教育，使人们将诚信作为自己的行为准则，作为立人之本、成事之基，在社会生活、职业生活、学校生活、家庭生活中自觉做到以诚相待、重信守诺、有约必践，形成守信光荣、失信可耻的社会氛围，抵制和反对唯利是图、弄虚作假、背信弃义、不讲信誉、尔虞我诈等思想和行为。第七，“以遵纪守法为荣、以违法乱纪为耻”的教育目标，是指通过“以遵纪守法为荣、以违法乱纪为耻”的教育，使人们自觉增强法律意识和纪律意识，自觉履行法律规定的义务，依法维护国家利益、集体利益和自身利益，抵制和反对无视法律权威、轻视纪律规章、违法犯法、破坏纪律的思想和行为。第八，“以艰苦奋斗为荣、以骄奢淫逸为耻”的教育目标，是指通过“以艰苦奋斗为荣、以骄奢淫逸为耻”的教育，使人们深刻认识社会主义现代化建设的长期性、艰巨性，始终保持艰苦朴素、克勤克俭的精神，始终保持坚忍不拔、顽强拼搏的精神，始终保持奋发进取、勇往直前的精神，抵制和反对不思进取、贪图安乐、奢侈浮华、铺张浪费等思想和行为。①

① 参见罗国杰等《思想道德修养与法律基础》，高等教育出版社 2009 年版，第 108—109 页。

第七章
社会主义核心价值体系与思想政治教育内容创新

第一节　思想政治教育内容创新的内涵

一　思想政治教育内容的内涵

近年来，随着思想政治教育的发展，学术界对思想政治教育内容的研究引起了关注，但大多集中在高校思想政治教育内容研究上，而且大多数不重视对思想政治教育内容内涵的研究。目前，学术界对思想政治教育内涵的界定仍然是仁者见仁、智者见智。纵观学术界对思想政治教育内涵的界定主要有以下几种观点。

熊建生认为：思想政治教育的内容，就是根据一定的社会要求和针对受教育者的思想实际，经教育者选择设计后有目的、有步骤地输送给受教育者的一切信息。思想政治教育内容是一个集合概念，它是政治教育、思想教育、道德教育、法纪教育、心理教育相互联系、相互渗透、互为条件、互相制约构成的统一体。作为思想政治教育"血液"的教育内容，规定了思想政治教育涉及的范围和性质，蕴含着思想政治教育的目的和任务，是思想政治教育的目标的具体化，是教育主体与教育客体互动的中介，是开展思想政治教育活动的依据。[①]

刘先进认为：所谓思想政治教育内容，是指思想政治教育主体通过教育实践活动，作用于客体的理论化、系统化的意识形态体系，它

---

① 熊建生：《大学生思想政治教育内容体系的科学构建》，《思想理论教育导刊》2006 年第 2 期。

由一定的思想观念、政治观点、道德规范等组成。从结构上划分，它包括了思想教育、政治教育、道德教育、心理教育四个方面的基本内容。①

孙其昂主编的《思想政治教育学基本原理》认为：思想政治教育的内容是由思想政治教育的目的和任务决定的，也是为实现目的和任务服务的。它是指以“什么东西”给教育对象或者说教育对象接受“什么东西”。②

张耀灿主编的《思想政治教育学原理》认为：进行思想政治教育，必须明确思想政治教育的基本内容，也就是明确用什么去教育党员、干部和广大人民群众。概括地说，思想政治教育的内容主要是围绕着提高人们思想道德素质和科学文化素质这个中心任务，进行有理想、有道德、有文化、有纪律的教育。③

王建华认为：思想政治教育内容，也就是在思想政治教育过程中，教育者为培养受教育者的思想品德以实现一定的教育目标，而向受教育者所传输的思想观念和行为规范的总和。思想政治教育内容是思想政治教育过程的一个基本要素。它决定着思想政治教育的性质，直接关系着思想政治教育的目标的实现。思想政治教育的内容，包括思想教育、政治教育、道德教育和法纪教育四个方面。这四个方面的内容是相互联系、相互渗透和相辅相成的。④

陈万柏、张耀灿主编的《思想政治教育学原理》认为：思想政治教育的内容，是思想政治教育的重要组成部分，是思想政治教育者向教育对象实施教育的具体要素。这些要素不是随意安排的，而是根据思想政治教育的目的和任务以及教育对象的思想实际所确定的。思想政治教育的目的和任务内在规定的丰富性以及教育对象精神世界发展的多样性，决定思想政治教育的内容是多方面的、广泛的。这些多方面的内容按照特定的层次结构相互联系，相互作用，由此构成思想政

---

① 刘先进：《试论核心价值体系与思想政治教育内容创新》，《兰州学刊》2007 年第 12 期。
② 孙其昂主编：《思想政治教育学基本原理》，河海大学出版社 2004 年版，第 130 页。
③ 张耀灿主编：《思想政治教育学原理》，华中师范大学出版社 1988 年版，第 172 页。
④ 王建华：《思想政治教育的理论与实践》，中央文献出版社 2001 年版，第 186 页。

治教育的内容系统。其内容应包括以下五个方面：世界观教育、政治观教育、人生观教育、法制观教育、道德观教育。①

戴焰军认为：思想政治工作内容，是思想政治工作中主体即教育者借助环境意欲传递给客体即教育对象的思想、政治、科学等观念，它是思想政治工作体系中的核心要素，是思想政治工作目标任务的直接体现，是思想政治工作方法、手段、机制得以实施的基础，是决定思想政治工作成效的基本环节。②

上述有关思想政治教育内容的界定，概括起来主要有三种观点：一是信息论，认为思想政治教育内容是教育者有目的、有步骤地输送给教育者的一切信息。二是意识形态论，认为思想政治教育内容是思想政治教育主体通过教育实践活动，作用于客体的理论化、系统化的意识形态体系。三是要素论，认为思想政治教育内容是思想政治教育者向教育对象实施教育的具体要素。这些界定的一个共同的缺陷是：在界定思想政治教育内容时，只是从教育者的角度单向度地界定思想政治教育内容，忽视了教育对象的主体性。如果这样界定思想政治教育内容，教育对象自我教育的内容就不是思想政治教育的内容，很显然，是不全面的，也是不科学的。此外，意识形态论除此缺陷外，还忽视了思想政治教育非意识形态方面的内容。

根据上述分析，我把思想政治教育内容界定为：是思想政治教育主体间在思想政治教育交往过程中，根据思想政治教育目标，有目的地选择的一切教育信息的总和。它主要由思想教育、政治教育、道德教育三个主要方面构成，它们之间相互联系，相互渗透，互为条件，互相制约，构成了一个统一体。

二　思想政治教育内容创新的内涵

关于思想政治教育内容创新，我拜读了能找到的相关著作，未见

① 陈万柏、张耀灿主编：《思想政治教育学原理》，高等教育出版社 2007 年版，第 175—176 页。

② 戴焰军：《增强思想政治工作实效性的对策研究》，中国民主法制出版社 2008 年版，第 152 页。

到有著作对其界定。拜读了相关论文，只有刘先进在《试论核心价值体系与思想政治教育内容创新》一文中对其进行了界定。该论文将其界定为："所谓思想政治教育的内容创新，是指思想政治教育内容的诸组成要素、诸方面在一定条件下，不断调整、生成和发展的实践及其过程。"① 该界定基本把握了思想政治教育内容创新的核心内容，但不够准确和规范。

根据本书第三章对"创新"的界定，我将思想政治教育内容创新界定为：所谓思想政治教育内容创新是思想政治教育主体间在思想政治教育交往过程中扬弃旧的思想政治教育内容，根据社会主义核心价值体系建设的要求，建立符合时代变化、反映时代特点、代表时代发展趋势的新的思想政治教育内容的过程。

第二节　以社会主义核心价值体系引领思想政治教育内容创新

中国共产党的思想政治教育历史发展表明，党的最新理论成果是思想政治教育内容创新的重要源泉，用党的最新理论成果创新思想政治教育内容是思想政治教育的优良传统，用社会主义核心价值体系这一最新理论成果创新思想政治教育内容是对中国共产党思想政治教育优良传统的继承。思想政治教育内容创新是社会核心价值体系建设的要求，是思想政治教育内容现状的呼唤。

一　用党的理论新成果创新教育内容是党的思想政治教育优良传统

在中国这个半封建半殖民地的落后的国家进行社会主义革命和建设，没有现成的理论可以借鉴，必须把马克思主义原理与中国的实际相结合，探索符合中国国情的社会主义革命和建设的道路，创造具有中国特色的社会主义革命和建设的理论。中国革命和建设的历史经验

① 刘先进：《试论核心价值体系与思想政治教育内容创新》，《兰州学刊》2007 年第 12 期。

证明，中国革命和建设之所以不断地由胜利走向胜利，就在于中国共产党在探索中国革命和建设道路的征程中不断地把马克思主义基本原理与中国实际相结合，不断地进行理论创新。中国共产党把马克思主义基本原理同中国具体实际相结合的过程，就是马克思主义中国化的过程。在这个过程中产生了毛泽东思想、中国特色社会主义理论等理论成果。这些大理论成果的产生，使思想政治教育的目标、任务、工作重点、方式方法、内容结构等发生了根本变化。事实表明，用这些理论成果“指导、教育广大成员，凝聚力就强，革命和建设就取得成功；党的理论创新如果停止，教条主义盛行，或者背离了马克思主义，思想政治教育就空洞无物，苍白无力，我们的事业就遭受挫折。用党的理论新成果创新内容，已经成为思想政治教育的优良传统，这种传统在中国革命和建设的每一个历史时期都得到了生动的体现。正因为如此，思想政治教育才成为共产党人的传家宝，也是党的优势所在，这个优良传统必须坚持”①。实践永无止境，创新永无止境。中国特色社会主义理论体系是不断发展的开放的理论体系，随着中国特色社会主义实践的不断深化，这个理论体系将不断得到丰富和发展。社会主义核心价值体系就是这一理论体系的最新成果，用社会主义核心价值体系这一最新理论成果创新思想政治教育内容，是对党的优良传统的继承。

二　思想政治教育内容创新是社会主义核心价值体系建设的要求

“切实把社会主义核心价值体系融入国民教育和精神文明建设全过程，转化为人民的自觉追求”，是党中央提出的一项重大任务。思想政治教育是国民教育和精神文明建设的重要组成部分，思想政治教育要完成好社会主义核心价值体系建设的这一重要任务，就必须不断推进思想政治教育内容创新。

第一，思想政治教育内容创新有利于与社会主义核心价值体系相适应的思想政治教育目标的实现。思想政治教育目标决定思想政治教

① 刘先进：《试论核心价值体系与思想政治教育内容创新》，《兰州学刊》2007 年第 12 期。

育内容，思想政治教育内容是思想政治教育目标的展现。从逻辑上讲，有什么样的思想政治教育目标就有什么样的思想政治教育内容。思想政治教育目标的层次结构决定了思想政治教育内容的层次结构，思想政治教育内容的系统性、多样性、渐进性反映了思想政治教育目标的系统性和渐进性。要实现既定的思想政治教育目标，必然取决于用什么样的思想政治教育内容来实施和保证。[①] 要实现社会主义核心价值体系融入思想政治教育全过程的总体目标和具体目标，就必须进行思想政治教育内容创新。这是建构与社会主义核心价值体系相适应的思想政治教育目标体系的要求。

第二，思想政治教育内容创新能有效地整合思想政治教育内容资源为社会主义核心价值体系建设服务。把社会主义核心价值体系融入思想政治教育全过程，是一个综合性的系统工程，需要动员各个方面的力量，齐抓共管，才能做好。思想政治教育内容是这个系统中不可缺少的重要组成部分，要使思想政治教育内容在社会主义核心价值体系建设中充分发挥作用，必须根据社会主义核心价值体系建设的要求，实现思想政治教育内容创新，形成思想政治教育内容的合力。否则，“不但会出现资源的重复使用，也会造成资源配置的不合理，造成各方面资源的浪费。思想政治教育内容合力在整合思想政治教育内容资源的过程中，实际上发挥着一种沟通协调机制的作用，使各资源部门权责明确，并及时反馈调节，从而有效地整合思想政治教育的内容资源，避免资源的浪费”[②]。

第三，思想政治教育内容创新有利于增强社会主义核心价值体系融入思想政治教育全过程的实效性。社会主义核心价值体系融入思想政治教育全过程的效果，归根到底取决于思想政治教育的内容及受教育者的接受程度。受教育者作为一个活生生的现实个体，已有了一定的思想观念和社会态度，对于教育者输送的信息，他们往往根据自身

① 徐志远、龙宇：《思想政治教育内容：现代思想政治教育学的重要范畴》，《探索》2010年第4期。

② 沈仕雄：《论思想政治教育内容合力的协调与整合》，《哈尔滨市委党校学报》2011年第1期。

的期待与接受能力进行选择、加工。实践表明，不同层次、不同类型、不同期待的人选择的内容是不一样的，由此决定了思想政治教育可能产生的正效果、零效果和负效果。以社会主义核心价值体系引领思想政治教育内容创新，必须考虑教育者的个性特征、思想实际、知识水平和接受能力等因素，研究思想政治教育内容的可接受性。根据受教育者的思想实际，创新思想政治教育内容，使思想政治教育内容符合受教育者的思想实际，充分调动受教育者接受的积极性、主动性、创造性，从而增强社会主义核心价值体系融入思想政治教育全过程的针对性和实效性。①

三　当前思想政治教育内容存在与核心价值体系建设不适应的方面

从社会主义核心价值体系的视角审视当前思想政治教育内容，在不同程度上存在着与社会主义核心价值体系建设不相适应的方面，具体表现在以下几个方面。

一是淡化意识形态教育的内容。自20世纪50年代以来，西方思想界出现了一股“意识形态终结”的思想，受这种错误思潮的影响，有一些思想政治教育工作者抓住我们党在思想政治教育史上，特别是“文化大革命”时期，曾出现过的盲目地跟从政治，把思想政治教育提高到不适当高度的“泛政治化”的错误，主张淡化思想政治教育的意识形态性，认为市场经济环境下的思想政治教育要走向现代化，应该保持“价值中立”。在这种错误思想的影响下，近年来，在思想政治教育领域不同程度地存在淡化意识形态教育的倾向。其主要表现是：淡化马克思主义理论教育，淡化思想政治教育的阶级性和党性，把思想政治教育中性化、文化知识化、非意识形态化。过分强调道德教育、心理健康教育、法纪教育的内容，忽视政治教育、思想教育的内容。

二是理想信念教育内容方面重个人理想教育，轻社会理想教育。个人理想是指处于一定历史条件和社会关系中的个体对于自己的物质

① 徐志远、龙宇：《思想政治教育内容：现代思想政治教育学的重要范畴》，《探索》2010年第4期。

生活、精神生活所产生的种种向往和设想，它包括个人具体的职业理想、生活理想和道德理想。社会理想是指社会集体主体乃至社会全体成员的共同理想，指在全社会占主导地位的共同奋斗目标。改革开放之前，我们的思想政治教育过度地强调社会理想的教育，特别是共产主义理想教育，使理想信念教育的内容过高、过急，超越了社会发展阶段和广大人民群众所能接受的，特别是青少年的身心发展水平，使理想信念教育的内容远离了社会生活，缺乏现实生活基础和现实人性基础。改革开放以后，特别是近年来，理想信念教育的内容从一个极端走向了另一个极端。在思想政治教育领域不同程度地存在重个人理想教育、轻社会理想教育的现象，普遍不重视共产主义理想教育。把理想信念教育局限在了个人的成才发展上，忽视了个人理想与社会理想是辩证统一的关系这一点。

三是重视以改革创新为核心的时代精神教育，忽视中华民族精神教育。我们所处的时代是改革开放的时代，改革开放之所以能不断向前发展，并创造出举世公认的业绩，得益于以改革创新为核心的时代精神。因此，新时期思想政治教育重视时代精神教育是合理的。但不能以此为依据，忽视中华民族精神的教育。因为时代精神离不开中华民族精神，时代精神是对中华民族精神的继承与发展，离开了中华民族精神，时代精神就成了无源之水。但在思想政治教育领域，我们有些人不懂得这一点，认为中华民族精神讲求“中庸”“和谐”，讲求“重农抑商”，不讲求“竞争”“创新”，与时代精神是相矛盾的，认为民族精神已经过时了，不主张进行民族精神教育。

四是思想政治教育内容缺乏针对性和层次性。长期以来，思想政治教育内容比较注重通用性、普遍性的教育内容，忽视按不同层次人群进行不同内容的教育。思想政治教育内容与人民群众思想实际结合不紧，与人民群众的需求结合不紧，不能准确、充分地反映时代发展的要求和人民群众发展的需求，不能够从人民群众最关心的思想、政治、生活、工作、学习和就业等问题入手，未能将解决思想问题与解决实际问题结合起来，导致思想政治教育明显滞后于社会生活的新发展和人民群众的需要。

第三节　建构适应社会主义核心价值体系要求的思想政治教育内容体系

以社会主义核心价值体系引领思想政治教育内容创新，从根本上讲，就是要把社会主义核心价值体系融入思想政治教育内容之中，建构起以马克思主义为指导，以中国特色社会主义共同理想教育为核心，以爱国主义教育为重点，以社会主义荣辱观教育为基础的协调统一的思想政治教育内容体系。

一　以马克思主义为指导，用党的理论新成果教育人民

马克思主义指导思想是社会主义核心价值体系的灵魂，以社会主义核心价值体系引领思想政治教育内容创新，建构适应社会主义核心价值体系要求的思想政治教育内容体系，应以马克思主义为指导，用党的理论创新成果教育人民，增强人民群众对马克思主义的认同。

在中国共产党思想政治教育史上，正是因为坚持以马克思主义为指导，用党的理论创新成果教育人民，才保证了思想政治教育内容创新的正确发展方向，为中国革命和建设培养了一批又一批思想政治品德素质过硬、吃苦在前、享受在后的栋梁之材。他们不仅使中国革命取得了胜利，而且成为新中国社会主义建设的中坚，为中国特色社会主义建设做出了重大贡献。毛泽东早在 1938 年就要求“一切有相当研究能力的共产党员，都要研究马克思、恩格斯、列宁、斯大林的理论，都要研究我们民族的历史，都要研究当前运动的情况和趋势；并经过他们去教育那些文化水准较低的党员。特殊地说，干部应当着重地研究这些，中央委员和高级干部尤其应当加紧研究。指导一个伟大的革命运动的政党，如果没有革命理论，没有历史知识，没有对于实际运动的深刻的了解，要取得胜利是不可能的”[①]。邓小平指出：“马克思列宁主义、毛泽东思想，是我们党的指导思想。毛泽东思想继承和发

① 中共中央宣传部编：《毛泽东邓小平江泽民论思想政治工作》，学习出版社 2000 年版，第 88 页。

展了马克思列宁主义。”[①] “我们搞改革开放，把工作重心放在经济建设上，没有丢马克思，没有丢列宁，也没有丢毛泽东。老祖宗不能丢啊！”[②] 2000年6月，江泽民在中央思想政治工作会议的讲话中指出：“加强和改进思想政治工作，最根本的是坚持和巩固马克思主义在我国意识形态领域的指导地位。这是保证全党全国人民加强团结、始终沿着正确方向前进的根本思想基础。只有坚持以马克思主义为指导，才能正确制定和宣传贯彻党的路线方针政策，才能发展先进思想、克服落后思想。如果放弃马克思主义的指导地位，在指导思想上搞多元化，势必导致人心大乱、天下大乱，给党和国家带来灾难。这是绝不允许的。任何一个社会的思想领域，总是由那个社会的统治阶级的思想占统治地位。任何一个国家的统治阶级，为了巩固其政治统治，都要竭力维护和发展其占统治地位的意识形态。西方国家从来就不允许马克思主义在他们的意识形态中居于指导地位。西方国家都有一套系统的方法和手段，来对他们的官员、学生、群众、军队灌输资本主义的思想、价值观和政治信条。在这个问题上，他们也是抓得很紧的。”[③] 苏联的演变是从意识形态领域开始的。苏联自苏共十二大以后，逐渐放弃了马克思主义的指导，使思想政治教育内容创新出现了方向性错误，结果导致了在指导思想上搞多元化，最终导致了亡党亡国。正是因为如此，苏联解体，东欧剧变以后，我们党不仅更加重视马克思主义理论教育，而且更加重视以马克思主义指导思想政治教育内容创新，用党的理论创新成果教育人民，使思想政治教育内容创新始终沿着正确的方向发展。

以马克思主义指导思想政治教育内容创新是由思想政治教育的学科属性决定的。思想政治教育是马克思主义理论一级学科下的一个二级学科，它是运用马克思主义理论与方法，专门研究人们思想品德形成、发展和思想政治教育规律，培养人们正确世界观、人生观、价值

① 中共中央宣传部编：《毛泽东邓小平江泽民论思想政治工作》，学习出版社2000年版，第29页。

② 同上书，第35页。

③ 《江泽民文选》第3卷，人民出版社2006年版，第86页。

观的学科。思想政治教育学之所以能够成为一门科学，是因为它有马克思主义这一坚实的理论基础。思想政治教育学科建设的健康发展正是建立在这一理论基础之上的。马克思主义不仅是思想政治教育的根本内容，而且是思想政治教育学的根本指导思想和理论基础。思想政治教育的这一学科属性要求我们建构适应社会主义核心价值体系要求的思想政治教育内容体系时，要以马克思主义为指导。

以马克思主义指导思想政治教育内容创新是由马克思主义的科学性和真理性所决定的。思想政治教育内容创新为什么必须坚持马克思主义为指导？道理很简单，是因为，马克思主义是被 100 多年来世界历史发展进程，特别是我国革命、建设和改革实践反复证明了的科学真理，具有鲜明的科学性和真理性，是我们认识世界、改造世界的强大思想武器。以社会主义核心价值体系引领思想政治教育创新需要马克思主义指导。马克思主义的科学性和真理性，在于它的世界观和方法论是科学的。马克思主义坚持辩证唯物主义和历史唯物主义的世界观和方法论，用生产力和生产关系、经济基础和上层建筑的矛盾运动来解释人类历史的发展变化，把生产力作为推动社会前进最活跃、最革命、最根本的力量，科学分析了资本主义社会的内在矛盾，深刻揭示了历史发展的客观规律，创立了科学社会主义，为人类社会的发展进步指明了正确方向。在人类思想史上，没有一种学说像马克思主义那样对世界历史产生如此巨大的影响。马克思主义的科学性和真理性，在于它代表了最广大人民群众的利益。它的全部理论都立足于实现和维护最广大人民群众的根本利益，把全人类解放和人的全面发展作为最高价值追求，不谋求任何私利，不抱有任何偏见，是科学性、阶级性和实践性相统一的理论。马克思主义的科学性和真理性还在于它是开放的、与时俱进的理论体系。马克思主义不是故步自封的学说，而是随着实践发展不断丰富和完善的科学体系。这正是马克思主义能够反映时代和实践的要求，始终保持蓬勃生机和活力，始终具有科学性和真理性的根本原因。历史和现实告诉我们，坚持以马克思主义为指导，就是坚持真理、坚持科学、坚持最广大人民的利益。因此，思想政治教育内容创新必须坚持以马克思主义为指导，在这个问题上，要坚定不移。[①]

在新的历史条件下如何以马克思主义指导思想政治教育内容创新，用党的理论创新成果教育人民，增强人民群众对马克思主义的认同呢？笔者认为应着力抓好以下几方面工作：

第一，要始终坚持马克思主义的整体性，用完整的马克思主义指导思想政治教育内容创新。马克思主义是一个十分完整而严密的理论体系。思想政治教育内容创新以马克思主义为指导，必须遵循这一理论的完整性和系统性，防止和克服教条主义、实用主义等不良倾向。这就要求我们要深入研究马克思主义，领会马克思主义的立场、观点和方法，用科学的态度对待马克思主义。要坚持马克思主义的本质规定性、马克思主义的基本原理和马克思主义的基本特征，只有这样，才有可能完整准确地理解和把握马克思主义的科学体系，以指导思想政治教育内容健康地发展。

第二，要始终坚持用马克思主义中国化的理论成果特别是发展中的马克思主义指导思想政治教育内容创新。坚持以马克思主义为指导，必须把坚持马克思主义与发展马克思主义统一起来，把坚持马克思主义的世界观、方法论与发展着的马克思主义理论成果统一起来。因为我们“绝不能要求马克思为解决他去世之后上百年、几百年所产生的问题提供现成答案。列宁同样也不能承担为他去世以后五十年、一百年所产生的问题提供现成答案的任务”[②]。在当代中国，坚持马克思主义的指导地位，必须坚持中国特色社会主义理论体系。中国特色社会主义理论体系既坚持了马克思主义世界观、方法论，又具有鲜明的中国特色，并以其实践特色、民族特色、时代特色的研究特征形成了一个科学完整的理论体系。[③] 中国特色社会主义理论是马克思主义中国化取得的理论创新成果，不仅极大地丰富了马克思主义理论宝库，推动了马克思主义的发展，而且也为思想政治教育内容创新奠定了更为

① 参见中共中央宣传部理论局《六个“为什么”——对几个重大问题的回答》，学习出版社 2009 年版，第 4—8 页。

② 《邓小平文选》第 3 卷，人民出版社 1993 年版，第 291 页。

③ 张雷声：《论坚持马克思主义的指导地位》，《思想理论教育》2009 年第 21 期。

坚实的理论基础。今天，以马克思主义指导思想政治教育内容创新，就是要坚持以一脉相承和与时俱进相统一的马克思主义中国化的最新成果——中国特色社会主义理论指导思想政治教育内容创新。

第三，要坚持实事求是的态度。坚持马克思主义的指导地位，必须搞清楚什么是马克思主义、怎样对待马克思主义。只有搞清楚这个问题，对马克思主义的坚持才能坚持得住，对马克思主义的发展才能发展得好。在什么是马克思主义、怎样对待马克思主义的问题上，历来存在两种截然不同的态度：一种是教条主义的态度。这种态度，把经典作家的个别词句和具体论断当作一成不变的教条，看起来好像很“坚持”，实际上却背离了马克思主义的实质。另一种态度是实事求是的态度。这种态度，强调坚持马克思主义不能拘泥于具体词句，而是要坚持它的基本原理，并把它与具体实际结合起来，研究新情况，解决新问题，在实践中丰富和发展马克思主义。第一种态度不仅不能坚持马克思主义，而且会“窒息”马克思主义甚至误党误国；而第二种态度才是真正坚持马克思主义。在这方面，我们党领导革命、建设和改革的实践，特别是改革开放以来的实践就是最好的证明。改革开放以来，我们党坚持马克思主义的思想路线，自觉把思想认识从那些不合时宜的观念、做法和体制的束缚中解放出来，从对马克思主义的错误的和教条式的理解中解放出来，从主观主义和形而上学的桎梏中解放出来，做到思想上不断有新解放，实践上不断有新创造，理论上不断有新发展，不断推进马克思主义中国化，从而使马克思主义在中国大地上焕发出勃勃生机，展示了强大的生命力。① 以马克思主义指导思想政治教育内容创新应反对教条主义态度，坚持实事求是的态度，只有这样的思想政治教育内容才能适应时代发展的要求，才能满足人民群众的需要，才有强大的生命力。

第四，以马克思主义指导思想政治教育内容创新，最基础的工作就是用马克思列宁主义、毛泽东思想、中国特色社会主义武装全党，教育人民。当前特别要重视用中国特色社会主义理论武装全党，教育

① 参见中共中央宣传部理论局《六个“为什么”——对几个重大问题的回答》，学习出版社2009年版，第16—17页。

人民。早在1938年毛泽东就强调“马克思、恩格斯、列宁、斯大林的理论，是‘放之四海而皆准’的理论。不应当把他们的理论当作教条看待，而应当看作行动的指南。不应当只是学习马克思列宁主义的词句，而应当把它当成革命的科学来学习。不但应当了解马克思、恩格斯、列宁、斯大林他们研究广泛的真实生活和革命经验所得出的关于一般规律的结论，而且应当学习他们观察问题和解决问题的立场和方法。我们党的马克思列宁主义的修养，现在已较过去有了一些进步，但是还很不普遍，很不深入。我们的任务是领导一个几万万人口的大民族，进行空前的伟大的斗争。所以普遍深入地研究马克思列宁主义的理论的任务，对于我们，是一个亟待解决并须着重地致力才能解决的大问题”[①]。邓小平同志指出：“现在我还想提出一个新的要求，这不仅是专门对新干部，对老干部也同样适用，就是要学习马克思主义理论。或者会有同志问：现在我们是在建设，最需要学专业知识和管理知识，学马克思主义理论有什么实际意义？同志们，这是一种误解。马克思主义理论从来不是教条，而是行动的指南。它要求人们根据它的基本原则和基本方法，不断结合变化着的实际，探索解决新问题的答案，从而也发展马克思主义理论本身。俄国的十月革命和我们中国的革命，不就是这样成功的吗？我们现在要建设有中国特色的社会主义，时代和任务不同了，要学习的新知识确实很多，这就更要求我们努力针对新的实际，掌握马克思主义基本理论。因为只有这样，才能提高我们运用它的基本原则基本方法，来积极探索解决新的政治经济文化基本问题的本领，既把我们的事业和马克思主义理论本身推向前进，也防止一些同志，特别是一些新上来的中青年同志在日益复杂的斗争中迷失方向。”[②] 江泽民进一步强调：“坚持马克思主义的指导地位，最基础的工作是用马克思列宁主义、毛泽东思想、邓小平理论武装全党，教育人民。要使这种理论武装工作富有成效，必须大力弘扬

---

① 参见中共中央宣传部编《毛泽东邓小平江泽民论思想政治工作》，学习出版社2000年版，第88—89页。

② 中共中央宣传部理论局：《六个“为什么”——对几个重大问题的回答》，学习出版社2009年版，第93—94页。

理论联系实际的学风，敢于和善于分析、回答现实生活中和群众思想上迫切需要解决的问题。理论只有联系实际，正确回答和指导解决实际问题，才能发挥自己的威力和真正掌握群众。”[①] 胡锦涛更是重视这一基础的工作，他在党的十七大报告中要求“深入学习贯彻中国特色社会主义理论体系，着力用马克思主义中国化最新成果武装全党。思想理论建设是党的根本建设，党的理论创新引领各方面创新。要按照建设学习型政党的要求，紧密结合改革开放和现代化建设的生动实践，深入学习马克思列宁主义、毛泽东思想、邓小平理论和‘三个代表’重要思想，在全党开展深入学习实践科学发展观活动，坚持用发展着的马克思主义指导客观世界和主观世界的改造，进一步把握共产党执政规律、社会主义建设规律、人类社会发展规律，提高运用科学理论分析和解决实际问题能力”[②]。因此，以社会主义核心价值体系引领思想政治教育内容创新，必须把马克思主义理论教育这一最基础的工作抓紧抓实抓好。

二　以爱国主义教育为重点，加强民族精神和时代精神教育

以爱国主义为核心的民族精神和以改革创新为核心的时代精神是社会主义核心价值体系的精髓，以社会主义核心价值体系引领思想政治教育内容创新，建构适应社会主义核心价值体系要求的思想政治教育内容体系，应以爱国主义教育为重点，加强民族精神和时代精神教育，增强人民群众的国家认同和民族认同。

第一，以爱国主义教育为重点，加强民族精神和时代精神教育是经济全球化的需要。在经济全球化背景下，科学技术的发展和利用是跨国界的，商品在全世界销售，资本跨国界流动，信息得以共享，各国经济交往中需要遵循共同规则，跨国公司本土化的程度不断提高，不仅利用当地自然资源，而且还充分利用当地的人力资源。各国公民在世界范围内流动，一个国家的公民可能工作和生活在另一个国家，

① 《江泽民文选》第3卷，人民出版社2006年版，第87页。

② 胡锦涛：《高举中国特色社会主义伟大旗帜，为夺取全面建设小康社会新胜利而奋斗》，《人民日报》2007年10月25日。

并对另一个国家产生感情。这种情况冲击着一些人对民族身份的认同，使有的人对自己的归宿感产生了困惑，误认为“世界大同”“世界一家”，民族国家的框架应被打破，甚至认为爱国主义在今天已经过时了。西方理论界借口全人类利益和保护环境，否认民族利益和国家主权，反对发展中国家进行爱国主义教育。如何正确认识和把握经济全球化背景下的爱国主义教育是当前思想政治教育面临的重要课题。国际金融危机爆发以来，一件又一件活生生的事实告诉我们，在经济全球化环境下，爱国主义并没有也不会过时。在经济全球化条件下，国家仍然是民族存在的最高组织形式，是国际社会活动中的独立主体。国家既保护着祖国的整体利益，也保护着国家每一个公民的利益。面对国际金融危机，正是我们的祖国所具有的强大的战胜危机的能力，才使我们把国际金融危机造成的损失降低到了最低的限度。由此可见，只要国家继续存在，爱国主义就有其坚实的基础和丰富的意义。我们在参与经济全球化的过程中，必须坚定地捍卫自己国家的利益，这就更需要爱国主义的支撑。经济全球化是一把双刃剑。国际金融危机爆发后一系列严酷的现实告诉我们，面对由西方国家引发的国际金融危机这一灾难，他们不仅千方百计想方设法向世界其他国家转嫁危机，而且发布种种谎言，企图把引发危机的责任也推卸给其他国家。活生生的现实表明，经济全球化背景下，发展中国家不仅要面对经济方面的挑战，而且也面临政治文化上的挑战。西方发达国家利用经济、科技和军事等方面的优势，竭力输出他们的政治观、价值观、文化观和生活方式，力图主导全球化进程，把发展中国家纳入西方发展模式和发展轨道。在这种情况下，更需要以爱国主义教育为重点，加强民族精神和时代精神教育，维护本国、本民族的利益。

第二，以爱国主义教育为重点，加强民族精神和时代精神教育是形成全民族强大凝聚力和振兴中华强大精神动力的需要。爱国主义是中华民族精神的核心，是人们忠诚、热爱、报效祖国的一种热爱国家和民族、推动历史发展的强大精神力量，也是调节个人与国家民族关系的道德要求、政治原则和法律规范。爱国主义体现了人民群众对自己祖国的深厚感情，反映了个人对祖国的依存关系，是人们对自己故土家园、民族和文化的归属感、认同感、尊严感与荣誉感的统一。它是一个民族永恒而无价的精神财富。正是因为如此，江泽民同志 1993 年在全国宣传部长座谈会上的讲话中指出："世界上任何国家任何制度下，都很重视对人民进行爱国主义的教育，在我们这样人口众多的社会主义国家里，更应如此。"[①] 中华民族是富有爱国主义传统的伟大民族，在 5000 年的历史长河中，中华民族形成了以爱国主义为核心的团结统一、爱好和平、勤劳勇敢、自强不息的伟大民族精神。在以爱国主义为核心的民族精神鼓舞下，中华民族不仅创造了辉煌的中华文明，而且在不甘外人凌辱、为维护民族尊严而进行的英勇斗争中，培育和熔铸了具有强大凝聚力和生命力的民族精神，并涌现出了无数可歌可泣的民族英雄。自从马克思主义传播到中国和中国共产党诞生以来，以爱国主义为核心的民族精神得到了新的升华，在推翻帝国主义、封建主义和官僚资本主义的反动统治，建设社会主义新中国的过程中，发挥了前所未有的巨大力量。今天，在建设中国特色社会主义、实现中华民族伟大复兴的征程中，以爱国主义为核心的民族精神更是凝聚和鼓舞全国人民团结奋斗的一面光辉旗帜，也是全体公民必须共同遵循的重要道德准则和法律规范。只有在以爱国主义为核心的民族精神和以改革创新为核心的时代精神的指引下，才能形成全民族的强大凝聚力和振兴中华的强大精神动力，使全国各族人民和海外爱国侨胞结成最广泛的爱国统一战线，团结一切可以团结的力量，调动一切可以调动的积极因素，同心同德为实现中华民族的伟大复兴而共同奋斗。在中国这样一个有 13 亿多人口的多民族国家，如果缺乏以爱国主义为核心的民族精神和以改革创新为核心的时代精神的凝聚，就会成为一盘散沙，国家就难以保持统一和稳定。21 世纪，各国之间综合国力的竞争越来越激烈。在激烈的国际竞争中，中华民族立于不败之地的一个重要原因，就是高扬以爱国主义为核心的民族精神和以改革创新为核心的时代精神，最大限度地团结全国各族人民和海外爱国侨胞，激发起爱我中华、建我中华、强我中华的爱国热情。"人心齐，泰山

① 中共中央宣传部编：《毛泽东邓小平江泽民论思想政治工作》，学习出版社 2000 年版，第 124 页。

移”，中华儿女万众一心，奋发图强，艰苦奋斗，就一定能战胜任何艰难险阻，多少代人所企盼的中华民族伟大复兴的目标就一定会实现。

第三，中国共产党历来十分重视民族精神和时代精神教育。在中国革命、建设和改革开放的历史进程中，以爱国主义为核心的民族精神和以改革创新为核心的时代精神深入人心，发挥了巨大的作用。早在1938年，毛泽东就要求“中国共产党人必须将爱国主义和国际主义结合起来。我们是国际主义者，我们又是爱国主义者，我们的口号是为保卫祖国反对侵略者而战。对于我们，失败主义是罪恶，争取抗日胜利是责无旁贷的。因为只有为着祖国而战才能打败侵略者，使民族得到解放。只有民族得到解放，才有使无产阶级和劳动人民得到解放的可能。中国胜利了，侵略中国的帝国主义者被打倒了，同时也就是帮助了外国的人民。因此，爱国主义就是国际主义在民族解放战争中的实施”①。新中国成立后，毛泽东多次强调“要使全体青年们懂得，我们的国家现在还是一个很穷的国家，并且不可能在短时间内根本改变这种状态，全靠青年和全体人民在几十年时间内，团结奋斗，用自己的双手创造出一个富强的国家”。“我们要保持过去革命战争时期的那么一股劲，那么一股革命热情，那么一股拼命精神，把革命工作做到底。”② 在改革开放的新时期，邓小平指出：“必须发扬爱国主义精神，提高民族自尊心和民族自信心。否则我们就不可能建设社会主义，就会被种种资本主义势力所侵蚀腐化。”③ “中国人民有自己的民族自尊心和自豪感，以热爱祖国、贡献全部力量建设社会主义祖国为最大光荣，以损害社会主义祖国利益、尊严和荣誉为最大耻辱。”④ 他特别强调：“改革开放的胆子要大一些，敢于试验。看准了的，就大胆地试，大胆地闯。没有一点闯的精神，没有‘冒’的精神，就干不出新的事业。”⑤ 江泽民强调：“爱国主义，是一个国家、一个民族凝聚人

① 中共中央宣传部编：《毛泽东邓小平江泽民论思想政治工作》，学习出版社2000年版，第119—120页。

② 同上书，第131页。

③ 同上书，第122页。

④ 同上书，第123页。

⑤ 《邓小平年谱》（1975—1997）（下），中央文献出版社2004年版，第1342页。

民的重要思想基础和不断追求进步的强大精神动力。中国人民具有悠久的爱国主义光荣传统。爱国主义有鲜明的时代特点，它总是随着时代的前进和历史的进步而不断丰富内容，向人民提出新的要求。我们今天讲爱国主义，就是要热爱我们伟大的社会主义祖国，在党的领导下为祖国的繁荣富强贡献自己的智慧和力量。”① 并且提出了六十四字创业精神：“我们的社会主义现代化建设还处在艰巨的创业时期。伟大的创业实践，需要有伟大的创业精神来支持和鼓舞。解放思想、实事求是，积极探索、勇于创新，艰苦奋斗、知难而进，学习外国、自强不息，谦虚谨慎、不骄不躁，同心同德、顾全大局，勤俭节约、清正廉洁，励精图治、无私奉献，这些都应该成为新时期我们推进现代化建设，所要大加倡导和发扬的创业精神。”② 他在党的十六大报告中不仅结合时代特征对中华民族精神进行了科学概括，而且将爱国主义作为中华民族精神的核心，提升了爱国主义在中华民族精神中的地位，凸显了爱国主义的价值。他指出：“民族精神是一个民族赖以生存和发展的精神支撑。一个民族，没有振奋的精神和高尚的品格，不可能自立于世界民族之林。在五千年的发展中，中华民族形成了以爱国主义为核心的团结统一、爱好和平、勤劳勇敢、自强不息的伟大民族精神。我们党领导人民在长期实践中不断结合时代和社会的发展要求，丰富着这个民族精神。”③ 以胡锦涛为总书记的党中央也非常重视民族精神和时代精神教育，面对“非典”疫情和自然灾害，他指出：“中华民族是具有伟大精神的民族，越是困难的时候，越是要大力弘扬民族精神，越是要大力增强中华民族的凝聚力。”④ 2006 年 10 月 11 日中国共产党十六届六中全会通过的《中共中央关于构建社会主义和谐社会若干重大问题的决定》将“以爱国主义为核心的民族精神和以改革创新为核心的时代精神”作为“构建社会主义核心价值体系的基本内

---

① 中共中央宣传部编：《毛泽东邓小平江泽民论思想政治工作》，学习出版社 2000 年版，第 126—127 页。

② 同上书，第 134—135 页。

③ 《江泽民文选》第 3 卷，人民出版社 2006 年版，第 559 页。

④ 《中国共产党重要会议纪实》（增订本），中央文献出版社 2005 年版，第 1005 页。

容”之一。并要求“用民族精神和时代精神凝聚力量、激发活力，倡导爱国主义、集体主义、社会主义思想”[①]。2014 年 2 月 24 日，习近平同志在中共中央政治局就“培育和践行社会主义核心价值观、弘扬中华传统美德”进行的第十三次集体学习中的讲话中指出：“要认真汲取中华优秀传统文化的思想精华和道德精髓，大力弘扬以爱国主义为核心的民族精神和以改革创新为核心的时代精神，深入挖掘和阐发中华优秀传统文化讲仁爱、重民本、守诚信、崇正义、尚和合、求大同的时代价值，使中华优秀传统文化成为涵养社会主义核心价值观的重要源泉。”[②]

在新的历史条件下，如何以爱国主义为重点，加强民族精神和时代精神教育呢？笔者认为应着力抓好以下几个方面的工作。

第一，应将爱国主义、集体主义和社会主义教育结合在一起。邓小平指出：“有人说不爱社会主义不等于不爱国。难道祖国是抽象的吗？不爱共产党领导的社会主义的新中国，爱什么呢？港澳、台湾、海外的爱国同胞，不能要求他们都拥护社会主义，但是至少也不能反对社会主义的新中国，否则怎么叫爱祖国呢？至于对中华人民共和国领导下的每一个公民，每一个青年，我们的要求当然要更高一些。”[③]江泽民指出：“在我国，爱国主义、集体主义、社会主义教育，是三位一体、相互促进的。对全民族和全体人民来说，首先要抓好爱国主义教育。”[④] 从上述论述可以看出，加强思想政治教育，必须广泛、深入、持久地对全国人民进行爱国主义、集体主义和社会主义教育，是改革开放 30 多年来，中国共产党一贯强调的重要思想。在当代中国，只有把爱国主义、集体主义和社会主义教育紧密结合起来，才能在全国各族人民心中铸成凝聚振兴中华民族，实现中华民族伟大复兴的强

---

① 《中共中央关于构建社会主义和谐社会若干重大问题的决定》，《人民日报》2006 年 10 月 19 日。

② 《把培育和践行社会主义核心价值观作为凝魂聚气强基固本的基础工程》，《光明日报》2014 年 2 月 26 日。

③ 中共中央宣传部编：《毛泽东邓小平江泽民论思想政治工作》，学习出版社 2000 年版，第 122 页。

④ 同上书，第 124 页。

大精神支柱。这是因为，祖国是具体的，爱国也是具体的。在今天的中国，爱国必须爱社会主义的中国，否则爱国就成了一句空话。为此，我们必须把爱国主义教育和社会主义教育有机统一于建设中国特色社会主义的伟大实践之中，教育和引导人民群众热爱我们伟大的社会主义祖国，在党的领导下为祖国的重新崛起和振兴贡献自己的智慧和力量。无论是爱国主义还是社会主义，都是与集体主义紧密相连、有机统一的。进行爱国主义和社会主义教育，必须同集体主义教育紧密结合起来。这一方面，是由于我国社会主义制度的建立，从根本上消灭了几千年来长期存在的阶级对立，把全国人民的利益紧密联系在一起，为全国人民形成和弘扬集体主义精神奠定了坚实的客观基础。另一方面，是由于社会主义制度的巩固和完善，中国特色社会主义事业的发展，中华民族的重新崛起和振兴，在客观上又要求集体主义精神在全社会被大力弘扬。集体主义作为社会主义道德的基本原则，是凝聚和鼓舞全体中国人民全面建设小康社会，实现中华民族伟大复兴必不可少的思想道德基础。任何与集体主义相违背的个人主义、小团体主义、本位主义，同时也都与爱国主义、社会主义不相容，都是对中国特色社会主义、实现中华民族伟大复兴事业的破坏因素。国际金融危机提升了中国的国际地位，为我们开展爱国主义、集体主义和社会主义教育创造了良好的条件，我们要紧紧抓住这一历史机遇，加强对人民群众进行爱国主义、集体主义和社会主义教育，让广大人民群众满怀信心地投身于中国特色社会主义伟大事业之中，把爱国主义热忱转化为推动全面建设小康、构建社会主义和谐社会、实现中华民族伟大复兴的强大动力。

第二，应将民族精神教育和时代精神教育有机结合在一起。“民族精神和时代精神相辅相成、相融相生。时代精神离不开民族精神，需要从民族精神中汲取养分。民族精神也离不开时代精神，需要用时代精神丰富自身的内涵，二者统一于中华民族的精神品格之中。中华民族生生不息、薪火相传、奋发进取，靠的就是这样的精神；中华民族抵御外来侵略、赢得民族独立和人民解放，靠的就是这样的精神；在新的历史时期，抓住机遇，加快发展，由贫穷走向富裕，靠的也是这样的精神；建设社会主义和谐社会，实现全面建设小康社会的宏伟目标，还是要靠这样的精神。”[①] 民族精神和时代精神相互交融，是中国人民继往开来的强大精神动力。民族精神不断吸纳时代精神，时代精神不断融入民族精神，这是推动社会前进的强大动力。时代精神具有民族性，民族精神具有时代性，二者相互交融，这是引领社会前进的强大精神力量。时代精神与民族精神的相互交融，基本功能在于确立社会发展尺度、价值尺度和准则，制定社会发展的方向和目标。它们不仅可以促进物质技术力量的发展，而且可以凝聚精神力量，对中华民族的全面复兴和自立于世界民族之林起着巨大作用。[②] 以爱国主义为重点，加强民族精神和时代精神教育，不能割裂二者之间的紧密联系，应切实将二者有机结合起来，引导人民群众在中国特色社会主义事业的伟大实践中，在时代和社会的发展进步中汲取营养，培养爱国情感、改革精神和创新能力，始终保持艰苦奋斗的作风和昂扬向上的精神状态。

第三，要深入开展中华民族悠久历史和优秀传统文化教育。要通过中国历史特别是近现代史的教育，使人们了解中华民族自强不息、百折不挠的发展历程，了解我国各族人民对人类文明的卓越贡献，了解我国历史上的重大事件和著名人物，了解中国人民反对外来侵略和压迫，反抗腐朽统治，争取民族独立和解放，前赴后继，浴血奋斗的精神和业绩，特别是了解中国共产党领导全国人民在革命、建设和改革中为实现民族独立与人民解放，为实现国家繁荣富强与人民共同富裕而不懈奋斗的崇高精神和光辉业绩。要通过学习和了解中华民族悠久历史和优秀传统文化，激发人们的民族自尊心和自豪感，不断振奋民族精神，使以爱国主义为核心的民族精神在中国特色社会主义建设中得以大力弘扬和培育，获得深厚的社会土壤与高度的民族自觉。

第四，要进行国防教育和国家安全教育。当今世界各种思想文化

---

① 中共中央宣传部：《社会主义核心价值体系学习读本》，学习出版社 2009 年版，第 39 页。

② 杨永利、李建德主编：《社会主义核心价值体系学习读本》，红旗出版社 2007 年版，第 151—156 页。

相互激荡，意识形态领域里的斗争异常错综复杂。西方发达资本主义国家从来没有放弃过对我国进行“和平演变”，他们不仅凭借科技、军事优势粗暴干涉别国内政，而且对广大发展中国家进行文化渗透。面对当今世界范围内多元文化相互激荡，维护国家安全，特别是文化安全，已成为一项重要任务。我们要根据新时期的特点，重视国防教育，增强全民的国防意识和国家安全意识，加强军政、军民团结，提高全民抵御外敌入侵、捍卫祖国独立、维护国家主权和领土完整的自觉性。

第五，要抓住国际金融危机的历史机遇，切实加强以改革创新为核心的时代精神教育。国际金融危机等一系列历史事实雄辩地证明，改革创新是中国走向繁荣富强的必由之路，是中国特色社会主义发展前进的成功之路，是我们克服战胜国际金融危机的力量源泉。改革创新已成为当代中国的时代主题，成为时代精神的核心内容。社会主义要保持强大生命力，就必须通过改革不断完善自己。只有通过改革创新，才能解决阻碍经济社会发展的体制性、机制性问题，保持经济社会发展的生机和活力，促进我国经济社会更好更快发展。不改革创新，不仅不能取得新的成就，而且已经取得的成就也难以保持，更谈不上继续推进我们的事业。改革开放30多年，我们之所以能够在国际风云变幻中站稳脚跟，之所以能够经受住一次又一次严峻考验，之所以能够战胜各种困难和风险，使现代化建设的航船始终沿着正确的方向破浪前进，就是因为通过改革创新，找到了中国特色社会主义道路，全党全国各族人民在这条道路上团结奋进，实现了由计划经济向社会主义市场经济体制的转变，初步建立起了与社会主义初级阶段基本国情相适应的政治经济体制，我国综合国力大幅度跃升，人民生活总体上实现了由温饱到小康的历史性跨越，我国社会长期保持安定团结，国际影响力和民族凝聚力大大增强，为中国特色社会主义伟大事业奠定了坚实的基础。今天，我们要战胜前进道路上面临的各种困难仍然需要弘扬以改革创新为核心的时代精神，大力推进理论创新、制度创新、科技创新、文化创新以及其他各方面的创新。要教育引导人民群众弘扬以改革创新为核心的时代精神，自觉投身于改革创新的伟大实践，变危机为商机，勇敢地接受创业的挑战，做一个真正的创业者。

三　以中国特色社会主义共同理想教育为核心，加强理想信念教育

中国特色社会主义共同理想是社会主义核心价值体系的主题，以社会主义核心价值体系引领思想政治教育内容创新，建构与社会主义核心价值体系相适应的思想政治教育内容体系，应以中国特色社会主义共同理想教育为核心，加强理想信念教育，增强人民群众的政治认同。

第一，以中国特色社会主义共同理想教育为核心，加强理想信念教育，有利于突出社会主义核心价值体系的主题。中国特色社会主义共同理想，就是在中国共产党领导下，走中国特色社会主义道路，实现中华民族伟大复兴。这一共同理想，把党在社会主义初级阶段目标、国家的发展、民族的振兴与个人的幸福紧密联系在一起，反映了全体中国人民的根本利益和共同愿望，是社会主义核心价值体系的主题，同时也是思想政治教育的鲜明主题。以社会主义核心价值体系引领思想政治教育内容创新，应以中国特色社会主义共同理想教育为核心，突出这一鲜明主题，使人民群众充分认识到中国特色社会主义共同理想的科学性，使人民群众不仅在情感上，更能从世界观的高度，理性地接受和认同中国特色社会主义的价值目标。要通过中国特色社会主义共同理想教育，使人民群众不仅看到中国特色社会主义事业面临的挑战和困难，而且使他们看到中国特色社会主义事业所具有的蓬勃的生命力，坚定他们对中国共产党的信任、对走中国特色社会主义道路的信念、对实现中华民族伟大复兴的信心。由此可以看出，以中国特色社会主义共同理想教育为核心，加强理想信念教育，有利于突出中国特色社会主义这个主题来建设社会主义核心价值体系，对于形成中华民族奋发向上的精神力量和团结和睦的精神纽带，巩固全党全国各族人民团结奋斗的共同思想基础，具有重要的意义。

第二，以中国特色社会主义共同理想教育为核心，加强理想信念教育是社会主义市场经济建设的需要。随着社会主义市场经济的深入

发展，我国经济成分、组织形式、就业方式、利益关系和分配方式日益多元化，不可避免地会出现社会意识多样化，这就必须要有一个能够代表广大人民根本利益，为社会各个阶层广泛认可和接受，能有效凝聚各个方面智慧和力量的共同理想。理想信念是一种强大的精神力量。一个人有了崇高的理想信念，就能排除万难，自强不息地执着奋斗；一个民族、一个国家有了共同理想，就能齐心协力，励精图治。正是因为如此，邓小平特别重视理想信念教育，他指出："现在中国提出'四有'，有理想、有道德、有文化、有纪律。其中我们最强调的，是有理想。根据我长期从事政治和军事活动的经验，我认为，最重要的是人的团结，要团结就要有共同的理想和坚定的信念。我们过去几十年艰苦奋斗，就是靠用坚定的信念把人民团结起来，为人民自己的利益而奋斗。没有这样的信念，就没有凝聚力。没有这样的信念，就没有一切。"① "我们一定要经常教育我们的人民，尤其是我们的青年，要有理想。"② 2000 年 6 月，江泽民在中央思想政治工作会议上的讲话中明确地要求"要紧密结合干部群众在思想认识和工作生活中产生的新问题，突出加强理想信念教育，不断增强全体人民的凝聚力。理想信念教育是党的思想政治工作的核心内容。只有在全党同志和全体人民中牢固确立正确的理想信念，才能不断增加凝聚力和战斗力，我们的事业才能不断取得成功"③。2006 年，胡锦涛在纪念红军长征胜利 70 周年大会上的讲话中指出："我们继承和发扬红军长征的光荣革命传统，就要大力弘扬革命理想高于天的崇高精神，为建设中国特色社会主义提供强大精神支柱。在艰苦卓绝的长征中，英勇的红军将士之所以能够视死如归、浴血奋战，之所以能够战胜人世间难以想象的千难万阻，就是因为他们心中有着为人民解放和民族自由而奋斗的崇高理想和坚定信念。崇高理想，坚定信念，是凝聚人心、催人奋进的

① 中共中央宣传部编：《毛泽东邓小平江泽民论思想政治工作》，学习出版社 2000 年版，第 34 页。

② 同上书，第 32 页。

③ 《江泽民文选》第 3 卷，人民出版社 2006 年版，第 89 页。

伟大旗帜，是战胜困难、赢得胜利的力量源泉。”① 2013 年 3 月 17 日，习近平同志在十二届全国人大一次会议闭幕会上的讲话中指出：“中华民族具有 5000 多年连绵不断的文明历史，创造了博大精深的中华文化，为人类文明进步做出了不可磨灭的贡献。经过几千年的沧桑岁月，把我国 56 个民族、13 亿多人紧紧凝聚在一起的，是我们共同经历的非凡奋斗，是我们共同创造的美好家园，是我们共同培育的民族精神，而贯穿其中的、最重要的是我们共同坚守的理想信念。”② 但是，从中国社会科学院马克思主义研究学部课题组调查结果可以看出：“在部分党员、领导干部和学者中，社会主义和共产主义的理想信念逐渐淡化，甚至丧失。他们的内心世界不认同马克思主义，对它冷嘲热讽，在人民群众和学生中造成了恶劣的影响。在调查共产主义理想信念产生危机的原因时，受访的 2602 人中，有 1678 人认为是部分领导干部和教育者自己不信仰共产主义，占 60%。”③ 张艳宏对大连地区五所高校的调查结果显示：“内心具有马克思主义信仰的只有 35.2%，而有 51.0% 的学生选择了思考过但没有确立，这其中不排除有相当比例的学生内心排斥马克思主义信仰。还有 13.8% 的学生从未思考过马克思主义的信仰问题。调查表明，大学生中马克思主义信仰危机确实存在，危机主要表现在多元思想文化下的马克思主义信仰的缺失和共产主义理想的缺乏。从道理上讲，大学生长期接受马克思主义理论教育，应该是对国家倡导的主流信仰积极响应并身体力行的一部分人，但调查结果并没有证明这一点，这是值得深思的一个问题。”“大学生对马克思主义信仰具体表现在对社会主义的信念，对党和政府的信任和对改革开放路线、方针和政策的信心上面。在这‘四信’中，大学生感到最为迷茫的是对马克思主义的信仰和政府的信任，两项合计占被调查学生的 66.0%，对社会主义信念感到迷茫的占 30.0%，比较之下，大学生对改革开放最有信心，只有 4.0% 选择了对改革开放感到迷茫。

① 《胡锦涛在纪念红军长征胜利 70 周年大会上的讲话》，《光明日报》2006 年 10 月 23 日。

② 《习近平论社会主义核心价值观》，《党建》2014 年第 4 期。

③ 《关于加强马克思主义理论研究和建设问题的调研报告》，《马克思主义研究》2008 年第 4 期。

这说明大学生对中国特色社会主义从理论到实践层面都存在着一种矛盾心理：一方面，改革开放的巨大成就增强了大学生对马克思主义的信仰和社会主义的信念；另一方面，现实中的消极因素又严重影响大学生对马克思主义的信仰、对党和政府的信任。”① 因此，以中国特色社会主义共同理想教育为核心，加强理想信念教育仍然显得十分迫切。

在新的历史条件下，以中国特色社会主义共同理想教育为核心，加强理想信念教育，应着力抓好以下几方面问题。

第一，应将中国特色社会主义共同理想教育与共产主义理想教育有机结合起来。我们在理想信念教育方面曾出现过两方面的错误，一方面，片面地要求在全体人民中开展共产主义理想信念教育，并将它作为全民族的共同理想，这种理想信念教育的定位超越了历史阶段性；另一方面，片面地强调中国特色社会主义共同理想教育，忽视了共产主义远大理想教育，这种理想信念教育的定位只考虑到了眼前，忽视了我们长期奋斗的目标。这两种错误倾向都在理想信念教育定位上从一个极端走向了另一个极端，是有违马克思主义辩证法的。按照社会主义核心价值体系要求，以中国特色社会主义共同理想教育为核心，加强理想信念教育，应将中国特色社会主义共同理想教育与共产主义理想教育有机结合起来。中国特色社会主义共同理想与共产主义远大理想之间并没有本质上的不同，只是实现人类社会理想的两个不同阶段，它们辩证统一于实现共产主义奋斗的全部历史过程。理想是有层次性的，对于中国共产党人来说，“中国共产党的最高理想和最终目标是实现共产主义。我们现在的努力以及将来多少代的持续努力，都是朝着实现共产主义这个最终目标前进的。中国特色社会主义共同理想是共产主义最高理想在我国社会主义初级阶段的现实体现，是实现共产主义最高理想的必经阶段。没有最高理想的指引，就不会有共同理想的确立和坚持。没有共同理想的实现，最高理想就没有现实的基础。任何时候都不能把最高理想和共同理想割裂开来，对立起来。在实现中华民族伟大复兴的征程中，必须始终坚持远大理想与现实奋斗

① 张艳宏：《当代大学生马克思主义信仰现状调查分析》，《吉林化工学院学报》2011 年第 6 期。

相统一，既要树立共产主义远大理想，坚定信念，以高尚的思想道德要求鞭策自己，更要以社会主义初级阶段的实际出发，脚踏实地地为实现党在现阶段的基本纲领不懈努力”[①]。

第二，应将个人理想与社会理想教育结合起来。从理想的对象上划分，理想有个人理想和社会理想。个人理想是指处于一定历史条件和社会关系中的个体对于自己的未来物质生活、精神生活所产生的种种向往和追求，它包括个人具体的职业理想、生活理想和道德理想。社会理想是指社会集体主体乃至社会全体成员的共同理想，指在全社会占主导地位的共同奋斗目标。个人理想与社会理想是辩证统一的。一方面，社会理想决定、制约个人理想。个人理想的建立要有社会理想作指导，个人理想的实现也有待于社会理想的实现，个人理想只有同国家的前途、民族的命运相结合，个人的向往和追求只有同社会需要和人民的利益相一致，才可能变为现实。另一方面，个人理想体现社会理想。社会理想既包含并反映着千百万人的个人理想，又依靠千百万人的实践才能实现。没有社会理想指导下的个人理想的实现，社会理想的实现就只能是一句空话。总之，以中国特色社会主义共同理想教育为核心，加强理想信念教育，要把个人理想和社会理想有机地结合起来，“要使广大人民群众正确认识国家和自己的根本利益，树立正确的世界观、人生观、价值观，把个人的理想融入全体人民的共同理想当中，把个人的奋斗融入为祖国社会主义现代化建设的奋斗当中，坚定对建设有中国特色社会主义的信念、对改革开放和现代化建设的信心、对党和政府的信任”[②]。任何只讲个人理想，不讲社会理想，或者只讲社会理想，不讲个人理想的观点，都是片面的、错误的。

第三，应将理想信念教育与世界观、人生观、价值观教育结合起来。崇高的理想信念，归根结底来自科学的世界观、人生观和价值观。以中国特色社会主义共同理想教育为核心，加强理想信念教育，应将中国特色社会主义共同理想教育与世界观、人生观、价值观教育结合

---

① 中共中央宣传部：《社会主义核心价值体系学习读本》，学习出版社 2009 年版，第 31—32 页。

② 《江泽民文选》第 3 卷，人民出版社 2006 年版，第 89—90 页。

起来，教育引导人民群众树立正确的世界观、人生观、价值观，正确处理国家、集体、个人三者的关系，做到局部利益服从整体利益、个人利益服从国家利益。

第四，理想信念教育要贴近群众的思想实际，增强针对性。江泽民同志指出："理想信念教育，必须紧密结合干部群众的思想实际，有的放矢，对症下药，不能照本宣科，空喊口号。比如，现在有的人对马克思主义科学真理产生了某种疑惑，对社会主义经过长期发展最终必然战胜资本主义的信念产生了动摇，对建设有中国特色社会主义事业缺乏信心，思想空虚，精神委靡；有的人沉湎于花天酒地或封建迷信活动中去寻找精神寄托；有的人在各种诱惑面前随波逐流，极少数党员、干部由于背离正确的理想信念堕落为腐败分子。加强理想信念教育，就要针对这些问题来进行，认真分析产生这些问题的原因，深入细致地开展工作。"①

第五，理想信念教育要与科学知识、科学思想、科学精神、科学方法的教育相结合。教育引导人民群众掌握科学方法，崇尚科学精神，划清唯物论与唯心论、无神论与有神论、科学与迷信、文明与愚昧的界限，增强他们识别和抵制各种唯心主义、封建迷信及伪科学的能力，使我们的理想信念牢固地树立在科学的基础上。

第六，理想信念教育要与形势政策教育、国情教育相结合。"深入开展形势政策教育、国情教育、革命传统教育、改革开放教育、国防教育，组织学习中国近现代史特别是党领导人民进行革命、建设、改革的历史，坚定广大干部群众对中国特色社会主义的信心和信念。"②

四 以社会主义荣辱观教育为基础，加强社会主义道德教育

社会主义荣辱观是社会主义核心价值体系的基础，以社会主义核心价值体系引领思想政治教育内容创新，应以社会主义荣辱观教育为

---

① 《江泽民文选》第3卷，人民出版社2006年版，第89页。

② 《中共中央关于深化文化体制改革，推动社会主义文化大发展大繁荣若干重大问题的决定》，《长江日报》2011年10月26日。

基础，大力加强社会主义道德教育，增强人民群众道德认同。

2006年3月4日，胡锦涛同志在看望出席全国政协十届四次会议的委员时，发表了关于树立以“八荣八耻”为主要内容的社会主义荣辱观的重要讲话。胡锦涛同志阐述的以“八荣八耻”为主要内容的社会主义荣辱观，是新时期我们党对社会主义荣辱观的新概括，是社会主义道德建设理念的新提升，是社会主义道德建设途径的新拓展。它是继科学发展观、构建社会主义和谐社会、加强党的执政能力建设和先进性建设、建设创新型国家、建设社会主义新农村之后，我们党从新世纪新阶段党和国家事业发展全局出发提出的新时期社会主义道德建设的重要指导方针。“八荣八耻”社会主义荣辱观的提出，体现了我们党在社会主义道德建设思想上的与时俱进，具有十分重要的理论创新价值。

以社会主义荣辱观教育为基础，加强社会主义道德教育，准确把握了新世纪新阶段社会主义道德建设的现实着力点。以“八荣八耻”为主要内容的社会主义荣辱观的提出，既是紧密结合当前我国社会风气和道德建设领域内存在的突出问题而作出的明确回答，也是着眼于当代中国经济社会发展的全局、面向中华民族未来发展而作出的一项战略思考，因此，具有非常强的现实针对性。社会主义市场经济的发展，使全社会的思想观念和道德意识发生了深刻变化。热爱祖国，开拓创新，锐意进取，科学文明，团结互助已成为我国社会精神风貌的主流。但是面对当今经济全球化和科学技术迅猛发展所引发的综合国力的激烈竞争，面对世界范围内各种思想文化的相互激荡，面对市场经济给人们思想和行为带来的巨大冲击，在我们的社会生活中确实出现了一些不明是非、不知荣辱、不辨善恶、不分美丑的现象。有的人为了金钱不惜损害国家和人民的利益，把行贿受贿的商业回扣和腐败比作促进经济发展的“润滑油”，把托关系、走后门，请客送礼办事情看成“臭豆腐闻起来臭吃起来香”，把“不给好处不办事，给了好处乱办事”作为办事的“潜规则”，有的人把甘于奉献的人当作傻子，把奢侈淫逸视为大方、豪爽，有的人把遵纪守法看作缺乏魄力、循规蹈矩、难有作为，有的人对背信弃义、见利忘义、蔑视崇高、亵渎高尚的言行，不以为耻，反以为荣，致使人们的羞耻意识受到了一定程度的解构与腐蚀，一些人内心深处的羞耻感和罪恶感逐渐淡化以至消失，世界观、人生观、价值观等多个方面也出现了一些困惑和迷茫，是非、善恶、美丑混淆。这些不明是非、不知荣辱，不辨善恶、不分美丑的现象，与社会主义道德要求格格不入，与现代文明风尚极不协调，不仅败坏了社会风气，也影响了经济社会的健康发展。对这些现象和行为如果不能在全社会范围内加以彻底纠正，全面建设小康社会、构建社会主义和谐社会、实现中华民族重新崛起和振兴的目标就不可能实现。以胡锦涛为总书记的党中央提出的以“八荣八耻”为主要内容的社会主义荣辱观，正是从考虑解决道德建设领域突出存在的这些实际问题入手，在总结社会主义道德建设的历史经验，并充分吸收人类道德建设成果的基础上，对社会主义道德建设认识的进一步深化。

“道德不仅是一种特殊的社会意识，也不仅是行为规范，而是人类的实践精神，是人类把握世界的特殊方式，是人类发展完善自身的活动。马克思在《1857—1858 年经济学手稿》中，曾把人类把握世界的方式分为四种，即科学理论的、艺术的、宗教的和实践精神的。道德是社会意识，是一种思想关系，因此它是一种精神。但道德作为精神又不同于科学、艺术等其他精神，而是一种以指导行为为目的、以形成人们正确的行为方式为内容的精神，因而它又是实践的，道德区别于其他社会意识的根本特征就在于它是一种实践精神。”[①] 新时期社会主义道德建设应充分体现这样一种实践精神，切实抓住社会主义道德建设中的重点、热点、难点、焦点问题，并以此为现实着力点，推动社会主义道德建设向更高一级水平提升。回首我们党社会主义道德建设的历程，不容否认，我们党是始终重视道德建设的，但是社会主义道德建设是一个系统工程，它涉及的问题非常多，到底从何着手，这是一个不断探索的重大课题。坦率地讲，对于解决社会主义市场经济环境下道德滑坡问题，因为涉及的问题太多，要做的事情也太多，我们一直在寻找一个好的着力点。胡锦涛同志提出树立以“八荣八

① 罗国杰主编：《伦理学》，人民出版社 1989 年版，第 53—54 页。

耻”为主要内容的社会主义荣辱观，切中时弊，抓住了当前社会主义道德建设的主要矛盾，准确地指出了新时期社会主义道德建设的现实着力点，提升了社会主义道德建设的新理念。

荣辱观的实质是世界观、人生观、价值观，抓住了荣辱观就抓住了道德领域的根本和全局，抓住了道德建设的导向和基础。以“八荣八耻”为主要内容的社会主义荣辱观，集中体现了爱国主义、集体主义、社会主义思想，客观反映了社会主义现代化建设和社会主义市场经济发展的内在要求，是社会主义道德领域的根本规范、根本尺度、根本标准，以社会主义荣辱观引领社会主义道德建设和社会风气，理直气壮地倡导“八荣八耻”，大力弘扬社会正气，必将指引社会主义道德建设朝着富有实效的方向前进。

在新的历史条件下，以社会主义荣辱观教育为基础内容，加强社会主义道德教育应着力抓好以下几方面的问题。

第一，要深入开展社会主义荣辱观宣传教育，教育广大干部群众特别是广大青少年坚持以热爱祖国为荣、以危害祖国为耻，以服务人民为荣、以背离人民为耻，以崇尚科学为荣、以愚昧无知为耻，以辛勤劳动为荣、以好逸恶劳为耻，以团结互助为荣、以损人利己为耻，以诚实守信为荣、以见利忘义为耻，以遵纪守法为荣、以违法乱纪为耻，以艰苦奋斗为荣、以骄奢淫逸为耻。社会主义荣辱观教育，要将教育与自我教育统一起来，重视自我教育的作用，充分调动广大干部群众在社会主义荣辱观教育过程中的自主性、能动性和创造性，使社会主义荣辱观教育过程转化为广大干部群众自我教育的过程。要将荣誉教育与耻感教育结合起来，既要让广大干部群众见荣知荣，更要让广大干部群众见耻知耻，在全社会形成褒扬真善美、贬斥假恶丑的鲜明导向和浓厚氛围。社会主义荣辱观教育要坚持知与行的统一，不仅要重视教育引导广大干部群众学习掌握社会荣辱观的知识，更要重视情感的熏陶、意志的磨炼，使社会主义荣辱观转化为内心的信念，外化他们自己的行动。此外还要将自律与他律统一起来，充分发挥自律和他律在社会主义荣辱观教育的作用。

第二，要大力加强社会公德、职业道德和家庭美德教育。人类社会生活基本上可分为公共生活、职业生活和婚姻家庭生活领域。以社会主义核心价值体系引领思想政治教育内容创新，应着力加强这三大领域的道德教育，使社会主义道德建设融入社会生活之中，落到实处。公共生活是人类生活的重要方面，维护一定的秩序是提高公共生活质量的重要条件。进行社会公德教育，就是要大力倡导以文明礼貌、助人为乐、爱护公物、保护环境、遵纪守法为主要内容的社会公德，教育引导人们在社会上做一个好公民。进行职业道德教育，就是要大力倡导以爱岗敬业、诚实守信、办事公道、服务群众、奉献社会为主要内容的职业道德，教育引导人们从自己的工作实际出发践行上述基本要求，过积极健康的职业生活。进行家庭美德教育，就是要大力倡导以尊老爱幼、男女平等、夫妻和睦、勤俭持家、邻里团结为主要内容的家庭美德，教育引导人们过健康幸福的家庭生活。

第三，要以诚实守信为重点，切实加强公民道德教育。公民道德教育以诚实守信为重点，既是对中华民族传统美德的弘扬，又是对当代中国道德建设实践的正确反映。加强公民道德教育，要以诚信为本、操守为重、守信光荣、失信可耻为基本要求，增强全社会的诚实守信意识。要教育引导人们自觉遵守爱国守法、明礼诚信、团结友善、勤俭自强、敬业奉献的基本道德规范，做一个中国特色社会主义现代化建设的合格公民。实践证明，把诚信作为公民道德教育的重点来抓，能够带动和促进整个公民道德建设取得实际效果和实质进展。

第四，要采取切实措施抓好“爱国、敬业、诚信、友善”为核心价值理念的公民个人层面的社会主义核心价值观教育，使“爱国、敬业、诚信、友善”为核心价值理念的公民个人层面的社会主义核心价值观内化于心，外化于行，只有这样，培育和践行社会主义核心价值观才能真正落到实处。

第八章
社会主义核心价值体系与思想政治教育方法创新

第一节　思想政治教育方法创新的内涵

以社会主义核心价值体系引领思想政治教育方法创新，首先必须准确把握思想政治教育方法创新的内涵，在科学认识思想政治教育方法创新本质基础上进行创新实践。

一　思想政治教育方法的内涵

（一）界定思想政治教育方法的已有表述

综观思想政治教育学著作、教材及论文中关于思想政治教育方法界定的表述，大体有以下几种主要观点。

1. 所谓思想政治教育方法，就是教育者对受教育者在思想政治教育过程中所采用的思想方法和工作方法，或者说，是教育者为了达到一定的目的对受教育者采用的手段和方式。

2. 思想政治教育方法是思想政治教育所采取的各种影响方式的总称，既包括教育管理者施教的方法，也包括受教育者形成思想观念和道德品质的方法，思想政治教育方法包括教育者和教育对象两方面活动的方法。

3. 思想政治教育方法是以思想政治教育者为主导，在思想政治教育对象参与的思想政治教育活动中，使思想政治教育对象形成正确的思想观念和良好的道德品质所施加教育影响的各种方式、程序和手段的总和。

（二）对思想政治教育方法界定表述的分析

1. 对思想政治教育方法第一种界定的分析

第一种观点对思想政治教育方法的界定是从思想政治教育者一方作出的理论阐释，忽视了思想政治教育对象的主体能动性，把思想政治教育对象当作一种被动的客体。这种观点只片面强调了思想政治教育者在思想政治教育过程中所采用的方式和方法，忽视了思想政治教育对象自我教育方法这一更为重要的核心内容，很显然是不全面的。持思想政治教育者主体说的人往往持这样一种观点。

思想政治教育过程中的主客体关系问题，是思想政治教育学所关注的根本问题之一，也是一个争论较多的前沿问题。持思想政治教育者主体说的人认为，思想政治教育者是思想政治教育过程中的主体，思想政治教育对象则是客体，因此，他们认为思想政治教育对象的主体能动性仅仅在接受思想政治教育影响的范围内和方向上发挥作用。很显然这种观点是传统思想政治教育中的主客体关系学说。这种观点的典型表现是“我讲你听，我打你通”的单向灌输模式，其教育方法往往是不分对象，“一刀切”，“一锅煮”，“一律化”，要思想政治教育对象“老实听话”“机械模仿”。这种观点显然已经受到了严峻挑战。

2. 对思想政治教育方法第二种界定的分析

第二种观点对思想政治教育方法的界定是从施教和受教两方面进行的界定，与第一种观点相比较，重视了思想政治教育对象的作用，因此，认识比第一种观点更加全面，但仍值得商榷。持双主体说的学者持这种观点。双主体说认为，思想政治教育者与受教育者之间互为主客体，从施教过程方面来说，思想政治教育者是施教的主体，受教育者是施教的客体；从受教过程方面来说，受教育者是接受教育的主体，思想政治教育者则是接受的客体，双方的影响作用是双向的，分别构成互为主客体的两个认识活动的循环圈。双主体说，不同程度上体现了现代观点，具有启迪作用。它从分析思想政治教育过程的微观结构出发，试图从思想政治教育过程的具体运行程序去构建思想政治教育者与受教育者关系的研究思路，具有一定的启发作用，但这种观点仅从一般认识论关于主客体关系的抽象规定出发对两个主体进行横向并列平行表述，不易抓住思想政治教育者与受教育者关系的本质，即未能具体分析教育者主体和受教育者主体间的特殊性及其差异。

3. 对思想政治教育方法第三种界定的分析

第三种观点是持双方互动说的学者所持的观点。此说认为在思想政治教育过程中，思想政治教育者的施教起主导作用，但是受教育者在接受教育影响时，也不是消极、被动的，他们具有主动性、能动性。思想政治教育者和受教育者相互认识、相互作用（互动）形成合力，进而推动思想政治教育过程向前发展。与此类似的还有主导主体说。这种观点认为思想政治教育者与受教育者之间在教育与发展的方向与水平上存在差异，显然他们认识到了思想政治教育者与受教育者在思想政治教育过程中存在主体地位相互转化的情况，但却机械地把思想政治教育过程分成教育活动流程和接受教育流程两个阶段，并认为前一阶段，教育是矛盾的主要方面，后一阶段，接受成为矛盾的主要方面。对这种纵向分段说明交互主体和双方互动的观点仍存在较多的不同意见。

（三）思想政治教育方法的界定

通过上述对几种思想政治教育方法界定的不同表述的分析。我认为应引入思想政治教育过程中主客体关系的最新研究成果主体间或主体际的观点来界定思想政治教育方法。

主体间或主体际说认为，思想政治教育过程是思想政治教育者与思想政治教育对象在互动交往过程中，通过“主体—客体—主体”的转化过程实现的，在这个转化过程中，思想政治教育工作者和思想政治教育对象结成“主体—主体”的关系，即一种主体间或主体际关系。

根据主体间性理论，我们可以把思想政治教育方法界定为：是思想政治教育主体间在思想政治教育交往过程中为了达成思想政治教育的某种任务而采取的各种方式、程序和手段的总和。

这一界定，首先符合思想政治教育的本质特征。思想政治教育本质上是做人的工作，是人与人之间的交往与心灵的沟通。其次，这一界定克服了上述三种界定的不足，使思想政治教育方法的界定不仅建立在思想政治教育交往理论这一新理论成果的基础上，尊重了思想政治教育者与思想政治教育对象的主体性，而且规范、简洁。

二 思想政治教育方法创新的内涵

关于思想政治教育方法创新，学术界主要有以下几种观点：

第一，张毅翔在《思想政治教育方法创新内涵系统性解析》一文中，在对思想政治教育方法创新概念回顾的基础上，将其定义为："思想政治教育方法创新即思想政治教育者或组织机构针对思想政治教育环境、目标、内容等变化所引起的思想政治教育方法的不适应性，在对思想政治教育规律深刻认识并灵活运用的基础上，及时改进原有教育方法或创造新的教育方法，提高思想政治教育方法针对性和有效性，顺利完成思想政治教育任务。"①

第二，戴焰军认为："思想政治工作方法的创新应包括两层含义：一是要做好思想政治教育工作方法的继承和借鉴工作；二是以勇于探索、勇于创新的精神，在思想政治工作的实践中实现思想政治工作方法的创新。"②

第三，祖嘉合认为："思想政治教育方法的创新，主要是指在继承和借鉴的基础上，创造出与时代发展要求相适应的新做法，增强思想政治教育的实效性。"③

第四，韩玉芳、林泉主编的《思想政治工作方法教程》认为："思想政治工作方法创新，则指的是在继承和借鉴的基础上，创造体现时代精神的新鲜经验和做法，以便使思想政治工作能够在实践中不断完善和发展。"④

第五，张蔚萍主编的《思想政治工作学教程》认为："方法创新

---

① 张毅翔：《思想政治教育方法创新内涵系统性解析》，《求实》2008 年第 9 期。

② 戴焰军：《增强思想政治工作实效性的对策研究》，中国民主法制出版社 2008 年版，第 188 页。

③ 祖嘉合：《思想政治教育方法教程》，北京大学出版社 2004 年版，第 52 页。

④ 韩玉芳、林泉主编：《思想政治工作方法教程》，中共中央党校出版社 2004 年版，第 19 页。

是指适应人们的接受能力而运用现代工具和其他灵活多样的手段做思想政治工作的新方法。这些新方法必须循序渐进、因势利导、循循善诱、生动活泼、入耳入脑、可亲可信，容易被人接受。”①

第六，胡振民主编的《思想政治工作创新论》认为：“创新思想政治工作方法，要继承和发扬我们党在革命和建设实践中积累的丰富经验，结合改革开放和发展社会主义市场经济条件下思想政治工作环境、任务、内容和对象发生的新变化，积极探索思想政治工作的新方法、新手段、新途径、新渠道和新载体。”②

第七，张国启、王忠桥认为：“思想政治教育的方法创新主要是指思想政治教育者根据受教育者的特征和思想政治教育的目标与任务等要素，在继承原有思想政治教育方法的基础上，在思想政治教育实践中不断总结经验，选择和创造更适合思想政治教育实践的新方法。”③

从上述论述可以看出，学术界关于思想政治教育创新的认识是不相同的，大多数认识到了思想政治教育方法创新是在继承的基础上创新，都从不同的角度探讨了思想政治教育方法创新的内涵，但有些概念内涵不够准确、规范，外延也较为狭窄。上述研究成果为我们进一步界定思想政治教育方法创新奠定了良好的基础。

根据本书对“创新”的界定以及本节对思想政治教育方法的界定，笔者将思想政治教育方法创新界定为：是指思想政治教育主体间在思想政治教育交往过程中扬弃旧的思想政治教育方法，根据社会主义核心价值体系要求，建立符合时代变化、反映时代特点、代表时代发展趋势的新的思想政治教育方法的过程。思想政治教育方法创新的目的就是不断促进思想政治教育方法发展。

---

① 张蔚萍主编：《思想政治工作学教程》，中共党史出版社2004年版，第402页。

② 胡振民主编：《思想政治工作创新论》，学习出版社2005年版，第167页。

③ 张国启、王忠桥：《新时期思想政治教育方法创新的理路分析》，《学校党建与思想教育》2010年第3期。

第二节　方法创新在社会主义核心价值体系建设中的作用

一　中介和桥梁作用

思想政治教育工作者在将“社会主义核心价值体系融入思想政治教育全过程，转化为人民的自觉追求”的过程中，要正确地认识和把握思想政治教育对象和教育环境，使主观与客观统一起来，必须通过某种手段来和客观发生关系。方法就是主体方面的某种手段，是知识工具，是思想政治教育者与教育对象、思想政治教育理论与实践的中介和桥梁。

在“社会主义核心价值体系融入思想政治教育全过程，转化为人民自觉追求”的思想政治教育活动过程中，我们要运用许多与社会主义核心价值体系相关的理论。这些理论被用来指导“社会主义核心价值体系融入思想政治教育全过程，转化为人民自觉追求”的思想政治教育实践活动时，就变换为方法，就成为抽象理论与实际行动相联系的中介和桥梁。任何理论，在用于指导思想政治教育活动过程中，都要变换为一定的手段、工具或技术，即都要变换为方法，从这个意义上讲，理论也是方法。只有这样，理论才能真正同实践发生联系，起到对实践的指导作用。否则，理论就会成为脱离实践的抽象、空洞的教条，成为不起任何作用的空话。但理论往往不能直接成为可操作的方法，它要经过原则方法向具体方法、可操作方法或技术的转化、变换，才能用于实践并发挥作用。原则方法离不开具体方法，否则，原则方法不能发挥作用，具体方法也离不开原则方法和理论，否则，具体方法将失去指导和方向。不管是运用原则方法还是具体方法，都是为了认识人们思想发展变化的实质，有效解决人们的思想问题，完成思想政治教育任务。因此，思想政治教育方法，既是认识规律的体现，又是客观现实思想本质的体现；既起着把思想政治教育理论转化为方法的作用，又起着指导实践的中介和桥梁作用。所以，思想政治教育方法是思想政治教育者与教育对象的联系方式，是思想政治教育活动赖以存在发展的条件，没有方法的创新，“社会主义核心价值体系融入思想政治教育全过程”是无法进行的。[①]

二 影响核心价值体系融入思想政治教育全过程效果的重要因素

在思想政治教育过程中，不同的思想政治教育者之所以会产生不同的思想政治教育效果，其中的奥秘在于他们是否掌握了思想政治教育的方法和艺术。在中国革命战争年代和新中国成立初期，思想政治教育之所以能在中国革命和建设中发挥巨大的精神动力作用，在于中国共产党能根据环境的变化，不断地与时俱进，进行思想政治教育方法的创新。改革开放新时期，思想政治教育效果不佳的一个重要原因就是旧的思想政治教育方法适应不了改革开放特别是社会主义市场经济环境的变化，与社会主义市场经济相适应的新的思想政治教育方法又没有产生，思想政治教育方法陷入了“巧妇难为无米之炊”的困境之中。要改变这一状况，只有与时俱进，实现思想政治教育方法创新，创造出与社会主义市场经济相适应的思想政治教育新方法。

“切实把社会主义核心价值体系融入思想政治教育全过程，转化为人民的自觉追求”是摆在广大思想政治教育工作者面前的一项重大任务，其中思想政治教育方法是完成这一任务的中介和桥梁，思想政治教育方法是否科学、得当，直接影响到完成这一任务的效果。要增强“社会主义核心价值体系融入思想政治教育全过程，转化为人民自觉追求”的效果，必须根据社会主义核心价值体系的要求，创新思想政治教育方法，建构与社会主义核心价值体系相适应的思想政治教育方法体系。正因为如此，江泽民在中央思想政治工作会议上的讲话中明确指出：“要紧密结合社会精神文化生活的新发展，努力探索出一套行之有效的方式、方法、手段、机制，不断提高思想政治工作的感召力和渗透力。加强和改进思想政治工作，必须讲求方式、方法、手段、机制。坚持用先进思想和科学理论对群众进行教育，是我们党的一个好传统，问题在于要结合新的实际加以运用，特别要研究和探索

① 参见郑永廷主编《思想政治教育方法论》，高等教育出版社 1999 年版，第 14—15 页。

如何增强这种教育的吸引力和说服力，使群众乐于接受。改革开放以来，我国人民的精神文化生活有了许多新的发展。一是随着物质生活的不断改善，他们对精神文化生活提出了新的要求，他们的心理状况、接受能力、欣赏水平也发生了变化；二是在科学技术不断创新的条件下，人们接受信息、休闲娱乐的方式、方法、手段发生了很大变化，一些新的传播媒体和文化娱乐场所吸引了大量群众；三是随着大量新的经济组织、社会组织的出现，以及社会成员流动的数量、范围、方式的不断扩大和变化，思想政治工作机制不适应的问题十分突出。加强和改进思想政治工作，过去行之有效的好传统、好办法要坚持，更重要的是要适应新情况，不断探索新的方式、方法、手段、机制。不创新、不改进，简单地沿用过去一套的东西是不行的。……不讲究方式、方法，不分对象、条件、场合，照本宣科，生搬硬套，老生常谈，空话连篇，绝对不会有成效。”①

第三节　在继承中创新思想政治教育方法

以社会主义核心价值体系引领思想政治教育方法创新的基础和前提是继承。没有继承，就谈不上创新。任何时期的思想政治教育都是在继承过去思想政治教育优良传统的基础上创新发展的。只有继承，如果没有创新，思想政治教育的发展就会停滞，就会失去生命力。因此，继承与创新是辩证统一的关系。以社会主义核心价值体系引领思想政治教育方法创新不能割断历史，必须在继承中创新思想政治教育方法。

一　在继承中国共产党思想政治教育方法优良传统的基础上创新

中国共产党在领导全国各族人民进行新民主主义革命和社会主义现代化建设的过程中，不仅一贯重视思想政治教育，而且非常善于做思想政治教育工作。在长期的思想政治教育实践中，中国共产党以马

① 《江泽民文选》第3卷，人民出版社2006年版，第92—93页。

克思主义理论、毛泽东思想和中国特色社会主义理论为指导，不仅首创了许多行之有效的思想政治教育方法，而且对这些方法进行了不断总结、提炼和概括，逐步形成了一套适合中国革命和建设的思想政治教育方法的优良传统。这些方法不仅为中国革命和建设做出了重大贡献，而且经过长期革命和建设实践的反复检验是具有科学性和生命力的。这些思想政治教育方法的优良传统，既是中国共产党的政治优势，更是中国共产党的宝贵精神财富。在继承中国共产党思想政治教育方法优良传统的基础上创新思想政治教育方法，必将有利于以社会主义核心价值体系引领思想政治教育方法创新，有利于“社会主义核心价值体系融入思想政治教育全过程，转化为人民自觉追求”。正是因为如此，《中共中央关于加强和改进思想政治工作的若干意见》明确指出：“我们党在长期的革命和建设实践中，积累了丰富的思想政治工作经验，这是我们的宝贵精神财富，要紧密结合新形势加以继承和发扬。”①

在继承中国共产党思想政治教育方法优良传统基础上创新思想政治教育方法，首先，要坚持在继承的基础上进行改革和发展。党的思想政治教育方法，主要是教育的方针、原则方法和一般方法，是以马克思主义为指导，在实践中概括出来，并经过长时间的检验，证明是科学的。这些方法，反映了思想形成、发展、变化的规律，以及思想政治教育的规律。因此，对于这些方法，需要在继承的同时，结合新情况，加以创造性改造，使之更适应现代思想政治教育的实际要求。其次，坚持在改革的过程中赋予思想政治教育方法以新的内容。党的思想政治教育的原则与方法，是经得起历史考验的基本方法，但随着社会历史条件的变化和党的工作重点的转移，一些过去十分有效的教育方法也不能简单地生搬硬套，只有不断充实新经验、新内容，才能进一步显示其旺盛的生命力。② 中国共产党思想政治教育方法优良传统内容十分丰富，根据社会主义核心价值体系对思想政治教育方法创

① 教育部思想政治工作司组编：《加强和改进思想政治教育重要文献选编（1978—2008）》，中国人民大学出版社2008年版，第281页。

② 张耀灿、郑永廷等：《现代思想政治教育学》，人民出版社2006年版，第379—380页。

新的要求，应重点继承创新以下方法。

（一）说服教育法

说服教育法，是指思想政治教育主体间在思想政治教育交往过程中通过摆事实、讲道理，达到提高认识和思想觉悟，自觉修正自身言行的目的的方法。中国共产党历来重视说服教育，在不同的历史时期反复强调，解决思想认识问题，只能采取民主的、说服教育的方法，不能采取强制、压服的方法。早在井冈山时期，毛泽东就强调在红军中一定要实行民主，官兵待遇要平等，士兵要有开会说话的自由。他说："红军的物质生活如此菲薄，战斗如此频繁，仍能维持不敝，除党的作用外，就是靠实行军队内的民主主义。"① 在抗日战争时期，他又进一步强调："军队应实行一定限度的民主化，主要地是废除封建主义的打骂制度和官兵生活同甘共苦。这样一来，官兵一致的目的就达到了，军队就增加了绝大的战斗力，长期的残酷的战争就不患不能支持。"② 并在此基础上，提出思想政治教育要实行"知无不言，言无不尽"，"言者无罪，闻者足戒"的方针。新中国成立以后，他提出正确处理人民内部矛盾的理论，依据这一理论，他强调："马克思主义者从来就认为无产阶级的事业只能依靠人民群众，共产党人在劳动人民中间进行工作的时候必须采取民主的说服教育的方法，决不允许采取命令主义的态度和强制手段。"③ "凡属于思想性质的问题，凡属于人民内部的争论问题，只能用民主的方法去解决，只能用讨论的方法、批评的方法、说服教育的方法去解决，而不能用强制的、压服的方法去解决。"④ 改革开放新时期，邓小平也十分重视说服教育的方法，他要求："坚持对思想上的不正确倾向以说服教育为主的方针，不搞任何运动和'大批判'。"⑤ "历史经验证明，用大搞群众运动的办法，而不是用透彻说理、从容讨论的办法，去解决群众性的思想教育问题，

① 《毛泽东选集》第1卷，人民出版社1991年版，第65页。

② 《毛泽东选集》第2卷，人民出版社1991年版，第511页。

③ 《毛泽东文集》第7卷，人民出版社1999年版，第211页。

④ 同上书，第209页。

⑤ 《邓小平文选》第3卷，人民出版社1993年版，第145页。

而不是用扎扎实实、稳步前进的方法，去解决现行制度的改革和新制度的建立问题，从来都是不成功的。”①

说服教育法既坚持了马克思主义灌输理论，又符合人的思想活动规律，是中国共产党思想政治教育最基本的方法。说服教育法不仅被中国共产党的长期思想政治教育实践证明是科学的和有效的方法，而且在新的历史条件下也是有效的方法，我们一定要在继承基础上创新说服教育法。这是因为，人的思想是客观存在的反映，“由于客观事物是复杂多变的，其本质往往是隐含在现象之中的，人们对客观事物的认识不可能一次完成；同时，由于人们在社会中的地位不同、职业不同、思想文化素质不等，对客观事物的认识必然会有一定的局限性。因此，解决人们的思想认识问题，必须采取说服教育的方法，通过透彻说理、从容讨论，使人们逐步接受正确的思想，克服错误的思想”②。特别是进入21世纪，“一方面人们正处于信息网络化、经济全球化的浪潮之中，面临着大量西方文化思潮和价值观的冲击和某些腐朽没落生活方式的影响；另一方面，由于我国实行以公有制为主体、多种经济成分共同发展的经济体制，人们开始有了不同的奋斗目标和利益追求、不同的人生观和价值观。在这种情况下，人们要保持清醒头脑，正确认识和分析复杂的社会现象，不断提高思想道德修养和精神境界”③，更需要采取说服教育法，教育引导人们用科学理论武装自己，克服错误思想的影响。此外，随着社会进步和人类实践的发展，科学理论也在与时俱进，马克思主义特别是中国化马克思主义理论体系正在不断发展和创新，因而人们对科学理论的掌握也需要不断进行，说服教育也需长期坚持、常抓不懈。

在社会主义核心价值体系融入思想政治教育全过程中，运用说服教育法应切实注意以下问题。第一，应注意思想政治教育主体间的平等交流。说服教育并不是单向灌输，而是思想政治教育主体间的平等交流、对话、沟通与商榷。单向灌输的弊端在于不仅把说服教育简化

① 《邓小平文选》第2卷，人民出版社1994年版，第336页。

② 万美容：《思想政治教育方法发展研究》，中国社会科学出版社2007年版，第77页。

③ 陈华洲主编：《思想政治教育方法论》，华中师范大学出版社2010年版，第15页。

为“注入式”或“填鸭式”的单一教育方法，而且忽视了思想政治教育对象的主体性。在思想政治教育过程中，无论是思想政治教育者，还是教育对象都是具有主体性的人，他们之间是主体与主体之间的关系。在说服教育方法中，不仅要发挥思想政治教育者的主体性，做到以理服人、以情感人，而且要发挥思想政治教育对象的主体性，使之在民主讨论、平等交流、对话过程中自觉接受正确的思想，克服错误思想，自觉地进行自主学习和自我建构，实现思想政治教育的内化和外化。第二，说服教育应深刻、生动。说服教育法的着力点是“理”，但不等于简单枯燥。一方面，这个“理”需要深度，“理论只要说服人，就能掌握群众；而理论只要彻底，就能说服人”[①]。另一方面，这个“理”需要艺术的表达，语言要生动、形象。尤其是在现代信息技术和大众传媒的支撑下，说服教育不能停留在“一支笔”和“一张嘴”上，要现代化，如多媒体技术、影像资料、互联网等运用能增强说服教育的生动性和时代性。[②]

（二）典型教育法

典型教育法，也叫示范教育法，是指运用具有代表性的人或事进行示范，教育引导人们学习、对照和仿效，提高人们思想政治道德水平的一种教育方法。典型教育法在思想政治教育中的特殊作用在于它能把抽象的说理变成具体、生动的人物或事例，具有形象、具体、生动的特点。典型教育是多种多样的，主要有正面典型和反面典型两类。一般进行典型教育是运用正面典型激励和引导人们奋发向上。因此，树立正面典型是思想政治教育经常使用的方法。有时候，也运用那些有代表性的反面典型对人们进行警示教育。抓典型，树榜样，发挥先进典型的示范作用是中国共产党思想政治教育方法的又一优良传统。1950 年 9 月 25 日，毛泽东在全国战斗英雄和劳动模范代表会议上的祝词中指出：“你们是全中华民族的模范人物，是推动各方面人民事业胜利前进的骨干，是人民政府的可靠支柱和人民政府联系广大群众

① 《马克思恩格斯选集》第 1 卷，人民出版社 1995 年版，第 9 页。

② 骆郁廷主编：《思想政治教育原理与方法》，高等教育出版社 2010 年版，第 155—156 页。

的桥梁。中国共产党中央委员会号召全党党员和全国人民向你们学习，同时号召你们，亲爱的全体代表同志和全国所有的战斗英雄、劳动模范同志们，继续在战斗中学习，向广大人民群众学习。只有决不骄傲自满并且继续不疲倦地学习，才能对于伟大的中华人民共和国继续作出优异的贡献，并从而继续保持你们的光荣称号。”① 邓小平指出：“在党的领导和工会的帮助下，全国各民族、各地区、各工业部门的职工群众中都涌现了一批劳动模范和革命骨干，他们至今还是我们学习的榜样和团结的核心。”他要求“宣传好的典型时，一定要讲清楚他们是在什么条件下，怎样根据自己的情况搞起来的，不能把他们说得什么都好，什么问题都解决了，更不能要求别的地方不顾自己的条件生搬硬套”②。江泽民指出：“榜样的力量是无穷的。组织报告团，用现身说法的方法介绍先进模范人物的成长道路是一个好经验，是思想政治工作的一个好办法。我们的人民中间，工人和农民中间，知识分子中间，有千千万万个先进的典型，他们是我们民族的优秀分子，在他们的身上体现着我们的民族精神，体现了民族的希望。我们要以先进模范人物为榜样，把我们的工作推向前进。”③ 2014 年 3 月 17—18 日，习近平总书记在河南兰考调研指导党的群众路线教育实践活动，不仅参观了焦裕禄同志纪念馆，看望了焦裕禄同志亲属和基层模范代表，而且号召全党结合时代特征大力学习弘扬焦裕禄精神。对焦裕禄，习总书记一直十分崇敬，视为人生榜样。重访兰考，习总书记多次动情回忆起 40 多年前学习焦裕禄的情景：“1966 年 2 月 7 日，《人民日报》刊登了穆青等同志的长篇通讯《县委书记的榜样——焦裕禄》，我当时上初中一年级，政治课老师在念这篇通讯的过程中多次泣不成声。特别是念到焦裕禄同志肝癌晚期仍坚持工作，用一根棍子顶着肝部，藤椅右边被顶出一个大窟窿时，我受到深深震撼……”习总书记说：“我们这一代人都深受焦裕禄精神的影响，是在焦裕禄事迹教育

① 中共中央宣传部：《毛泽东邓小平江泽民论思想政治工作》，学习出版社 2000 年版，第 203—204 页。

② 同上书，第 204 页。

③ 同上书，第 204—205 页。

下成长的。我后来无论是上山下乡、上大学、参军入伍，还是做领导工作，焦裕禄同志的形象一直在我心中。”习总书记在兰考县委老办公楼举行的县委常委扩大会议上开门见山：“我之所以选择兰考作为联系点，一个重要考虑就是因为兰考是焦裕禄同志工作和生活过的地方，是焦裕禄精神的发源地。我希望通过学习焦裕禄精神，为推进党和人民事业发展、实现中华民族伟大复兴的中国梦提供强大正能量。”[①] 从毛泽东、邓小平、江泽民、习近平的上述论述中可以看出，中国共产党是十分重视典型教育的。在革命战争年代，中国共产党树立了白求恩、张思德、董存瑞、刘胡兰等一批英雄模范人物，这些在枪林弹雨中涌现出来的战斗英雄、革命先烈，他们可歌可泣的英雄事迹，深深地教育和激励了广大军民积极投身于民族独立和人民解放的革命斗争之中，成为中国人民宝贵的精神财富。在社会主义建设时期，中国共产党树立了雷锋、焦裕禄、王进喜、时传祥等一批先进典型，他们的先进事迹的学习宣传对于动员全国人民艰苦创业，投身社会主义建设，发挥了巨大的推动作用。改革开放新时期，中国共产党树立了张海迪、孔繁森、任长霞、方永刚、袁隆平、吴天祥等一批又一批先进典型，而且开展了全国道德模范评选表彰活动，这些先进典型的事迹和典型宣传活动，对于凝聚广大人民群众全面建设小康社会起到了巨大的作用。在新的历史起点上，我们要按照社会主义核心体系的要求，在继承中创新典型教育的方法，通过践行社会主义核心价值体系的先进典型宣传，让人们更加生动形象地理解和把握社会主义核心价值体系的本质特征，更加自觉地践行社会主义核心价值体系。建设社会主义核心价值体系，需要把抽象的原则变为具体的要求，把理论上的阐述变为实践上的行动，这样才能让人们真正理解、接受、掌握和运用。一个先进的典型就是一本鲜活的教科书，使抽象的社会主义核心价值体系变得具体生动，看得见、摸得着，让人民群众可信、可亲、可学。[②] 学有榜样，赶有目标，见贤思齐。

---

① 《大力学习弘扬焦裕禄精神》，《人民日报》2014 年 3 月 19 日。

② 欧阳坚：《加强改进先进典型学习宣传工作，推动社会主义核心价值体系建设》，《求是》2007 年第 17 期。

按照社会主义核心价值体系的要求，在继承中创新典型教育方法，应注意以下问题。

第一，要把社会主义核心价值体系作为选择和确定典型的重要标准。社会主义核心价值体系是先进典型的灵魂，是我们选择先进典型的政治原则和价值尺度。“因此，在实践中选择和确定先进典型，就是要看其是不是坚持马克思主义指导思想，是不是具有中国特色社会主义理想信念，是不是体现民族精神和时代精神，是不是弘扬社会主义荣辱观。只有这样，树立起来的典型才能在社会上立得住、传得开、叫得响。”①

第二，树立先进典型要注意层次，注重质量。当前典型教育过分注重数量，忽视了质量和典型教育的层次性。先进典型过多过乱，各领风骚一两年。改革开放以后，树立了非常多的典型，但没有一个像张思德、白求恩、王进喜、焦裕禄、雷锋那样深入人心、影响深远的典型。花了大量人力、物力、财力进行典型教育，开展全国道德模范评选表彰活动、感动中国的人物评选活动，在形式上可以说轰轰烈烈，在方法上十分新颖，但效果并不理想。要改变这种状况就必须把质与量统一起来，重视典型教育的层次性和有效性。在国家层面上，应根据社会主义核心价值体系四个方面的内容按照工人、农民、干部、解放军、教师、新兴群体等不同的群体精心选择有代表性和说服力的1—2个先进典型作为全国学习的先进典型，着力把他们打造成像雷锋、王进喜、焦裕禄那样老幼皆知的典型。每个省、自治区和直辖市也按照上述要求根据本地实际各自选择一个先进典型作为本省的先进典型加以大力宣传，使他们成为本省老幼皆知的典型。各地市、各行业也要根据上述要求培养几个本市、本行业叫得响的典型。各基层单位也应根据上述要求树立几个有影响力的典型。这样，不仅全国有可学的典型，身边也有可学的典型。

第三，宣传典型要客观真实。真实是典型的生命。典型之所以能打动人，不仅因为他们来自于群众，来自于生活，更在于他们真实可

① 欧阳坚：《加强改进先进典型学习宣传工作，推动社会主义核心价值体系建设》，《求是》2007年第17期。

信。典型越真实贴切，越接近原型，就越具有吸引力和感染力，就越使人感到亲切、可学、愿意学。先进典型是生活中的人，金无足赤，人无完人。在进行先进典型宣传时，不能为了宣传而任意拔高，忽视现实客观存在和人民群众的接受程度。“文化大革命”时期那种“高大全”的典型教育的教训我们必须时刻牢记。

第四，要重视发挥反面典型的警示教育作用。反面典型是相对于正面典型而言的，它反映落后的、错误的思想，在人民群众中产生消极影响和对社会产生破坏作用的典型。运用反面典型教育，防止反面典型自发蔓延，是中国共产党思想政治教育方法的优良传统。在新中国成立之初，成功地树立了刘青山、张子善两个反面典型，极大地教育了广大干部和群众，在我们党的干部中形成了一股清正廉洁之风。改革开放以后，我们也树立了一些反面典型，为什么效果不够好呢？除了客观环境因素之外，我认为对反面典型的宣传重视不够，力度不大，缺少像刘青山、张子善这样影响大、效果好的反面典型的精品。在新时期，我们要根据社会主义核心价值体系要求，创新反面典型教育，注重反面典型教育的质量和效果，教育引导人们分析反面典型产生的根源及其危害，帮助人们自觉抵制反面典型的消极影响，增强接受正面教育的积极性和主动性。

（三）身教重于言教的方法

身教重于言教的方法，也是中国共产党思想政治教育方法的优良传统之一。在长期的思想教育实践中，中国共产党一贯坚持把言教与身教相结合，把真理的力量与人格的力量有机结合在一起，身教重于言教。通过言教，运用马克思主义真理的力量说服群众，宣传群众，动员群众，团结群众；通过身教，以自己的模范带头作用和高尚的人格力量感化群众，带领群众。无论是在革命战争年代，还是社会主义建设时期，中国共产党都始终强调党员和干部要以身作则，言行一致，身体力行，凡是要求人民群众做到的自己先做到，凡是要求群众不做的自己带头不做。毛泽东要求共产党员“应该成为英勇作战的模范，执行命令的模范，遵守纪律的模范，政治工作的模范和内部团结统一的模范”[①]。邓小平同志反复强调“领导干部，特别是高级干部以身作则非常重要。群众对干部总是要听其言、观其行的”[②]。江泽民同志也明确指出：“领导干部特别是高级干部在群众中树立什么形象，有重要的导向作用。我们有些同志总是抱怨党风、政风、社会风气方面的问题，但却没有仔细想想，这些问题的出现，与我们领导干部、与我们自己的示范作用发挥得如何有什么关系。‘己不正，焉能正人？’一个领导干部如果腐败变质，就可能影响一个部门、一个地区的风气，就可能使更大范围的群众对我们党有意见。这方面的教训已经不少，我们应当警钟长鸣。”[③] 以胡锦涛同志为总书记的党中央领导集体，同样十分重视党的领导干部的表率作用，采取了一系列切实有效的措施教育、管理和监督各级领导干部。2014 年 2 月 24 日，习近平同志在中共中央政治局就“培育和践行社会主义核心价值观、弘扬中华传统美德”进行的第十三次集体学习中的讲话中指出：“榜样的力量是无穷的，广大党员、干部必须带头学习和弘扬社会主义核心价值观，用自己的模范行为和高尚人格感召群众、带动群众。”[④] 社会主义核心价值体系建设，不仅是对广大人民群众的要求，更是对各级领导干部的要求，它像一把准确直观的标尺摆在了各级领导干部面前，要求各级领导干部带头学习，率先践行，做坚持社会主义核心价值体系的表率。

领导干部在社会中的地位和作用，决定了领导干部要在社会主义核心价值体系建设中起表率作用。人类社会由于社会分工的不同，使得职业和职业道德纷繁复杂，在数不胜数的职业和职业道德中，影响最大，也最为世人所关注的则是领导干部的道德。各级领导干部品德的优劣，直接影响到其领导活动的成败及其在社会上和老百姓心目中的形象与威信的高低。领导干部道德素质的高低，直接关系到党风、民风和社会风气的现状和发展趋势。我们党的各级干部是从人民群众

---

① 《毛泽东选集》第 2 卷，人民出版社 1991 年版，第 522 页。

② 《邓小平文选》第 2 卷，人民出版社 1994 年版，第 124 页。

③ 《毛泽东邓小平江泽民论社会主义道德建设》，学习出版社 2001 年版，第 286 页。

④ 《把培育和践行社会主义核心价值观作为凝魂聚气强基固本的基础工程》，《光明日报》2014 年 2 月 26 日。

中产生的，他们的道德行为应当成为群众学习的方向。领导干部如果能带头树立和践行社会主义核心价值体系，就能以自己的榜样和模范行动，来影响广大人民群众；相反，如果领导干部荣辱不分，以荣为耻，以耻为荣，黑白颠倒，就不能做人民群众的道德表率，对人民群众的社会主义核心价值体系教育就会空乏无力，大力倡导和弘扬社会主义核心价值体系就会遇到阻力。

"以德治国、德法并重"的治国方略，决定了领导干部要在社会主义核心价值体系建设中起表率作用。以德治国主要是靠道德教化、道德信仰、道德评价、道德准则、道德观念、道德修养，特别是通过领导者的道德示范和道德影响来实现的。良好的道德修养不仅可以有效地约束领导干部的行为，促使领导干部正确运用自己手中的权力，而且对社会道德有一种引导、示范的作用。目前，一些领导干部缺乏职业道德修养，不能在人民群众中发挥表率作用，影响了"以德治国"的实施，影响了党和政府的形象。加强社会主义核心价值体系建设，使领导干部牢固树立社会主义核心价值观，在社会主义核心价值体系建设中起表率作用，是以德治国的重要途径。我们党的各级领导干部要把社会主义核心价值体系建设放在以德治国的战略高度来认识，不仅要带头学习社会主义核心价值体系，身体力行社会主义核心价值体系，还必须切实承担起领导者的责任，在本地区、本部门大力倡导社会主义核心价值体系，形成社会主义核心价值体系建设的良好氛围。

除了上述思想政治教育方法需要在继承中创新之外，还有许多思想政治教育方法的优良传统，如批评与自我批评的方法、群众路线的方法、实事求是的方法、解决思想问题与解决实际问题相结合的方法等，都是我们需要在继承中创新的方法，由于篇幅限制，只着重论述了以上三种方法。

二　在批判吸收中国古代思想政治教育方法精华的基础上创新

2014 年 2 月 24 日，习近平同志在中共中央政治局就"培育和践行社会主义核心价值观、弘扬中华传统美德"进行的第十三次集体学习中的讲话中指出："培育和弘扬社会主义核心价值观必须立足中华优秀传统文化。牢固的核心价值观，都有其固有的根本。抛弃传统、丢掉根本，就等于割断了自己的精神命脉。博大精深的中华优秀传统文化是我们在世界文化激荡中站稳脚跟的根基。中华文化源远流长，积淀着中华民族最深层的精神追求，代表着中华民族独特的精神标识，为中华民族生生不息、发展壮大提供了丰厚滋养。中华传统美德是中华文化精髓，蕴含着丰富的思想道德资源。不忘本来才能开辟未来，善于继承才能更好创新。对历史文化特别是先人传承下来的价值理念和道德规范，要坚持古为今用、推陈出新，有鉴别地加以对待，有扬弃地予以继承，努力用中华民族创造的一切精神财富来以文化人、以文育人。”① 中国是一个德治传统非常强的国家，中国古代十分重视思想政治教育，经过几千年的历史发展，形成了以儒家思想政治教育方法为核心的比较系统和完善的思想政治教育方法体系。这一方法体系主要由教化方法和自我修养方法两大部分构成，它对于传播封建社会核心价值体系，维护封建统治发挥了非常重要的作用。

（一）教化方法

中国古代思想政治教育方法，应首推教化方法。中国古代的教化，是占统治地位的阶级对全社会进行的有目的、有组织的思想政治教育活动，是一种“上施下效”的教育活动。教化的具体方法沿着“上化”和“下习”两种主要途径进行。在中国古代思想政治教育方法中，教化方法不仅体系完善，而且功能强劲，对于传播统治阶级核心价值体系发挥了特别重要的作用，对于我们今天社会主义核心价值体系教育有十分重要的启示。其中经典的做法有以下几点。

第一，教育灌输。教育灌输是教化的基础。中国古代统治者非常重视对统治阶级核心价值体系的教育灌输，不仅对统治阶级的核心价值观进行了提炼，而且将它设计成仁、义、礼、忠、恕、孝、悌、勇、恭、宽、信、敏、惠、友、敬、慈、爱、温、良、俭、让等20多个思想政治教育条目，要求人们在实践中遵循。中国古代的统治者特别重视学校思想政治教育，始终把德育放在首位，把儒家的《诗》《书》

① 《把培育和践行社会主义核心价值观作为凝魂聚气强基固本的基础工程》，《光明日报》2014年2月26日。

《易》《春秋》《论语》《孟子》等著作尊奉为“经”书，要求世代读书人诵读，铭记，达到灌输统治阶级核心价值观的目的。为了使统治阶级核心价值观的内容能够得以普及，历代统治者采取了编写启蒙读物等方法，对普通民众进行核心价值观教育。将“仁、义、礼、智、信”“三纲五常”“三从四德”等统治阶级的核心价值观编成通俗易懂、容易诵记传播的故事、格言、画本等，用人们喜闻乐见的方式来灌输统治阶级核心价值观，使之家喻户晓，妇孺皆知。其中，启蒙教育的读物主要有《三字经》《千字文》《幼学琼林》《神童诗》《弟子规》《二十四孝图》《劝孝歌》等；用于教人为人处世的读物有《增广贤文》《名贤集》等；用于妇女教育的读物有《女儿经》《女论语》《闺训千字文》等。这些读物通俗易懂，易于接受，便于普及和流传，其灌输方法是十分成功的。根据社会主义核心价值体系建设的要求，在继承基础上创新上述行之有效的教育灌输方法，对于我们今天进行社会主义核心价值体系教育有重要意义。它要求我们在社会主义核心价值体系融入思想政治教育全过程中，要坚决反对教育灌输过时论的错误观点，要把正面教育灌输作为社会主义核心价值体系教育的重要方法，要重视并加快对社会主义核心价值观的提炼，要切实将社会主义核心价值体系融入国民教育全过程之中，融入学校课程之中，坚决反对学校课程知识化、中性化的错误观念。要切实重视未成年人社会主义核心价值体系教育，要根据未成年人的特点将社会主义核心价值体系的内容融入儿歌、童话、寓言、动漫、诗歌、游戏、电视、电影之中，用未成年人易于接受的方式来加强社会主义核心价值体系教育。要根据社会主义核心价值体系的要求，组织力量编写未成年人喜爱的儿歌、童话、寓言、诗歌、故事，拍摄未成年人喜爱的电视、电影、视频，开发满足未成年人需要的游戏等软件，满足未成年人日益丰富的精神文化生活的需求。

第二，化民成俗的方法。中国古代化民成俗的方法是多种多样的，形成了一套比较完整的机制。首先，建立机构，设置专门从事教化的官吏，履行思想政治教育职能，对人们进行教育。中国古代中央政府大都设有礼部，礼部的主要职责是制定礼乐。各级统治者发布了许多箴规、诰诫、圣谕以教民众。秦汉时期在地方设“三老”专事教化：十里设亭，十亭一乡，乡设“三老”，其任务是把当地的孝子贤孙、贞女义妇、让财救患的“好人好事”报告给朝廷，朝廷给其门庭挂匾，加官晋爵，在当地竖立牌坊、修建祠堂加以褒奖。古代还设置孝悌、力田、里正、伍长等官职，他们的共同职责是推行教化，为民表率。如果乡官里吏教化不善，就要承担失职之责。其次，制定乡约民规，对违反者给予相应处罚。清朝顺治皇帝特别重视“乡约民规”，顺治十六年在全国乡村广立乡约，规定每月初一、十五集中宣讲《上谕》，进行评比、鉴定和奖罚。康熙九年颁布了《上谕十六条》作为教化内容，制定了严格的讲约制度和奖罚制度。在统治者的大力推崇下，全国各地普遍制定乡约村规，以规范人们的言行举止。在乡村中的大族，还立有家规、族规，其内容以封建伦理道德为主，其中有不少积极的内容，如提倡节俭、守法，禁止赌博、嫖娼、酗酒等，也有不少消极内容，如宣扬安贫乐道、明哲保身的处世哲学等。这种将思想政治教育寓于乡约民规之中的教育方法，具有针对性、通俗性和普及性的特点，对民众的影响十分深远。再次，重视民间自发养成，将统治阶级核心价值观融入民俗文化之中。在中国古代，随着生产和生活经验的积累，形成了许多同生产活动、生活方式相关的礼俗，生产、交易、服饰、饮食、起居、宗族、乡里、仪礼、婚姻、节日、游艺竞技等都有特定礼俗要求。这些礼俗在民众中普及，形成民俗。这些民俗深受统治阶级价值观影响，打上了封建统治阶级意识形态的印记。中国封建社会的宗族、家族民俗中，世代相袭相传的家风、家教，都体现着封建统治阶级核心价值观的内容。根据社会主义核心价值体系要求，在批判吸收中国古代化民成俗的方法精华基础上进行创新，要求我们在社会主义核心价值体系教育过程中要重视化民成俗的作用。中国是一个有着 13 亿人口的大国，社会主义核心价值体系教育应以各地区、各单位的实际状况为基础，充分发挥城乡社区在社会主义核心价值体系建设中的作用。积极鼓励和支持城乡各社区根据社会主义核心价值体系建设的要求制定乡约民规，开展各具特色的社区精神文明建设活动，形成良好的社区风气。根据社会主义核心价值体系建设的要求，制定社区精神文明建设规划，积极开展优秀社区和优秀社区居民评比活动。“用现代意识和现代手段，打造出具有现代社会特色的‘化民成俗’的方法新品牌。”①

（二）自我修养的方法

以儒家思想政治教育方法为核心的中国古代思想政治教育方法特别重视自教自律的自我修养的方法。中国古代将修身与齐家、治国、平天下联系在一起，认为齐家、治国、平天下都要从修身做起，因为只有修身才能正己，正己才能以德齐家，以德治国，以德平天下。中国古代自我修养的方法内涵非常丰富，其主要方法有以下几种。

第一，学思结合方法。学思结合方法是解决个人认知问题的主要方法。孔子主张把“学”与“思”结合起来。他说：“学而不思则罔，思而不学则殆。”② 这就是说，学习时如果不积极思考，就会毫无所得；思考如果不以学习为基础，就会流于空想。他在这里明确指出了学与思的辩证统一关系。按照社会主义核心价值体系要求，在批判吸收中国古代学思结合方法的基础上进行创新，要求我们在社会主义核心价值体系教育过程中，要教育引导教育对象运用学思结合的方法学习社会主义核心价值体系，不仅要学习社会主义核心价值体系的理论知识，而且要紧密结合社会实际和自身实际积极思考；不仅要知其然，而且要知其所以然。绝不能浅尝辄止，一知半解。

第二，反省内求方法。它是一种在思想深处进行的自律修养的方法。孔子认为自省是完善人格，达到道德至高境界的途径。孔子说：“见贤思齐焉，见不贤而内自省也。”③ 其意思是遇到贤德的人，应主动向他学习并力争赶上他；遇到不贤德的人，要自觉地对照检查自己，看看自己有没有同样的缺点，有则改之。孔子的学生曾参也提出了“吾日三省吾身”④ 的主张。孟子对孔子的自省方法进行了发展，提出了“反求诸己”的方法，他说：“爱人不亲，反其仁；治人不治，反

① 刘新庚：《现代思想政治教育方法论》，人民出版社2006年版，第56页。

② 《论语·子路》。

③ 《论语·里仁》。

④ 《论语·学而》。

其智；礼人不答，反其敬。行有不得者皆反求诸已，其身正而天下归之。”① 其意是讲，当自己爱别人，都得不到别人的亲近的时候，就要反过来检查你自己待人的仁心是否够。如果你去管别人，人家不听你的管教，就要反过来检查自己的方法是否得当。如果你对别人有礼貌，别人不理睬，就要反过来检查自己是否恭敬够了。当自己善良的行为未能取得预期效果的时候，都应该反省自己，从自身找原因，检查自己的不足。从上面的论述可以看出，中国古代反省内求方法体现了很高的思想境界，它不仅要求要见贤思齐，而且要求在遇到别人以不合理态度对待自己时，也应进行自我反省，检查自己的不足。批判吸收中国古代反省内求方法，对于“社会主义核心价值体系融入思想政治教育全过程，转化为人民自觉追求”也有重要价值。它要求我们遇到践行社会主义核心价值体系的贤德的人的时候，应主动向他们学习，形成学先进、赶先进，形成人人争做践行社会主义核心价值体系模范的良好氛围。当遇到有违社会主义核心价值体系的不贤德的人的时候，要自觉进行对照检查，有则改之。

第三，克己自律的方法。它要求在反省内求之后，要自制，要自觉用统治阶级核心价值观来约束自己的言行。孔子说：“克己复礼为仁。”② 其意是只要用礼来约束自己，使自己的言行皆符合礼的要求就是仁。他还提出了四条克己的具体方法，这就是“非礼勿视，非礼勿听，非礼勿言，非礼勿动”③。克己还包括严于律己、宽以待人、先人后己、将心比心等内容。《论语·颜渊》中明确要求：“己所不欲，勿施于人。”④ 中国古代克己自律方法中，以“礼”“仁”来克制欲望，约束人们行为的方法，很显然是为封建统治阶级服务的，也是扼杀人性的，我们必须加以剔除。但其强调严于律己、宽以待人等方法对于我们进行社会主义核心价值体系教育是具有价值的。其要求我们每一个公民在社会主义核心价值体系建设过程中，要严格按照社会主义核

① 《孟子·离娄上》。
② 《论语·颜渊》。
③ 同上。
④ 同上。

心价值体系要求来约束自己的言行，做到严于律己、宽以待人，做一个自觉遵循社会主义核心价值体系的好公民。

第四，慎独的方法。它是一种境界更高、自觉性更强的自我修养方法。早在秦汉时期《礼记·中庸》中就提出了这种修养方法，“道也者，不可须臾离也，可离非道也。是故君子戒慎乎其所不睹，恐惧乎其所不闻。莫见乎隐，莫显乎微，故君子慎其独也”[①]。也就是说，人们在实行思想道德自律过程中，要把对自己的严格要求扩充到人所“不睹”之处，要把唯恐失德的心理扩充到所“不闻”之域。不要在暗地里做不符合思想政治道德要求的事，也不要在细小事情上违背思想政治道德要求，君子在独处时要自觉约束自己。从中可以看出，慎独体现了严格要求自己的思想政治道德自律精神，体现了高度的思想政治道德自觉，它要求人们在独处且无人注意的情况下，能自觉按照一定的思想政治道德准则行事，不做任何坏事。它强调自我修养要在“隐”“微”处下功夫。中国古代慎独的方法，其内容当然是指对封建社会思想政治道德的谨慎不苟，但撇开其时代内容，这种修养方法确实仍然包含合理因素，在历史上也已被充分证明是行之有效的。古人提倡慎独的实际意义，在于反对社会生活中的两重人格、两面行为。刘少奇在《论共产党员的修养》一书中非常重视慎独在共产党员修养中的作用，他指出：“即使在他个人独立工作，无人监督，有做各种坏事的可能的时候，他能够‘慎独’，不做任何坏事。”[②] 这是对“慎独”的现代注解，这也指明“慎独”这种方法在社会主义核心价值体系教育过程中值得我们在继承基础上创新。在社会生活过程中，人的一举一动、一言一行不可能时时处处受外在力量的监督。作为一个社会的公民，应经过长期的艰苦锻炼，努力做到慎独。为此，就不仅要“慎思”，而且要“慎言”，“慎行”；就不仅要注意从“隐”处下功夫，而且要注意在“微”处下功夫。事实表明，一个社会的公民特别是领导干部只要很好地实践慎独的修养方法，就能够锻炼自己在修养方面的自我主宰精神，真正使修养成为自我的内在要求，从而逐步达

---

① 《礼记·中庸》。

② 刘少奇：《论共产党员的修养》，湖北人民出版社1980年第2版，第39页。

到较高的思想政治道德境界。

上述中国古代自我修养的方法，都是以主体的内心活动为特征的，都是通过人们自我省察来进行。在中国古代，统治阶级推行这种方法，其目的是为了使人们自觉用统治阶级的核心价值观来检查自己，约束自己，以便维护自己的统治。如果舍弃其中落后的、封建的核心价值观内容，用社会主义核心价值体系与之相结合，赋予这些方法以新的内容，引导人们用社会主义核心价值体系的要求经常进行自我检查、反省，不断改过自新，提高自己的思想政治道德水平，那么，这些方法便具有新的含义和作用，成为社会主义核心价值体系教育积极而有用的方法。

第四节　在借鉴中创新思想政治教育方法

思想政治教育是一门开放性的学科，以社会主义核心价值体系引领思想政治教育方法创新，不仅要在借鉴其他国家和地区思想政治教育方法的基础上创新，而且要在借鉴国内外相关学科以及其他现代科学技术的知识基础上创新。

一　在借鉴其他国家和地区思想政治教育方法基础上创新

世界上其他国家值得借鉴的思想政治教育方法非常多，在此不可能一一加以论述。本课题主要从建构与社会主义核心价值体系相适应的思想政治教育方法体系的视角，重点探讨在借鉴基础上创新以下方法。

（一）价值澄清法

所谓价值澄清法是指教育者在价值观教育过程中引导受教育者对其生活中的各种各样的价值观进行理性思考和审慎分析、判断、评价，在价值澄清的基础上作出自己的选择，形成自己的价值观的教育方法。这一方法产生于20世纪60年代的美国，代表人物是拉斯思、哈明、西蒙和柯申鲍姆等人。其代表著作是拉斯思等人1966年出版的《价值与教学》一书。价值澄清法是在西方由传统社会向现代社会转变过程中，为适应社会价值观复杂多变所带来的人们价值观混乱和学校价值观教育效果不佳作出反应而产生的一种方法。20 世纪五六十年代的美国，随着整个社会的发展，人们的生活发生了剧烈的变化，随之而来的是人们价值观发生了前所未有的变革，社会的多元化导致人们价值观多元化，传统社会那种一元的价值观受到冲击，新的价值观尚未建立。社会的复杂多变使人们特别是青少年难以适应，失去价值观指导的青少年出现了诸多问题。传统价值观教育采用说服劝告、树立榜样、制定规章等方法不能有效解决他们的价值认同，反而引起他们对价值观教育的怀疑。针对上述情况，拉斯思等人认为，价值观是个人的、相对的，每个人都可以拥有自己的价值观，并按照它来指导自己的行为。价值观不是靠传授或灌输获得的，而是经过自由选择、反省和行动澄清出来的。他们认为，价值观教育不是向人们传授特定的价值观，而是帮助人们掌握价值澄清的过程、方法和技巧，使他们能获得最好的适合于他们环境的价值观，并根据自己选定的价值观作出决定和采取行动。

价值澄清法强调四个因素：第一，关注生活。强调以生活为中心，把自己的注意力放在解决与个体有关的生活问题上。第二，接受他人。人生活在社会之中，社会中其他人的价值观是客观存在的。价值澄清法强调人们要原原本本地接受他人的一切，在接受过程中帮助他人，与他人真诚相处。第三，思考。要求人们在接受的基础上对价值问题进行思考、反省，并作出多种选择。第四，培养个体能力。价值澄清不仅要求人们接受他人价值观并进行思考，更注重培养人们深思熟虑地进行价值选择、自我指导的能力。

1966 年，拉斯思等人在《价值与教学》一书中提出了价值澄清过程的模式。其具体内容可划分为三部分七阶段。第一部分：选择。第一阶段，自由地选择。第二阶段，从各种可能的选择中进行选择。第三阶段，对每一种可能选择的后果进行审慎思考后作出选择。第二部分：珍视。第四阶段，珍爱，对选择感到满足。第五阶段，愿意向别人确认自己的选择。第三部分：行动。第六阶段，根据选择行动。第七阶段，以某种生活方式不断重复。[①] 拉斯思等人还为价值澄清过程设计了一整套价值澄清方法和活动策略，包括澄清问答法、班组讨论法、填空法、书面评价法等。

价值澄清法是以价值相对主义为理论基础的，主张价值观是不可教的，应该尊重别人的价值观。反对说服教育、榜样教育等灌输方法，强调价值来源于个人的经验，忽视了传授价值知识和间接经验的必要和教育的导向作用；重视价值观教育的过程、方法、技巧，忽视甚至否定了价值观教育的内容，割裂了价值观教育方法与内容的辩证统一；只重视人们价值观的认知与发展，忽视了具体价值行为的培养与训练。由此可以看出，价值澄清法陷入了价值相对主义的窠臼。“在价值澄清理论的影响下，道德相对主义在 20 世纪六七十年代非常盛行。……从20 世纪 70 年代后期开始，价值澄清理论开始受到批评。这是因为，道德相对主义虽然有助于学生选择自己的价值观，但却忽略了道德内容的教育，忽视了道德行为的指导，在一些学生面临的重大道德问题上束手无策。最终导致价值观混乱和无政府主义，这显然与其所倡导的澄清价值混乱的初衷相悖离。”[②] 到 20 世纪 90 年代，提倡建立核心价值观的品格教育在美国获得了主流地位，并得到了政府机构的大力支持。从主张价值相对主义转向提倡核心价值观，反映了西方社会对价值观教育规律的新认识。但是，我们不能因为价值澄清法有上述缺陷而否认其中的一些有价值的方面。价值澄清法非常重视教育对象个体内在因素在价值观形成过程中的作用，尊重受教育者的个性，重视发展和培养受教育者的道德意识、道德情感、道德判断和价值观选择的能力。价值澄清法关注受教育者的现实生活，教育引导他们对现实生活中所看到、发现的现实问题进行价值判断和评价，并作出价值选择，既激发了受教育者的兴趣，又提高了价值观选择能力。此外，价值澄清法还具有很强的可操作性。以社会主义核心价值体系引领思想政治教育方法创新，我们认为应扬弃价值澄清法的不足，在

① ［美］路易斯·拉斯思等：《价值与教学》，谭松贤译，浙江教育出版社 2003 年版，第 27 页。

② 杨韶刚：《从道德相对主义到核心价值观》，《教育研究》2004 年第 1 期。

借鉴其精华基础上进行创新，使之为社会主义核心价值体系教育服务。其一，价值澄清法产生的时代背景与当今中国社会快速发展所带来的人们的价值观变化，社会发展所带来的家庭变化，现代科技发展所带来的影响有非常大的相似之处。面对社会价值观多样化，人们价值观出现的危机也与20世纪60年代美国社会所出现的价值观问题相似。在这样的背景下，解决人们的价值观问题，用社会主义核心价值体系教育引导人们树立积极正确的价值观，有必要在借鉴价值澄清法的合理成分基础上进行创新。其二，我国的价值观教育长期以来不仅有明确的核心价值标准，而且重视说服教育、榜样教育的作用，但在方法上过分依靠教育灌输，使受教育者被动地接受社会要求的价值观。其弊端日益明显，与社会主义市场经济条件下人们价值观日益多元化的发展趋势不相适应。价值澄清方法重视价值观形成的个人内部机制，引导和提高个人对自身价值观的选择和评价能力，对于我们在社会主义核心价值体系教育过程中改变传统的灌输教育方法具有很好的借鉴意义。其三，在社会主义核心价值体系教育过程中培养人们的价值观澄清和选择能力非常必要。“全球化的发展使得世界范围内各种思想文化的相互碰撞更为激烈，价值观教育的对象不可避免地存在于多元文化环境中，价值观上的困惑更为加剧；市场经济的变革极大地激发了人们的自主、竞争意识和开拓创新精神，但在价值观评价中比较普遍地出现了迷惘；网络的普及大大加快了信息的传播速度，现实生活中存在的各种事件和冲突潮水般涌入人们的视野，面对纷繁复杂的可能选择，人们感到无所适从。”① 在这样的环境中进行社会主义核心价值体系教育，迫切需要培养人们的价值观澄清和选择能力。

在借鉴基础上创新价值澄清法，应重点注意以下几个方面的问题：第一，在社会主义核心价值体系教育过程中要克服价值澄清法价值相对主义的弊端，既要重视价值观教育的形式，又要重视价值观教育的内容；既要重视价值观的认知与发展，又要重视价值行为的培养与训练。使它们辩证统一于人的价值观发展之中。要教育引导人们确立正

---

① 邓彦：《价值澄清理论对我国当代价值观教育实践的启示》，《宜春学院学报》2007年第3期。

确的价值澄清和选择的标准。尽管我们现在处于一个价值多元的时代，但是，多元中有一元。因此，在价值观教育过程中，突出社会主义核心价值体系教育，使人们明确价值澄清和选择的标准，使之在进行价值澄清和选择过程中有正确的方向。第二，在社会主义核心价值体系教育过程中，要把受教育者放在主体地位上，充分调动他们的积极性、主动性，尽可能尊重他们的主体选择。思想政治教育者要从"真理代言人"转变为受教育者的"导航者"。在教育者和受教育者主体间交流、对话、商谈过程中，教育引导人们澄清他们内心的价值观，促使他们获得明晰的价值观，指出他们在价值澄清与选择过程中存在的问题，教给他们价值澄清的正确方法，培养和锻炼他们价值澄清、判断、评价与选择的能力，并督促他们形成行动的能力与习惯。[①] 第三，价值澄清的内容应以实际生活中的价值问题为切入点。改变长期以来价值观教育从空泛的概念和理论出发，只讲"应然"的状况。价值澄清的内容，以实际的社会生活和人们的思想实际为依据，从人们生活中所经历和体验的价值问题切入，选择与受教育者个人有关的题材，既考虑文化和社会背景的差异，又顾及受教育者的认知发展阶段，尽可能贴近生活，贴近实际。第四，在实践中重视人的情感与行动的相互结合，培养人的社会责任感。情感是个体产生良好行为的心理基础，传统的重知识而轻情感的价值观教育方法不利于驱动人们价值行为的产生，也不利于培养人们勇于对自己行为负责的精神，这样的价值观教育只会陷入形式主义的弊端之中。价值澄清法的练习中大部分是有关"珍视"的内容，这就要求培养人们的情感因素，珍爱、重视自己的选择并为这一选择负责。在价值澄清过程中，思想政治教育者应鼓励受教育者在情感的基础上负有责任地判断是非、更新思想观点、选择价值取向并自主行动。因为只有在审慎的思考和对选择结果倍加珍视的基础上，实践主体才会言行一致并始终对自己的行动负责。[②] 因此，在社会主义核心价值体系教育过程中，将主体的行动与情感的作用过程相结合，增强受教育者主体行为的社会责任感，对于培养人的

---

① 刘济良：《价值观教育》，教育科学出版社 2007 年版，第 242—243 页。

② 易莉：《西方德育"价值澄清法"之借鉴》，《思想教育研究》2004 年第 3 期。

创新精神和践行社会主义核心价值体系的能力有积极的作用和意义。

（二）两难问题讨论法

所谓两难问题讨论法是通过设置具有价值冲突的故事或情境，并引导人们对这种具有价值冲突的两难问题开展讨论，诱发认知冲突，使人们在对这些相互对立的答案的艰难选择中培养和锻炼价值认知和价值判断能力的方法。在国外，从皮亚杰到柯尔伯格都非常重视这种方法在价值观教育实践中的运用。因为在现代社会，价值观日益多元化，价值冲突是无法避免的，如果人们缺乏这样的教育和训练，当他们在生活中遇到价值冲突时就难以作出正确的价值判断和选择。

两难问题讨论法集大成者是柯尔伯格。提倡和倡导这一方法，是柯尔伯格早期以道德认知作为价值观教育的核心并特别重视人的价值判断推理能力发展的具体表现。实施两难问题讨论法的具体步骤和要求是：首先，根据价值判断测量表测出学生价值发展已达到的实际阶段，并根据测试结果进行分组。然后选择适当的两难故事或情境引导他们进行讨论。讨论可采取先分小组进行，然后再集中的办法，让每个人有充分表述个人意见的机会。教育者要注意让受教育者就不同的方案进行比较、辩论，要能引起他们价值认知上的冲突，以引发更深的思考和逻辑推理，要让价值发展阶段相邻的同学有相互影响交流的机会，使较低水平的能学到较高阶段的价值推理。讨论不要追求意见一致的结局，而应通过讨论达到提高受教育者价值推理和认知水平的目的。讨论结束前教育者要引导受教育者进行总结并继续对该问题作进一步的思考。柯尔伯格认为这种方法与传统方法有原则区别：它不是在受教育者面前强调社会要求的“正确答案”和传授受教育者现有水平还无法理解的高层次的价值观，而是引发受教育者对价值问题的积极思考和认知冲突，给他们提供学习价值推理的机会，提供高于他们已有价值水平一个阶段的思维模式。因为他的研究表明，一个人拒绝接受低于他们已有认知水平的信息，也不能理解高于他们两个阶段的信息。价值观教育只有在高于一个人现有水平的一个阶段时，才能被同化到他的思维中去。实践证明，两难问题讨论法的确有效地促进了人的价值判断的发展，同时也在一定程度上对人的行为产生了间接影响。[①] 柯尔伯格的两难问题讨论法在西方国家中运用比较广泛，影响比较大，并且取得了明显成效，“但也出现了一些问题，在西方也不断受到批评，如：过分强调道德认知、道德判断的作用，容易导致脱离实际；过分追求道德判断的形式，忽视了道德教育的内容，要求复杂，使教师感到困难，使学生厌烦；在教学中，教师往往滥用发展阶段给学生贴标签，这种做法是极为有害的”[②]。但上述这些缺陷并不影响我们在社会主义核心价值体系教育过程中在借鉴基础上创新两难问题讨论法。在社会主义核心价值体系教育过程中，思想政治教育者要做有心人，要注意从人们生活中提取有价值冲突的故事或情境，有计划、有目的地运用两难问题讨论法，引导人们进行思考、讨论，在激烈的讨论、思考中，提高价值认知和判断能力，促进受教育者价值认知、判断与行为的一致，为受教育者形成良好的行为创造条件。

在运用两难问题讨论法进行社会主义核心体系教育时应重点注意以下问题：第一，要精心设计两难故事或情境。因为只有符合社会主义核心价值体系教育要求的两难故事或情境才有意义，才能促进受教育者社会主义核心价值观的形成与发展。此外，两难故事或情境必须包含两种相互矛盾、尖锐对立、彼此冲突的不同的价值选择，只有这样，才能引发受教育者的价值冲突，才能促进他们进行认真思考，进行深入探究，最后作出艰难抉择。两难故事或情境所引发的价值冲突与矛盾必须对受教育者在较高价值观发展水平上具有意义，通过两难问题讨论能够促使受教育者的价值观水平提高一个层次。第二，两难故事或情境的设计要符合受教育者身心发展特点。两难问题讨论法在价值观教育过程中不同年龄段的受教育者都可能使用，但对不同年龄段的受教育者所设计的两难问题应有所不同。这就要求我们在社会主义核心价值体系教育过程中要根据不同年龄阶段的受教育者的价值观实际来设计两难故事或情境，这样才能真正引起受教育者的兴趣与共鸣，也才能真正起到教育作用。比如，班长为了保住文明班级的荣誉

① 王玄武等：《比较德育学》，武汉大学出版社 2003 年版，第 254—255 页。
② 刘新庚：《现代思想政治教育方法论》，人民出版社 2006 年版，第 63 页。

向学校隐瞒班上的两名违纪同学的事件。由于这件事来自于中学生生活实际，符合中学生年龄特点和思想政治品德形成发展的规律，容易取得良好的教育效果。第三，思想政治教育者要加强对受教育者讨论、交流与探究的指导。在运用两难问题讨论法对受教育者进行社会主义核心价值体系教育过程中，教育者要注意启发和引导受教育者的探究、讨论、交流，既要注意引导他们的价值认知、判断与评价的思维方式，提高他们的能力，又要注意引导他们得出正确的结论，促进他们的价值观的形成与发展。[①] 总之，借鉴两难问题讨论法对于社会主义核心价值体系教育过程中加强和改进讨论教育法，提升讨论教育的质量与效果有重要的意义。

（三）隐性教育法

隐性教育法，也可以称为无意识教育法，它是相对于显性教育而言的。它是通过非智力、无意识的、间接的、内隐的教育活动使受教育者在不知不觉中受到影响，在潜移默化中达到价值观教育目的的一种方法。隐性教育法具有潜隐性、渗透性、全方位性和暗示性等特征。所谓潜隐性是指教育者将教育的目的隐藏到人们生活、学习、工作和各种活动之中，以含而不露的方式，使受教育者不知不觉地接受熏陶和影响。渗透性是指教育者将教育的目的和内容渗透到受教育者可能接触的一切事物和活动之中，使之在耳濡目染和潜移默化中接受价值观教育。全方位性是指在隐性教育过程中，教育者根据事先设计好的教育目标和内容，在受教育者周围设置一定的生活环境和文化氛围，引导受教育者去感受和体味，使受教育者在这种环境之中得到思想的净化和启迪。整个教育过程不受时空的限制，以不同方式、不同角度、不同途径对受教育者施加全方位的影响。暗示性是指隐性教育法不是把道理、观点、要求明白地告诉教育对象，而是把教育的目的内渗潜藏到相关文化教育环境之中，以委婉含蓄的方式对教育对象施加影响。常用的暗示方法有目标暗示和舆论暗示。因此，隐性教育可以说是无讲台教育，看不到居高临下的有形的权威式训导，不容易产生逆反心

① 参见刘济良《价值观教育》，教育科学出版社 2007 年版，第 232—233 页。

理和对抗情绪，因此效果显著。

西方各国思想政治教育非常重视以隐性教育方法进行价值观教育，达到“润物细无声”的教育效果。第一，发挥隐性课程的作用，将思想政治教育寓于智育和校园生活之中。美国不仅重视在文科教育中渗透思想政治教育内容，而且重视在理科教学中渗透思想政治教育内容，使传授人文社科知识和自然科学知识与思想政治教育结合起来。“其方法是中小学自然科学方面的课程，要重视宣传各个时代的科学家对该门学科的贡献，鼓励学生学习科学家刻苦钻研与发明创造精神。大学理科则是对每一门主修专业，都要从历史、社会和伦理学的角度学习研究。”① 此外，还非常注重校园环境和文化氛围的营造，通过校风、学风、校史、校园建筑、文化活动等体现学校的核心精神和教育理念，渗透社会所提倡的价值观，给学生以无声的影响。第二，注重社会公共环境的情感熏陶、渲染和渗透作用。“美国首都华盛顿以拥有众多的博物馆而著称于世，全市几乎没有工厂和企业，居民三分之二是公务人员。国家不惜大量投资进行社会政治环境、场所的建设。像美国国会大厦、白宫、华盛顿纪念馆、林肯纪念堂、杰弗逊纪念堂、国会图书馆、航空航天博物馆这样耗资不计其数、规模宏大的场所，在华盛顿就有十几所，各种参观点有一百多处。这些场馆集中表现了美国的物质文明和精神文明，宣扬着美国的政治制度和价值观念，是美国向其国民包括青年学生进行政治、思想、道德教育的重要基地和生动教材。这些社会政治环境与场所从各个不同角度和侧面体现美国精神，广大青年学生正是在这种自然的生活过程中，接受了无形的道德教育。”② 第三，通过政党活动进行价值观教育。西方国家的竞选活动往往被看作一场政治闹剧，但从普及宣传资产阶级价值观来看，又是很有实效的。政党通过竞选活动对其纲领、政策进行宣传，这些纲领、政策都是资本主义价值观的具体体现，可以说，每次竞选活动都是资本主义价值观的政治课。1993 年比尔·克林顿在就职典礼上喊出了“振兴美国”的口号，号召年轻一代为美国的发展做出贡献。第

① 陈俊珂：《美国学校德育的特点及启示》，《自然辩证法研究》2005 年第 1 期。

② 同上。

四，利用节日、庆典等隐性方法进行价值观教育。在美国每逢节日、庆典、集会，家家户户，甚至在汽车上都悬挂美国国旗。各类庆典，必须用美国国旗绕场数周，与会者高唱美国国歌，以强化公民的国家意识。在美国国庆庆典上，人人都背诵誓词。在国旗纪念日里，人人都背诵忠于国旗的誓言。这些节日、庆典并非只是热闹一番，它时刻提醒人们不要忘记历史，激发公民接受爱国主义教育，了解美国的价值观。[①] 特别是"'9·11'过后那段时间，你的车开出处，不悬挂美国国旗，人家要敲打你的车窗，让你赶快挂上美国国旗。每年7月4日美国的国庆节更是热闹，几乎所有的美国人都会去公园，去喝酒聊天，去挥舞国旗，听爱国音乐，唱爱国歌曲。美国平时是个非常个人主义的国家，大家自管自，但到了国庆这一天，似乎特别集体主义，特别爱国主义，大家通过这样欢聚一堂，展现自己作为美国人的爱国主义精神"[②]。第五，利用宗教进行隐性教育。西方资本主义国家大都信仰宗教，他们通过遍布各地的宗教团体，开展多种多样的宗教活动，以上帝的名义向人们传播资本主义价值观。200多年来，在美国社会中宗教一直扮演着重要的角色，宗教势力每时每刻都以上帝的名义向大多数美国人宣传符合资本主义需要的宗教信条，其中包括许多基本的价值规范。第六，以大众传媒为介质，充分利用电视、电影、报纸、广播、网络等宣传资本主义价值观，以铺天盖地的优势达到潜移默化的效果。号称世界第一电影工厂的影城好莱坞，每年都会以超乎想象数量的大片不仅向美国民众，而且向全世界传播资本主义价值观。好莱坞大片所宣扬的种种价值观，是深深植根于文艺复兴以来西方近现代价值观基础之上的，融入了好莱坞文化人乃至美国人的精神视野，蕴含着资本主义的文化价值立场，影响着美国以及全世界电影爱好者价值观的形成。以美国为首的西方国家通过强大的媒体号召力，对内强化资本主义价值观，对外输出他们的价值观。

---

① 戴焰军主编：《增强思想政治工作实效性的对策研究》，中国民主法制出版社2008年版，第86页。

② 张维为：《中国触动——百国视野下的观察与思考》，上海人民出版社2012年版，第53页。

当前，我们的思想政治教育的主要方法仍然是以灌输教育、劝导等显性教育法为主，缺乏艺术性，容易造成人们逆反心理。在借鉴国外隐性教育法基础上创新思想政治教育方法，把显性教育法与隐性教育法有机结合起来，充分发挥具有“平等性”“隐蔽性”和“无意识性”的隐性教育方法的作用，对于“社会主义核心价值体系融入思想政治教育全过程，转化为人民的自觉追求”，提高思想政治教育实效性有着重要的意义。第一，要进一步加强和改进显性思想政治教育方法，充分发挥显性思想政治教育方法作用的同时，将社会主义核心价值体系教育内容融入大众传媒之中，融入社会公共生活环境之中，融入文学、艺术等精神文化产品之中，融入各项重大活动、节日庆典、重要仪式之中，融入制度设计、政策法规制定和社会管理之中，充分发挥隐性教育法的作用，构建全方位进行思想政治教育的方法体系。第二，要重视知识形态的隐性思想政治教育，将社会主义核心价值体系融入学校各门课程之中。当前，学校思想政治教育最大的问题是过分依赖思想政治理论课程和学生思想政治教育部门进行思想政治教育，认为学生思想政治教育是这些课程和部门的事情，其他课程和其他部门忽视了自身思想政治教育功能。这样，使思想政治理论课和思想政治教育部门处于一种孤立无援的状态。以社会主义核心价值体系引领思想政治教育方法创新必须改变这一状态，必须将社会主义核心价值体系融入学校各部门课程之中，特别是高校专业课程之中，充分发挥这些课程的思想政治教育功能。因为这些课程中也蕴含着十分丰富的思想政治教育内容。比如，在数学专业教学中，结合教学内容，介绍数学家的生平以及对数学学科所作出的伟大贡献，能使大学生认识人生的意义，培养他们的科学精神，使他们把自己的理想、抱负同祖国的前途命运联系在一起。第三，要加强物质形态的隐性思想政治教育。要进一步加强博物馆、纪念场馆、图书馆的建设，进一步开发具有教育意义的旅游资源，充分发挥它们在社会主义核心价值体系教育中的作用。有关研究者认为，物质景观作为一种符号象征，集中反映了一个国家文化价值观的主流，人们在对物质景观进行反复解读和体味中，不断塑造自身，形成相应的价值观，拓展了自身生活视野，而且造就了自身的品格。因此，在进行城市、乡村、学校物质文化建设规划时，应充分考虑建筑、自然环境和人文景观对人的影响的多样性，不能把它仅仅作为一种规划，应把它作为隐性思想政治教育的重要内容来进行系统规划，从物质文明和精神文明如何协调发展，如何有助于社会主义核心价值体系教育培养的角度进行考虑，使城市、乡村、校园中的隐性物质文化真正成为隐性思想政治教育方法的重要内容，成为促进人民群众社会主义核心价值观培养的具有教育意义的一种环境。第四，要将社会主义核心价值体系教育渗透到各种实践活动之中，使受教育者在身体力行地参加活动中受到教育。如志愿者服务活动、暑期社会实践活动、参观调查活动等。

二　在借鉴与思想政治教育相关学科方法基础上创新

思想政治教育是一门综合性、渗透性、交叉性很强的应用学科，同许多相关学科在内容和方法上有着密切的联系。以社会主义核心价值体系引领思想政治教育方法创新，必须在借鉴相关学科方法基础上创新思想政治教育方法，补充、丰富和完善思想政治教育方法体系。与思想政治教育相关的学科方法有很多，在此只重点论述以下相关学科方法。

在借鉴心理学方法基础上创新思想政治教育方法。首先，心理学是一门研究心理现象及其规律的科学。思想政治教育是做人的思想教育工作，必须把握人的心理活动变化的规律，特别是教育对象的接受心理，在此基础上才能找到符合教育对象的思想政治教育方法。要把握教育对象的心理特征，必须运用心理学有关方法。其次，保持心理健康，增强心理素质，消除心理疾病，培养良好的个性特点，是心理学研究的重要内容，也是思想政治教育的重要任务。随着中国社会的快速发展，人的心理问题越来越突出，因此，思想政治教育要取得成效必须与心理健康教育相结合，必须在借鉴心理学中有关心理健康教育与咨询方法的基础上建构与社会主义核心价值体系相适应的思想政治教育心理健康教育方法体系。再次，在借鉴心理学中关于人群关系理论及方法的基础上创新思想政治教育方法。“建立良好的人群关系要采用促进人群关系发展的有效方法，诸如：实行适当的参与制、良好的意见沟通、合理的态度调查等；分析团体成员相互之间的关系，了解谁是众望所归的人物，了解群体中相互影响的原因，对行为冲突的性质、特点的分析，对冲突预防、解决的办法等；人群意见沟通的形式、沟通网络及对行为的影响、影响他人改变行为的方法等。因为每一个人都生活在社会集体中，所以，思想政治教育者要做好工作，必须正确认识这些矛盾和关系。”① 在借鉴上述方法的基础上构建与社会主义核心价值体系相适应的促进人群关系发展的思想政治教育方法体系对于社会主义核心价值体系教育有非常重要的意义。总之，在借鉴心理学方法的基础上创新思想政治教育方法，建构与社会主义核心价值体系相适应的思想政治教育心理学方法体系，是社会主义核心价值体系对思想政治教育方法创新的客观要求。

在借鉴伦理学方法的基础上创新思想政治教育方法。伦理学是研究社会道德现象的本质及其规律的科学。它主要探讨道德的起源和发展、道德的功能、道德教育的内容与方法以及道德修养的方法等问题。道德教育是思想政治教育的重要内容，以社会主义核心价值体系引领思想政治教育方法创新，必须借鉴伦理学中关于道德教育的方法和道德修养的方法，并在此基础上进行创新，建构与社会主义核心价值体系相适应的道德教育方法体系。伦理学认为，道德人格和品质是由道德认识、道德情感、道德意志、道德信念和道德习惯五种因素构成的，因此，进行道德教育不能只专注于其中的一个方面，要同时注重这五个方面的教育和训练，并把它们协调起来，形成立体、多面的道德教育方法。借鉴这种方法对于我们在社会主义核心价值体系教育过程中改变知行脱节的现象有重要的意义。当前思想政治教育存在的最大问题是思想政治教育只停留在对知识的认知上，把思想政治教育仅仅当作一个知识灌输与学习的过程，忽视了情、意、信、行四个环节。这也就是说，我们的思想政治教育按规律来讲应走五步，但现实状况是只走了一步，把思想政治教育的起点当成了终点。这样的教育方法当

① 祖嘉合：《思想政治教育方法教程》，北京大学出版社2004年版，第14—15页。

然不可能有好的效果。伦理学中集体和社会影响的方法对社会主义核心价值体系教育也有借鉴意义。伦理学认为，人的优良道德品质是在集体和社会影响中形成的。形成一种良好的社会风气，让人们在集体中相互激励、感染、监督和指证，人的道德品质就能有更快的进步。在这样的环境中，良好的集体和社会道德舆论往往能够起到非常大的作用。它能使真善美得到赞誉和发扬，使假恶丑得到斥责和抑制，从而促使人们自觉地去恶向善。社会主义核心价值体系教育同样离不开集体和社会影响的方法，当前社会主义核心价值体系教育效果不明显，与社会环境中的负面影响有非常重要的关系。在借鉴伦理学中集体和社会影响方法基础上进行创新，建构与社会主义核心价值体系的教育相适应的集体和社会影响方法体系，对于形成良好的社会主义核心价值体系教育大的社会环境和小的集体环境，充分发挥环境的教育功能有重要的意义。

在借鉴社会学方法的基础上创新思想政治教育方法。社会学是研究社会生活和社会问题的科学。它涉及的范围十分广泛，主要包括社会组织和社会群体、社会文化、社会交往、人口问题、家庭问题、犯罪问题等，这些问题大都与思想政治教育相关。在借鉴社会学与思想政治教育相关方法基础上创新思想政治教育方法，对于社会主义核心价值体系教育有重要意义。社会学关于人的社会化的理论与方法，对于人的政治社会化和思想政治教育的社会化有重要借鉴意义。社会学中关于人的政治社会化方法不仅重视家庭、社会、学校的作用，而且重视大众传媒、政党和政府、宗教组织的作用；不仅重视明示、强制等直接方法，而且重视暗示等间接方法。在借鉴这些方法的基础上创新思想政治教育方法，对于形成学校、家庭、社会齐抓共管社会主义核心价值体系教育的良好局面有重要意义。社会学中社会调查方法、统计分析方法、社会观察方法、社会实验方法等，对于社会主义核心价值体系教育具有重要价值，在借鉴的基础上创新这些方法有助于我们在获取社会主义核心价值体系教育第一手资料的基础上进行科学分析，并有针对性地提出解决方案，以提高社会主义核心价值体系教育的实效性。社会学中关于社会交往与人际关系的方法对思想政治教育也有借鉴价值。该理论不仅重视组织形象，而且重视塑造个人形象，对于重塑思想政治教育形象有借鉴启迪作用。思想政治教育形象包括两个方面，一是思想政治教育系统的形象；二是思想政治教育者的形象。思想政治教育形象的高低，直接影响到思想政治教育效果。思想政治教育形象高，不仅思想政治教育系统充满活力，而且有利于思想政治教育顺利开展。在中国革命战争年代和新中国成立初期，思想政治教育形象十分高，思想政治教育在中国革命和建设中发挥了十分重要的作用。"文化大革命"以及改革开放以来"一手硬、一手软"，重物质、轻精神的现象，严重损害了思想政治教育形象，影响了思想政治教育功能的发挥。在当前，在借鉴社会关系与人际关系的方法基础上创新思想政治教育方法，强化和塑造思想政治教育形象应注意抓好以下几方面工作：第一，要注意运用新闻舆论、影视艺术、网络等多种手段，树立并维护思想政治教育形象，塑造新时代思想政治教育和思想政治教育者的形象；第二，要重视思想政治教育形象调查，了解广大人民群众对思想政治教育形象的看法与评价，及时修正和调整思想政治教育形象，使之更能适应社会环境；第三，加强思想政治教育主体建设，提高思想政治教育主体素质，这是树立思想政治教育形象的关键所在。常言道：打铁还要自身硬。

在借鉴美学方法的基础上创新思想政治教育方法。美学是研究人对现实的审美关系一般规律的科学。审美教育是美学研究的重要内容，同时也是思想政治教育的重要内容。它们都要通过自然美、艺术美和社会生活美，塑造人们的心灵，培养人的感知美、鉴赏美、创造美的能力。审美教育有很多值得思想政治教育借鉴的方法，比如形象感染、寓教于乐、文化熏陶、艺术欣赏等，社会主义核心价值体系教育在借鉴这些方法基础上进行创新，能使思想政治教育方法更加富有艺术性和感染力。寓教于乐的方法在中国古代都十分重视，孔子认为道德修养"兴于诗，立于礼，成于乐"[①]。强调将道德教育与审美紧密结合。在社会主义核心价值体系教育过程中，应借鉴美学中寓教于乐的方法，

① 《论语·泰伯》。

通过文学、美术、音乐、舞蹈、电影、戏剧、电视等文艺作品的欣赏活动、评论活动和创作活动，发展人的想象力和创造力，培养人的审美观点和鉴赏能力，陶冶人的思想政治道德情操，丰富人的精神生活，促进人的正确世界观、人生观和价值观形成。在社会主义核心价值体系教育过程中不仅要充分发挥板报、杂志、报纸等传统静态的艺术手段的作用，使人们在图文并茂的欣赏中接受社会主义核心价值体系教育，而且要发挥计算机、多媒体技术等动态的手段，以图、文、声、像等信息表达社会主义核心价值体系内容，使社会主义核心价值体系教育向动态化、形象化和更加审美化的方向发展。“要精心策划创作体现社会主义核心价值体系道德价值内涵的舞台、影视艺术形象。这可以分为两个类型：一是对时代英雄人物的讴歌颂扬，如电影《孔繁森》《任长霞》以及电视连续剧《人间正道是沧桑》等；二是对各行各业模范人物的真实呈现，如20世纪60年代初的电影《青年鲁班》和《红色背篓》，新时期的《黄土谣》《士兵突击》等。当前，各级党委宣传部门和政府文化机构，在推动文化产业发展过程中，应该把创作和生产体现社会主义核心价值体系的中国人性大片放在重要位置上，集中一批人力、物力、财力，抓住选题策划、创作组合、宣传推介等若干重要环节，给予切实关心、指导和扶持，在现实生活矛盾冲突的艺术再现中，展示英雄人物的情感世界和心路历程，以榜样的人格感化力量赢得社会大众的理解认同，向世界展现中国道路、中国经验、中国模式的真实形象，在国际意识形态话语权的建构和竞争中掌握主动。”① 要重视社会主义核心价值体系教育语言美，要用通俗易懂、幽默生动、形象优美的语言增强社会主义核心价值体系教育的感染力。要将社会主义核心价值体系融入领导干部的宣誓就职仪式、各行各业的上岗就业仪式、各级各类学校的毕业仪式、成人仪式、入党入团仪式、升国旗仪式中，强化仪式崇高美的辐射力和感染力。

① 王建润、陈延斌：《社会主义核心价值体系大众传播的审美转换》，《马克思主义研究》2011年第8期。

第五节　在实践中创新思想政治教育方法

思想政治教育方法来源于人民群众的实践，并在人民群众的实践中创新发展。改革开放30多年来，人民群众在思想政治教育实践中创造了许多具有时代特色的思想政治教育新方法。这些方法既适应改革开放和社会主义市场经济发展的客观要求，又适应人们思想活动的深刻变化；既立足于社会主义初级阶段的实际，又在面向未来中不断发展；既方便于在思想政治教育过程中具体运用，又容易被广大人民群众所接受。以社会主义核心价值体系引领思想政治教育方法创新应植根于人民群众实践之中，及时总结人民群众在思想政治教育实践中创造的新方法，在实践中建构与社会主义核心价值体系相适应的思想政治教育方法体系。

一　深化以群众性精神文明创建活动为核心的自我教育方法

改革开放以来，群众性精神文明创建活动在全国各地蓬勃兴起，在社会上产生了非常广泛的影响，成为新时期思想政治教育的重要方法，也成为社会主义核心价值体系教育的重要方法，建构与社会主义核心价值体系相适应的思想政治教育方法体系要进一步深化以群众性精神文明创建活动为核心的自我教育方法。

1981年2月28日，《中共中央宣传部、教育部、文化部、卫生部、公安部关于开展文明礼貌活动的通知》指出："最近，全国总工会、共青团中央、全国妇联、中国文联、中央爱卫全会、全国学联、全国伦理学会、中国语言学会、中华全国美学学会等九个单位，联合向全国人民特别是青少年发出倡议，开展以讲文明、讲礼貌、讲卫生、讲秩序、讲道德和心灵美、语言美、行为美、环境美为主要内容的'五讲四美'文明礼貌活动。这是我国社会主义精神文明建设的一项重要工作和具体形式。……我们要求各级宣传和教育、文化、卫生、公安等部门，积极支持各群众团体开展文明礼貌活动，并把它作为当前建设社会主义精神文明的一件大事，认真抓好。"[①] 从此，全国性的群众精神文明创建活动的序幕拉开。1996 年，党的十四届六中全会通过的《中共中央关于加强社会主义精神文明建设若干重要问题的决议》对群众性精神文明创建活动进行了系统总结，并对开展群众性精神文明创建活动作出了总体安排，提出了明确要求。1999 年 9 月 29 日，《中共中央关于加强和改进思想政治工作的若干意见》明确要求"把群众性精神文明创建活动作为思想政治教育工作的重要载体。以'讲文明、树新风'为主要内容的精神文明创建活动，是对群众进行思想教育、提高全社会文明程度的有效途径，是加强党的群众工作的新方式"[②]。

群众性精神文明创建活动是由基层干部群众首创，在全国或某一地区、某一行业、某一部门具有广泛影响，广大群众普遍参与的精神文明建设活动。回顾改革开放以来群众性精神文明创建活动走过的历程，每一个文明健康、生动活泼的群众性活动，无不来自基层干部群众的积极创造，无不闪烁着人民群众的智慧之光。无数事实告诉我们，人民群众中蕴藏着建设社会主义精神文明的极大热情。人民群众的首创精神是人类精神文明蓬勃发展的丰富源泉；人民群众的积极参与，是群众性精神文明创建活动持续健康发展的重要基础。群众性精神文明创建活动，是广大人民群众自我教育、自我约束、自我提高的活动。从"五讲四美三热爱"到"讲文明、树新风"，从文化、科技、卫生"三下乡"到"百城万店无假货"，从"心连心""手拉手"到创建文明城市、文明村镇、文明行业，精神文明创建活动不仅思想主题鲜明，贴近群众生活实际，而且形式喜闻乐见，丰富多彩，能够吸引群众广泛参与，使群众在参与中实现自我服务、自我管理、自我教育，收到了很好的效果。

创建文明城市、文明村镇、文明行业，是群众性精神文明创建活动的重要内容，也是在城市、农村、不同行业开展思想政治教育的有

---

① 教育部思想政治工作司组编：《加强和改进思想政治教育重要文献选编（1978—2008）》，中国人民大学出版社 2008 年版，第 17 页。

② 同上书，第 281 页。

效方法。各部门、各地区围绕创建文明城市、文明村镇、文明行业等重点，精心设计并组织开展系列活动。在市区以“建文明城市”为主题，开展了“争做文明市民”，争创文明小区、社区等创建活动；在农村以“树文明新风”为主题，开展了“评三户”、创“文明镇、文明村、文明户”和“十星级文明村、十星级文明户”等系列创建活动；在基层事业单位开展了以争做文明职工，争创文明班组、科室、车间为基本形式的创建文明单位系列活动；在学校以“育四有新人”为主题，开展了“做文明教师、当文明学生、建文明学校”和争做“文明小市民”等系列创建活动；在窗口服务单位以“塑造良好形象”为主题，开展了以创优质服务单位、优质服务明星为内容的“创双优”等系列创建活动。这些活动涵盖了精神文明建设的方方面面，并实行量化、细化、硬化考核，把“软”任务变成了“硬”指标，把“虚”形式变成了“实”内容，较好地把精神文明建设的各项任务落到了实处，抓出了实效。群众性精神文明创建活动不仅体现了思想政治教育的内容和要求，而且有效地拓展了思想政治教育的空间。它改变了以往思想政治教育过分依赖说教的方法，使群众在参与中受到教育，在实践中提高觉悟。

实践证明，在改革开放和社会主义市场经济的新形势下，群众性精神文明创建活动适应了社会的变化发展，体现了群众的愿望和要求，突破了部门和行业的界限，实现了群众的自觉参与，是新时期思想政治教育行之有效的方法，在全社会推动了思想政治教育的开展。它也是我们进行社会主义核心价值体系教育的重要方法。正是因为如此，2014 年 2 月 24 日，习近平同志在中共中央政治局就“培育和践行社会主义核心价值观、弘扬中华传统美德”进行的第十三次集体学习中的讲话中指出：“要把社会主义核心价值观的要求融入各种精神文明创建活动之中，吸引群众广泛参与，推动人们在为家庭谋幸福、为他人送温暖、为社会作贡献的过程中提高精神境界、培育文明风尚。”[①]中共中央宣传部编写的《社会主义核心价值体系学习读本》明确要求

① 《把培育和践行社会主义核心价值观作为凝魂聚气强基固本的基础工程》，《光明日报》2014 年 2 月 26 日。

"要把社会主义核心价值体系贯穿到群众精神文明创建活动之中。各种形式的群众性精神文明创建活动，是建设社会主义核心价值体系的有效形式。要把社会主义核心价值体系的要求体现在创建文明城市、文明村镇、文明行业，文化科技卫生'三下乡'、科教文体法律卫生'四进社区'、百城万店无假货、青年文明号、文明风景旅游区、提升中国公民旅游文明素质行动计划、送温暖献爱心等活动之中，积极倡导爱国、敬业、诚信、友善等道德规范，增强人们的公民意识、诚信意识、责任意识"。要"着眼于促进社会和谐，广泛开展各种形式的群众性创建活动，引导人们正确对待利益，妥善处理矛盾，培育和谐精神，融洽人际关系，形成良好风尚。志愿服务是现代社会文明程度的重要标态，是新形势下开展社会主义核心价值体系建设的有效载体。要深入开展志愿服务活动，大力弘扬奉献、友爱、互动、进步为主要内容的志愿精神，进一步普及志愿服务理念，完善志愿服务机制，形成关心、支持和参与志愿服务的浓厚氛围，让一切爱心充分展示，让一切善举竞相涌现"①。中共中央办公厅印发的《关于培育和践行社会主义核心价值观的意见》再一次要求"深化群众性精神文明创建活动。各类精神文明创建活动要在突出社会主义核心价值观的思想内涵上求实效。推进文明城市、文明村镇、文明单位、文明家庭等创建活动，开展全民阅读活动，不断提升公民文明素质和社会文明程度。广泛开展美丽中国建设宣传。开展礼节礼仪教育，在重要场所和重要活动中升国旗、奏唱国歌，在学校开学、学生毕业时举行庄重简朴的典礼，完善重大灾难哀悼纪念活动，使礼节礼仪成为培育社会主流价值的重要方式。加强公民文明旅游的宣传教育、规范约束和社会监督，增强公民旅游的文明意识"②。广大思想政治教育工作者要根据中央有关社会主义核心价值体系建设的文件要求，深入群众性精神文明创建活动之中去，积极探索并发现适宜于社会主义核心价值体系教育的好

---

① 中共中央宣传部：《社会主义核心价值体系学习读本》，学习出版社 2009 年版，第 70—71 页。

② 中共中央办公厅：《关于培育和践行社会主义核心价值观的意见》，《人民日报》2013 年 12 月 24 日。

形式、好方法，进一步深化以群众性精神文明创建活动为核心的自我教育方法。

二　发展与现代传媒相协调的舆论引导方法

随着社会经济与科学技术的快速发展和信息时代的到来，报纸、杂志、电视、广播、互联网、手机、微博等现代的信息传播活动已渗透到社会生活的方方面面，人类也随之进入了一个现代传媒的新时代。特别是21世纪以来，随着网络的不断普及和手机微博等技术的不断完善，互联网、手机等新媒体对社会生活的影响越来越大，给思想政治教育带来了前所未有的机遇与挑战。现代传媒的发展，拓展了思想政治教育的前沿阵地，增强了思想政治教育的多向互动，丰富了思想政治教育的信息资源，为思想政治教育方法创新提供了科技条件和物质基础。但是随着网络、手机等新媒体的不断涌现，“宣传的主体已逐渐从原来的机构媒体转变为具有宣传意愿并掌握了相应技术的个人。如今，拥有一部入网手机就可以成为新闻的采集和传播者，成为一个信息源，一个人便是一部电台，一个人也可以成为一份报纸，一个人甚至可以办成一家电视台，随时传播自己的发现、主张或者观点。因为传播的即时性、互动性和平民性，网络和手机微博有越来越多的拥趸。在去年的宜黄强拆自焚案中，自焚者的女儿进京上访，在昌北机场遭到宜黄县政府有关人员阻拦时，正是躲在厕所里通过手机微博发出求救信息，吸引了众多群众和部分媒体的关注。而去年上海11·15教师公寓大火的最早报道也是一名在现场的群众发出的微博。相比国内的新闻事件，国外反华势力更是利用网络对我们进行无孔不入的宣传轰炸和文化渗透。所有这些都让被称为党和政府的喉舌的传统媒体感到创新宣传的紧迫性”①。因此，发展与现代传媒相协调的舆论引导方法，成为思想政治教育方法创新的迫切要求。

中国共产党历来重视新闻传媒在思想政治教育中的作用。1948年4月2日，毛泽东在《对晋绥日报编辑人员的谈话》中指出：“我们正

① 陈晓莲：《媒体宣传创新不能脱离社会主义核心价值》，《中国报业》2011年第1期（下）。

在进行土地制度的改革。有关土地改革的各项政策，都应当在报上发表，在电台广播，使广大群众都能知道。群众知道了真理，有了共同的目的，就会齐心来做。”[①] 进入改革开放的新时期，邓小平强调：“党报党刊一定要无条件地宣传党的主张。”[②] 江泽民指出：“目前，我国报纸、刊物的数量很多，广播电视网遍布全国，每天同广大群众见面，随时随地影响着群众的思想和行为。舆论导向正确，人心凝聚，精神振兴；舆论导向失误，后果严重。正反两方面的经验告诉我们，引导舆论，至关重要。”[③] 从上述论述可以看出，通过大众传媒进行思想政治教育是中国共产党的优良传统，按照社会主义核心价值体系要求，发展与现代传媒相协调的舆论引导方法是对中国共产党这一优良传统的继承和发展，也是建构与社会主义核心价值体系相适应的思想政治教育方法体系的要求。

按照社会主义核心价值体系要求，发展与现代传媒相协调的舆论引导方法要从以下几个方面下工夫。

第一，要坚持正确的舆论导向。1996 年 9 月 26 日，江泽民在视察人民日报社时的讲话中指出：“舆论导向正确，是党和人民之福；舆论导向错误，是党和人民之祸。党的新闻事业与党休戚与共，是党的生命的一部分。可以说，舆论工作就是思想政治工作，是党和国家的前途和命运所系的工作。”[④] 按照社会主义核心价值体系要求，发展与现代传媒相协调的舆论引导方法，必须坚持正确舆论导向，用社会主义核心价值体系去衡量媒体的内容，大力唱响社会主义核心价值体系这一主旋律。符合社会主义核心价值体系的内容就传播，不符合的内容就坚决不传播，哪怕这些内容再能吸引受众。

第二，要将报纸、杂志、电视、广播与互联网、手机等新媒体相结合，注意不同传媒的优势互补，发挥多种传媒的综合效应。报纸、

---

① 中共中央宣传部：《毛泽东邓小平江泽民论思想政治工作》，学习出版社 2000 年版，第 175 页。

② 同上书，第 179 页。

③ 同上书，第 181—182 页。

④ 同上书，第 186 页。

杂志、电视、广播、互联网、手机等现代传媒各有不同的特点，各有各自的优势。报纸、杂志等印刷传媒信息量大，“其内容具有一定的深度和广度，受众选择的主动性大，同时对受众的文化程度有一定要求，受众要具备基本的阅读能力和理解能力；广播、电视等电子媒介传播快捷及时，广播以声传播，电视视听兼备，感染力强，两者的受众面都很广泛，渗透性强，受众基本不受文化程度的限制，凡具有听力、视力和正常的思维能力的人都可成为广播电视的传播对象”①。网络、手机等新媒体具有数字化传播、时效性强、受众参与度广泛等优势。报纸、杂志、广播、电视在传播内容上具有权威性、真实性的优势，而在传播的形式上相对新媒体而言有时效性差、受众参与性低等缺点；而新媒体在传播形式上具有时效性强、受众的参与度和互动性高等优势，而在传播内容上相对报纸、杂志、电视、广播而言缺乏权威性和真实性验证，需要受众自己去判断信息的真伪。由于参与度太广而缺乏有效监督。而权威性和真实性正是现代媒体宣传的生命之所在。按照社会主义核心价值体系要求发展与现代传媒相协调的舆论引导方法，要求我们要把它们紧密结合起来，取长补短，相互促进，实现思想政治教育方法的创新。报纸、杂志、广播、电视要网络化，大力开设数字报刊、网络电视和网络广播；而网络、手机等新媒体也可以嫁接在报纸、杂志、广播、电视上，大量转载、引用它们的内容，通过自己的传播渠道传达给更多的受众，从而实现双赢。② 总之，“要发挥党报、党刊、电台、电视台的主力军作用，发挥都市类媒体、网络媒体的自身优势，确保各类新闻报道，专题节目，娱乐类、体育类节目以至各类广告都符合和反映社会主义核心价值体系的要求，实现媒体全联动、舆论全覆盖，共同奏响社会主义核心价值体系建设的大合唱”③。

① 陈万柏：《思想政治教育载体论》，湖北人民出版社 2003 年版，第 237 页。

② 陈晓莲：《媒体宣传创新不能脱离社会主义核心价值》，《中国报业》2011 年第 1 期（下）。

③ 中共中央宣传部：《社会主义核心价值体系学习读本》，学习出版社 2009 年版，第 69 页。

第三，积极探索发现适宜于新闻媒体社会主义核心价值体系建设的好形式、好方法。以社会主义核心价值体系引领新闻媒体，深入开展新闻媒体社会主义核心价值体系建设，不能停留在口头上，需要采取有效的方法。以什么样的有效方式、方法以社会主义核心价值体系引领新闻媒体，自觉的十六届六中全会第一次鲜明地提出了“建设社会主义核心价值体系”这个重大命题以来，就是新闻媒体社会主义核心价值体系建设的重点、难点问题。由《湖北日报》发起，在湖北新闻界开展的“我是建设者”大讨论，是新闻媒体自觉投入社会主义核心价值体系建设，以社会主义核心价值体系引领新闻媒体的重要举措，体现了新闻媒体的政治敏感和高度自觉。弘扬社会主义核心价值体系，对于新闻媒体工作者来说，就是要以建设者的姿态弘扬社会主义核心价值体系，做社会主义核心价值体系建设者，积极探索发现适宜于新闻媒体社会主义核心价值体系建设的好形式、好方法。“我是建设者”大讨论，不是自上而下展开的，而是自下而上，由新闻媒体自觉开展的。它与改革开放以后由人民群众自觉开展的群众性精神文明创建活动一样，是新闻媒体社会主义核心价值体系建设方法的创新。2013 年 3 月 22 日，《湖北日报》刊发了一位老新闻工作者的来信。他在肯定湖北报业集团新闻工作的同时，指出了当前一些新闻媒体和新闻工作者的不良表现，由此提出一个重要问题：新闻工作者应该以什么样的角色姿态履行自己的职责使命？《湖北日报》为此开辟《“我是建设者”大讨论》专栏展开讨论。荆楚网也制作了《“我是建设者”大讨论》专题，让大家共同回答他提出的问题。正是这封来信和持续推出的“我是建设者”大讨论，在荆楚大地、新闻界乃至全国引起了强烈反响。中央领导多次作出重要批示，中共中央宣传部专发一期“新闻阅评”给予高度肯定。《中国新闻出版报》多次刊文，推介“我是建设者”大讨论活动。2013 年 4 月 14 日的《人民日报》在第一版刊发报道《新闻人要做共圆中国梦的建设者》，介绍了正在湖北省深入开展的“我是建设者”大讨论，肯定这场围绕“新闻工作者应该以何种姿态履职”展开的大讨论，引发了业界和社会的强烈反响；4 月 17 日《人民日报》在第一版“今日谈”栏目，发表评论《做传递正能量的新闻人》，在第四版刊发长篇通讯，报道湖北省开展的“我是建设者”大讨论情况；4 月 22 日《人民日报》又刊登《担当责任——湖北新闻界“我是建设者”大讨论续记》。2013 年 4 月 16 日，中国记者协会以湖北开展的“我是建设者”大讨论为主题，在北京举办“我为实现中国梦传递正能量——记者社会责任”讨论会。《人民日报》、新华社、求是杂志社、中央电视台等 50 多家中央及地方媒体、新闻专业社团的 70 多位代表参加了讨论会。中央电视台在 4 月 16 日的《新闻联播》中，不仅报道了为推广湖北“我是建设者”大讨论而召开的全国讨论会消息，而且对湖北开展“我是建设者”大讨论进行了深度报道，并且配发评论《做好共圆中国梦的建设者》。《光明日报》三次刊发长篇通讯，肯定“我是建设者”大讨论。与此同时，《经济日报》、中央人民广播电台等中央媒体，以及人民网、新华网、新浪、网易、凤凰网、新民网、南方网等全国和地方主要网站都大篇幅、长时段地报道了中国记者协会推广湖北开展的“我是建设者”大讨论经验而召开的专题讨论会和湖北开展的“我是建设者”大讨论情况。一个省的一场讨论，引起中央媒体和地方媒体这样强烈的反响，是非常少见的。回顾“我是建设者”大讨论开展以来走过的历程，“大讨论”由湖北少数新闻媒体发展到湖北全省新闻媒体乃至全国新闻媒体，由新闻媒体发展到高校新闻院系师生，由新闻媒体发展到新闻理论界和社科理论界。整个“大讨论”，无不来自基层干部群众的积极创造，无不闪烁着人民群众的智慧之光。实践证明，“我是建设者”大讨论，不仅主题鲜明，而且贴近新闻媒体实际，实现了群众自觉参与，使广大新闻媒体从业人员在参与中自我教育、自我约束、自我管理、自我提高，收到了很好的效果，是新闻媒体社会主义核心价值体系建设的有效方式，在全社会推动了新闻媒体社会主义核心价值体系建设发展。广大新闻媒体及其从业人员，要按照社会主义核心价值体系建设要求，深入“我是建设者”大讨论等新闻媒体社会主义核心价值体系建设创建活动中去，积极探索发现适宜于新闻媒体社会主义核心价值体系建设的好形式、好方法，进一步深化以“我是建设者”大讨论为核心的这种新闻媒体自我教育的方法，推动新闻媒体社会主义核心价值体系建设发展。

三 完善文化感染教育法

所谓文化感染教育法，是指思想政治教育主体间在思想政治教育交往过程中将思想政治教育内容寓于各种文化产品之中，以达到对人们感染和教育的方法。改革开放以来，随着中国社会的不断进步，文化事业也在不断蓬勃发展。文化对人的发展和社会进步的作用越来越显著。广大思想政治教育工作者也逐渐认识到文化在思想政治教育中的重要作用，非常重视发挥各种文化产品对人们思想政治品德的感染和教育作用，使人民群众在轻松愉快的文化环境的熏陶中受到启迪。一是重视文化产品在思想政治教育中的作用。文化产品是一个国家、一个时代文化水平的反映。优良的文化产品，能够给人以感染、启迪和教育，对于提高人民群众的思想境界、鼓舞群众团结奋斗、推动社会进步，可以起到重要作用。改革开放以来，为了推出文化精品，下力气抓了电影、长篇小说、少儿作品“三件大事”和以“五个一工程”为重点的精品创作规划，产生出了一批反映时代精神的文化精品力作，不断满足人民群众的文化需求。二是大力开展丰富多彩、健康有益的文化活动。通过社区文化、企业文化、村镇文化、军营文化、家庭文化感染人，教育人。实践证明，运用文化感染教育法，将思想政治教育内容寓于文化产品及文化建设之中，不仅能使思想政治教育更加生动活泼，更具有吸引力，更容易为人民群众所接受，而且能产生“润物细无声”的效果，使人们在不知不觉中受到感染和熏陶。正是因为如此，中共中央宣传部主编的《社会主义核心价值体系学习读本》明确要求“要把社会主义核心价值体系渗透到精神文化产品创作生产之中。精神文化产品潜移默化地影响着人们的思想观念、价值判断、道德行为，对于推进社会主义核心价值体系建设具有不可替代的独特作用”①。

“当代中国进入了全面建设小康社会的关键时期和深化改革开放、

① 中共中央宣传部：《社会主义核心价值体系学习读本》，学习出版社2009年版，第70页。

加快转变经济发展方式的攻坚时期，文化越来越成为民族凝聚力和创造力的重要源泉、越来越成为综合国力竞争的重要因素、越来越成为经济社会发展的重要支撑，丰富的精神文化生活越来越成为我国人民的热切愿望。”① 以社会主义核心价值体系引领思想政治教育方法创新，建构与社会主义核心价值体系相适应的思想政治教育方法体系，要重视发挥文化在思想政治教育中的重要作用，进一步完善文化感染教育法。

第一，要用社会主义核心价值体系引领文化产品的创作与生产，把社会主义核心价值体系鲜明地体现在文化产品的创作与生产各个方面，推出更多更好的文化产品。“文学、戏剧、电影、电视、舞蹈、美术、摄影、书法、曲艺、杂技以及民间文艺、群众文艺等各领域文艺工作者都要积极投身到讴歌时代和人民的文艺创造活动之中，在社会生活中汲取素材、提炼主题，以充沛的激情、生动的笔触、优美的旋律、感人的形象，创作生产出思想性艺术性观赏性相统一、人民喜闻乐见的优秀文艺作品。实施精品战略，组织好‘五个一工程’、重大革命和历史题材创作工程、重点文学艺术作品扶持工程、优秀少儿作品创作工程，鼓励原创和现实题材创作，不断推出文艺精品。扶持代表国家水准、具有民族特色和地方特色的优秀艺术品种，积极发展新的艺术样式。鼓励一切有利于陶冶情操、愉悦身心、寓教于乐的文艺创作，抵制低俗之风。”②

第二，要发挥人民群众的文化创造积极性，切实把社会主义核心价值体系渗透到丰富多彩的文化活动之中。“人民是推动社会主义文化大发展大繁荣最深厚的力量源泉。要牢固树立马克思主义群众观点，自觉贯彻党的群众路线，为广大群众成为社会主义文化建设者提供广阔舞台。广泛开展群众性文化活动，提高社区文化、村镇文化、企业文化、校园文化等建设水平，引导群众在文化建设中自我表现、自我教育、自我服务。积极搭建公益性文化活动平台，依托重大节庆和民

① 《中共中央关于深化文化体制改革，推动社会主义文化大发展大繁荣若干重大问题的决定》，《长江日报》2011 年 10 月 26 日。

② 同上。

族民间文化资源，组织开展群众乐于参与、便于参与的文化活动。支持群众依法兴办文化团体，精心培育植根群众、服务群众的文化载体和文化样式。及时总结来自群众、生动鲜活的文化创新经验，推广大众文化优秀成果，在全社会营造鼓励文化创造的良好氛围，让蕴藏于人民中的文化创造活力得到充分发挥。”①

四　探索核心价值观融入大学生思想政治教育全过程的方法

习近平同志在北京大学师生座谈会上的讲话指出：“我为什么要对青年讲讲社会主义核心价值观这个问题？是因为青年的价值取向决定了未来整个社会的价值取向，而青年又处在价值观形成和确立的时期，抓好这一时期的价值观养成十分重要。这就像穿衣服扣扣子一样，如果第一粒扣子扣错了，剩余的扣子都会扣错。人生的扣子从一开始就要扣好。‘凿井者，起于三寸之坎，以就万仞之深。’青年要从现在做起、从自己做起，使社会主义核心价值观成为自己的基本遵循，并身体力行大力将其推广到全社会去。”② 大学生是祖国的未来、民族的希望。把培育和践行社会主义核心价值观融入大学生思想政治教育全过程，积极探索大学生培育和践行社会主义核心价值观的途径与方法，教育引导大学生培育和践行社会主义核心价值观，是“立德树人”的重要途径，是培养中国特色社会主义合格建设者和可靠接班人的重要任务，是贯彻党的十八大精神和习近平同志关于培育和践行社会主义核心价值观系列讲话精神的必然要求，是增强大学生价值观教育针对性和实效性的召唤。

大学生正处于世界观、人生观、价值观形成的关键时期，加强社会主义核心价值观教育，教育引导大学生培育和践行社会主义核心价值观显得尤为重要。大学阶段是对世界、人生、价值问题思考的活跃期。上大学前，学生最关心的是“考大学”。由于升学的压力，对绝大多数高中生业说，考虑最多的是能否上大学和上什么样的大学，最

① 《中共中央关于深化文化体制改革，推动社会主义文化大发展大繁荣若干重大问题的决定》，《长江日报》2011年10月26日。

② 习近平：《青年要自觉践行社会主义核心价值观》，《光明日报》2014年5月5日。

为关心的是学习成绩。所以，在高中阶段其主要精力大多用在学习上，没有过多的时间去思考学习之外的事情，其中包括世界、人生、价值方面的问题。即便有所思考，又因知识的局限和生活经验的不足，而使他们对世界、人生、价值的看法较为模糊、肤浅和零散。上大学之后，经过一段时间对大学学习、生活和环境的了解和熟悉，他们开始思考许多问题。特别是随着“上大学”这一近期目标的实现，他们开始寻找新的目标作为自己的动力。于是人与世界的关系，人生的真谛，生活的意义，乃至与目标相联系的“人生奋斗究竟是为了什么”等一系列世界观、人生观、价值观问题，就摆在了大学生的面前。另外，大学教师在教书育人的过程中，也不时启发和引导学生对世界、人生和价值问题的思考。总之，大学阶段较之于大学生以前人生各阶段，是学生对有关世界、人生、价值问题思考最活跃的时期。大学阶段不仅激发了大学生对世界、人生、价值问题的思考，而且，此时个体生理、心理发展水平也为世界观、人生观和价值观的形成奠定了基础，因此，大学阶段是世界观、人生观和价值观形成的关键时期。一般来说，世界观、人生观和价值观的有关问题进入意识领域，必须具备三个条件：一是思维发展水平要能达到抽象地概括涉及社会进步及个体发展前途的社会事件；二是自我意识的分化要能达到进行自我观察、自我分析、能认识自己的特点并对自己提出某种明确的要求；三是个体意识到其所必须完成的社会任务及其意义。大学生的思维水平随着大脑的成熟进入了一个新的发展阶段，已逐渐从经验性思维转向逻辑性思维，其思维的灵活性、广泛性和深刻性等较之以前都有很大程度的提高。同时，大学生的自我意识已基本形成，自我评价、自我教育与自我控制能力已达到较高水平，在通常情况下，他们不仅考虑到“为什么这样做”，而且在一定程度上意识到“这样做的结果”。这表明，大学生在主观上已基本具备相应的确立世界观、人生观和价值观的认识能力和心理基础。[①] 当然，我们也应看到，当代大学生尤其是低年级大学生，他们在世界观、人生观和价值观上既有稳定性的一面，

① 参见湖北省教育厅组编《思想道德修养》，武汉大学出版社 2003 年版，第 110—112 页。

也有可塑性的一面；在思考世界观、人生观和价值观问题时既有善于探讨、积极进取的一面，也有主观片面、失之偏颇的一面。这一方面说明大学生尚有不成熟之处，另一方面也说明在这一时期引导和帮助当代中国大学生树立正确的世界观、人生观和价值观的重要性。总而言之，教育引导大学生树立社会主义核心价值观只有从大学生上述实际出发，才能切实可行。

在新的形势下，我们要深入学习、领会习近平同志“五四”重要讲话《青年要自觉践行社会主义核心价值观》、党的十八大报告和中共中央办公厅印发的《关于培育和践行社会主义核心价值观的意见》精神，深刻理解和准确把握社会主义核心价值观的科学内涵和精神实质，把社会主义核心价值观融入高校思想政治理论课教学之中，融入大学生社会实践之中，融入高校校园文化建设之中，融入高校教师队伍建设之中，融入理论研究与宣传工作之中，不断创新大学生培育和践行社会主义核心价值观的新途径与新方法，把大学生培育和践行社会主义核心价值观引向深入。

一是将社会主义核心价值观融入高校思想政治理论课教学之中，充分发挥思想政治理论课在大学生社会主义核心价值观教育中的主渠道作用。高校思想政治理论课是教育引导大学生树立社会主义核心价值观的主渠道。要根据党的十八大精神和习近平同志关于培育和践行社会主义核心价值观系列讲话精神，按照充分体现社会主义核心价值观科学内涵和精神实质的要求，坚持贴近实际、贴近生活、贴近学生的原则，针对大学生不同年龄阶段生理心理特点、认知水平和课程特点，以社会主义核心价值观为主线，对高校思想政治理论课进行整体规划和修订完善，使社会主义核心价值观进教材、进课堂、进大学生头脑。《马克思主义基本原理》课程是一门着重讲授马克思主义的世界观和方法论，帮助学生从整体上把握马克思主义，正确认识人类社会发展规律的课程。这就要求《马克思主义基本原理》课程要以社会主义核心价值观为主线，重点加强“自由、平等、公正、法治”的社会主义核心价值观教育，讲清党的十八大从社会层面提出的这八字核心价值观，既体现了马克思主义的核心价值观，又反映了社会主义社会的基本属性，是人民对于社会发展的共同诉求。《毛泽东思想和中国特色社会主义理论体系概论》课程是一门着重讲授中国共产党把马克思主义基本原理与中国实际相结合的历史进程，充分反映马克思主义中国化的理论成果，帮助学生系统掌握毛泽东思想、邓小平理论、“三个代表”重要思想基本原理和科学发展观，坚定在党的领导下走中国特色社会主义道路的理想信念的课程。这就要求《毛泽东思想和中国特色社会主义理论体系概论》课程要以社会主义核心价值观为主线，重点加强“富强、民主、文明、和谐”的社会主义核心价值观教育，讲清党的十八大从国家层面提出的这八字核心价值观，既是我国在社会主义初级阶段为之奋斗的价值目标，是我国社会主义经济建设、政治建设、文化建设、社会建设和生态文明建设总的奋斗目标，又是近代以来中国历史发展的根本要求，更是改革开放以来我们党的中国特色社会主义建设的基本主张。《中国近现代史纲要》课程是一门主要讲授中国近代以来抵御外来侵略、争取民族独立、推动反动统治、实现人民解放的历史，帮助学生了解国史、国情，深刻领会历史和人民是怎样选择马克思主义，选择了中国共产党，选择了社会主义道路的课程。《思想道德修养与法律基础》课程是一门主要进行社会主义道德教育和法制教育，帮助学生增强社会主义法制观念，提高思想道德素质，解决成长成才过程中遇到的实际问题的课程。这两门课程要以社会主义核心价值观为主线，重点加强“爱国、敬业、诚信、友善”的社会主义核心价值观教育，讲清党的十八大从个人层面提出的这八字核心价值观，既是社会主义价值规范的核心，又是每一个中国公民应当树立的基本价值追求和应当遵循的根本道德准则，更是当代大学生应该树立的基本价值追求和应当遵循的根本道德准则，是标尺，是准绳，规范着每一个社会主义公民的一言一行。

二是将社会主义核心价值观融入大学生社会实践之中，充分发挥社会实践的育人功能。理论联系实际是大学生思想政治教育的根本原则，也是大学生社会主义核心价值观教育的根本原则。大学生参加社会实践，了解社会、认识国情、增长才干、奉献社会，锻炼毅力、培养品格，对于加深对社会主义核心价值观的理解，深化对社会主义核心价值体系建设的认识，坚定在中国共产党领导下，走中国特色社会主义道路，实现中华民族伟大复兴的共同理想和信念，增强历史使命感和社会责任感，具有不可替代的重要作用。大学生社会实践要以中国特色社会主义理论为指导，坚持育人为本的思想，按照党的十八大对社会主义核心价值体系建设的要求，系统设计社会主义核心价值观实践教育教学体系。要坚持课内与课外相结合，集中与分散相结合，确保每一个大学生都能参加社会实践，确保社会主义核心价值观贯穿于大学生社会实践的全过程。要深入挖掘学校和社会两种资源，充分发挥学校和社会两种力量，形成全社会共同加强大学生社会主义核心价值观教育的良好局面。各级党委和政府要高度重视大学生社会主义核心价值观实践教育，要为大学生社会主义核心价值观实践教育创造条件，提供便利。各地宣传部门、文明办、教育部门和共青团组织要在党委政府统一领导下，明确各自任务，形成大学生社会主义核心价值观教育工作合力。要重视社会实践基地建设，应将爱国主义教育基地、公益性文化设施、各类校外活动场所，建成为大学生社会主义核心价值观的实践基地，积极引导大学生走出校园，深入基层、深入群众、深入实际，开展教学实践、专业实习、军政训练、社会调查、生产劳动、志愿服务、公益活动、科技发明、勤工助学，升华对社会主义核心价值观的体验感受和认知理解。①

三是将社会主义核心价值观融入校园文化建设之中，充分发挥文化化人的功能。校园文化活动是大学生社会主义核心价值观教育的重要载体。高校要重视校园文化建设在社会主义核心价值观教育中的作用，要把大学生社会主义核心价值观教育纳入高校校园文化建设的规划之中，充分发挥校园文化建设和思想政治理论课的作用，形成二者之间的合力。长期以来，我国高校思想政治理论课一直以直接、公开、显性为特征，其局限性明显。这就要求我们要与时俱进，不断加强和改进思想政治理论显性课程，积极发展以校园文化活动为核心的隐性课程，使思想政治理论显性课程和隐性课程相互

① 杨业华：《把培育和践行核心价值观融入大学生思想政治教育全过程》，《光明日报》2014年1月15日。

渗透，相互补充，共同在大学生社会主义核心价值观教育中发挥最佳效益。高校思想政治理论课教学实践证明，以校园文化活动为核心的隐性课程在人的情感等非智力因素的发展中有着潜移默化的作用，能使大学生在不知不觉中形成正确的价值观。要根据社会主义核心价值观教育的要求，本着“着眼未来，充足现实，着重建设”的精神，整体设计和建构校园文化。要运用系统论和关联性的原则，把参与校园文化建设的各方面力量组织好，布置好，形成思想统一、步调一致的整体，从而发挥各方面力量在校园文化建设中的整体效应，形成大学生社会主义核心价值观教育的“合力”。要以优良校风、学风、教风为核心，以优化、美化校园环境为重点，以开展丰富多彩的校园文化活动为载体，按照社会主义核心价值观教育的要求，积极开展丰富多彩、健康向上的校园文化活动。要重视校园物质文化在大学生社会主义核心价值观教育中的作用，在进行校园物质文化建设规划时，应充分考虑校内建筑、校园自然环境和校内人文景观对大学生影响的多样性，不能把它仅仅作为一种校园规划，而应把它作为大学生社会主义核心价值观教育的重要载体来进行系统规划，从校园物质文化和精神文化如何协调发展，如何有助于大学生社会主义核心价值观培育的角度进行考虑，使校园物质文化真正成为大学生社会主义核心价值观教育的载体，成为促进大学生社会主义核心价值观培育的具有教育意义的一种环境。要充分利用五四青年节、七一建党节、十一国庆节、一二·九运动纪念日等重大节庆日和纪念日，开展社会主义核心价值观主题教育活动，唱响社会主义主旋律。要深入开展“创建文明校园、文明班级、文明宿舍，做文明大学生”活动，把社会主义核心价值观教育的要求和任务融入大学生的学习生活之中，引导大学生从具体事情做起，养成文明行为，培养良好的道德情操，形成正确的价值观。要将社会主义核心价值观融入校园网络文化建设之中，充分发挥网络等新型媒体在大学生社会主义核心价值观教育中的作用。要根据社会主义核心价值观教育的要求，建设好融思想性、知识性、趣味性、服务性于一体的校园网站，不断拓宽大学生社会主义核心价值观教育的渠道和空间，在社会主义核心价值观引领下，积极开展健康向上、丰富多彩的网络校园文化活动，使网络成为大学生社会主义核心价值观教育的新阵地。

四是要切实加强教师的社会主义核心价值观教育。教育者要先接受教育，是我们党思想政治教育的一个重要原则。教师价值观的正确与否，能力的高与低，直接关系到大学生社会主义核心价值观教育的效果。要做好大学生社会主义核心价值观教育，提升大学生对社会主义核心价值观的认同感，必须要抓好提升教师素质这个关键环节。要切实加强对高校思想政治教育工作者的社会主义核心价值观教育，提高他们对大学生社会主义核心价值观教育的认识，加深他们对社会主义核心价值观的理解，教育引导他们把真理的力量与人格的力量结合起来，做学习践行社会主义核心价值观的表率和模范。要把社会主义核心价值观教育与师德建设相结合，在师德建设中突出开展社会主义核心价值观教育活动，提高高校教育队伍整体的思想政治道德素质，使他们真正做到既教书又育人，自觉把社会主义核心价值观融入高校各门课程之中去，既言传又身教，以良好的师德师风影响学生，教育学生，感染学生。

五是要加强大学生社会主义核心价值观教育的理论研究与宣传。大学生社会主义核心价值观教育需要强有力的理论支撑。大学生社会主义核心价值观教育是一个系统工程，涉及方方面面，这就要求高校理论工作者深入开展大学生社会主义核心价值观教育的理论研究工作，不仅要深刻阐述社会主义核心价值观提出的时代背景、发展历史及其理论根据，深入阐述社会主义核心价值观的基本内容，而且要深入阐述大学生社会主义核心价值观教育的意义、教育的途径与方法，产生一批有创新价值的理论成果。在深入研究的基础上，高校宣传部门要充分利用校园网、报纸、广播台、板报、政治学习等多种途径，针对大学生在价值观上普遍关注的热点难点问题，不断创新大学生社会主义核心价值观教育的形式和方法，把宣传普及与释疑解惑、排忧解难有机统一起来，不断增强大学生社会主义核心价值观教育的针对性和实效性。

第九章

社会主义核心价值体系与思想政治教育评价创新

自20世纪80年代初思想政治教育学科建立以来，思想政治教育在理念、目标、内容、方法、评价等方面都获得了长足的进展。人们对思想政治教育的价值有了新的认识。与此同时，思想政治教育的内容与形式也发生了很大的变化，开放互动的思想政治教育方式方法已逐渐成为思想政治教育的现实。在这样的发展进程中，如何以社会主义核心价值体系引领思想政治教育评价创新，科学评价社会主义核心价值体系融入思想政治教育全过程的效果，越来越成为人们关注的焦点。

第一节　思想政治教育评价创新的内涵

以社会主义核心价值体系引领思想政治教育评价创新，首先必须科学把握思想政治教育评价创新的内涵。

一　思想政治教育评价的内涵

在我国的文字中，“评价”是评定价值的简称。在英语中，“evaluate”（评价）这个词，在词源学上的含义也就是引出和阐发价值。从本质上来说，评价是一种价值判断的活动，是对客体满足主体需要程度的判断。思想政治教育评价是指按照一定的价值标准和思想政治教育目标，在利用测量和非测量的种种可行的科学手段系统地、科学地和全面地搜集、整理、处理和分析思想政治教育信息的基础上，对思想政治教育的价值作出判断的过程，目的在于促进思想政治教育的改革与创新，提高思想政治教育质量。上述定义包括以下四个要点：第一，思想政治教育评价的对象是思想政治教育的全部领域。随着我们对思想政治教育评价认识的深入，思想政治教育评价从以思想政治教育过程的结果为对象，逐步扩大了应用的范围。现代思想政治教育评价以思想政治教育全部领域为对象，它已成为整个思想政治教育系统不可分割的有机组成部分。思想政治教育评价既可以是思想政治教育的参与者，如思想政治教育者、教育对象等，也可以是思想政治教育现象和活动，如思想政治教育方针、思想政治教育政策、思想政治教育活动、思想政治教育过程、思想政治教育效果等。第二，思想政治教育评价的本质是对思想政治教育的价值作出判断，是思想政治教育评价者主体的需要与被评价对象的客体属性的一种特殊的效应关系运动。第三，思想政治教育评价的手段是运用科学的评价技术和方法。综合运用测量和非测量的种种可行的科学手段进行综合分析判断，既有定量的，又有定性的。第四，思想政治教育评价的目的是为了促进思想政治教育的改革与创新，提高思想政治教育质量，促进思想政治教育对象思想政治品德的发展。它涉及思想政治教育评价的指导思想和思想政治教育观等基本理论问题。思想政治教育评价是为了鉴定、考核，还是为了推进、改进与创新，这是两种不同的思想政治教育观和评价观。过去传统的思想政治教育评价偏重于鉴定、考核的功能，而现代思想政治教育评价则强调反馈、矫正功能即调控功能，其目的是为了“创造适应思想政治教育对象的教育”，即思想政治教育评价是为了诊断评价对象的现状，以便发现问题，使思想政治教育工作不断改进、不断完善，不断适合思想政治教育对象的需要，为促进思想政治教育对象个性全面发展和提高思想政治教育质量服务。

在实践中，“思想政治教育评价”和“思想政治教育测量”是一种经常容易混淆的概念。有些人常常把属于思想政治教育测量的活动也当作思想政治教育评价。因此，弄清二者之间的关系，对于我们正确认识思想政治教育评价有着重要的意义。思想政治教育评价与思想政治教育测量既紧密联系又相互区别。思想政治教育测量是思想政治教育评价中获取信息的方法之一，思想政治教育测量可以为思想政治教育评价提供价值判断的基本数量事实，思想政治教育评价往往把思想政治教育测量当作它的基础；而思想政治教育评价往往是思想政治教育测量过程的延续，是对测量结果的解释与应用，并朝着价值判断与释放教育功能的方向拓展。但在这里并不是说要进行思想政治教育评价必须进行思想政治教育测量，它只是思想政治教育获取信息的方法之一。在思想政治教育评价中获取信息的方法是多种多样的。比如，在思想政治教育评价过程中，如果要了解评价对象的价值观，个别访谈和座谈的方法都是可以的，不一定非要用思想政治教育测量。再比如，如果要了解思想政治理论课老师或学生在课堂上的具体表现，有结构或无结构的课堂观察更为适合，所能获得的信息有可能更为全面细致。在某些情况下，思想政治教育测量的方法是不适用的。比如，要了解除了所评价的思想政治教育方案之外的其他可能的替代的方案，或者所要评价的思想政治教育课程的社会和文化根源，或者当前或历史的思想政治教育理念时，思想政治教育评价者应采用文献研究的方法，而不是思想政治教育测量的方法。另外，在某些情况下虽然思想政治教育测量的方法是必要的方法之一，但仅仅测量方法本身是不充分的和不全面的，还需要其他方法加以补充和完善。[①] 思想政治教育评价与思想政治教育测量有着根本的区别。思想政治教育测量本质上是一个事实判断过程，所谓事实判断是对事物的现状、属性与规律的描述。而思想政治教育评价实质上是一种价值判断过程，所谓价值判断是在事实描述的基础上，根据思想政治教育评价者的需要和愿望对客观事物作出评价。二者的区别主要表现在以下两个方面：第一，思想政治教育测量是对事实作判断，在判断的标准确定后，如果排除测量误差的影响，则不同的人进行测量应能得到相同的结果，即思想政治教育测量具有比较强的客观性；而思想政治教育评价是对思想政治教育活动的价值作出判断，由于思想政治教育评价主体的价值观和标准不同，因此，判断的结果可能是不相同的。第二，思想政治教育测

① 杨向东：《教育测量在教育评价中的角色》，《全球教育展望》2007 年第 11 期。

量是在事实判断基础上，进行赋值的过程，因此，它注重量化；但思想政治教育评价既有定量的评价，也有定性的评价。也就是说思想政治教育测量是思想政治教育评价中非常重要的获取信息的方法之一，思想政治教育测量的结果是思想政治教育评价的重要依据之一，但不是唯一依据，思想政治教育评价的价值判断依据和标准是多方面的。

二　思想政治教育评价创新的内涵

根据本书第三章对“创新”的界定，笔者将思想政治教育评价创新界定为：所谓思想政治教育评价创新是指思想政治教育主体间在思想政治教育实践过程中扬弃旧的思想政治教育评价理念与方法，根据社会主义核心价值体系建设要求，建立符合时代变化、反映时代特点、代表时代发展趋势的新的思想政治教育评价理念与方法的过程。思想政治教育评价创新的目的是促进思想政治教育的改革与创新，提高思想政治教育质量。

第二节　思想政治教育评价创新在社会主义核心价值体系建设中的作用

将社会主义核心价值体系融入思想政治教育全过程，转化为人民群众的自觉追求，是社会主义核心价值体系建设对思想政治教育创新提出的新的要求。思想政治教育是否达到了这一要求，其效果如何，需要根据社会主义核心价值体系建设要求，建构与社会主义核心价值体系相适应的思想政治教育评价体系，实现思想政治教育评价创新并用它来加以检验。因此，思想政治教育评价创新在社会主义核心价值体系融入思想政治教育过程中起着导向与质量监控作用，成为社会主义核心价值体系融入思想政治教育全过程的关键环节。

一　实现教育判断的作用

思想政治教育评价最基本、最原始、最普遍的作用，就是实现教育判断。在社会主义核心价值体系融入思想政治教育过程中，思想政治教育评价创新主要从以下几个方面实现教育判断作用。

第一，测量评定的作用。古今中外思想政治教育实践反复证明，思想政治教育评价活动的直接目的是为了客观地评价思想政治教育的结果。就大中小学思想政治课来说，就是客观地评定学生的学习成绩，或者是为了给教育对象的行为表现评定一个成绩（分数或等级）。思想政治教育评价具有测量评定的作用，是因为思想政治教育评价这种判断过程不是主观随意的，而是按照某些科学的准则和程序对人的思想和行为作出较为客观的评价。因此，根据社会主义核心价值体系建设的要求，建构与社会主义核心价值体系要求相适应的思想政治教育评价体系，实现思想政治教育评价创新，能够较为客观地测量评定社会主义核心价值体系融入思想政治教育过程中，受教育者接受社会主义核心价值体系教育的情况，教育者进行社会主义核心价值体系教育的情况，以及整个教育者与受教育者在社会主义核心价值体系教育过程中交往、商榷、交流与对话的情况。

第二，事实判断的作用。对社会主义核心价值体系融入思想政治教育全过程进行评价是一个完整的过程。在这一过程中，思想政治教育主体利用测量和非测量的种种方法，系统地收集资料，在此基础上可以对被评价对象或被评价对象的某种思想、行为表现等作出符合事实的判断。判断的结果可以量化为分数等数字，也可以采用定性描述的形式出现。

第三，价值判断的作用。在对社会主义核心价值体系融入思想政治教育全过程进行评价的过程中，虽然某些事实判断过程也蕴含着价值判断的成分，但事实判断就整体来看，它与价值判断有明显的差别。价值判断过程，是把事实判断的结果同外部的某种价值体系或价值标准联系在一起，对社会主义核心价值体系融入思想政治教育全过程作出价值分析、价值判断和价值描述。价值判断往往是建立在事实判断的基础上，事实判断更多地具有写实性，而价值判断往往具有更多的社会性。

第四，问题诊断作用。根据社会主义核心价值体系的要求，构建与社会主义核心价值体系相适应的思想政治教育评价体系，并对社会主义核心价值体系融入思想政治教育全过程进行评价，具有问题诊断作用。例如，对社会主义核心价值体系学习有困难的教育对象可以诊断，对思想政治教育者在进行社会主义核心价值体系教育中存在的问题可以诊断，对社会主义核心价值体系融入思想政治教育全过程的管理可以进行诊断，对社会主义核心价值体系融入思想政治教育全过程的目标、内容、方式方法、运行机制等也可以进行诊断。由于思想政治教育评价具有问题诊断作用，因此，在社会主义核心价值体系融入思想政治教育过程中，人们常常利用各种测验、各种测评表以及考试等手段，大量地收集资料，通过对这些资料的分析，充分发挥和最大限度地实现在社会主义核心价值体系融入思想政治教育过程中思想政治教育评价的问题诊断作用。

二　加强和改进社会主义核心价值体系教育的作用

根据社会主义核心价值体系建设要求，构建与社会主义核心价值体系建设相适应的思想政治教育评价体系，实现思想政治教育评价创新，能够通过下面几点，充分发挥加强和改进社会主义核心价值体系教育的作用。第一，了解教育对象的起点行为。在社会主义核心价值体系融入思想政治教育过程中，摸清教育对象的思想状况是有针对性地进行社会主义核心价值体系教育的前提。社会主义核心价值体系建设的实践证明，任何一次成功的社会主义核心价值体系教育活动都是建立在尊重教育对象已有的思想状况的基础上的。因此，在社会主义核心价值体系融入思想政治教育过程之前，思想政治教育者可以先对教育对象的价值观状况进行一次测评，用来评价教育对象在思想政治教育活动之前的思想状况，以作为决定有效进行社会主义核心价值体系教育的起点。第二，作为改进社会主义核心价值体系教育的参考。思想政治教育工作者根据社会主义核心价值体系融入思想政治教育过程之前的测评结果，可以明了自己在思想政治教育上的缺失，判断思想政治教育理念、目标、内容是否得当，思想政治教育方法是否有效，是否需要调整或改变思想政治教育策略等。测评的结果，为社会主义核心价值体系融入思想政治教育全过程提供了十分有用的参考信息，为改进思想政治教育提供了有效的信息保障。第三，确保社会主义核心价值体系融入思想政治教育全过程的目标实现。思想政治教育评价的目的在于确保思想政治教育目标的达到。根据社会主义核心价值体系的建设要求，创新思想政治教育评价，建构与社会主义核心价值体系建设要求相适应的思想政治教育评价体系，并用它来评价思想政治教育，我们根据评价的结果就可以知道，目前的思想政治教育情况离社会主义核心价值体系融入思想政治教育过程的目标有多远，是否需要修正思想政治教育目标或改变思想政治教育策略。比如，在高校思想政治理论课教学中，教师在讲完社会主义核心价值体系建设相关内容后，为了检验教学效果的好坏，经常通过测评全面了解学生对学习内容的掌握情况。它既是检查前一段思想政治理论课教学的效果，也是进一步进行教育教学的基础。第四，作为补救思想政治教育的依据。在社会主义核心价值体系融入思想政治教育过程中，对测评结果的分析，可以让教育者了解社会主义核心价值体系融入思想政治教育过程的情况。如果测评过程是经过特殊设计，含有诊断性问题，更能进一步帮助思想政治教育工作者诊断在社会主义核心价值体系融入思想政治教育过程中存在哪些问题，这些信息可以作为思想政治教育工作者实施补救教育的参考。比如，在思想政治课教学过程中，学生学习了有关社会主义核心价值体系相关的内容后，进行测试，教师对测评后的试题分析，可以提供给教师关于所编制的测验试题的统计特征，如难度、区分度等。根据这些信息，教师能进一步找出不良试题之所在，以确保教师所编制的试题均属于性能优良的试题，并且可以保留在题库内，供以后编制新的测验试题选用。由诊断学习获得的信息，可以作为思想政治课教师实施补救教学的依据，以达到有针对性地进行社会主义核心价值体系教育的目的。

三　行使教育管理的作用

思想政治教育评价在社会主义核心价值体系融入思想政治教育过程中具有教育管理的作用，是因为思想政治教育评价方案是按照党和国家政策以及社会主义核心价值体系建设等具体要求来设计的，体现了党和国家、思想政治教育管理者等方面的意愿，具有控制、指挥、导向、计划、检查、考核、评估和监督等方面的作用，行使了思想政治教育管理的功能。主要体现在：第一，对思想政治教育队伍的管理。思想政治教育评价对思想政治教育队伍的管理作用，具体体现在以下几个方面。一是思想政治教育者职业资格评定，即思想政治教育者的专业知识水平是否达到了基本要求，专业知识包括文化知识和思想政治教育学方面的知识。没有专门的职业规范和资格认证制度，就会把思想政治教育岗位混同于一般的管理岗位、干部岗位，按一般公务员的选拔标准选拔思想政治教育者，按照普通行政干部管理制度与方式管理思想政治教育者，思想政治教育的特殊性就得不到应有的重视，其结果是队伍构成复杂，缺乏必要的稳定性，在工作中达成共识、协调一致行动比较困难，思想政治教育的实际效果和工作效率得不到保证。实行思想政治教育者职业资格认定，建立统一的从业资格标准、准入制度、职业规范和管理办法，就可以按照思想政治教育的特殊要求选拔、培养、管理从业人员。思想政治教育者也可以把它作为自己的终身职业，既有利于思想政治教育者职业发展，提升职业水平，也有利于思想政治教育队伍的稳定和整体素质的提高。二是思想政治教育水平的评定，即对思想政治教育能力进行评定。三是思想政治教育管理水平的评定，即对思想政治教育者在思想政治教育过程中管理方面的能力进行评定。充分发挥思想政治教育评价在思想政治教育队伍管理中的作用，可以提高思想政治教育者管理工作的科学性。第二，对目标的管理。在思想政治教育过程中，思想政治教育评价是根据思想政治教育目标进行的，它通过对现状与目标之间的差距进行判断，能有效促进被评价的对象不断接近预定的思想政治教育目标。因此，通过思想政治教育评价目标与指标体系的引导，可以为思想政治教育指明方向。第三，对过程的管理。在社会主义核心价值体系融入思想政治教育全过程中，利用思想政治教育评价，我们可以全面地掌握社会主义核心价值体系融入思想政治教育全过程的各种情况，及时发现存在的各种问题，对思想政治教育任务完成的数量与质量进行控制，为促进、提高社会主义核心价值体系融入思想政治教育全过程的有效性提供科学的依据。

四 促进受教育者自我教育

思想政治教育评价在社会主义核心价值体系融入思想政治教育过程中具有促进受教育者自我教育的作用。一是激励受教育者自我教育的动机。一次有效的思想政治教育评价，可以通过以下几个方面直接影响社会主义核心价值体系融入思想政治教育过程中受教育者的自我教育：其一，为受教育者提供了短期的自我教育目标；其二，明确了自我教育的内容；其三，提供了有关思想进步的反馈信息。因此，在社会主义核心价值体系融入思想政治教育过程中，对思想政治教育评价的正确使用，不仅可以引导受教育者自我教育的目标，提供教育成果的反馈，还能激励受教育者自我教育的动机。二是促进受教育者自我评价。在社会主义核心价值体系融入思想政治教育过程中，思想政治教育测评可以提供反馈信息，让受教育者了解自己在思想政治品德上的优缺点，有哪些错误的东西需要更正等，以促进自我了解、自我认可，帮助受教育者制订最佳的自我教育计划。

总之，在社会主义核心价值体系融入思想政治教育过程之中，思想政治教育评价创新具有上述多种多样的积极作用，但这些作用能否得到很好发挥，就要依赖于思想政治教育者能否制定出科学的方案，能否正确认识和使用评价手段。

第三节 建立与社会主义核心价值体系相适应的思想政治教育评价体系

一 树立以人为本的思想政治教育评价观

评价观是思想政治教育评价的灵魂，有什么样的评价观，就有什么样的思想政治教育评价。长期以来，我国思想政治教育受“社会中心评价观”和“知识中心评价观”等片面评价观的影响，过分注重社会因素和知识因素对思想政治教育的制约作用，忽视了受教育者对思想政治教育的作用，使思想政治教育成为社会政治的工具和知识的工具，忽视了人的发展，造成了思想政治教育的低效，严重影响了思想政治教育的发展。

“社会中心评价观”过分强调了社会因素对思想政治教育的制约作用，过分地夸大了思想政治教育的社会价值，特别是社会政治价值，一味强调思想政治教育要为社会服务，把思想政治教育作为社会发展的工具，特别是政治的工具，忽视作为受教育者的人的发展，误入了“社会决定论”的误区，陷入了“泛政治化”的泥潭，否定了受教育者对思想政治教育的制约作用，看不到受教育者的需要、受教育者身心发展规律和水平对思想政治教育的制约，忽视了受教育者的能动性。“社会中心评价观”的主要特征就是重社会整体轻受教育者个体，只见社会不见“人”。思想政治教育是一项提高人的思想政治品德素质，教育引导人们学会“做人”的工作，必须关注人的价值、人生理想等本质性、终极性问题。离开个人去谈论社会，必然会走向形而上学的泥潭。因为思想政治教育的价值不仅表现在社会价值上，而且表现在个人价值上。我们在这里否定“社会中心的评价观”，不是否定社会因素对思想政治教育的作用，而是强调要科学地看待社会因素对思想政治教育的作用。

“知识中心评价观”片面强调了知识对思想政治教育的制约，忽视了社会因素和受教育者因素对思想政治教育的制约作用。它片面地强调了思想政治理论知识的学习，把受教育者当作一个接受思想政治理论知识的容器，只注重思想政治理论知识的传递，忽视受教育者的需要、兴趣和身心发展的差异。郑永廷教授把这种评价观称为思想政治教育的文本观。在这种评价观的导引下，有些思想政治教育工作者在思想政治教育过程中，只重视理论，忽视实践；只注重文本逻辑，忽视受教育者的发展；只强调文本意义，忽视社会实践发展。这必然导致理论脱离实际的教条主义。

总之，无论是“社会中心评价观”还是“知识中心评价观”，从根本上说都是忽视人的发展，已落后于时代的要求。思想政治教育必须从这种片面的评价观中走出来，社会主义核心价值体系融入思想政治教育全过程也需要科学的思想政治教育评价观为指导。那么，思想政治教育应树立怎样的评价观，才能适应社会主义核心价值体系建设的要求，才有利于广大人民群众社会主义核心价值观的教育培养呢？笔者认为，应以社会主义核心价值观为指导，树立以人为本的评价观。

以人为本的思想政治教育评价观，强调以人为根本出发点，把促进人的思想政治品德发展置于思想政治教育的中心，全面辩证地反映了时代对思想政治教育评价的客观要求。思想政治教育坚持以人为本的评价观是社会发展的需要。中国正处于计划经济向社会主义市场经济的转型期，正在向具有物质文明、政治文明、精神文明和生态文明的高度逐步发展。随着社会主义市场经济的深入发展，不仅国际竞争越来越激烈，而且人的主体性也不断增强。要适应时代的变化发展，当代中国人必须要有主体人格和创造能力。要想达到此要求，就必须在思想政治教育过程中坚持以人为本，充分考虑教育对象的思想行为特点，做到因材施教。因为，只有坚持以人为本的评价观，才能充分调动思想政治教育工作者和教育对象的积极性和主动性，唤起他们的主体意识，促使他们主动地加强社会主义核心价值观修养，才能不断提升他们的思想政治品德素质。科学发展观是中国特色社会主义理论体系的最新成果，科学发展观的核心是以人为本，思想政治教育评价坚持以人为本的评价观是贯彻科学发展观的体现。树立以人为本的思想政治教育评价观反映了人的身心发展规律和水平对思想政治教育的制约作用。随着现代社会不断进步，人的主体性不断增强，这就要求思想政治教育评价要从教育对象的实际出发，符合人的思想政治品德形成发展的规律，满足人的思想政治品德形成发展的需要。坚持以人为本的评价观也是思想政治教育自身的内在要求。它彰显了思想政治教育的属人意义，肯定了人在社会主义核心价值体系融入思想政治教育过程中的主体地位和自觉能动性，突出了人的需要、人格、尊严等价值的必要性。

二　建立发展性评价体系，促进人的价值观发展

与社会主义核心价值体系相适应的思想政治教育评价体系是以“以人为本”为核心价值理念，以发展为目标，评价内容多元化，评

价过程动态，评价方式开放，评价方法多样性的评价体系。

（一）发展性：思想政治教育评价的目的

以社会主义核心价值体系引领思想政治教育评价创新，建立发展性评价体系的目的是为了评价社会主义核心价值体系融入思想政治教育过程中促进教育对象、教育者价值观发展以及思想政治教育发展的程度，帮助思想政治教育者改进思想政治教育工作，保证思想政治教育目标的实现，使评价成为促进思想政治教育者有效进行社会主义核心价值体系教育、教育对象价值观水平发展与提高的过程。

由于受“社会中心评价观”和“知识中心评价观”的影响，长期以来形成了一套根深蒂固的思想政治教育评价标准：过分关注对结果的评价，忽视了对思想政治教育过程的评价；评价内容过于注重社会价值、知识价值，忽视综合素质的评价和全面发展；过分关注评价的结果，忽视了评价本身的意义；评价主体单一，忽视了评价主体多源、多向的价值等。根据社会主义核心价值体系要求创新思想政治教育评价，要树立以人为本的思想政治教育评价观，将发展性作为思想政治教育评价的标准，建立促进思想政治教育者、思想政治教育对象和思想政治教育自身不断发展的评价体系，充分发挥社会主义核心价值体系融入思想政治教育过程中评价对思想政治教育者、教育对象和思想政治教育自身的促进作用。

由此可以看出，思想政治教育发展性评价的目标指向思想政治教育对象、教育者和思想政治教育自身三个方面。首先，它指向思想政治教育对象的发展。这也就是说，思想政治教育评价的目的就是为了促进思想政治教育对象的发展，它是思想政治教育最根本的价值追求。思想政治教育的价值最终体现在教育对象思想政治品德素质的提高和人的全面发展上，最能检验社会主义核心价值体系融入思想政治教育过程是否真正有效的标准是是否促进了教育对象的发展，特别是教育对象价值观的发展。在社会主义核心价值体系融入思想政治教育过程中，通过评价与诊断，一方面帮助和指导思想政治教育者根据社会主义核心价值体系要求，积极主动地更新教育观念，构建新的思想政治教育策略，不断优化思想政治教育资源配置，不断调整思想政治教育的组织方法与过程，以促进教育对象价值观发展；另一方面，使思想政治教育对象在不断的信息反馈和交流中了解自己对社会主义核心价值体系方面的知识掌握的程度和自身价值观发展的状况，从而明确自己努力和改进的方向。其次，它指向思想政治教育者的发展，即评价是为了促进教育者的发展。在社会主义核心价值体系融入思想政治教育过程中，通过评价与诊断来帮助思想政治教育者及时了解教育效果，掌握教育对象的思想动态，及时反思自己的教育组织行为，不断地形成新的思想政治教育认识，从而调整和改进思想政治教育内容和方法，促进自身的素质与思想政治教育能力不断发展。再次，它指向思想政治教育自身的发展，即评价的目的是为了促进思想政治教育自身的发展。在社会主义核心价值体系融入思想政治教育过程中，通过对思想政治教育全方位、多角度的评价与诊断，来帮助思想政治教育系统及时了解社会主义核心价值体系融入思想政治教育过程的状况，反思社会主义核心价值体系融入思想政治教育过程的目标、内容、方式、方法是否得当，从而优化思想政治教育资源配置方案，改进社会主义价值体系融入思想政治教育的策略，进而促进思想政治教育的科学发展。

（二）评价内容多元化

根据社会主义核心价值体系要求，建立发展性评价体系，评价内容应多元化。既要对社会主义核心价值体系融入思想政治教育过程中思想政治教育要素进行评价，又要对思想政治教育过程进行评价，还要对思想政治教育效果进行评价。

第一，要对社会主义核心价值体系融入思想政治教育过程中的思想政治教育要素进行评价。思想政治教育要素主要包括教育者、教育对象、教育目标、教育内容、教育方法、教育环境等。根据社会主义核心价值体系的要求对这些要素进行评价将会极大地促进社会主义核心价值体系融入思想政治教育过程的规范性与完善性。思想政治教育者在社会主义核心价值体系融入思想政治教育过程中居于主导地位，起主导作用。根据社会主义核心价值体系对思想政治教育者的要求对教育者进行科学评价，并在此基础上分析现状、查找原因，提出提高教育者素质的对策，有利于提高思想政治教育者的素质，充分发挥思想政治教育者在社会主义核心价值体系融入思想政治教育过程中的作用。教育对象是社会主义核心价值体系融入思想政治教育过程中接受教育的主体，只有对教育对象价值观现状作出认真的调查研究和切实的评价，才能在社会主义核心价值体系融入思想政治教育过程中制订正确的教育计划，并有针对性地实施。根据社会主义核心价值体系对思想政治教育目标进行评价，不仅有利于思想政治教育目标的科学化，而且有利于社会主义核心价值体系融入思想政治教育过程目标的实现。对思想政治教育目标的评价，不仅要看它是否符合社会主义核心价值体系的要求，而且要看它是否符合人的价值观发展的需要。对思想政治教育内容进行评价，不仅有利于社会主义核心价值体系融入思想政治教育内容之中，而且有利于增强社会主义核心价值体系教育的针对性。对思想政治教育方法的评价，不仅有利于增强方法的针对性，而且有利于增强方法的科学性，便于科学有效地进行社会主义核心价值体系教育。对思想政治教育环境的评价，不仅有利于利用环境有利方面进行思想政治教育工作，发挥环境的教育功能，而且有利于抑制不利于社会主义核心价值体系融入思想政治教育过程的负面环境。第二，要对社会主义核心价值体系融入思想政治教育的过程进行评价。首先，要对社会主义核心价值体系融入思想政治教育过程的完备性进行评价。社会主义核心价值体系融入思想政治教育的过程是一个系统工程，它不仅包括思想政治教育者开展社会主义核心价值体系教育的过程、教育对象接受社会主义核心价值体系教育的过程，而且包括思想政治教育管理部门的决策、计划、组织、指导和控制等环节。对社会主义核心价值体系融入思想政治教育的过程进行评价，不仅要对教育过程、接受教育过程、管理部门的管理过程等每一个具体的环节进行评价，而且要对每一个环节之间是否有机协调进行评价。其次，要对社会主义核心价值体系融入思想政治教育过程的互动性进行评价。社会主义核心价值体系融入思想政治教育的过程，不是一个简单的社会主义核心价值体系知识灌输的过程，而是思想政治教育者与教育对象之间进行交流、沟通、对话、商榷的交往过程。这种交往过程中的互动性应成为评价的重点，及时发现存在的问题，采取有力措施加以改进，不断提高社会主义核心价值体系融入思想政治教育过程中教育者与教育对象之间的交往质量，在高质量的交往中不断提升价值观水平。再次，对社会主义核心价值体系融入思想政治教育过程的发展性进行评价。社会主义核心价值体系融入思想政治教育的过程是教育者与教育对象在思想政治教育交往活动过程中共同发展的过程。思想政治教育评价必须立足于促进人的价值观的发展，高度重视对教育对象由掌握社会主义核心价值体系知识向一定行为外化的过程进行评价，及时发现问题并加以改进，真正促进人的价值观的发展。第三，对社会主义核心价值体系融入思想政治教育过程的效果进行评价。主要包括个体效果和社会效果两个方面内容。对社会主义核心价值体系融入思想政治教育过程中思想政治教育个体效果的评价主要有两方面内容：一是教育对象对社会主义核心价值体系知识掌握效果的评价；二是教育对象通过接受思想政治教育提高价值观素质效果的评价。思想政治教育的个体效果最终体现在社会效果之中。在社会主义核心价值体系融入思想政治教育过程中，通过强有力的思想政治教育使教育对象价值观素质不断提高，精神动力不断增强，教育对象不仅能最大限度地发挥自己的才智推动社会生产力的发展，而且能成为践行社会主义核心价值体系的表率，促进社会主义核心价值体系建设深入进行。①

此外还要把知识评价与价值评价、内在评价与外在评价、现实评价与潜在评价等统一起来。社会主义核心价值体系融入思想政治教育过程中有自己特定的知识体系和教育内容，进行社会主义核心价值体系教育，既要传授社会主义核心价值体系的知识，又要促进教育对象自觉地内化理论知识形成正确的价值观，并外化为自己的行为。因此，对社会主义核心价值体系融入思想政治教育过程进行评价应将知识评价与价值评价统一起来，既要科学评价思想政治教育对象掌握社会主义核心价值体系知识的情况，又要评价社会主义核心价值体系教育满足个人与社会发展需要的情况。社会主义核心价值体系融入思想政治教育的过程之中，促进人的价值观发展的过程既是一个内化的过程，

① 参见骆郁廷主编《思想政治教育原理与方法》，高等教育出版社2010年版，第226—228页。

也是一个外化的过程。因此，对社会主义核心价值体系融入思想政治教育过程进行评价必须对内化与外化的效果进行评价。思想政治教育评价要对教育对象内化社会主义核心价值体系理论形成的价值观素质进行评价。在社会主义核心价值体系融入思想政治教育过程中，思想政治教育者不仅要向教育对象传授社会主义核心价值体系理论知识，更要引导教育对象内化这些知识，树立正确的价值观。教育对象能否内化社会主义核心价值体系理论知识，不仅取决于教育者开展思想政治教育的内容，而且取决于教育的方式方法。因此，思想政治教育评价需要对内化的内容、方法及其形成的内在的价值观素质进行评价。此外，思想政治教育的评价还要对教育对象接受社会主义核心价值体系教育后“外化”的表现进行评价。判断一个人的价值观素质的高低，主要不在于他懂得多少社会主义核心价值体系知识，也不在于他能讲出多少有关社会主义核心价值体系的大道理，关键在于他做得怎么样，在于他能否把接受到的社会主义核心价值体系理论及方法自觉地付诸实践，做践行社会主义核心价值体系的典范。由于思想政治教育效果具有间接性、潜隐性的特点，有时思想政治教育工作的价值要经过很长的时间以后才能表现出来，因此，对社会主义核心价值体系融入思想政治教育过程的评价要把现实评价与潜在评价统一起来，不仅要着眼于现实评价，还要着眼于长远评价；不仅要评价现实效果，还要评价潜在效果。只有坚持现实评价与潜在评价相结合，才能更加客观、真实地评价社会主义核心价值体系融入思想政治教育过程的效果与价值。①

（三）评价过程的动态化

对社会主义核心价值体系融入思想政治教育过程的评价，不仅要关注结果，更要注重教育对象价值观成长发展的过程，将诊断性评价、形成性评价与终结性评价有机地结合起来，建立教育前、教育过程中、教育后三位一体的多层次、动态化的思想政治教育评价模式。给予多次评价机会，其目的在于促进评价对象的转变与发展；倡导将评价贯

---

① 参见骆郁廷主编《思想政治教育原理与方法》，高等教育出版社2010年版，第220—222页。

穿于社会主义核心价值体系融入思想政治教育的过程之中，使评价实施日常化、通俗化、动态化。

长期以来，思想政治教育评价的重心过于关注结果，忽视被评价者在各个时期的进步状况和努力程度，没有形成真正意义上的形成性评价，不能够很好地发挥评价促进思想政治教育者、教育对象和思想政治教育自身发展的功能。在社会主义核心价值体系融入思想政治教育过程中，教育对象接受社会主义核心价值体系教育，形成正确的价值观，是一个过程，具有连续性和阶段性，它不是一蹴而就的，而我们的评价却只关注某一阶段的结果，对教育对象接受社会主义核心价值体系教育的过程熟视无睹，对教育对象的进步与变化不能及时评价，评价中以偏概全，以点代面，造成对被评价者的不公平，失去了评价促发展的目的。[①] 关注结果的终结性评价，是面向“过去”的评价，关注过程中的形成性评价，则是面向“未来”，重在发展的评价。因此，在对社会主义核心价值体系融入思想政治教育过程的评价中，要注重过程，将诊断性评价、形成性评价与终结性评价相结合，实现评价重心的转移。

首先，要重视思想政治教育诊断性评价，充分发挥评价在社会主义核心价值体系融入思想政治教育过程中的诊断功能。在社会主义核心价值体系融入思想政治教育之前，诊断性评价有助于我们了解教育对象的情况，科学把握教育环境，有利于我们有针对性地进行社会主义核心价值体系教育，增强教育的主动性、针对性和实效性。在社会主义核心价值体系融入思想政治教育过程中，通过诊断性评价，能够清楚地认识到存在的问题和不足，并找出产生问题的原因，有助于及时解决社会主义核心价值体系融入思想政治教育过程中存在的问题，使各种问题解决在萌芽状态。其次，要注重形成性评价，实现评价重心由终结性评价向形成性评价转移，促进教育对象科学价值观的形成与发展。所谓形成性评价是指社会主义核心价值体系融入思想政治教育活动计划实施过程中，对计划、方案执行情况进行的评价。其目的

① 卢少军、于锦：《思想品德课程评价改革的思考》，《中华女子学院山东分院学报》2007年第1期。

是为了了解社会主义核心价值体系融入思想政治教育过程的动态效果，及时反馈信息，及时调节，使计划、方案不断完善，以便顺利达到预期的目的。为此，要明确每个阶段社会主义核心价值体系教育的目标及评价项目，并根据评价结果调整教育活动。要通过形成性评价使教育对象明确自己是否已经达到了阶段性目标、存在的问题及今后努力的方向，从而调动他们的积极性，增强其自信心，以起到强化思想政治教育活动的作用。要通过形成性评价发现社会主义核心价值体系融入思想政治教育过程中出现的问题，找出错误产生的原因，从而为社会主义核心价值体系教育提供有效的信息，同时也为确定新的思想政治教育目标提供必要的依据。最后，要进一步加强和改进终结性评价，科学地评价社会主义核心价值体系融入思想政治教育过程所获得的成果，真实把握最终实现社会主义核心价值体系教育目标的情况。

上述三种评价在社会主义核心价值体系融入思想政治教育过程中是相互联系和相互渗透的。比如，诊断性评价一般来说是在社会主义核心价值体系融入思想政治教育过程初始时的准备性评价，但是实际上由于任何一次思想政治教育工作都是连续的，阶段的划分也是相对的，无论是形成性评价，还是终结性评价都带有诊断的性质。而由于评价的根本目的是为了促进思想政治教育发展，促进教育对象的发展，促进思想政治教育者的发展，所以任何评价都带有形成性的性质。没有诊断性评价则不是真正的科学的评价，它只能是一种主观臆测，而没有形成性评价也就失去评价的意义。

（四）开放式的评价方式

根据社会主义核心价值体系要求，建立发展性评价体系，应采用多元、开放的评价方式，要重视教育对象、教育者、管理者和同事在评价过程中的作用，使评价成为教育对象、教育者、管理者、同事等共同参与的交互活动，使评价过程成为促进教育对象、教育者、管理者等共同发展的过程。

1. 教育者自我评价为主

教育者既是思想政治教育的主体，又是思想政治教育评价的主体。思想政治教育者不仅在整个社会主义核心价值体系融入思想政治教育的过程中居于主导地位，而且在思想政治教育评价中发挥着主导作用。教育者既是社会主义核心价值体系融入思想政治教育过程的组织者、实施者，又是评价工作的承担者与实施者，能根据评价的结果，对改进思想政治教育工作提出可行的对策并予以执行；教育者拥有对教育对象进行评价的权力，评定他们的品行，并对他们的思想政治道德素质的形成和发展承担直接责任。因此，教育者自我评价是思想政治教育评价的主要方法，是提高社会主义核心价值体系融入思想政治教育过程的质量和提升思想政治教育者水平不可缺少的重要环节。所谓教育者自我评价就是教育者依据评价标准，结合自己的分析判断能力和思想政治教育实际，对自己的教育工作作出评价。对于一个思想政治教育者来说，应经常对自己的教育工作进行自我总结、分析与反思，在自我总结、分析与反思的过程中，既要对自己的思想政治教育水平的提高进行总结、分析与反思，也要重视对自己的思想政治道德修养的总结、分析与反思。这种自我总结与反思，每一次思想政治教育活动、每一个阶段的思想政治教育活动或每一年的思想政治教育活动都可以进行。自我总结、分析与反思自己对社会主义核心价值体系的认识，对社会主义核心价值体系融入思想政治教育过程目标、内容、方式、方法理解得怎样，对教育对象了解得怎么样；是否做到了准备充分、工作扎实、效果理想；是否完成了教育任务，实现了教育目标；是否注意保护教育对象的自尊心和激发教育对象价值观成长发展的愿望；分析研究问题在哪里，如何去解决这些问题等。

一般而言，思想政治教育者对自己的工作最了解，对思想政治教育目标和要求也比较清楚，因此，可以作出符合思想政治教育实际的自我评价。由于种种原因，尤其是教育者自身心理原因，教育者自我评价可能在事实上产生一些自觉或不自觉的误差。因此，在思想政治教育评价中，既要重视并尊重教育者的自我评价，以自我评价为主，教育引导教育者认真负责地对自己工作和思想政治道德状况进行分析、反思与评价，从中获得许多珍贵的信息，又不能完全依赖教育者的自我评价，应将它与教育对象、管理者、同事的评价结合起来，对自我评价进行修正。

在社会主义核心价值体系融入思想政治教育过程中，做好思想政治教育者自我评价的关键是要提高教育者对自我评价的认识，端正态度，打消顾虑，发扬实事求是的作风，自觉按照社会主义核心价值体系的要求，客观地评价自己的教育工作。同时，思想政治教育测评者也要有良好的评价工作态度和高超的工作技术、技巧。比如，一般不要把教育者自评报告公之于众，可内部掌握，或在一定范围内一定程度上公开，这样，就可以消除自我评价者的顾虑，调动自评者的积极性，认真、客观地做好自我评价。

2. 教育对象评价

教育对象是社会主义核心价值体系融入思想政治教育过程中接受教育的主体和对象，对教育者的教育工作感觉最直接，他们对教育者在进行社会主义核心价值体系教育过程中的态度、内容、方法、效果都有切身的感受，最有资格对教育工作的情况和自身发展的情况进行评价。离开教育对象评价来进行思想政治教育评价，就缺乏评价的群众性和实践性。重视教育对象对社会主义核心价值体系融入思想政治教育过程中评价的作用，其根据就在于此。教育对象评价主要是对社会主义核心价值体系融入思想政治教育过程中思想政治教育工作者的态度、内容、方法、效果好不好，自己接受教育情况怎样进行评价。教育对象评价主要方式常用的有问卷调查、填写测评表、个别访谈、网上评价等。在对思想政治教育进行评价前，应让教育对象明白评价的目的和意义，引导教育对象客观如实地评价思想政治教育者的工作。评价中要发扬民主精神，要鼓励教育对象对思想政治教育工作作出自己的分析，并且为他们的评价创造机会，这对于社会主义核心价值体系融入思想政治教育过程中取得第一手评价资料是十分必要的。为此，首先要指导教育对象树立正确的评价态度，端正对评价的认识。其次，要设计客观、科学、严密的评价问卷或评价表，让教育对象作出实事求是的评价。

教育对象对思想政治教育的评价也有一些局限。比如，教育对象对社会主义核心价值体系融入思想政治教育过程中的目标、内容、方式、方法等了解不可能十分全面，对教育者教育工作的了解也不可能全面深入，因而其评价难免产生一些偏差和停留于表面，比较肤浅等。比如，在社会主义核心价值体系融入思想政治教育过程中善于并且乐于接受教育、接受教育态度好的教育对象与不愿意接受教育、接受教育态度不好甚至有逆反心理的教育对象对同一思想政治教育者的教育工作可能作出完全不同的评价。另外教育者与教育对象的关系也是影响思想政治教育评价的重要因素。因此，教育对象的评价同样只能作为思想政治教育评价的依据之一。

3. 管理者评价

思想政治教育管理者主要指思想政治教育领导部门、主管机构及其管理人员。在社会主义核心价值体系融入思想政治教育过程中，他们是思想政治教育的决策者、管理者、组织者，他们能不同程度地参与思想政治教育决策，拥有开展思想政治教育的决策权，能代表组织和社会为社会主义核心价值体系融入思想政治教育创造各种必要的条件，拥有对思想政治教育的监管权，能代表组织对思想政治教育活动进行督导、检查、鉴定和指导，以保证社会主义核心价值体系融入思想政治教育过程目标的实现，推动社会主义核心价值体系建设的发展。因此，管理者对社会主义核心价值体系融入思想政治教育过程目标、内容、方式、方法非常清楚，他们对思想政治教育的评价具有一定的权威性。思想政治教育管理者要定期评价社会主义核心价值体系融入思想政治教育过程的情况，建立信息反馈制度与措施，有计划地组织开展社会主义核心价值体系教育的研讨活动，以便推动社会主义核心价值体系融入思想政治教育工作的深入开展，提高思想政治教育质量。

4. 同事评价

根据社会主义核心价值体系的要求，用统一的评价标准，由从事相同思想政治教育工作的同事，对社会主义核心价值体系融入思想政治教育过程中的思想政治教育进行评价。这是思想政治教育实践中经常采用且行之有效的一种方法。

由于同事了解社会主义核心价值体系融入思想政治教育过程中思想政治教育的目标、要求、原则和评价标准，熟悉本单位本部门的思想政治教育工作者，因而，对其教育工作能够作出较切合实际的正确判断。同事评价主要是对社会主义核心价值体系融入思想政治教育过程中教育者的教育方法、教育手段、教育形式、教育效果进行评价。同事评价的方式主要有现场观摩、查看思想政治教育资料、通讯评审等。同事评价的过程，是思想政治教育者之间相互学习、共同提高的过程，在评价被评价者的长处和不足的过程中，经过比较发现自己的长处和短处，从而找到优化思想政治教育工作的思路。在高校思想政治理论课教学中，同事评价最为常见的是，教师先听课，听完课后组织大家评课，同事评价可以由课程组组织，结合教研活动来进行。高校思想政治理论课教师之间相互听课、评课，可以起到互相了解、互相交流，取他人之长补己之短的作用。

同事评价有时会受到人际关系和心理因素的影响，使评价产生程度不同的偏差。因此，同事评价的范围不能过小，参加评价的同事应有一定数量要求。

（五）评价方法的多样性

与社会主义核心价值体系相适应的思想政治教育评价体系是发展性评价体系，它要求以促进教育对象发展、教育者发展和思想政治教育自身发展，提高思想政治教育质量为目的，它强调评价目标的多元化，倡导社会主义核心价值体系融入思想政治教育过程中的不同的目标领域采用不同方法进行评价。思想政治教育评价的方法很多，主要有以下一些方法。

1. 观察法

与其他评价方法相比，观察法较为简便易行且实用性很强，是进行思想政治教育评价的重要方法。观察法是指评价者带着明确的目的，凭借自身感观（如眼、耳等）及有关辅助工具（观察表、录音录像设备）等，直接或间接（主要是直接）从社会主义核心价值体系融入思想政治教育第一线的实践中收集资料，并依据资料作出评价的方法。

观察法的重要价值在于它是一种现场实施的方法，在自然情景中，评价者可以随时捕捉社会主义核心价值体系融入思想政治教育过程中的各种教育现象。例如，教育者的教育目标是否明确，教育态度是否端正，教育内容是否科学，教育方法是否得当；教育对象接受教育的态度、参与程度等。能获得具体、生动的感性认识和真实可靠的第一手资料。此外，观察法简便易行，操作灵活，能够在短时间内获取大量的原始资料。

观察法也有本身不可避免的弊端。比如，由于评价者本人的偏见或片面性，对被评价者的行为表现产生先入为主的倾向，就不可避免地把主观臆想的结论和脱离实际的印象，混杂在观察记录中，影响对结果的判断。而且观察者的情绪、态度、水平、洞察力、鉴别力等，都直接影响观察效果。因此，对同一个思想政治教育活动，往往会因为不同的人而得出不同的结论。

2. 访谈法

访谈法是评价者与被评价者面对面交谈来收集评价所需资料，了解社会主义核心价值体系融入思想政治教育过程中教育情况的一种方法。访谈不仅是评价者向被评价者了解信息的有效渠道，也是评价者与被评价者进行沟通的最佳途径。它有利于消除被评价者的防卫心理，促使被评价者积极参加到评价中来，特别是评价者在访谈时通过充分尊重对方意见的交流和倾听，鼓励被评价者畅所欲言，使被评价者感到自己受到了理解和尊重，增强对评价活动的信任感，有利于进一步改进以后的思想政治教育工作。

与其他评价方法相比，访谈法有以下优点。第一，可以保证有较高的回答率。访谈是一种面对面的交流，除了个别情况外，都能了解到被评价者对问题的想法。第二，具有较强的灵活性。在访谈过程中，评价者可以随时了解对象的反映，并根据情况提出一些更合适的问题，或者重复提问，或者对问题作出必要的解释和提示等。第三，可以使被评价者更好地合作。访谈是直接交谈，评价者可以用自己的语言和情感，使被评价者更好地与其合作，更真实、更全面地说出自己对问题的看法。第四，适用范围广。只要具备一定的语言表达能力，都可以运用访谈法获取评价资料，对思想政治教育进行评价。其缺陷首先是费时、费力、费财。访谈一般要有较多的访问人员，较多的时间。其次是受访谈者自身素质的影响较大，访谈法优点的发挥取决于访谈者素质的高低。最后是匿名保证差。由于面对面的访谈，被访谈者有一定的思想压力，特别是对敏感性问题，或者访谈者不宜当面询问，或被访谈者不愿当面回答和回答不真实，这些会给访谈带来不利影响。

3. 比较评价法

比较评价法是一种相对评价法，包括纵向比较评价和横向比较评价两个方面。纵向比较评价是将思想政治教育评价对象放在自身的发展过程中，进行现实的和历史的比较，看其在社会主义核心价值体系融入思想政治教育的过程中价值观发展的相对位置是进步了还是退步了，思想政治教育的效果是增强了还是削弱了，以此作为对思想政治教育纵向发展的判断。横向比较评价是将多个评价对象放在一起进行相互比较鉴别，看其在社会主义核心价值体系融入思想政治教育过程中思想政治教育相对水平的高低和效果的差异。横向比较评价也是一种相对评价，其具体操作方法是：在评价对象的集合（个人或同一类型的群体）中，选取一个或若干对象作为参照（一般选取最好的），然后把各个评价对象和所选参照体进行比较，分出高低、好坏等级，并按一定的程序将其排成先后顺序。

比较评价法的特点是根据评价对象的整体状态来确定优劣，因而其标准只适用于所选定的评价对象的集合，对另外的集合未必适用。其优点是无论被评价对象集合的整体状况如何，都可以进行集合内比较，因此，适用性强，应用面广。其缺点是容易降低标准，即矮中选高，未必真高。这种方法，常用在系统或单位内部评选代表、先进，在评选时，一般较少考虑系统或单位的下属之间的差异，按一定比例分配给下属指标，各单位只能按指标数在内部通过相互比较进行评选。①

4. 达度评价法

达度评价法是在被评价对象的集合之外，确定一个客观的标准，评价时，将评价对象与客观标准进行比较，衡量评价对象达到客观标准的程度，并依照其程度分出高低等级来决定取舍。由此可见，达度评价是一种绝对评价，评价后可使每个评价对象明确自己与客观标准

① 参见郑永廷主编《思想政治教育方法论》，高等教育出版社1999年版，第216—217页。

的差距，从而激励人们在社会主义核心价值体系融入思想政治教育的过程中积极上进。达度评价可对不同地区、不同单位的同种评价对象用同一把“尺子”（如高校思想政治理论课评估）进行评价，具有评价范围广、评价效果比较客观的特点。

达度评价在社会主义核心价值体系融入思想政治教育过程的评价中也有较大的局限性。因为达度评价作为一种绝对评价，其标准必须客观具体，但是思想政治教育的标准很难具体化。所以在社会主义核心价值体系融入思想政治教育的过程中，运用达度评价要注意同其他方面的评价结合使用。①

5. 定性评价法

任何事物都有质的规定，思想政治教育也不例外。思想政治教育定性评价法是通过对思想政治教育以及人的思想性质进行分析与综合，最后作出结论性评价的方法。诸如判断社会主义核心价值体系融入思想政治教育过程中思想政治教育是否有效，是正效果还是负效果，方向是正确还是错误，以及教育对象的情况是积极还是消极，是进步还是落后等，都要用定性评价法。但是定性评价只能对思想政治教育和人的思想作出原则的、大致的、趋向性判断。定性评价主要有两种方式，即鉴定和评语。

定性评价法在操作上应注意以下问题：一是用于评价的指标要切实可行，使定性评价的评语或鉴定恰当可靠。二是评价要客观，评价者不能带感情色彩，避免评价结论的性质带有人为的主观性。三是要掌握评价对象的全面情况，使评价结论中肯切实，有针对性。四是评价要既肯定成绩，又指出问题。五是鉴定或评语的用词要准确，富有特点和个性。②

6. 定量评价法

定量评价法是对评价对象的程度、范围等各种量的关系进行收集、整理和分析，最后作出结论性评价的方法。诸如判断社会主义核心价值体系融入思想政治教育过程中思想政治教育的范围是大是小，影响

---

① 参见刘新庚《现代思想政治教育方法论》，人民出版社 2006 年版，第 370 页。

② 参见郑永廷主编《思想政治教育方法论》，高等教育出版社 1999 年版，第 218 页。

的程度是深是浅，教育的作用是轻是重，以及教育对象思想认识和行为表现的程度等，都要用定量评价法。由于思想政治教育指标量化具有相对性和一定的模糊性，因此，定量评价法在社会主义核心价值体系融入思想政治教育过程中对思想政治教育活动和人们的思想也只能做相对的大小程度的判断。①

在现代思想政治教育评价的实践中，常常是将定性评价和定量评价结合起来使用。

（六）重视评价的反馈

没有反馈的评价不能算是完整的思想政治教育评价。在社会主义核心价值体系融入思想政治教育过程中，思想政治教育评价的反馈直接关系到社会主义核心价值体系融入思想政治教育的有效性和教育对象价值观的未来发展。定期地反馈评价对社会主义核心价值体系融入思想政治教育过程，有效开展思想政治教育会产生积极的影响，也有利于教育对象接受社会主义核心价值体系理论内化为自己的价值观并外化为自己的行为。评价的反馈可以是正式的，也可以是非正式的，应强调在社会主义核心价值体系融入思想政治教育过程中，哪些方面是成功的，取得了哪些成绩，还存在哪些问题。在评价反馈过程中要尊重评价对象，做到公平、公正，不带任何偏见和歧视。应以鼓励、肯定等正面强化为主，杜绝一切轻视、伤害被评价对象的行为。

① 参见刘新庚《现代思想政治教育方法论》，人民出版社 2006 年版，第 373 页。

参考文献

[1]《马克思恩格斯全集》第 2 卷，人民出版社 1957 年版。

[2]《马克思恩格斯全集》第 3 卷，人民出版社 1960 年版。

[3]《马克思恩格斯全集》第 19 卷，人民出版社 1963 年版。

[4]《马克思恩格斯全集》第 23 卷，人民出版社 1972 年版。

[5]《马克思恩格斯全集》第 46 卷（下），人民出版社 1980 年版。

[6]《马克思恩格斯选集》第 1—3 卷，人民出版社 1995 年版。

[7]《列宁全集》第 6 卷，人民出版社 1986 年版。

[8]《毛泽东选集》第 1—4 卷，人民出版社 1991 年版。

[9]《毛泽东文集》第 6 卷，人民出版社 1999 年版。

[10]《建国以来毛泽东文稿》第 6 册，中央文献出版社 1992 年版。

[11] 刘少奇：《论共产党员的修养》，湖北人民出版社 1980 年版。

[12]《邓小平文选》第 1—2 卷，人民出版社 1994 年版。

[13]《邓小平文选》第 3 卷，人民出版社 1993 年版。

[14]《江泽民文选》第 1—3 卷，人民出版社 2006 年版。

[15]《邓小平年谱》（1975—1997）（下），中央文献出版社 2004 年版。

[16]《建国以来重要文献选编》第 4 册，中央文献出版社 1993 年版。

[17]《十七大以来重要文献选编》（上），中央文献出版社 2009 年版。

[18]《中国共产党重要会议纪实》（增订本），中央文献出版社 2005 年版。

[19]《江泽民论加强和改进执政党建设（专题摘编）》，中央文献出版社 2004 年版。

[20]《江泽民论有中国特色社会主义（专题摘编）》，中央文献出版社 2002 年版。

[21] 中共中央宣传部：《社会主义核心价值体系学习读本》，学习出版社 2009 年版。

[22] 中共中央宣传部：《科学发展观学习读本》，学习出版社 2008 年版。

[23] 中共中央宣传部理论局：《中国特色社会主义理论体系学习读本》，学习出版社 2009 年版。

[24] 教育部思想政治工作司组编：《加强和改进大学生思想政治教育重要文献选编（1978—2008）》，中国人民大学出版社 2008 年版。

[25] 中共中央宣传部理论局：《论党的群众工作——重要论述摘编》，学习出版社 2011 年版。

[26] 中共中央宣传部理论局：《六个“为什么”——对几个重大问题的回答》，学习出版社 2009 年版。

[27] 马凯主编：《科学发展观》，人民出版社 2006 年版。

[28] 袁贵仁：《价值观的理论和实践》，北京师范大学出版社 2006 年版。

[29] 韩震主编：《社会主义核心价值体系研究》，人民出版社 2007 年版。

[30] 陈章龙、周莉：《价值观研究》，南京师范大学出版社 2004 年版。

[31] 兰久富：《社会转型时期的价值观念》，北京师范大学出版社 1999 年版。

[32] 陈新汉：《社会主义核心价值体系价值论研究》，上海人民出版社 2008 年版。

[33] 郑国玺主编：《社会主义市场经济条件下的价值观建设》，四川人民出版社 1995 年版。

[34] 吴向东：《重构现代性：当代社会主义价值观研究》，北京师范大学出版社 2009 年版。

[35] 宋惠昌主编：《社会主义核心价值观专题解读》，中共中央党校出版社 2010 年版。

[36] 李从军：《价值体系的历史选择》，人民出版社 1992 年版。

[37] 田海舰、邹卫：《社会主义核心价值观论纲》，人民出版社 2010 年版。

[38] 吕振宇主编：《论社会主义核心价值体系》，山东人民出版社 2009 年版。

[39] 黄凯锋、唐志龙：《建设社会主义核心价值体系》，上海人民出版社 2007 年版。

[40] 姜正国：《思想政治工作与建设社会主义核心价值体系研究》，湖南人民出版社 2011 年版。

[41] 北京马克思主义理论研究与传播基地编著：《社会主义核心价值体系建设与首善之区的实践研究文集》，中共中央党校出版社 2007 年版。

[42] 姜键：《当代中国基本政治遵循与主导价值取向研究》，人民出版社 2009 年版。

[43] 马俊峰著：《价值的视野》，武汉大学出版社 2010 年版。

[44] 高军：《执政党建设的价值基础论》，人民出版社 2011 年版。

[45]《高校理论战线》编辑部编：《社会主义核心价值体系研究》，云南人民出版社 2008 年版。

[46] 陈亚杰编著：《建设社会主义核心价值体系》，人民出版社 2007 年版。

[47] 杨永利、李建德主编：《社会主义核心价值体系学习读本》，红旗出版社 2007 年版。

[48] 宇文利、秦维红等：《社会主义荣辱观理论教程》，世界图书出版公司 2006 年版。

[49] 王伦光：《价值追求与和谐社会构建》，浙江大学出版社 2006 年版。

[50] 周中之、石书臣主编：《社会主义核心价值体系教育探索》，上海教育出版社 2007 年版。

[51] 邹宏秋：《社会主义核心价值体系教育论纲》，浙江大学出版社 2008 年版。

［52］吴亚林：《价值与教育》，北京师范大学出版社 2009 年版。
［53］黄希庭等：《当代中国青年价值观研究》，人民教育出版社 2005 年版。
［54］岑国桢编著：《青少年主流价值观：心理学的探索》，上海教育出版社 2007 年版。
［55］杨德广、晏开利主编：《中国当代大学生价值观研究》，上海教育出版社 1998 年版。
［56］王绍玉等：《跨越转折——当代大学生价值取向报告》，企业管理出版社 2002 年版。
［57］王易编：《当代大学生价值观调查报告》，中共党史出版社 2008 年版。
［58］张进辅等：《青少年价值观的特点：构想与分析》，新华出版社 2006 年版。
［59］吴新颖：《当代青年价值观的构建》，湖南人民出版社 2008 年版。
［60］苏颂兴、胡振平主编：《分化与整合——当代中国青年价值观》，上海社会科学院出版社 2000 年版。
［61］仓道来、徐闻主编：《中西方青年价值观的冲撞与交融》，河北人民出版社 2001 年版。
［62］刘济良：《青少年价值观教育研究》，广东教育出版社 2003 年版。
［63］石海兵：《青年价值观教育研究》，安徽人民出版社 2007 年版。
［64］戴钢书等：《大学生社会主义核心价值理念质性研究》，人民出版社 2008 年版。
［65］陈章龙：《冲突与建构——社会转型时期的价值观研究》，南京师范大学出版社 1997 年版。
［66］王玉樑：《价值和价值观》，陕西师范大学出版社 1988 年版。
［67］王宏维：《社会价值：统摄与驱动》，人民出版社 1995 年版。
［68］李德顺：《价值论——一种主体性的研究》，中国人民大学出版社 1987 年版。

[69] 王玉樑：《邓小平的价值观》，陕西人民出版社 1995 年版。
[70] 王玉樑：《当代中国价值哲学》，人民出版社 2004 年版。
[71] 王玉樑：《价值哲学新探》，陕西人民出版社 1993 年版。
[72] 李连科：《价值哲学引论》，商务印书馆 1999 年版。
[73] 张岱年：《文化与价值》，新华出版社 2004 年版。
[74] 江畅：《现代西方价值哲学》，湖北人民出版社 2003 年版。
[75] 邹千江：《冲突与转化：中国社会价值的现代性演变》，中国传媒大学出版社 2008 年版。
[76] 冯虞章、李崇富主编：《毛泽东人生价值理论研究》，中共中央党校出版社 1993 年版。
[77] 张军：《价值与存在》，中国社会科学出版社 2004 年版。
[78] 陈章龙：《论主导价值观》，江苏人民出版社 2006 年版。
[79] 刘永富：《价值哲学的新视野》，中国社会科学出版社 2002 年版。
[80] 司马云杰：《价值实现论》，陕西人民出版社 2003 年版。
[81] 李连科：《世界的意义——价值论》，人民出版社 1985 年版。
[82] 马润青、陈仲华：《人的价值初探》，北京师范大学出版社 1986 年版。
[83] 余育德等：《社会主义价值标准体系研究》，光明日报出版社 1991 年版。
[84] 黄凯锋主编：《当代中国价值观研究新取向》，学林出版社 2007 年版。
[85] 李斌雄：《中国共产党的价值观研究》，中国社会科学出版社 2003 年版。
[86] 项久雨：《思想政治教育价值论》，中国社会科学出版社 2003 年版。
[87] 叶松庆：《当代未成年人价值观的演变与教育》，安徽人民出版社 2007 年版。
[88] 冯景源主编：《现代西方价值观透视》，中国人民大学出版社 1993 年版。

[89] 江畅、戴茂堂：《西方价值观念与当代中国》，湖北人民出版社 1997 年版。
[90] 戴茂堂、江畅：《传统价值观念与当代中国》，湖北人民出版社 2001 年版。
[91] 杨业华：《当代中国大学生核心价值观研究》，人民出版社 2011 年版。
[92] 中国思想政治工作研究会组织编写：《思想政治工作创新论》，学习出版社 2005 年版。
[93] 唐志龙：《思想政治工作思维方式导论》，汉语大词典出版社 2001 年版。
[94] 石国亮主编：《高校思想政治教育创新指引》，中国言实出版社 2007 年版。
[95] 李瑞成、孙淑丽：《现代思想政治工作创新论》，齐鲁书社 2000 年版。
[96] 王复亮：《创新教育学》，中国经济出版社 2006 年版。
[97] 金吾伦：《创新的哲学探索》，东方出版中心 2010 年版。
[98] 彭健伯：《创新哲学论》，人民出版社 2006 年版。
[99] 李士等：《创新理论导论》，中国科学技术大学出版社 2009 年版。
[100] 李祖扬主编：《创新原理与方略》，天津人民出版社 2007 年版。
[101] 尹成湖等：《创新的理性认识及实践》，化学工业出版社 2005 年版。
[102] 滑云龙等主编：《创新学》，中国农业大学出版社 2006 年版。
[103] 余伟编：《创新能力培养与应用教程》，航空工业出版社 2004 年版。
[104] 张耀灿、郑永廷等：《现代思想政治教育学》，人民出版社 2006 年版。
[105] 陈万柏、张耀灿主编：《思想政治教育学原理》，高等教育出版社 2007 年版。
[106] 陈秉公：《思想政治教育学原理》，辽宁人民出版社 2001 年版。

[107] 邱伟光、张耀灿主编:《思想政治教育学原理》，高等教育出版社 1999 年版。
[108] 罗洪铁主编:《思想政治教育专题研究》，中央文献出版社 2007 年版。
[109] 张耀灿等:《思想政治教育学前沿》，人民出版社 2006 年版。
[110] 骆郁廷主编：《思想政治教育原理与方法》，高等教育出版社 2010 年版。
[111] 郑永廷主编：《思想政治教育方法论》，高等教育出版社 1999 年版。
[112] 祖嘉合：《思想政治教育方法教程》，北京大学出版社 2004 年版。
[113] 韩玉芳、林泉主编:《思想政治工作方法教程》，中共中央党校出版社 2004 年版。
[114] 万美容:《思想政治教育方法发展研究》，中国社会科学出版社 2007 年版。
[115] 陈华洲主编:《思想政治教育方法论》，华中师范大学出版社 2010 年版。
[116] 张蔚萍主编:《思想政治工作学教程》，中共党史出版社 2004 年版。
[117] 苏振芳主编：《思想政治教育学》，社会科学文献出版社 2006 年版。
[118] 孙其昂主编：《思想政治教育学基本原理》，河海大学出版社 2004 年版。
[119] 戴焰军:《增强思想政治工作实效性的对策研究》，中国民主法制出版社 2008 年版。
[120] 王玄武、骆郁廷主编：《思想教育、政治教育、道德教育比较研究》，武汉大学出版社 2002 年版。
[121] 毕红梅、李东升主编:《当代西方思潮与思想教育》，华中师范大学出版社 2010 年版。
[122] 李辽宁:《当代中国思想政治教育意识形态功能研究》，武汉大

学出版社 2006 年版。
[123] 陈俊宏：《加强和改进思想政治工作学习读本》，中共中央党校出版社 1999 年版。
[124] 王建华：《思想政治教育的理论与实践》，中央文献出版社 2001 年版。
[125] 陈万柏：《思想政治教育载体论》，湖北人民出版社 2003 年版。
[126] 郑永廷、张彦：《德育发展研究》，人民出版社 2006 年版。
[127] 顾明远、孟繁华主编：《国际教育新理念》，海南出版社 2001 年版。
[128] 王玄武等：《比较德育学》，武汉大学出版社 2003 年版。
[129] 戚万学：《冲突与整合——20 世纪西方道德教育理论》，山东教育出版社 1995 年版。
[130] 李太平：《全球问题与德育》，华中科技大学出版社 2002 年版。
[131] 刘献君：《大学德育论》，华中理工大学出版社 1996 年版。
[132] 高德胜：《知性德育及其超越》，教育科学出版社 2003 年版。
[133] 郑永廷、江传月等：《主导德育论》，人民出版社 2008 年版。
[134] 石书臣：《现代思想政治教育主导性研究》，学林出版社 2004 年版。
[135] 张小平主编：《和谐文化的理论与实践》，人民出版社 2007 年版。
[136] 杨鲜兰：《经济全球化条件下人的发展问题研究》，中国社会科学出版社 2006 年版。
[137] 徐觉哉：《社会主义流派史》，上海人民出版社 2007 年版。
[138] 徐方平、熊友华、杨鲜兰主编：《“五位一体”思政课教育教学模式研究》，湖北人民出版社 2008 年版。
[139] [美] 路易斯·拉斯思等：《价值与教学》，谭松贤译，浙江教育出版社 2003 年版。
[140] 阎孟伟、[日] 森秀树主编：《新世纪价值观——中日学者论文集》，人民出版社 2003 年版。

[141] 陈筠泉、[日] 岩崎允胤主编：《历史观、真理观、价值观——中日“唯物史观和价值观的统一”研讨会论文集》，北京出版社 1995 年版。

[142] 王玉樑、[日] 岩崎允胤主编：《中日价值哲学新论》，陕西人民教育出版社 1994 年版。

[143] [日] 君塚大学、吴鲁平、[韩] 金哲秀主编：《东亚社会价值的趋同与冲突》，社会科学文献出版社 2001 年版。

[144] 魏秋玲主编：《国外青年价值观》，社会科学文献出版社 1992 年版。

[145] [美] 尼葛洛庞帝：《数字化生存》，胡泳等译，海南出版社 1996 年版。

[146] [美] 吉米·卡特：《我们濒危的价值观：美国道德危机》，汤玉明译，西北大学出版社 2007 年版。

[147] [德] 马克斯·舍勒：《价值的颠覆》，罗悌伦等译，生活·读书·新知三联书店 1997 年版。

[148] [苏] 图加林诺夫：《论生活和文化的价值》，生活·读书·新知三联书店 1964 年版。

[149] [德] 热罗姆·班德主编：《价值的未来》，周云帆译，社会科学文献出版社 2006 年版。

[150] [美] R. B. 培里等：《价值和评价——现代英美价值论集粹》，刘继编选，中国人民大学出版社 1989 年版。

[151] [苏] 图加林诺夫：《马克思主义中的价值论》，齐友等译，中国人民大学出版社 1989 年版。

[152] [美] 柯林斯·菲舍尔、艾伦·洛维尔：《经济伦理与价值观》，范宁译，北京大学出版社 2009 年版。

[153] 胡锦涛：《坚定不移沿着中国特色社会主义道路前进，为全面建成小康社会而奋斗》，《人民日报》2012 年 11 月 18 日。

[154] 胡锦涛：《高举中国特色社会主义伟大旗帜，为夺取全面建设小康社会新胜利而奋斗》，《人民日报》2007 年 10 月 25 日。

[155]《胡锦涛在纪念红军长征胜利 70 周年大会上的讲话》，《光明日

报》2006 年 10 月 23 日。
[156]《中共中央关于进一步加强和改进大学生思想政治教育的意见》,《人民日报》2004 年 10 月 15 日。
[157]《中共中央关于构建社会主义和谐社会若干重大问题的决定》,《人民日报》2006 年 10 月 19 日。
[158]《关于培育和践行社会主义核心价值观的意见》,《人民日报》2013 年 12 月 24 日。
[159]《中共中央关于深化文化体制改革,推动社会主义文化大发展大繁荣若干重大问题的决定》,《长江日报》2011 年 10 月 26 日。
[160] 袁贵仁:《社会主义意识形态的本质体现》,《人民日报》2008 年 4 月 21 日。
[161] 包心鉴:《社会主义核心价值观的凝练与建构》,《光明日报》2012 年 1 月 14 日。
[162] 虞崇胜:《凝练社会主义核心价值观的六大原则》,《光明日报》2012 年 2 月 18 日。
[163] 王虎学:《核心价值观究竟该如何凝练》,《光明日报》2012 年 2 月 11 日。
[164] 杨永志:《也谈社会主义核心价值观的凝练》,《光明日报》2012 年 2 月 4 日。
[165] 袁贵仁:《建设社会主义核心价值体系》,《中国社会科学》2008 年第 1 期。
[166] 陈新汉:《论核心价值体系》,《马克思主义研究》2008 年第 10 期。
[167] 戴木才:《社会主义核心价值体系需要深化研究的若干理论问题》,《马克思主义研究》2009 年第 9 期。
[168] 王建润、陈延斌:《社会主义核心价值体系大众传播的审美转换》,《马克思主义研究》2011 年第 8 期。
[169] 秋石:《论社会主义核心价值体系》,《求是》2006 年第 24 期。

[170] 欧阳坚：《加强改进先进典型学习宣传工作，推动社会主义核心价值体系建设》，《求是》2007 年第 17 期。
[171] 吴潜涛：《社会主义核心价值体系的科学内涵》，《道德与文明》2007 年第 1 期。
[172] 李崇富：《建设社会主义核心价值体系从观念到现实的思考》，《江西社会科学》2007 年第 2 期。
[173] 候惠勤：《论“共同富裕”》，《思想理论教育导刊》2012 年第 1 期。
[174] 沈壮海：《解开凝练社会主义核心价值观的思维之结》，《思想理论教育》2011 年第 11 期。
[175] 张健、张新颜：《社会主义核心价值体系：语义分析和语用阐释》，《伦理学研究》2007 年第 4 期。
[176] 刘海涛：《社会主义核心价值体系解析》，《中共中央党校学报》2008 年第 6 期。
[177] 王泽应：《社会主义核心价值观之本质规定性及路径选择》，《湖南师范大学社会科学学报》2007 年第 5 期。
[178] 戴木才：《论社会主义核心价值观与核心价值体系的辩证关系》，《南昌航空大学学报》2011 年第 2 期。
[179] 马俊峰：《社会主义核心价值体系与科学发展观》，《教学与研究》2009 年第 3 期。
[180] 崔志胜、李红军：《社会主义核心价值体系的语义逻辑与结构分析》，《求实》2009 年第 9 期。
[181] 赵玉红：《建设社会主义核心价值体系需要把握的几个关系》，《山东社会科学》2007 年第 5 期。
[182] 公方彬、崔春来等：《关于构建社会主义核心价值观若干问题的思考》，《南京政治学院学报》2008 年第 5 期。
[183] 李斌雄等：《中国特色社会主义核心价值体系界定的多维视角》，《学校党建与思想教育》2007 年第 8 期。
[184] 吴琼：《改革开放以来高校思想政治教育理念创新历程及其启示》，《北京教育·德育》2010 年第 1 期。

[185] 孙贤雷：《略论思想政治教育理念的更新》，《湖南医科大学学报》（社会科学版）2010 年第 1 期。

[186] 张玉芬：《当前我国大学生思想政治教育的理念误区及对策探析》，《湖南财经高等专科学校学报》2008 年第 12 期。

[187] 陈俊珂：《美国学校德育的特点及启示》，《自然辩证法研究》2005 年第 1 期。

[188] 胡爽平：《对社会主义核心价值体系的几点理解》，《理论月刊》2008 年第 10 期。

[189] 易莉：《西方德育“价值澄清法”之借鉴》，《思想教育研究》2004 年第 3 期。

[190] 王海明、孙英：《几个价值难题之我见》，《哲学研究》1992 年第 10 期。

[191] 谭臻、胡寿鹤：《论价值》，《现代哲学》1990 年第 1 期。

[192] 韩东屏：《“价值是人”及其意蕴》，《哲学研究》1993 年第 11 期。

[193] 袁贵仁：《建设先进文化和价值观》，《学习时报》2001 年 12 月 24 日。

[194] 李德顺：《关于价值与核心价值》，《学术研究》2007 年第 12 期。

[195] 贾英健：《核心价值观及其功能》，《光明日报》2007 年 10 月 23 日。

[196] 公方彬：《核心价值观与中国崛起》，《中国报道》2006 年第 10 期。

[197] 刘琼：《当代中国青年核心价值观的变革与引导》，《中国青年研究》2004 年第 5 期。

[198] 杨中刚：《论加强对大学生核心价值观的引导和培育》，《学校党建与思想教育》2005 年第 12 期。

[199] 潘维：《论现代社会的核心价值观》，《电影艺术》2007 年第 3 期。

[200] 孙家荣：《核心价值观的认同与追随》，《思想教育研究》2008

年第7期。
[201] 北京市邓小平理论研究中心：《关于价值观研究现状的调研报告》，《中国特色社会主义研究》2002年第1期。
[202] 张兴祥：《价值、核心价值与社会主义核心价值体系建设》，《江淮论坛》2008年第3期。
[203] 戴木才、田海舰：《论社会主义核心价值体系与核心价值观》，《中国党政干部论坛》2007年第2期。
[204] 张利华：《试析中国特色社会主义核心价值体系的结构与内涵》，《中国特色社会主义研究》2007年第4期。
[205] 江畅：《西方价值观念的影响及我们的对策》，《湖北大学学报》1996年第3期。
[206] 陈新汉：《关于社会转型期价值观研究的思考》，《唯实》2002年第7期。
[207] 杨学功：《略论我国社会转型时期价值观的基本特征》，《北京理工大学学报》（社会科学版）2001年第2期。
[208] 马俊峰：《近年来价值观念研究综述》，《哲学动态》1988年第7期。
[209] 郭凤志：《价值、价值观念、价值观概念辨析》，《东北师范大学学报》2003年第6期。
[210] 兰久富：《价值体系的两个核心价值观念》，《东岳论丛》2000年第1期。
[211] 张兴祥：《价值、核心价值与社会主义核心价值体系建设》，《江淮论坛》2008年第3期。
[212] 戴木才、田海舰：《论社会主义核心价值体系与核心价值观》，《中国党政干部论坛》2007年第2期。
[213] 黄蓉生、白显良等：《社会主义核心价值体系视域下大学生思想政治教育创新》，《思想理论教育》2008年第15期。
[214] 欧清华：《社会主义核心价值观是思想政治教育的逻辑基础》，《科学社会主义》2008年第5期。
[215] 刘先进：《试论核心价值体系与思想政治教育内容创新》，《兰

州学刊》2007 年第 12 期。
[216] 陈成文、郑自立：《思想政治工作与构建社会主义核心价值体系》，《攀登》2008 年第 2 期。
[217] 邱柏生：《改革开放以来高校思想政治教育创新的特征》，《思想理论教育导刊》2008 年第 10 期。
[218] 叶丹红：《新时期思想政治教育创新的内涵、特点及途径探讨》，《三峡大学学报》2006 年第 4 期。
[219] 马运军、刘春田：《论思想政治教育创新的条件》，《党政干部论坛》2004 年第 1 期。
[220] 刘春田：《略论思想政治教育创新的结构和特点》，《湖北行政学院学报》2007 年第 5 期。
[221] 孙玫贞：《思想政治教育创新之思与创新之维》，《昭通高等专科学校学报》2009 年第 2 期。
[222] 胡春莉、马晓琳：《思想政治工作创新的主客体及相关要素的哲学思考》，《济南职业学院学报》2006 年第 4 期。
[223] 毕德：《关于思想政治工作创新的几个基本理论问题》，《社科纵横》2009 年第 6 期。
[224] 熊建生：《大学生思想政治教育内容体系的科学构建》，《思想理论教育导刊》2006 年第 2 期。
[225] 徐志远、龙宇：《思想政治教育内容：现代思想政治教育学的重要范畴》，《探索》2010 年第 4 期。
[226] 张毅翔：《思想政治教育方法创新内涵系统性解析》，《求实》2008 年第 9 期。
[227] 熊建生：《论思想政治教育目标与内容的辩证关系》，《理论月刊》2002 年第 2 期。
[228] 张国启、王忠桥：《新时期思想政治教育方法创新的理路分析》，《学校党建与思想教育》2010 年第 3 期。
[229] 杨向东：《教育测量在教育评价中的角色》，《全球教育展望》2007 年第 11 期。
[230] 习近平：《青年要自觉践行社会主义核心价值观》，《光明日报》

2014 年 5 月 5 日。
[231] 习近平：《习近平论社会主义核心价值观》，《党建》2014 年第 4 期。

本课题公开发表的主要成果

[1] 杨业华：《社会主义核心价值体系系统探析》，《马克思主义研究》2013年第8期。

[2] 杨业华：《思想政治教育环境需要深化研究的若干理论问题》，《马克思主义研究》2010年第6期。

[3] 杨业华：《把培育和践行核心价值观融入大学生思想政治教育全过程》，《光明日报》2014年1月15日理论版。

[4] 杨业华：《领导干部要做践行核心价值观的表率》，《光明日报》2013年1月26日理论版。

[5] 杨业华等：《论社会主义核心价值体系与思想政治教育创新的关系》，《思想理论教育导刊》2013年第1期。

[6] 杨业华等：《论社会主义核心价值观之敬业探析》，《思想理论教育导刊》2015年第10期。

[7] 杨业华等：《高校思想政治理论课教学环境建设探析》，《思想理论教育导刊》2011年第4期。

[8] 杨业华等：《思想政治教育学科设立三十年来学科发展的若干思考》，《思想理论教育导刊》2014年第7期。

[9] 杨业华等：《关于社会主义核心价值观的界定分析》，《湖北大学学报》2015年第2期。

[10] 杨业华等：《大学生核心价值观的内涵及研究的意义探析》，《思想教育研究》2013年第4期。

[11] 杨业华等：《当代大学生价值观现状特点探析》，《思想教育研究》2012年第12期。

[12] 杨业华等：《金融危机视野中的社会主义核心价值体系建设》，《思想教育研究》2009年第11期。

[13] 杨业华等:《论大学生敬业价值观的培育和践行》,《思想教育研究》2015年第2期。

[14] 杨业华等:《党的思想政治工作本质上是群众工作》,《思想教育研究》2011年第8期。

[15] 符俊、杨业华:《论大学生核心价值观培育》,《江汉大学学报》2015年第1期。

后　记

呈现在广大读者面前的这本学术著作，是我承担的2008年国家社会科学基金项目“社会主义核心价值体系与思想政治教育创新”（项目编号：08BKS047）的结项成果。该课题成果于2013年2月经国家社科规划办评审准予结项，其后根据习近平总书记关于社会主义核心价值体系和思想政治教育系列论述以及中共中央办公厅印发的《关于培育和践行社会主义核心价值观的意见》精神，进行了与时俱进的修改完善，补充了一些新的内容，使之更具时代特征。

本书的出版得到了湖北大学学科群建设专项经费和湖北大学马克思主义理论——湖北省一级重点学科基金等的资助。得到了湖北大学马克思主义学院领导及许多同人的关心支持，在此表示真诚的感谢！本书也是湖北省高校人文社科重点研究基地——湖北青少年思想道德教育研究中心的研究成果。

本书的出版，得到了中国社会科学出版社领导和编辑的大力支持。尤其是本书的责任编辑孔继萍同志，花费了大量心血，在此致以诚挚的谢意！我还要深深地感谢我的爱人和女儿，没有他们的支持和帮助是无法完成本书的写作的。

书中参考、引用了许多专家、学者的研究成果，在此表示衷心的感谢！

由于作者水平有限，书中难免有疏漏与不足之处，敬请专家、学者和读者批评指正。

杨业华

2016年10月